昭和プロレス禁断の闘い

「アントニオ猪木対ストロング小林」が火をつけた日本人対決

福留崇広
Fukutome Takahiro

河出書房新社

昭和プロレス
禁断の闘い

「アントニオ猪木 対 ストロング小林」が火をつけた日本人対決

目次

第1章　その異様な光景

「アントニオ猪木対ストロング小林」という事件

第2章　情熱と執念

新間寿の猪木への愛と、馬場への闘志

第3章 交渉と煽動
二人の傑出したプロレス記者の存在

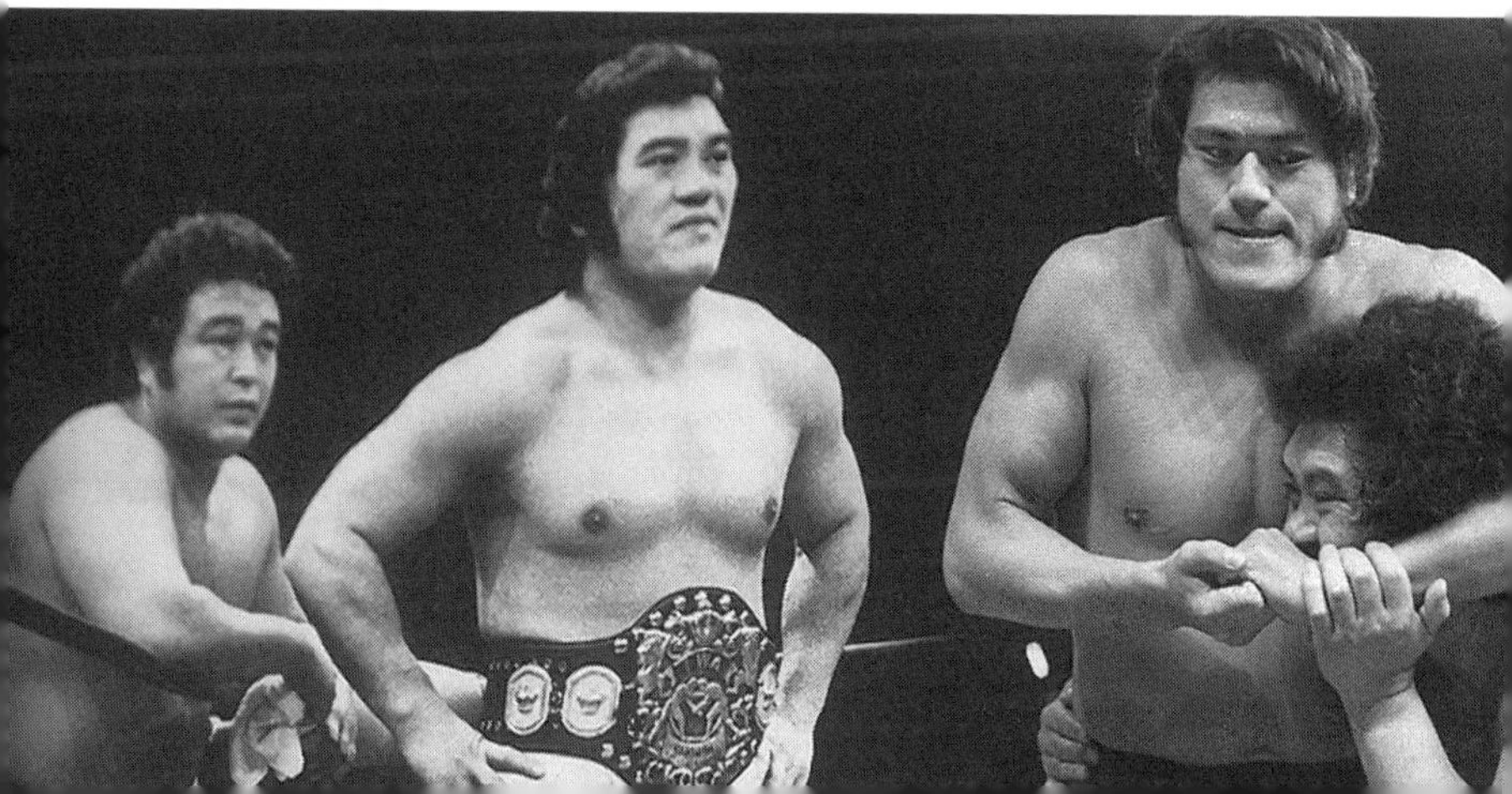

第4章 動かす熱量

東スポの野望が日本人対決のタブーをこじ開ける

第5章 プレイバック日本人対決

アントニオ猪木が「小林戦」を見直し、語り尽くす

第6章 プロレス史上最大の謎

「力道山対木村政彦」の闇に分け入る

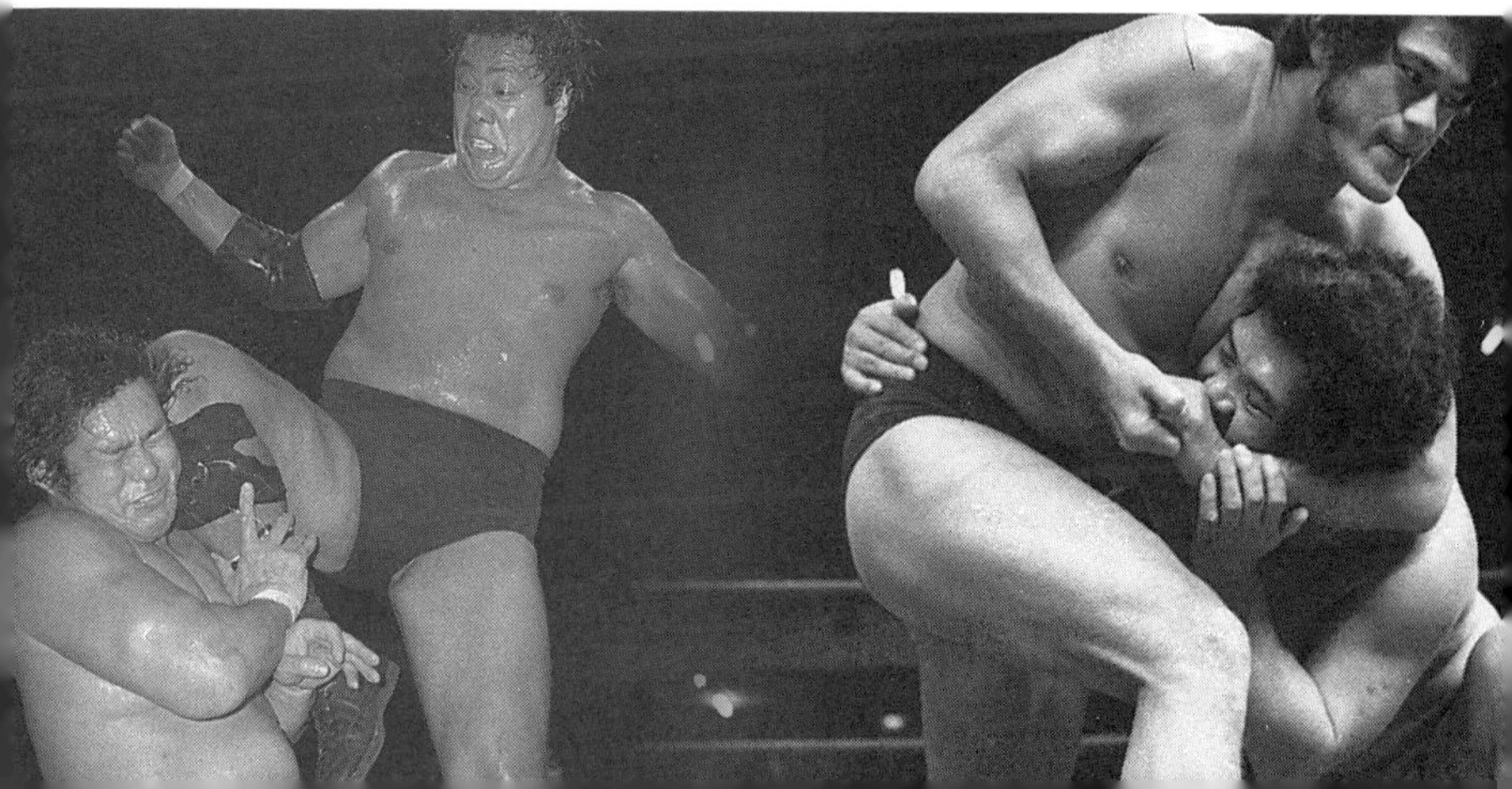

第11章 青春の結晶

「タイガーマスク対小林邦昭」はなぜ比類のない熱を帯びたのか

第12章 強さへの革命

プロレスを格闘技に移行させたＵＷＦという実験場

第13章 不穏な試合

佐山と前田の確執の底に何があったのか

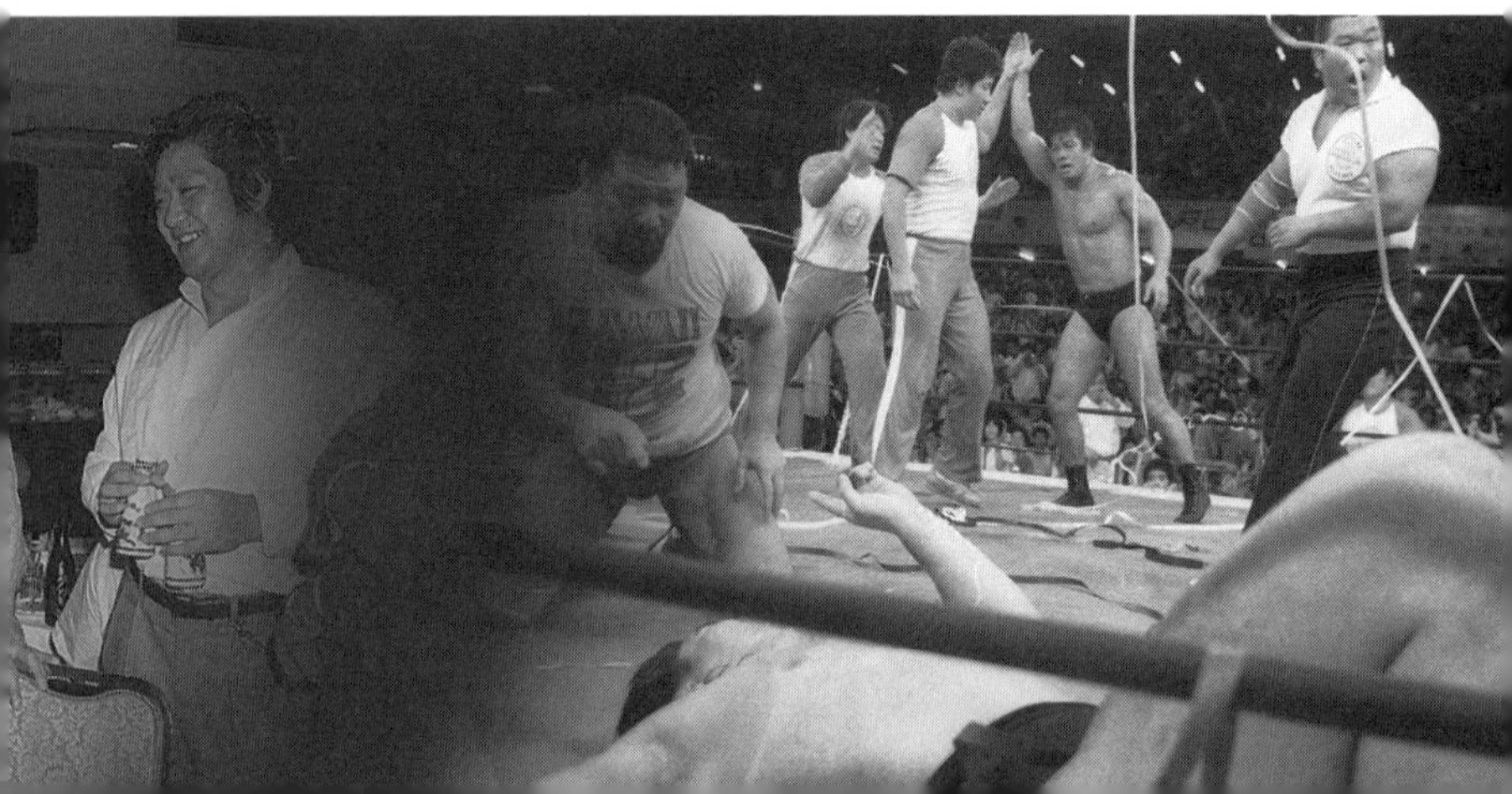

第16章 長く熱い日の終わり

「猪木対小林」は世間を振り向かせた

第17章

動き続ける時計

奇跡的な交錯、まったく別の人生

装幀写真　山内猛
ブックデザイン　鈴木成一デザイン室

昭和プロレス
禁断の闘い

「アントニオ猪木 対 ストロング小林」が火をつけた日本人対決

禁断の扉から始まる物語
「まえがき」にかえて

「プロレスラーがリング上で何を考えているのか。そこを取材して、彼らの言葉を書いてみませんか？」

私は、アントニオ猪木と作家の村松友視による共著『猪木流　「過激なプロレス」の生命力』の構成を担当した後、信頼する編集者からそんな誘いを受けた。

『猪木流』で猪木自身が語った過去の試合、とりわけ、ストロング小林、大木金太郎の日本人対決への告白が興味深く、編集者は「猪木さんだけじゃなく、プロレスラーって試合に即した独特の言語を持っていると思うんです。日本人対決をテーマに、その時、プロレスラーが感じたことを語る言葉を本にしたら面白いと思います」と熱を込めた。

すぐに返事はできなかったが、その時から「日本人対決」へ思いを馳せる日々が始まった。

この国で行われた、団体の枠を超える初めての日本人によるトップ同士の対決は、昭和二九（一九五四）年一二月二二日、蔵前国技館で対戦した「力道山対木村政彦」だった。試合は、力道山が木村の顔面を蹴り上げてＫＯする凄惨な結末で幕を閉じた。この試合をきっかけに、日本人対決は、長く封印され、いつしか「やってはいけないこと」、すなわち「禁断」と呼ばれるようになる。

この「禁断」の扉を開けたのが昭和四九（一九七四）年三月一九日、蔵前で闘った「アントニオ猪木対ストロング小林」だった。

当時、猪木は日本プロレスを「会社乗っ取り」を理由に追放され、新日本プロレスを旗揚げしてから三年目を迎えていた。一方の小林は、この試合のために入門から一貫して所属していた国際プロレスを離脱し、新日本のリングへ乗り込んだ。

二〇年間も日本人対決がなかった時代で団体の枠を超えるエース対決はただごとでない、まさに「事件」だった。

日本プロレス一強時代は、猪木がジャイアント馬場に挑戦を表明しても叶わなかったように、敗れた側の商品価値が下がり興行的にダメージを負う「日本人対決」はタブー視されていた。それは、レスラー、あるいは団体が、同じ釜の飯を食う仲間が傷つくことを恐れる身内の論理だった。もちろん、タブーとなった背景には、「力道山対木村政彦」の惨劇が、闇の領域を垣間見せてしまったことへの警戒もあったかもしれない。

ところが、ファンが見たいのは「誰が一番強いのか」というシンプルな問いへの答えだった。そしてファン心理は、誰かが決定的な何かを失う転落を目撃したいという残酷さも秘めている。馬場と猪木が対決しない旧態依然たる停滞は、観客の欲求からかけ離れてしまい、リングは外国人と日本人が対決する予定調和の世界に低迷していた。

この閉塞感を打破したのが「猪木対小林」の日本人トップ対決だったのである――。

そんなことを考えていると、「猪木対小林」を軸に長州力の藤波辰巳（現・辰爾）への反逆、プロレスを格闘技へ転換させようとしたＵＷＦ、全日本プロレスの総帥だったジャイアント馬場の価値観を変えた天龍源一郎による「革命」など、昭和の時代に起きた様々な日本人対決が私の中で浮かび、そのすべてが令和の今につながるプロレスの原点になっていることに気づいた。

日本人対決がプロレスの歴史を変えたのだ。そう確信すると、時代を突破した男たちの肉声を取材したいと思った。

　本書は「猪木対小林」を起点に、この対決から派生した昭和の日本人対決をドキュメントする一冊である。取り上げる主な試合は「藤波辰巳対長州力」「タイガーマスク対小林邦昭」「藤原喜明対前田日明」「スーパータイガー対前田日明」「ジャンボ鶴田対天龍源一郎」である。レスラー、フロント、レフェリー、取材記者、アナウンサーら三五人を徹底的に取材し、時代を刻み時代を変えたプロレスラーの情熱、観客を熱狂させるべくリング上で男達が考えていた哲学に迫りたいと思っている。

　特に日本人対決という「禁断」を破った「猪木対小林戦」は、当時のプロレス界における時代背景、実現までの経緯、試合中、さらには現在の心境まで対戦した猪木と小林はもちろん、関係者を取材し掘り下げていく考えだ。

　また、「猪木対小林」の原点として、「力道山対木村」についても、当時の観戦者、記者、この試合を検証した作家、プロレス史家らを執念深く訪ね歩き、この試合の闇のさらなる深みと、「猪木対小林」に与えた影響を見極めてみたい。

　プロレスラーはどのように禁断の扉に挑戦したのか。まずは、ストロング小林が住む東京・青梅市から、昭和と令和を往還する日本人対決の物語をスタートさせよう。

第1章

その異様な光景

「アントニオ猪木対ストロング小林」という事件

「寝たきり」のストロング小林を訪ねる

令和二（二〇二〇）年の初夏、私はストロング小林に会うために、ＪＲ東京駅から中央線の特快に乗り、青梅市へ向かった。目的の小《お》作《ざく》駅まで、東京駅から一時間あまりの車内、小林と対面することへの期待と不安が交錯する。

今回の取材は、事前に小林本人と直接、連絡を取って実現したものではなく、同居する妹のさち子と電話で交渉して叶ったものだった。私の心配は、電話でさち子に教えられた小林の体調にあった。

「兄は今、足が動かなくて寝たきりなので、どうか、そこのところは、ご了承ください」

人づてに体調が悪いことは聞いていた。それが現実であることを知った今、果たして会いに行っ

何もかも異例ずくめだった
アントニオ猪木戦に臨むストロング小林
（写真＝山内 猛）

ていいのかと思いがめぐる。青梅へ行く前日にもさち子に「約束通り自宅へ伺っていいんですか？」と確認の電話を入れたところ、新型コロナウイルスの感染防止にマスク着用、インタビューは距離を取って行う、ということの時代に当然のことは要望されたが、取材そのものは快く受け入れてくれる返事をもらった。

だが「寝たきり」という言葉は重かった。話をできる状態なのだろうか。過去の記憶は確かなのだろうか。でもやはり、小林の話は聞きたい。小作へ向かう車中で私の気持ちは揺れ動いた。小作駅で取材に同行するカメラマンの山内猛と落ちあい、教えられた住所を頼りにタクシーで自宅へ向かった。ほどなく着いた二階建ての一軒家の門には「小林」と書かれた表札がある。インターフォンを押すと、さち子がドアを開けて迎え入れてくれた。

「遠くまでご苦労さまです」

小林より八歳下のさち子は、ショートカットで小柄な人だった。笑顔で言葉をかけられ、私はまず、取材を受けてくれたお礼を伝えた。玄関に上がると、「兄はこちらです」と促された。

通されたのは、玄関を上がって左側にある一〇畳ほどの和室だった。畳の上に置かれた介護用ベッドの上に、下半身を布団で覆ったスキンヘッドの小林がいた。

介護用ベッドは、スイッチで背もたれにあたる部分が自動で上がる仕組みになっている。小林は、マットを上げてちょうど座椅子に座っているような体勢で佇んでいた。

「こんにちは。遠いところ、よく来ましたね」

声は強く張りがあった。七九歳を過ぎて少し痩せた印象はあるが、威圧感のある両目と、ジャンパーの上からでも分かる体重百キロというゴツい上半身は、「ストロング小林」の迫力が余香のように漂っている。

私は小林にも挨拶し、「思っていたよりもお元気そうで安心しました」と頭に浮かんだ印象をそのまま口にすると、「僕は今、こういう体調ですけど、おかげさまで元気です」と穏やかに笑った。小林は自らを「僕」と呼んだ。そして、「これ、何かの参考になれば」とＢ４サイズの紙を手渡してくれる。

「僕は、芸能活動をしていた時にどこかの事務所に所属するんじゃなくて、あくまで個人でやっていたから、初めて会う方に自分のことを分かってもらうために、こういう経歴書を作ったんです」

『ストロング金剛　経歴（映画・ＴＶ他）』と題された書類には、表紙にイラストが描かれ、「元プロレスラーストロング小林　本名・小林省三　身長－１８６㎝　体重－１１３㎏」と記され、裏には自らの手形が印刷されていた。中には、過去に出演したテレビドラマ、映画、レギュラー番組、コマーシャル、出したレコードについてすべて書き込まれていた。それとは別にＢ５サイズの一枚の紙に『ストロング金剛のプロレス時代』とあり、プロレス時代の経歴がつづられていた。

「もう僕がプロレスを辞めてから随分、経ちますから。今の若い人は僕のことを知らないでしょうね」

窓の外を見ながら小林がつぶやいた。小林がプロレスを引退したのは昭和五九（一九八四）年八月二六日で、もう三七年以上も前のことになる。現在、「ストロング小林」のリングでの雄姿、さらには名前を覚えているのは私と同世代の五〇代以上だろう。それほど、小林の現役時代は遠い昔のことになってしまった。

国際プロレスから突如離脱

プロレスラーとしての小林の姿を知らない四〇代は、引退後、「ストロング金剛」の芸名で活躍したタレントとしての姿を記憶しているかもしれない。中でも昭和六一（一九八六）年五月から六三（一九八八）年四月まで金曜夜八時（新日本プロレスのテレビ中継「ワールドプロレスリング」と同時刻）に放送されていた、ビートたけしがMCを務めるTBS系人気バラエティー番組「痛快なりゆき番組　風雲！たけし城」で悪魔に扮し、「悪魔の館」と名付けられた迷路で一般応募者を追いかけていた姿は、お茶の間に強烈な印象を残した。「たけし城に出ていたストロング金剛」と言えば、思い出す人もいるだろう。

　ただ、芸能活動も平成七（一九九五）年一月、西田敏行が主演を務めたNHK大河ドラマ「八代将軍吉宗」への出演を最後に事実上、引退した。小林が「金剛」としても表舞台から姿を消して四半世紀が経つ。

　ここで小林の経歴を振り返りたい。

　ストロング小林こと本名・小林省三は、昭和一五（一九四〇）年一二月二五日、当時はまだ東京市だった本郷で生まれた。国鉄（現在のJRグループ）職員だった父親の緯則と、東京帝国大学医学部附属医院（現・東京大学医学部附属病院）で看護師をしていた母・せつとの間の四人兄弟の次男として生まれた。兄弟は小林の上が兄、下二人が妹。太平洋戦争中、三歳の時に青梅へ疎開し、終戦後も家族は同地で暮らした。中学時代から野球部に入り、都立農林高校では「五番・サード」で活躍。卒業後は、父と同じ国鉄の東京管理局に就職して、神奈川の川崎駅と東京の立川駅を結ぶ南武線「稲城長沼駅」の職員として勤務していた。仕事の傍ら水道橋の「後楽園ジム」に通いボディビルに熱中していた昭和四一（一九六六）年秋、思わぬ出会いが小林に訪れる。日比谷公会堂で開かれた日本ボディビル協会主催の「全日本コンテスト」へ、友人の応援に行った時、旗揚げ戦への準備を進めていた「国際プロレス」の営業部員で、後にリングアナウンサーになる長谷川保夫に「プロレスラーにならないか」と声をかけられたのである。

　国際プロレスは、日本プロレスを退社した吉原功が設立した新団体だった。早稲田大学レスリング部出身の吉原は昭和二八（一九五三）年に力道山からスカウトされ、アマレス出身者で史上初のプロレスラーとなった。現役時代は、道場で若手選手にレスリング技術を指導するコーチ役も務めていた。引退後は、営業部長に就任するも、力道山が昭和三八（一九六三）年一二月一五日に三九歳の若さで急逝すると、幹部との対立が原因で日本プロレスを退社し、昭和四一（一九六六）年一〇月に国際プロレスを設立した。

　小林が友人の応援に駆け付けた日比谷公会堂に、長谷川と共に吉原も新人発掘を目的に訪れていた。小林は、街頭テレビで力道山を見てから、ひそかにプロレスラーになる夢を持っていた。だから、長谷川から吉原を紹介されてスカウトされた時、その場で国鉄を辞めてプロレスラーになることを決断した。両親からは激しく反対されたが、懸命に説得し、国際プロレスの新人第一号の練習生として正式に入門する。

　八カ月後の昭和四二（一九六七）年七月二七日に名古屋の金山体育館で、正体を新人の「小林省三」と明かす形で日本人初の覆面レスラー「覆面太郎」としてデビューする。ＴＢＳが毎週水曜午後七時から国際プロレスの中継を開始した翌昭和四三（一九六八）年一月三日の東京・両国の日大講堂大会からマスクを脱いで、本名の「小林省三」で再デビューし、一気に若手のホープとして頭角を現す。同じ年の一〇月にはイギリスへ初めての海外武者修業が実現する。翌昭和四四（一九六九）年六月に凱旋帰国し、一気に国際プロレスの中でトップレスラーの一角へ食い込んだ。

　さらに昭和四六（一九七一）年六月には国際プロレスの最高峰ベルト「ＩＷＡ世界ヘビー級」王座を獲得。文字通り看板を背負うエースとなる。しかも小林は同王座を連続二五回防衛し、シングル王座としては、当時、日本プロレスのエースだったジャイアント馬場がインターナショナル・ヘビー級王座で築いた二一回を上回る連続防衛記録まで樹立する。

しかし、昭和四九（一九七四）年二月に国際プロレスを突然退団し、新日本プロレスに参戦、三月一九日に蔵前国技館で猪木と対戦し歴史に残る名勝負を演じた。以後、米国遠征を経て昭和五〇（一九七五）年五月に新日本に入団。猪木、坂口征二に続く「第三の男」として活躍したが、腰の負傷が原因で昭和五六（一九八一）年一〇月一六日、大分県立総合体育館での試合を最後に長期欠場に入った。

一年間の入院生活で下半身が動かなくなった

リングから離れた小林は、芸能界に活動の場を移す。昭和五七（一九八二）年一二月一八日に公開された真田広之主演の映画『伊賀忍法帖』で「金剛坊」役としてスクリーンデビューした。同時に芸名を「金剛坊」の役名にちなんで「ストロング金剛」へと改名し、フジテレビ系『銭形平次』、翌五八（一九八三）年には薬師丸ひろ子と松田優作が共演する映画『探偵物語』など立て続けに人気ドラマ、映画に出演する。一方でレスラーとしては、昭和五九（一九八四）年八月二六日、東京・福生市民体育館で引退式を行い、四三歳で一八年に及んだレスラー生活に別れを告げた。

引退後は、芸能活動に専念し、「たけし城」を代表に様々なバラエティー番組でも活躍、ドラマもＮＨＫの大河ドラマ『太平記』などに四本、出演するなど順調に活動を続けていたが、前述した通り『八代将軍吉宗』への出演を最後に視聴者・観客の前から消えた。それが五四歳の冬だった。

「僕は、プロレスでも芸能界でも一生懸命やりましたから、後悔は何ひとつないんですよ」

小林は、ベッドの上で自らが歩いた道を誇らしく語った。確かに引退した国内の「元プロレスラー」で、一〇年以上の長きにわたって芸能界でこれほどの成功を収めたのは、小林が随一と言っていいだろう。

　にもかかわらず、二六年前に自らの意志で芸能活動停止を決断した。理由を尋ねると、「いろいろ思うところがあったんですよ」と言葉を濁した。それ以上のことは聞いてほしくない気配を感じた私は、質問を変えて、今の体調について尋ねた。デリケートな問いだったが、こちらは嫌がることなく答えてくれた。

「こんなふうに僕の足が動かなくなったのは四年前だったかな。プロレスやっている時に腰を痛めてね。引退したのもそれが理由ですけどね。それで、だんだん年を重ねて、腰が悪くなって、そのうち足も悪くなってきて、歩く時は杖が必要になってね」

　妹のさち子によると腰の状態は「背骨をレントゲンで見ると前と横に曲がっているんです。例えて言えば『へ』の字と『く』の字が、背骨の両方にある感じです」ということだった。

　曲がったまま治らない背骨は、引退した後も小林の腰をむしばみ続けた。ついには外出が難しくなり、自宅でも壁を伝わなければ歩けない状態にまで悪化した。車の運転もできなくなり、自家用車は売却した。一人で生活することに困難を感じた時、小林はさち子に同居を願い、二人で暮らすことになった。

「私が兄の介護のために、この家に戻ってきたのは、五年前の五月か六月ごろです。それまでは、週に一度、姉が食事を作ったり、買い物をして面倒を見ていたんですが、兄から頼まれて、一緒に暮らすことになりました」

　妹と同居して間もなく小林はアクシデントに襲われたことを明かした。

「ある日、この家の中で手すりにつかまって立とうとしたら転んで尻もちをついちゃって。それで腰を悪化させて、今、こういう状態になっちゃったんです」

自宅で尻もちをついたことが原因で病院に救急搬送され、以来、下半身が動かなくなったと小林は言った。

ただ、さち子は、小林が寝たきりになったのは、本人が打ち明けた「尻もち」をついた時ではないと言った。

「尻もちをついたのは、私がまだこの家に戻ってくる前の話なんです。私が兄に電話をかけた時に出なかったことがあって、その時になぜか胸騒ぎがして兄の家へ向かいました。だけど、私は鍵を持っていなかったから姉に連絡して二人で家に行くと、玄関の上り口のところで兄が尻もちをついて立てなくなってることがあったんです。その時は、姉と二人で起こしたんですが、兄が歩けなくなった原因を『尻もちをついた時』って言っているのは、その時のことと勘違いしているんです」

実際に動けなくなったのは、さち子が同居を始めて一年半後の平成二九（二〇一七）年一一月だった。

「あの時は、兄を姉と二人でトイレに連れて行って、便座に座らせたんですけど、中途半端な座り方になって、動けなくなったんです。そこから体勢を直そうと思ったんですけど、兄は体重が百キロもありますから、二人とも疲れ果ててしまって、動かすことができなくて救急車を呼んだんです」

搬送された昭島市内の病院で診断を受けた結果、脊髄損傷と告げられ、そのまま半年間入院することになる。その後、青梅市内の病院に転院し、さらに半年間入院。一年間の入院生活は、ほとんどベッドから動くことがなかった。さち子は、その結果、寝たきりになったと明かした。

「ずっとベッドの上での生活でしたから、自然に足が弱って、そのまま下半身が動かなくなって今の状態になったんです」

寝たきりになる経緯について小林の記憶が違っていることを、さち子は「兄は、なぜだか分からないけど、いつも自分で尻もちをついたことが原因だって言うんです。それが、どうしてなのか私にも分からないんです」と明かした。そして「ただ……」と続け「もしかすると、病院へ運ばれた時に私たちと一緒だったっていうことを言うと私らに迷惑をかけて悪いっていう気持ちがあるのかもしれません。そういう気遣いが兄にはあるんです」と兄の配慮に思いを巡らせていた。その話を聞いた時、小林は、自分流の優しさを持つ男なのかもしれないと私は思った。

小林は蔵前国技館の記憶へと思いをめぐらす

入院前は辛うじてでも歩くことはできた。しかし、長期の入院で下半身は動かなくなった。現在、新日本プロレスのリングドクターで、江戸川区中葛西の「弘邦《ひろくに》医院」院長の林督元《はやしまさゆき》に聞くと、「恐らく入院した病院でも、自分で足を動かしたり、医師が指導して動かしていたと思います。ただ、長期の入院でベッドの上での生活が多くなると筋力が衰えて歩けなくなることはあります。ましてや小林さんの場合は、体重が百キロ近くあるので体を支える足の筋力が衰えれば、余計に歩くことは難しくなるかもしれません」と説明してくれた。

長期入院で下半身が動かなくなった小林は、退院後、自宅での療養を望んだ。しかし、介護のため同居するさち子が体調を悪化させたこともあり、現在は、月曜から木曜まで一週間のうち四日間を青梅市内の特別養護老人ホームで過ごし、金曜から日曜の三日間を自宅で妹の介護を受けながら生活している。

この五年間で体調と生活は激変したが、小林はすべてを受け入れていた。

「それは仕方のないことですよ。僕はね、どんなことが起きても暗い気持ちにはならないんです。何より暗い気持ちになると血の巡りが悪くなるから、そういうことは考えないんです。常に明るい気持ちで毎日を過ごそうって生活していますから、全然暗い気持ちにはならないんですよ。おかげさまで毎日、朝、昼、晩と三食おいしくいただいていますしね。それだけでありがたいことだなって思うんですよ」

小林に訪れた現実を生々しく感じ取りながら、私は今回訪問した最大の目的である、昭和四九（一九七四）年のアントニオ猪木戦への思いを尋ねた。

小林は、遠くを見つめながら昭和四九年の蔵前国技館へ記憶を巻き戻していった。そして、逆に聞き返してきた。

「その年は猪木さんと、三月と一二月の二回やってるけど、どっちの試合なのかな？」

確かに小林は、昭和四九年に蔵前国技館で、三月一九日と一二月一二日の二度、猪木と闘っている。私の問いを正確にフォローしようとする言葉を聞いた時、七九歳と年を重ねても記憶は鮮やかに息づいていることが分かった。そして、取材前に抱いていた不安は霧消した。

小林の問いに私は、昭和四九年三月一九日の一戦に限定した思い出を聞き直した。すると、真っ先に言葉に出たのは、控室となった西の支度部屋の風景だった。

「あの試合の思い出は、いっぱいあるけどね。僕がびっくりしたのは、とにかくあの日、蔵前国技館の客席が超満員になって、いっぱいになったっていうことですね。前座の試合が始まる前に僕の控室にも人が大勢集まって、入り口のガラスが割れたりね。これは、後から聞いた話なんだけど、あまりに大勢の人が入ったから、その重みで控室の入り口の反対側にあった水道管にヒビが入って水が噴き出したんですよ。それぐらい、凄い人だったっていうことを、一番思い出しますね」

小林の記憶にある西の支度部屋の水道管が壊れたことは、当時、日本相撲協会の相撲博物館に勤めていた鈴木綾子も「確かそんなこともありましたね」と覚えていた。鈴木は、大学を卒業した昭和四四（一九六九）年に博物館員として相撲協会に入り、のちに協会の広報室長として相撲記者の窓口となり、大相撲の魅力を広く発信してきた。平成二六（二〇一四）年一月に六五歳の定年退職を迎え、現在は、一人の相撲ファンとして土俵を見つめている。

国技館を所有する日本相撲協会は一月、五月、九月の東京での本場所がない主に偶数月にプロレス団体など外部に国技館を貸し出している。昭和四九年当時もプロレス団体は、ビッグマッチで蔵前を使用していたが、鈴木は「あのころは、プロレスに国技館を貸すと窓ガラスが割れたり館内のどこかしら壊されたから、協会の幹部の親方が怒っていたのを覚えていますよ」とほほ笑み、三月一九日に起こった水道管の破裂を「その日だったかどうかははっきりと覚えていませんけど、プロレスの試合の時に支度部屋の水道管が壊れたっていうのは覚えていますよ。水漏れして大変だったって親方衆、職員が話していました」と懐かしそうに語ってくれた。

日本人対決にはメリットがなくなっていた

会場となった蔵前国技館は、昭和二五（一九五〇）年の大相撲一月場所で隅田川に架かる蔵前橋のほど近くに仮設としてオープンした。それまでの国技館は、明治四二（一九〇九）年六月二日に両国の回向院の境内に開館し、大相撲の本場所が開催されてきたが、太平洋戦争での敗戦でＧＨＱ（連合国軍最高司令官総司令部）に接収されることになる。そこで日本相撲協会は、新たな国技館の建設を余儀なくされ、昭和二四（一九四九）年に所有していた蔵前の土地に国技館を建設、仮設のまま昭和二五年から本場所を開催する。

プロレス会場としては、昭和二九（一九五四）年二月一九日に日本で初めてプロレスがテレビ中継された力道山と木村政彦が組んでシャープ兄弟と対戦した試合以降、収容人員一万一千人と国内で最大級の会場として、昭和のマット界では幾多の名勝負が蔵前のリングで生まれた。

中でも昭和四九（一九七四）年三月一九日の「猪木対小林」は、試合を主催した新日本プロレスが観衆を「一万六千五百人」と発表した。これは後にも先にも蔵前国技館で行われたプロレス興行で歴代最高の観客動員数として記録されている。

リング上で闘うレスラー、とりわけ、興行の看板を背負うメインイベンターの評価は、どれだけ多くの観客を集められるか、この一点にかかっている。その意味で、あの日、猪木と闘い、「一万六千五百人」を会場へ呼んだことは、小林にとってレスラーとして最高の評価と勲章だった。

「国技館のメインイベントで試合をやるっていうのは、レスラーにとって最高の誇りですから、そこでお客さんがいっぱい来てくれたことは、最高の喜びでしたよ」

記録的な大観衆を集めたことは、今も小林の中に誇りとして記憶されている。なぜ、これほどの観衆が押し寄せたのか。それは、「猪木対小林」が、当時のプロレス界では「禁断」とされた、団体の枠を超えた日本人同士のトップ対決だったからだ。

日本のプロレス史で、団体の枠を超えた最初の大物日本人対決は、昭和二九年一二月二二日、同じ蔵前国技館で日本プロレスの力道山が国際プロレスリング団の木村政彦と闘った試合だった。江戸時代の宮本武蔵と佐々木小次郎の巌流島での決闘になぞらえ「昭和巌流島」とうたわれた決戦は、力道山が木村の顔面を殴り、蹴り上げる凄惨なＫＯで幕を閉じた。さらに力道山は、翌昭和三〇（一九五五）年一月二六日に大阪府立体育会館で全日本プロレス協会の山口利夫を破って日本選手権を統一、以降、団体の看板を背負う日本人のトップ対決は日本のマット界から消え去った。

「力道山対木村政彦」の凄惨な試合が原因となって日本人対決が封印され、「禁断」となったという見方もあるが、私は、力道山が日本選手権を統一したことで興行的に日本人同士のマッチメイクを提供する必然性がなくなったことが理由だと見る。

力道山が木村と山口を倒して以降の昭和三〇年代は、国際プロレスリング団も崩壊し、全日本プロレス協会も解散し、力道山率いる日本プロレスの独占市場となった。結果、他団体の日本人レスラーとの対戦そのものを組むことが不可能になった。さらに力道山という唯一無二のカリスマの人気は絶大で、世界王者のルー・テーズを筆頭とした海外からの強豪との対決で興行は成功していた。

力道山が亡くなり、絶対的カリスマの時代が突如幕を下ろすと、昭和四一（一九六六）年一〇月に豊登《とよのぼり》が猪木を引き抜いてエースに据えた東京プロレス、翌昭和四二（一九六七）年一月に国際プロレスが相次いで旗揚げした。猪木は東京プロレスの旗揚げ前に、力道山亡き後、日本プロレスのエースとなった馬場へ挑戦状を送ったが、日プロは完全に無視。団体もわずか三カ月で崩壊する屈辱を味わった。国際は人気、選手層ともに日プロとは比べるべくもない格下の団体で、日プロ側から見れば、興行として団体のトップ同士が対戦する必然性とメリットはまったくなく、国際のレスラーと対戦する発想すらなかった。

一方で日プロ内部では、東京プロレスの崩壊後に日プロへ復帰した猪木が昭和四六（一九七一）年五月一九日、大阪府立体育会館での「第一三回ワールド大リーグ戦」決勝戦の試合後にジャイアント馬場への対戦をアピールしたことがあったが、当時の日本プロレスは馬場の試合を放送する日本テレビ、猪木の試合を放送するＮＥＴ（現・テレビ朝日）の二局と放送契約を結んでおり、馬場と猪木の対戦は、実現すれば、どちらが放送するのかというテレビ局間の問題、さらに、一方が負ければ、興行としても観客を呼ぶ大きな柱をひとつ失う危険性があったため、みすみす利益を失うマッチメイクをする意味がなかった。

あんな光景は、あの時の蔵前にしかない

つまり、「力道山対木村政彦」「力道山対山口利夫」を最後に、昭和四〇年代にかけて、マット界から日本人同士のトップ対決は「封印」されたというよりも、興行の論理から「自然淘汰」され、結果、いつしか「禁断」の二文字で評されたと考えた方が正しいだろう。

ところが、この栄華を誇っていた日プロの一強時代は、昭和四七（一九七二）年に激変する。前年一二月に「会社乗っ取り」を理由に日プロを追放された猪木がこの年の一月に新日本プロレスを設立、三月六日に大田区体育館（現・大田区総合体育館）で旗揚げする。さらに七月に馬場までも離脱し、九月には全日本プロレスを創設し、日本、国際、新日本、全日本の四団体時代に突入した。

こうなると、ファンの興味は、各団体のトップが外国人と闘う従来のマッチメイクよりも、四団体のエースの中で一番強いレスラーは誰なのかに移ってくる。こうした機運を受けて、国際プロレスは、昭和四八（一九七三）年七月九日に大阪府立体育館でＩＷＡ王者の小林がラッシャー木村と防衛戦を行う日本人トップ対決を実行し話題を呼んだが、それはあくまでも団体内の争いだった。

団体が分かれたことで、ファンは、二〇年間、自然に淘汰され禁断へと変貌した日本人対決を渇望した。そこに黄金の釘を打ち込んだのが「猪木対小林」だった。小林の立場は、国際プロレスを離脱してはいたが、一カ月前までは国際の看板を背負うＩＷＡ世界王者で、事実上、新日本対国際のトップ対決という図式が十分に成立した。

およそ二〇年間実現しなかった日本人対決は、禁断の扉をぶち破る衝撃を与え、プロレスファンを飛び越えて世間一般にも届き、結果、空前の興行人気を獲得することに成功したのである。

小林が思い出す蔵前に押し寄せた人の波は、ＮＥＴで毎週金曜夜八時に放送していた新日本プロレスの中継番組「ワールドプロレスリング」の実況アナウンサーだった舟橋慶一も忘れられない。舟橋は、早大第一商学部（現・商学部）を卒業した昭和三七（一九六二）年、アナウンサーとしてＮＥＴに入社した。様々なスポーツ中継で実況を務め、同局が昭和四四（一九六九）年七月二日から水曜夜九時にスタートさせた日本プロレスの中継番組「ワールドプロレスリング」で実況を担当、同局が昭和四八（一九七三）年四月六日から新日本プロレスの中継に切り替えてからは、昭和五一（一九七六）年六月二六日、日本武道館で行われた猪木対モハメド・アリの格闘技世界一決定戦など、新日本草創期に「猪木の語り部」として活躍した。

長年、プロレスを語ってきた舟橋に、昭和四九年三月一九日の蔵前国技館はどう映ったのか。

「異様でしたね。アリ戦もありましたけど、あんな光景は、あの時の蔵前だけしか見たことがありません」。名アナウンサーが「異様」と表現したのは、開場を前にした国技館の風景だった。

「私は、中継する時は、だいたい午後二時ぐらいに会場へ入るんですが、あの日は、その時間には蔵前の正門前に当日券を求めて、凄い行列ができていましたよ。私のアナウンサー人生の中でも、あんなに早い時間からあれだけの行列ができたのは後にも先にも猪木対小林戦が唯一です。しかも、行列しているファンは誰もが凄く興奮しているのが伝わってきたんですね。あれには驚きました」

三月一九日は平日の火曜日。しかも天気は夕方から雨が降り出した。興行としては悪い条件が重なっていたが、前座の試合が始まる午後六時半より四時間以上も前にファンは、「異様な」興奮を発散させながら当日券売り場へ押し寄せていた。

同じように、チケットを求めるファンが「殺気だっていた」と思い出すのは、東京スポーツで国際プロレスの担当記者だった門馬忠雄だった。福島県相馬市で生まれ育った門馬は、昭和三七（一九六二）年に日大藝術学部文芸学科を卒業し東京スポーツに入社した。子供のころから大相撲が大好きだった門馬は相撲担当を志望したが、時は昭和三九（一九六四）年の東京オリンピックの二年前であり、五輪取材要員として水泳とボクシング担当となった。

　東京オリンピックの思い出を聞くと、競技ではなく体操の女子個人総合などで金メダルを獲得したベラ・チャスラフスカの練習取材について語り出した。演技力と抜群のルックスで「オリンピックの名花」と評されたチャスラフスカの練習を間近で目撃した時のことを門馬は、「東京体育館のサブアリーナ近くで見たから、あまりに色っぽくて、チンポが立っちゃってしょうがなかったのよ（笑）。だって、俺あの時、二五歳だよ。しょうがねぇべよ」と包み隠すことなく話してくれた。門馬のこうした愛嬌あふれた人柄と私のような後輩記者にも分け隔てなく「本当のこと」を明かしてくれる姿勢は、多くのプロレス関係者、後輩記者に愛されている。門馬は八三歳の今も会場に足を運び、雑誌、新聞に記事やコラムを寄稿している。

　東京オリンピックの直後からプロレス担当となった門馬は、国際プロレスが昭和四二（一九六七）年一月に旗揚げすると担当記者として取材を続けてきた。猪木対小林の三月一九日、門馬は当時、築地にあった会社から都営地下鉄1号線（現・都営浅草線）で蔵前国技館に向かった。蔵前駅の改札を出て階段を上がった時の空気を皮膚感覚で覚えている。

「雨の中、傘を差したファンの行列が蔵前橋の方までずっと連なってね。しかも並んでいるファンがもう殺気立っているんだよ。会場の中じゃないんだよ。会場の外であのヒリヒリするような空気感を感じたのは、今、思い出してもあの試合だけだよ」

主役の小林、実況アナウンサーの舟橋、プロレス記者の門馬と、誰もが共通する記憶は、あふれるほどの人、人、人の波だった。

小林の妹のさち子も当日、会場に兄の応援に駆け付けた。青梅の自宅から自らが運転する車で母親のせつを乗せて蔵前に到着した。

「試合前に兄の控室へ激励に行ったんですけど、何しろ国技館の中が凄い人でごった返していたことは、今でも目に焼き付いていますよ」

控室で母と共に小林と会ったが、「頑張ってね」と声をかけただけですぐに用意された一階の桝席に向かった。小林も試合前に母が来たことは覚えている。

「試合前だから、そんなに話すこともなかったと思いますよ。お母さんの顔を見て『あぁ応援に来たな』って思ったぐらいでした」

小林が家族と控室で会っていたころ、押し寄せたファンに困惑していたのは新日本プロレスの営業部員だった大塚直樹だった。大塚は、駒澤大学二年時からイベント会社「本多芸能スポーツサービス」でアルバイトとして国際プロレスの営業を手伝い、プロレスビジネスに携わった。昭和四六（一九七一）年の大学卒業後は、自動車販売会社「トヨタ東京カローラ」（現・トヨタモビリティ東京）に就職したが、この年の一二月に知人から誘われ、昭和四七（一九七二）年二月に旗揚げ戦を前にした新日本プロレスへ入社した。仕事は営業を希望したが、山本小鉄と日プロ時代から猪木のマネージャーで専務の木村昭政との面接で「リングアナウンサー」に指名され、二年間リングアナを務めた。念願が叶って営業部に配属されたのが猪木対小林戦が行われた三月だった。現在、東日本橋で「神社・仏閣」の授与品（御守）の製造卸問屋の「タジマ」で代表取締役会長を務める大塚は、新米の営業部員だった三月一九日の出来事をまるで昨日のことのように振り返った。

「私は当日券売り場にいたんですが、時間を追うごとにドンドン人が蔵前に押し寄せてきて、切符を売り出したら、すぐに売り切れたんです。それでもファンが帰らなかったので、『さぁ、どうすればいいのか?』って困りましたよ」

二月末に売り出した前売りチケットは、特別席五千円、リングサイド席四千円、指定A席三千円、指定B席二千円、指定C席千五百円、指定D席千円、小学生五百円だったが、前売り券は、収容人員一万一千人のところ、約九千枚を売り切っていた。二千枚ほどの当日券は午後四時過ぎに発売すると、六時前には完売した。

国技館に来たファンは全員入場していただいた

ここから国技館の正門前がパニックに陥った。何が何でも猪木対小林を見たいファンが「頼むから入れてくれ」と殺到し、中には肖像画が聖徳太子だった一万円札を振りかざして「金を払うから入れてくれ」と懇願するファンが多数現れ、「もう入れません」と制止する係員と押し問答になる大混乱が発生した。帰らないファンの対応に苦慮した大塚は、東京での興行を取り仕切っていた営業促進部長だった新間寿の下に駆け寄る。

「部長、ファンが帰らないと言って、凄い騒ぎになっています。どうしたら、よろしいでしょうか?」

大塚の相談に新間はこう指示した。

「分かった。責任は俺がとるから、構わないから全部入れろ。やり方はお前に任せる」

収容人員の一万一千人以上を入れることは、火災、災害を防止する「消防法」に抵触する。どんな指導や警告があろうと、さらには以後、蔵前が使用禁止になっても構わないと新間は覚悟を決めた。

「大塚から『どうすればいいでしょうか？』って聞かれた時は、まったく迷いなく『全部入れろ』って即断ですよ。とにかく、アントニオ猪木とストロング小林というこの最高のカードを一人でも多くのファンのみなさんに生でその目で見て欲しいという、その一心しかありませんでした」

当時の興奮を抑えられないように熱く語る新聞だったが、少し間を置くと笑顔でこう漏らした。

「ただ、今考えるとむちゃくちゃだったなって思うよね。私も若かったんだろうな」

すべてを「任せる」と託された大塚は、観客を入れるべく一計を案じた。

「チケットの半券がありますよね。あの裏に『１０００』ってマジックで書いて、それを立ち見券にして売ったんです」

他の営業部員と手分けして、チケットをもぎって破った半券の裏に「１０００」と書いた一枚千円の立ち見券を急造し売ったのだ。

「当日券売り場にはファンが殺到してパニック状態だったので、外にある駐車場に出て、そこへファンを誘導して、その場で売りました」

駐車場で千円札を入れるために段ボール箱を用意した。伊藤博文が肖像画だった千円札は、段ボール箱ひと箱では足りず、すぐに追加したという。駐車場入口で売り始めた手書きの千円チケットだったが、次第に「１０００」と書き込むスピードが観客へ売る速度に追いつかなくなった。

「マジックで『１０００』って書くのも追いつかなくなって最後はもう現金ですよ。千円をもらって『入っていいよ。どこで見てもいいよ』って（笑）。あんな経験は、その後も二度とやったことありませんね。むちゃくちゃですよね」

最後はいわば「投げ銭」状態で観客を国技館へ押し込んだ。当時の新聞、テレビ中継では、当日券を買えなかった客が泣く泣く帰ったとも報じているが、大塚は否定した。

「そういう記事は見ましたけど、私の記憶では、国技館に来たファンは全部入れたと思います。入れなくて帰ったファンはいなかったはずです。とにかく、あの日は入れるだけ入れました」

駐車場で用意した段ボール箱は、最終的に五箱になった。急造チケットを何枚売ったのか、大塚も正確な数字は把握していない。

「用意した段ボールが結局、五箱になって、すべて千円札でいっぱいになりましたよ。どれぐらい売ったのかなぁ……たぶん、五千枚は売ったんじゃないかなと思いますよ」

千円が五千枚売れたということは単純計算で五百万の売り上げを記録した。後に都市伝説のように「あの時の千円札で埋まった段ボール箱が消えた」とささやかれたことがあったが「それは嘘です。経理に安西さんという厳格な方がいらっしゃったので、ちゃんと私が責任をもって経理部に届けました。それにちゃんと税務署にも追加申告しました」と大塚は申告したことを明かした。

急遽、立ち見券を発売した大塚のアイデアで、主催する新日本プロレスは、観衆を一万六千五百人と発表した。この数字を決めたのも大塚だった。旗揚げ以来、各試合会場で観客動員数を発表するのはリングアナの仕事だった。当時のリングアナは、猪木の妻だった女優・倍賞美津子の実弟の倍賞鉄夫だった。あまりの観衆に倍賞は、大塚に「何人って発表すればいいでしょうか」と相談してきた。

「私は、リングアナとして旗揚げ戦から二年間、すべての試合で観客動員数を発表していました。あの時は、あまりにも観客が入ったので、私の後任のリングアナになった倍賞の鉄ちゃんがまだリングアナになって間もないこともあって、『何人にすればいいですか？』って聞いてきたんです。それで『一万六千五百』って私が決めました」

新間寿の執念が歴史をこじ開けた

こうして「猪木対小林」は、蔵前国技館史上最高の観衆を記録した。当時は、プロレスに限らずプロ野球を含むスポーツイベントで主催者が発表する観客動員数は、正確な数字ではなく多く見積もって発表することが常で、大塚が決めた「一万六千五百」が実数だったかどうかは定かではない。

「いや、でも本当にそれぐらい入っていたと思いますよ。客席は満員ですから、一万一千人以上は入っていることは間違いないですし、それに手書きのチケットと現金で売った分は、僕の感じだと五千枚ぐらいは売った手ごたえがありますから、あれは、実数に近い発表だったと思っています」

フリーカメラマンの山内猛は、この日、会場で試合を観戦した。山内は、昭和五五（一九八〇）年、内外タイムスに入社し、主にプロレスのカメラマンとして活躍、写真部長を務めたが平成二一（二〇〇九）年一一月三〇日に同紙が廃刊になった後はフリーのカメラマンとして精力的に現場でシャッターを押し続けている。

この本でも小林の取材に同行してくれた山内に、あの日の蔵前の光景を尋ねた。プロレスファンで当時、立正大学一年生だった山内は、一階の通路で観戦し、自前のカメラで猪木対小林戦を撮影した。館内の様子を「とにかく、人がワチャワチャっていう感じであふれていたよね。すべての通路にお客さんが座ってふさがっていて、凄い人だったっていうことを覚えている。あの後もファンとして、仕事を始めてからは何度も蔵前には行ったけど、あれぐらい人がいた蔵前は見たことないよ」と証言した。

時と場所を令和二（二〇二〇）年の夏、青梅に戻す。七九歳の小林に、大塚、舟橋、門馬が証言した、観客があふれ返る蔵前国技館のエピソードを伝えると、三月一九日の記憶がさらに鮮明に甦ってきたのだろう。青白かった表情に赤みが差し、熱を帯びた口調で打ち明けた。

「これは、自慢とは聞いて欲しくないんですけど、あれだけお客さんが来てくれたのは、僕が猪木さんと闘ったからだと思っているんですよ。もし、あの時、猪木さんが他の選手とやっていたら、あれだけの人は集まらなかったと思うんですよ」

確かにその通りだろう。猪木は新日本を旗揚げしてから小林戦まで三度、蔵前で興行を行っている。最初がリングアウトながらカール・ゴッチに初めて勝った昭和四七（一九七二）年一〇月四日の「世界ヘビー級選手権」。二度目が日本プロレスを退団して新日本に入団した坂口征二と、移籍後初めて「黄金タッグ」を結成し、ジャン・ウィルキンス、サイクロン・ソトと対戦した昭和四八（一九七三）年四月二〇日。三度目が「世界最強タッグ戦」と銘打った、坂口と組んでルー・テーズ、ゴッチと対戦した同年一〇月一四日。いずれも大塚によると、実際のチケットの売れ行きは「正直言って、売れませんでした。テーズ、ゴッチとの最強タッグも実際に売れたのは六五パーセントぐらいだったという覚えがあります」と明かすように、猪木、そして坂口の看板だけでは国技館を満員にすることはできなかった。重要なのは、猪木が誰と闘うか。誰もが驚くようなマッチメイクだった。

「猪木対小林」という、当時のプロレス界では「禁断」とされていた日本人同士のトップ対決だったからこそ会場は超満員に膨れ上がった。小林が国際プロレスを離脱し猪木との対戦を受けていなければ、あの日の蔵前に広がった異様な光景はあり得なかったのだ。

では、誰が「猪木対小林」を企画し、小林に猪木との対戦を打診したのか。それが、新間寿だった。当時三八歳だった新間は、小林と粘り強く交渉して、試合の実現に奔走した。八六歳になった今も、大観衆で埋め尽くされた館内の光景を思うと胸が震えるほどの興奮が甦る。

「お客さんであふれる館内を見た時に『俺が企画して動いた猪木対小林戦で、これだけのファンが国技館に集まってくれたんだぞ、どうだ見たか！』って叫びたい気分になりましたよ。それだけ、私はこの試合に賭けていたんです。何とかアントニオ猪木、そして新日本プロレスをナンバーワンにしようと、その執念だけでしたから」

新間の執念こそが、日本人対決の禁断を突破したのである。

第2章

情熱と執念

新間寿の猪木への愛と、馬場への闘志

グレート草津との確執で国際の中で浮いていた小林

新間寿の中でアントニオ猪木対ストロング小林戦へ動き出す導火線に火が付いたのは、昭和四八（一九七三）年の秋。きっかけは、プロレス専門誌「月刊ゴング」編集長だった竹内宏介のささやきだった。新間が述懐する。

「竹内が私に『新間さん、今、ストロング小林が国際の中で生殺しにあってますよ』って教えてくれたんですよ。それはどういう意味かと聞くと『国際の中で浮いてます』って言うんだね」

小林は、国際の最高峰「ＩＷＡ世界ヘビー級王者」であり、団体の看板を背負ったエースだった。団体外にいる新間から見れば、看板レスラーが「浮いている」という現実は、にわかには信じられ

アントニオ猪木とともに数々の「仕掛け」を実現してきた新間寿（写真＝東京スポーツ新聞社）

ない。

「だから竹内に、『浮いている』ってどういう意味なんだ？って聞いたら『グレート草津との確執です』って教えてくれてね。それで、なるほどと分かったんです」

小林との間に軋轢を生んでいたグレート草津は、ラグビー日本代表の実績を引っ提げ、昭和四〇（一九六五）年七月に日本プロレスへ入団、その後、国際へ移籍した。国際は、草津をエースとして、ＴＢＳが水曜夜七時にテレビ中継をスタートした。初回放送の昭和四三（一九六八）年一月三日、メインイベントでルー・テーズのバックドロップをまともに食らって失神する失態はあったが、旗揚げから看板選手として団体を引っ張った。昭和五六（一九八一）年八月に国際が崩壊するとレスラーを引退、静岡県三島市で一般企業に就職したが、平成二〇（二〇〇八）年六月二一日に多臓器不全のため六六歳で亡くなった。

国際時代は社長の吉原功から信頼され、選手会長を務め、昭和四八（一九七三）年の秋からは試合を決める権限を持つ「マッチメイカー」の重責を任された。プロレス界では、どれほどの人気選手であろうともマッチメイカーの指示が絶対であり、新聞は小林が対立している相手がリング上を仕切る権力者の草津と聞いた時、団体内で孤立し「浮いている」という事実を瞬時に理解できた。

プロレス史研究家で、一橋大学在学中の昭和五三（一九七八）年一〇月から団体が解散する昭和五六年まで外国人担当として国際プロレスの団体内部にかかわった流智美《ながれともみ》が、小林と草津の確執の内実を明らかにする。

「私が国際で仕事をし始めた時に、小林が国際を辞めた理由を幹部の方に聞いたことがあって『草津との確執だよ。それしかない』って教えてくれました」

流が聞いた理由のひとつは、草津が小林に強いた待遇にあった。当時の各プロレス団体のギャラは年俸制ではなく、固定した月給にプラスされる一試合ごとの試合給が主な給与だった。流によると、その中で国際は、メインイベント、セミファイナル、それ以下、金網デスマッチなど日々の試合順と試合形式によってギャラが変動する方式を取っていた。

「それを社長の吉原さんは、きっちり決めていました。メインの試合給は二万円、セミは一万円、その前は七千円……と明確に線引きしていました」

　チャンピオンの小林は、草津がマッチメイカーに就いた昭和四八年の秋から、興行の大多数を占める地方巡業での試合順はセミファイナル以下へ追いやられていた。流は、「これはマッチメイクする草津によって明らかに意図的に組まれていました。リング上でのプライドを踏みにじるような扱いでした。そうなると、ギャラはダウンしますから、リングで稼いだトータルの収入は、小林より草津の方が上でした」と証言する。

　小林は、マッチメイカーの草津により、チャンピオンとは名ばかりで中身の伴わない待遇を受けていた。さらに、流は、小林が酒席などのリング外でも草津から、今で言う「パワハラ」のような嫌がらせを受けていたことも団体幹部から聞いた。にもかかわらず社長の吉原は、草津を重用し自らの後継に据えようというプランを温めていた。小林は、吉原によってスカウトされ、「覆面太郎」でのデビューから海外遠征、ＩＷＡのベルトを獲得するに至るまでその寵愛を受けて成長してきた。そんな絶大な信頼を寄せていた吉原が、自らを虐げる草津へ心変わりした時、小林の中で国際と吉原への忠誠心が失われていったのだ。

　流は、そんな小林の心境を慮《おもんばか》る。

「小林にしてみれば、デビューからお世話になり信頼していた吉原さんが、ある日突然、自分よりも草津を大切にするようになったことが我慢できなかったんでしょう。『社長、どうして草津なんですか？　僕じゃないんですか？』というジェラシーのような心境だったと思います」

猪木は、客の入らない試合でも一瞬も手を抜かなかった

小林が草津に虐げられて「生殺し」にあっている事実を確認した新間は、ひらめくようにひとつの対戦を思いつく。それが「アントニオ猪木対ストロング小林戦」だった。

「あのころは、力道山先生と木村政彦さんの試合以降、日本人同士の対決はほとんどやらなくなっていたんです。小林さんが浮いているって聞いた時、私の中で今一度、昔に立ち返ったらどうなるのかって思いついた。そうだ！　猪木さんと小林さんの対戦が実現したら凄いぞって。そうなると一人で興奮して、団体のトップ同士が対戦すれば、これは誰もが見たい試合になるぞ、『ヨシッ！俺が決めてやる』って思い立って動きました」

数日後、新間は竹内から小林の自宅住所を聞き、たった一人で青梅へ車を飛ばした。この時、新間を動かしたのは、燃えるような情熱と執念だった。情熱とは「何とかして猪木を世界一にしたい」とのあふれ出る思い。執念とは「どうにかしてジャイアント馬場、全日本プロレスを超えたい」という対抗心だった。この二つを胸に焼きつけて、新間は、国際プロレスのエースだった小林を口説き落とそうとしていた。衝動的とも言える行動は、「猪木対小林」を実現させてライバルのジャイアント馬場率いる全日本プロレスとの興行戦争を制圧したいという思いに突き動かされていた。

草創期の新日本は、興行人気も経営も苦境の連続だった。昭和四七（一九七二）年三月六日の旗揚げ以来、海外から名前の知れた外国人選手を招聘するルートもなく、さらには、多額の放映権料が得られるテレビ中継も「東京12チャンネル」（現・テレビ東京）が特別番組で放送することはあっ

たものの、レギュラー中継が付かず興行的に大苦戦し、旗揚げからわずか半年で一億円もの負債を抱えていた。

旗揚げ一年目の内情を、リングアナウンサーだった大塚直樹はこう明かす。

「一言で言って最悪です。誰かが背中を押したらすぐに崖から落ちて潰れる状況でした（笑）。なにしろ、お客さんが入りませんでした。ですから当然、借金はかさんで八月の給与から一カ月遅配になったことを覚えていますし、年末の賞与も餅代っていう名目で確かスタッフ一律五万円だけでしたね。経営は相当、大変だったと思います」

リングアナとしてすべての会場に帯同した大塚が、旗揚げ一年目で忘れられない光景は、三月二五日の埼玉県秩父市の秩父記念市民会館と五月二四日の岩手県盛岡市の盛岡体育館の二大会だった。

「秩父宮は、五〇人しか入りませんでした。これは、恐らく新日本の歴史上、最低の観客動員数だと思います。盛岡は、あまりに切符が売れなくて試合当日になって興行師がいなくなったんです（笑）。中止にしようかっていう話にもなったんですが、入場券は売ってますし、町中にポスターは貼ってあるから、やらないわけにはいかないだろっていうことになってやったんですが、七〇人ぐらいしか入りませんでしたね」

そして、秩父宮や盛岡で、選手をコールするためにリングに上がって客席を見た時のことをこう振り返る。

「正直、やらない方がよかったなって思いましたよ。歓声もないし、拍手もパラ、パラ、パラ……っていう感じで。あんなに寂しい光景は、ありませんでした」

興行不振に給料遅配……社員としては最悪の会社だったが、大塚は辞めようと思ったことはなかった。理由はアントニオ猪木の存在だった。大塚は、猪木について話す時、自らの「ボス」という敬意をこめて親指を立てる。この時も親指を立てて話し始めた。

「あの方が立派なところは、それほどまでにお客さんがいないのに、一切、試合で手を抜かなかったことです。私はリングアナで全試合、見ていましたから、あの方は、ただの一試合、もっと言えば試合中の一瞬でも、手を抜くことはなかったですね。お客さんがいなくても、社長自らがあれだけ頑張っている姿を見せられれば、辞めようなんていう気にはなりませんよね。これだけの試合をしていれば、いつかお客さんが入る日が来るっていう希望にもなりましたし、あの試合を見て、この人のために頑張ろう、もっと言えば、必ず猪木さんを満員の会場で試合させてあげようっていう気持ちになりましたよ」

閑散とした会場ばかりだった旗揚げ一年目の新日本。リング上では全力を尽くした猪木だったが、一方で「猪木寛至」という興行会社「新日本プロレス」の社長としては、給料遅配という最悪の状況を打開すべく、経営のテコ入れを迫られる。その一環として声をかけたのが新間だった。給料が遅配になった昭和四七（一九七二）年八月の翌九月に、新間はアントニオ猪木のマネージャーとして入社した。

「この子は将来、絶対に世界チャンピオンになる」

新間と猪木は、出会いから蜜月と確執を繰り返す関係だった。新間は、昭和一〇（一九三五）年三月二二日、寛永三（一六二六）年に開山した、新宿区にある日蓮宗「本妙山　高田　感通寺」の住職だった父・信雄の次男として生まれた。

「幼いころから、父親の説法を聞いて、古典から小説までいろんな本や講談を読んだりして、そこから歴史上の偉人の考えとか戦国武将がどうやって自分の念願をかなえていったとか、いろんな物語を吸収していったんですよ。それが、私の人生でもの凄く役に立つことになったんですね」

プロレスとの出会いは、中央大学一年の昭和二九（一九五四）年二月一九日に蔵前国技館で力道山が木村政彦と組んだシャープ兄弟との試合を見た時だった。日本初のテレビ中継となった試合に感動した新間は、日本橋浪花《なにわ》町（現在の日本橋富沢町）にあった通称「力道山道場」（日本プロレス道場）が、今のフィットネスクラブと同じように会費制で会員を募っていることを知る。柔道部に所属していたこともあり、力道山のような肉体になりたいと思いたち、すぐに入会し力道山道場へ通い始めたことが、直接、プロレスの世界に触れるきっかけとなった。

「確か私の会員番号が六番とか七番でね、そこで力道山先生から体づくりを直接、教わりましたし、他のレスラーとも話をするようになったんですよ」

中でも親しくなったのが大相撲からプロレスに転向した豊登だった。昭和六（一九三一）年三月二一日に福岡県田川郡で生まれた豊登、本名・定野道春は、昭和二二（一九四七）年三月に大相撲の立浪部屋に入門し、昭和二九（一九五四）年三月に幕内へ上がった。しかし、日本プロレスを立ち上げた力道山にスカウトされ、入幕三場所目の同年九月場所を最後に引退し、プロレスラーに転向する。そして、新間と道場で出会うことになる。

豊登と親しくなった新間だったが、大学を卒業するとプロレスの世界ではなく化粧品メーカー「ポンジー化粧品」に就職した。入社一年目の冬に新しくできた福岡支社へ自ら希望し転勤する。福岡での勤務が三年目を迎えた昭和三六（一九六一）年一〇月二二日、日本プロレスが福岡県小倉市（現在の北九州市小倉北区）の三《み》萩野《はぎの》体育館へ巡業に来た時、会場に豊登を訪ねて再会する。

この時、豊登から紹介された若手選手が猪木だった。猪木は、横浜市立寺尾中学二年の昭和三二（一九五七）年二月に生まれ育った横浜市鶴見から祖父・相良寿郎、母親・文子、三男・寿一、四男・快守、七男・啓介と共にブラジルへ渡った。三年後に試合のためにサンパウロを訪れた力道山にスカウトされ昭和三五（一九六〇）年四月に帰国し、日本プロレスへ入門した。デビューは同じ年の九月三〇日、台東区体育館での大木金太郎戦だった。新間と初めて会った時の猪木は、デビュー二年目を迎えたばかりの前座レスラーだった。

豊登は、初対面となった猪木をこう紹介した。

「この子は力道山が将来、絶対に世界チャンピオンになる、ルー・テーズの再来だと言っている選手なんだ。将来有望だから、これからもし何かあったら面倒見てやってくれ」

豊登の言葉で新間の中に「猪木」の名前が刻まれた。ただ、この時、猪木は、黙ってうなずいているだけだったという。というのも猪木は、力道山の戦略で、横浜の鶴見で生まれ育った経歴を隠し「ブラジル生まれの日系二世」という触れ込みで売り出されていた。そのため力道山から「日本語は話すな」と命じられていた。

「トヨさんもその時に『ブラジルから来たから日本語はあまりしゃべれない』と言って、その通り、猪木さんは何も話さず、私とトヨさんの話を聞いていましたよ。それで私が会社で売っていた透明石鹼を渡すと、ポルトガル語で『Obrigado（ありがとう）』と一言つぶやいたのを覚えていますよ」

当時、猪木は一八歳、新間は二六歳。石鹼を渡した時のポルトガル語での「ありがとう」が二人の初対面での会話だった。それから四年あまりを経た昭和四〇（一九六五）年の暮れに二人の運命が急転する。福岡での生活を経て、東京に戻った新間は、ポンジー化粧品の三鷹所長として多摩地区の営業を任されていた。しかし、知人から転職を勧められ、同じ化粧品メーカー「マックスファクター」へ移る。その直後、豊登から連絡が入った。

「日プロを辞めて新しい団体を作るから手伝ってくれないか」

猪木、新間、豊登が泥沼の裁判闘争

豊登は、力道山亡き後の「日本プロレス」の社長に就任したが、「依存症」とも言えるギャンブル癖から二千万円と言われる会社の公金を横領して博打に突っ込み、日本プロレスを追放されたのだ。豊登から新間に連絡が入ったのは、日本プロレスを追放されたその直後だった。設立する新団体に、営業部長として来てほしいと要請され、新間は即決する。

「トヨさんは、その時、どういうわけだか分からないけど、渋谷の一柳荘っていう連れ込み宿を拠点にして、そこに呼ばれたんですよ。宿に入ったらいろんな部屋から女の人の変な声が聞こえてね(笑)。そこで、今度、新しい団体をやるから来てくれって誘われたんです」

そう新間を誘うと豊登は、布団をめくったという。

「その下に、百万円の束がズラ〜ッと並べられていてね。たぶん、三千万ぐらいあったんじゃないかな。その大金を私に見せて『これだけの金があるから大丈夫だ』って言うから、私もこれは凄い、間違いないって信じました。ただ、それよりも何よりも、その時の私は、大好きなプロレスで仕事ができるって、その誘いがうれしくってね。もう天にも昇るような気持ちで、すぐに入ったばかりのマックスファクターへ辞表を提出して辞めましたよ」

新団体は「東京プロレス」と名付けられ、新間は、取締役営業部長の要職に就き、これがプロレスビジネスに携わる出発点となる。加えて新間の父・信雄は、補完組織となる「東京プロレス協会」の理事に就任した。新間は、親子で東京プロレスに加わることになったのである。

同時に豊登は、将来性を高く評価していた猪木を日本プロレスから引き抜く。力道山亡き後の昭和三九(一九六四)年三月から初のアメリカ武者修業へ出ていた猪木は、約二年間のアメリカマットでの実績を積み、昭和四一（一九六六）年三月二六日に開幕する「第八回ワールドリーグ戦」で凱旋帰国を予定していた。帰国途中のハワイでジャイアント馬場、吉村道明と合流するはずだったが、ハワイで豊登から新団体への参加を打診され東京プロレスへの参加を決断する。当時「太平洋上の猪木略奪事件」と報じられたこの引き抜き劇を経て、四月二三日、ハワイから猪木とともに帰国した豊登は東京プロレス設立を正式に発表した。猪木は社長に就任し、新間は営業部長で、これは後に新日本で同様の関係が再現されるが、もともとは東京プロレスが二人のプロレスビジネスの原型だった。

　東京プロレスは、この年の一〇月一二日に蔵前国技館で旗揚げ戦を行い、猪木はメインイベントでジョニー・バレンタインと対戦した。三一分五六秒、リングアウトで猪木が勝ったこの試合は、テレビ中継がなかったため映像が残っていない。しかし、取材した記者から「これぞ猪木の最高の試合」と評価されるほど凄まじい激闘だった。

　しかし、一〇月、一二月に二度のシリーズを開催するも不入りが続き、自力での興行は難しくなっていく。年明けの一月に設立されたばかりの国際プロレスと合流し一カ月の合同シリーズを開催したが、最終戦となる一月三一日の宮城県スポーツセンター大会を最後に団体は終焉を迎えた。

旗揚げからたった四カ月での崩壊は、猪木と新間親子、豊登との間に深刻な確執を生んだ。団体の資金運営に不信感を持った猪木は、昭和四二（一九六七）年一月八日に、豊登、新間親子を業務上横領で警視庁淀橋署（現在の新宿署）へ刑事告訴したのだ。これに対抗して翌九日に新間親子は、名誉棄損と背任で猪木を刑事と民事の両面で訴えた。猪木側の告訴を受け、新間親子は取り調べを受けたが、結果は不起訴処分となった。

　猪木の告訴は不起訴となったが、新間親子は世間的に評判を落とした。感通寺の住職だった信雄は、日蓮宗の宗会議員選挙に立候補していたが、告訴を報じる新聞記事の影響で落選した。

一方の猪木は、当時、日本プロレスコミッショナーだった自民党の川島正次郎副総裁の調停により四月六日の後楽園ホール大会から日本プロレスへ復帰し、以後、ジャイアント馬場との「ＢＩ砲」でインターナショナルタッグ王者に就くなど、馬場に次ぐ日プロを背負うスター選手としての地位を築いていく。

猪木が日プロへ移籍し再び華やかなスポットライトを浴びたころ、新間は転職を余儀なくされる。

「東京プロレスが抱えた負債の影響で実家の寺にも借金取りが取り立てにきて、親父から『ここにいると危ないから当分、東京を離れなさい』って命令されたんです」

信雄が用意した転職先は、栃木県日光市にあった小来川《おころがわ》鉱山だった。現在は閉山となった鉱山で、新間は三二歳からの四年間、鉱夫として働いた。鉱山での勤めを終えると、実家の感通寺近くにあったパン屋の店主が引っ越した後をそのまま引き継ぎ、「寿屋パン」の店名でパンの製造販売で生活を再スタートした。その間、新間親子が猪木を提訴した裁判は、和解金三百万円で和解が成立、泥沼の法廷闘争で絶縁となった猪木と新間だが、和解したことで再び接点が生まれる。

絶縁した豊登の参戦というインパクトが欲しかった

ほどなくして猪木は、昭和四六（一九七一）年一一月二日、東京・新宿の京王プラザホテルで女優の倍賞美津子と結婚披露宴を挙げた。「一億円披露宴」と報じられた人気レスラーとトップ女優の挙式に、猪木は新間と豊登へ招待状を送った。

「私は出席したんですが、トヨさんは、猪木さんへのわだかまりがまだ根強くあって、『あんなヤツの結婚式になんか絶対に俺は出ない』って言って欠席しました。だから、私がトヨさんの分の祝儀も包んで出席したんです」

そのわずか一カ月後の一二月一三日、猪木が「会社乗っ取り」を理由に、突然日本プロレスを追放される。追放が決まる直前の一二月八日夜に猪木は、尿路結石を理由に都内の病院に入院し、九日に大阪府立体育会館で決定していたドリー・ファンク・ジュニアのNWA世界ヘビー級王座に挑戦するビッグマッチを欠場した。この時、新間は猪木を見舞いに訪れ、二人の間にあったわだかまりが氷解したという。退院後、日プロを追放された猪木は、新団体の設立を決断し資金繰りに奔走する。その中で過去の恩讐を超えて新間の父・信雄を訪ね、協力を頼んだ。

「親父は、『申し訳ないけど、協力はできません。プロレスとは縁を切っていますので、今後とも関係することはありません』と断ったんですよ。猪木さんが帰ってから父は、私に『寿、いいか。二度とプロレスビジネスには携わるんじゃないぞ』と強く釘を刺したんです」

ただ結果的に、新間は父の命令を反故にする。年が明けた昭和四七（一九七二）年一月二六日、新団体「新日本プロレス」の設立を発表した猪木から一人呼ばれ、三月六日に予定された大田区体育館での旗揚げ戦に、豊登の参戦と協力を打診されたのだ。

設立したばかりの新日本は、観客を呼べるスター選手は猪木ただ一人だった。あとは、日本プロレスで猪木を慕っていた山本小鉄、北沢幹之《もとゆき》（リングネーム・魁勝司《かいしょうじ》）、柴田勝久、木戸修、付け人の藤波辰巳（現・辰爾）の六人しかいない。旗揚げ戦を成功させ、さらには観客にサプライズを与えるためにも、東京プロレスの崩壊で絶縁した豊登の参戦というインパクトが欲しかった。なぜ猪木は新間に参戦の仲介を依頼したのか。それは、当時、新間が豊登の生活を支援していたからだった。

豊登は、東京プロレスの崩壊後に国際プロレスに入団したが、三九歳を迎える誕生日の一カ月前となる昭和四五（一九七〇）年二月一一日、板橋区体育館大会で引退式を行い、レスラー生活にけじめをつけていた。無職になった豊登に仕事を紹介したのが新聞だった。工業製品「ダイナパワー」のセールスで全国を回り、力道山のタッグパートナーだった豊登の名前と顔は全国でも知られており、商品は順調に売れた。しかし、売り上げは、すぐにギャンブルに消えていった。

「一日に一万円か二万円ぐらいの売り上げがあったんだけど、毎日のように出張先の泊まるところで紹介してくれた人と麻雀ばかりで、その日の売り上げがすぐに消えていきましたよ」

それでも、新聞は、豊登を見捨てることができず、自宅近くのアパートを借り、生活の面倒を見ていたのだ。

「猪木さんから私だけ呼ばれましてね。あれは、代官山にあった旗揚げ前の仮の事務所だったと思うんだけど、そこで『トヨさん、試合できないかな?』って言われて、『無理だと思いますよ』って返事したんだけど、『そこを何とかならないか』って熱心に言われて、取りあえずは『ダメ元でトヨさんに聞いてみます』と答えたんです」

猪木は、その時、豊登が住むアパートの家賃三カ月分を負担することを申し出て、新聞に家賃三カ月分の現金を託した。猪木が熱望したリング復帰を打診すると、案の定、国際で引退式をやってもらった義理と、リングから二年も離れている体力面から、再び試合に出ることを拒否した。

「だからトヨさんに、『今、住んでいるアパートは猪木さんに家賃を払ってもらっているんですよ』って教えたんですよ。だから、『一度だけでいいから、そのお礼かたがた猪木さんと会ってください』って説得して、会ってもらったんです」

その言葉を聞いて豊登は、猪木との対面を受け入れた。ただ、猪木が家賃を負担していることを聞いた時の豊登を思い出して、新聞は苦笑いした。

「トヨさんは、私に『猪木からいくらもらったんだ』って聞かれたから、『家賃三カ月分です』って答えたら、『俺に一〇万くれ』って。開いた口がふさがらないとはあの時のことで、参りましたよ（笑）」

猪木と新聞による仕掛けの第一弾

猪木と対面し、その熱意を汲んだ豊登は、話し合いの後、新聞に「自転車を買ってくれ」と頼んだ。失った体力を回復するために、自転車に乗ってトレーニングするという。すぐに新聞は、自転車店で「二、三万円ぐらいで中古の、競輪選手が乗るような自転車」を買い、豊登は旗揚げ戦まで毎日のように自転車に乗って下半身の強化に努めた。

そして、迎えた三月六日、大田区体育館。新日本プロレスの旗揚げ戦で豊登はサプライズ参戦を果たす。事前に一切の告知なしで迎えた当日のリング。猪木と取締役に就任した山本小鉄とレフェリーのユセフ・トルコがリングに並んで挨拶する時に豊登がサプライズ登場し、リング復帰を宣言すると観客から大きな拍手が湧き起こった。セミファイナルで小鉄とのタッグでジム・ドランゴ、ジョン・ドランゴのドランゴ兄弟と対戦したが、この豊登参戦こそ、その後、小林戦、モハメド・アリ戦に始まる異種格闘技戦、ＩＷＧＰ……と、昭和の新日本プロレス史に残る猪木と新聞による仕掛けの第一弾だった。

旗揚げ戦で豊登の参戦に尽力した新聞は、この年、六月一五日の埼玉県熊谷市民体育館、八月二七日の群馬県の藤岡市体育館の二大会の営業を頼まれ、自らのパン屋の経営のかたわら携わり、成功に導く。そして九月に猪木に請われ新日本プロレスに入社し、プロモーターへ転身した専務だった木村昭政に代わって猪木のマネージャーとなった。それにしても新聞は、なぜ、東京プロレス時代に法廷闘争にまで発展して絶縁した猪木の下に、再び仕えることを決意したのか。

「その時もわだかまりはありましたよ。それは簡単には消えるものではありません。でも、それ以上にプロレスの仕事に魅力があったということと、私の中に、トヨさんから言われた言葉がずっと心に残っていたんです」

新間が覚えていたのは、三萩野体育館で一八歳の猪木を初めて紹介された時の「将来は世界チャンピオンになる子だから何かあったら面倒見てくれ」という豊登の言葉だった。

「あの言葉がずっと引っかかっていて、アントニオ猪木というプロレスラーなら日本、いや世界のプロレスを変えることができるんじゃないかっていう思いが私の中にあったんです」

絶縁しても、バレンタイン戦に代表される猪木のファイトに新間は心をつかまれ続け、プロレスラー「アントニオ猪木」は自らの人生を賭けようと思う光に満ちあふれていた。そして、新間はプロレスが大好きだった。振り返れば、猪木と新間の間には常に豊登がいた。というより、豊登がいなければ二人の関係は結ばれなかった。

平成一〇（一九九八）年七月一日、急性心不全で六七歳の生涯を閉じた豊登。亡くなったその年は、猪木が四月四日に東京ドームで七万人（主催者発表）の観衆を集めて引退試合を行った年だった。それから約三カ月後の訃報というのも、猪木と豊登の不思議な縁を感じざるを得ない。

新日本に入社後、ほどなくして営業部長となった新間は興行のテコ入れ、一億円の負債の返済、さらには猪木のマネージャーとして様々な企画を提案した。団体が上向く明るい材料もあった。旗揚げから一年を経た昭和四八（一九七三）年四月六日から、ＮＥＴ（現・テレビ朝日）が金曜夜八時の日本プロレスの中継を打ち切り、新日本の試合を放送することを決定したのだ。

ＮＥＴは、昭和四四（一九六九）年七月二日から、毎週水曜夜九時に日本プロレスの中継をしていた。これにより日プロは、毎週金曜夜八時の日本テレビに加え、民放二局で放送されることになった。二局の差別化は、日本テレビはジャイアント馬場と、明治大学、旭化成と柔道で活躍し全日本柔道選手権大会優勝の実績を引っ提げて昭和四二（一九六七）年に入団した坂口征二が中心、ＮＥＴは猪木と大木金太郎を軸にしたプログラムで日テレとの協定で馬場と坂口の試合は放送できない約束があった。

しかし、ＮＥＴの看板レスラーだった猪木が昭和四六年一二月に追放されると、目玉を失ったＮＥＴは、日プロ幹部の承諾を得て、昭和四七（一九七二）年四月三日に馬場の試合を中継する。この協定違反に日テレは、約一カ月後の五月一二日の放送を最後に日プロの中継を打ち切る断固とした対応を取った。この一件に端を発し、日テレは馬場に全面バックアップを確約し、七月に馬場は日プロを離脱し、自らの新団体「全日本プロレス」を設立することになる。

日テレが撤退した後、ＮＥＴは金曜夜八時に放送日、時間を変更し、坂口をエースに据えた日本プロレスの中継を続行した。馬場が抜けたとはいえ、金曜夜八時の放送は、力道山時代からお茶の間にプロレス中継の時間として視聴習慣があった影響で、視聴率は一〇パーセント以上を維持していた。ただ、大スターの馬場と猪木の二大看板がいない番組は、ジリ貧が確実でテコ入れを迫られていた。

ＮＥＴによる新日・日プロの合併策

日テレが馬場の新団体設立をバックアップしたことに表れているように、プロレス中継がゴールデンタイムで放送され、局の看板だったこの時代。ＮＥＴも番組編成を担うトップがテコ入れの最前線に立った。指揮を執ったのは、編成局長からこの年に常務取締役に昇進した三浦甲子二《きねじ》だった。

後に「テレ朝の天皇」と呼ばれるほど番組編成、制作に絶大な権力を持っていた三浦は、馬場が離脱して視聴率が低迷してきたプロレス中継の改革策として、昭和四七年の秋に、日本プロレスと猪木の新日本プロレスの合併へと極秘裏に動く。ＮＥＴの合併提案について、現在、新日本の相談役を務める坂口征二が振り返る。

「あのころは、猪木さんがやめて馬場さんもやめて、俺と大木（金太郎）さん、（グレート）小鹿さん、高千穂（明久、後のザ・グレート・カブキ）が中心でやっていたんだけど、急激に人気が落ちてよ、一〇月とか一一月には給料も出なくなって、お客さんも入らんし、この先、どうなるのか？って思っていたんよ。そうなった時にＮＥＴの三浦さんに赤坂の料亭へ俺と猪木さんが呼ばれてね。『このままじゃ、日プロはダメになる。ＮＥＴは来年から放送しないぞ』って言われて、『猪木のところと一緒になったら、一生、ＮＥＴで放送するから、一緒になれ』って提案されてね。面と向かってそう言われたら、誰でも考えるよな。少なくとも面と向かって嫌ですとは言えないよな」

三浦は、新日本プロレスを解散し、日本プロレスと合併する新会社の設立を提案した。猪木と坂口の一試合のファイトマネーは同額の一〇万円、その他の待遇も対等であることも掲げた。

ＮＥＴで実況アナウンサーだった舟橋慶一は、当時の局の考えを明かす。

「ＮＥＴとしては、日プロの経営がいい加減でひどかったから、そこを改革しないといけないと考えていたんですね。さらに、馬場さんが辞めた後の日プロ中継で坂口さんをメインで起用していたので、坂口さんをメインにした放送は続けようと考えていました。ですから、坂口さんに新日本へ入れとは言っていないんです。猪木さんと坂口さんは、完全に対等で二人で新しい会社を作りなさいという考えだったんです」

猪木にとって自らを追放した日プロの選手との合流だったが、テレビ中継がなく経営危機に瀕していた現実を考えれば断る理由はなかった。坂口も合併を受け入れた。そこには大きな理由もあった。坂口が旭化成を退社しプロレス入りする時に尽力してくれた日プロの社長だった芳の里淳三（本名・長谷川淳三）を、合併する新会社の会長に迎えることを三浦も猪木も受け入れてくれたからだった。

「俺は、日プロの社長だった芳の里さんに恩義があったからよ。俺をプロレス転向で誘ってくれて、転向する時に旭化成にも明治のOB会にも一緒に行って『坂口をお願いします』って頭を下げてくれたんよ。合併する時、新しい会社は、猪木さんが社長で俺は副社長、そして芳の里さんを会長にする話が進んでいたんよ。芳の里さんには恩義があったから、あの人を面倒見てくれるって猪木さんも約束してくれたから、『じゃあ俺も行きます』ってその話に合意したっていうのが本当のところなんよ」

　恩人の会長職という待遇を約束された坂口は、新日本との合併を決断し、日プロの選手会で三浦からの合併提案を受け入れるよう説得をした。

「みんなに相談して『一緒になりましょうよ』って提案したんよ。小鹿さんなんかは、一年前に猪木さんを追放した時の急先鋒だったから、猪木さんとの関係はあまりよくなかったけど、『食っていくためにはしょうがないな』ってみんな納得してくれたんよ」

　日プロの選手も合併を受け入れ、新たに「新・日本プロレス」（仮称）という社名の会社を設立する準備を進め、昭和四八（一九七三）年二月八日に新宿の京王プラザホテルで猪木と坂口が同席して合併発表の記者会見を開いた。ところが、一連の流れの中で、母国・韓国へ帰国していた幹部レスラーの大木金太郎が会見後に来日し猛反対、これに選手会に所属する一五人中、一一人が大木に賛同し、合併は白紙となった。その結果、選手、フロントは分裂、坂口の他に付け人を務めていた木村聖裔（後の健悟）、運転手だった大城勤、若手の小沢正志（後のキラー・カーン）の四人のレスラー、レフェリーの田中米太郎、数名のフロントを新日本が受け入れる形となった。坂口が「恩人」と慕った芳の里は、社長のまま日プロに残留し、描いていた会長就任もご破算になった。

馬場の全日本プロレスが立ちはだかった

この時、坂口と大木の間で根深い対立と確執が生まれた。

「俺も猪木さんと記者会見までしたのによ。そしたら大木さんが韓国から帰ってきて『俺はそんな話は聞いてない。俺は猪木と一緒にやるのは嫌だ』って激怒してよ。大木さんは昔から猪木さんに対して凄いライバル心をもっていたから、一緒にやるのは嫌だったんだと思うよ。だけど、俺にしてみれば、もう決まった話をなしにされてよ。それで俺は『猪木さんと約束しているから、やめます』って言って日プロを出ていくことになったんよ」

土壇場で大木が合併を覆したが、猪木と坂口の合流は変わらないため、NETは予定通り日本プロレスの中継を三月三〇日の栃木県の佐野市民会館大会（試合は三月八日に開催）の録画中継を最後に打ち切り、翌週から坂口が加入した新日本の中継へ切り替えた。新日本にとって旗揚げから待望していた記念すべき初の生中継は、四月六日の栃木県宇都宮スポーツセンター大会。実況した舟橋慶一は第一声で「プロレス界の新しい夜明け」の名文句を残した。

一方、テレビを失った日プロは、四月二〇日、群馬県吉井町体育館大会を最後に活動を停止する。テレビが絶大な影響力を持っていた昭和四〇年代、テレビ局から見放されると、昭和二八（一九五三）年に力道山が設立した老舗団体も呆気なく崩壊する過酷な現実があった。

万が一、坂口が猪木と合流するNETのテコ入れ策に応じず日プロに残っていれば、NETはプロレス中継を打ち切った可能性がある。そうなれば、新日本も潰れていただろう。

「猪木さんは、日プロからフロントも入ったから、『社員が多すぎる』とか言っていたけど、受け入れてくれたからね。それはうれしかったよ。俺もあのころは三一歳でまだ元気のあるころだったから、将来、どうにでもなるわっていう気持ちもあったし、若かったんよ。そういう時期だった」

　この経緯を見ると、猪木が設立した新日本プロレスは一年目までが独立した団体で、二年目からは、社名は変わらなかったが、多額の放映権料を支払うＮＥＴが株主となり坂口派の「日プロ」と合併した新会社となったというのが実態だった。いずれにしても、坂口の判断が新日本にテレビ中継をもたらし、旗揚げ一年目で一億円の負債を抱えた新日本は、持ちこたえ、令和となった今もその歴史は続いている。旗揚げ二年目を迎えた新日本にとって、坂口はまさに救世主だった。

　坂口は、副社長に就任し、リング上でも猪木と並ぶエースとして活躍した。ただ坂口は、合流する時、日プロから連れてきた社員を営業部長にすることを要望し、猪木は承諾した。そのためこの時、新間は営業部長から新たに営業促進部長の肩書となった。

「猪木さんは、何としてでも会社の危機を救うために坂口さんに来てほしかった。だから坂口さんの願いはすべて受け入れたし、私に『試合でコールする順番は俺が先で坂口が後でもいい。俺の口から坂口に言うと、遠慮するかもしれないから、新間から言ってくれないか』と言っていました」

　リング上で、文字通り坂口をトップに据える決意を猪木は新間に打ち明けた。その思いを新間は坂口に伝えたが、坂口は「猪木さんの思いはありがたく受け入れますが、そんなことはできません。猪木さんがトップでお願いします」と引き下がった。年齢こそ猪木より一歳上だがプロレスラーとしては、入門が七年後輩だった坂口は、自らが目立つことよりも猪木を支えることを選んだ。

「そういう猪木さんの心遣いはうれしかったけど、俺は性格的に目立つのは嫌いなんよ。だからトップは猪木さん、俺は二番手でって自然にそう思ったんよ」

坂口の加入で待望のテレビ中継も開始、外国人選手も無名レスラーだったタイガー・ジェット・シンをサーベルを持った凶悪レスラーとして猪木の宿敵に仕立て上げ、話題を作った。一気に飛躍するかと思われた新日本だったが、現実はそう簡単にはいかなかった。ジャイアント馬場の全日本プロレスが立ちはだかったのだ。

猪木と馬場、本名馬場正平は、昭和三五（一九六〇）年四月、同じ日に力道山により日本プロレスへの入門が発表され、同年九月三〇日、同じ台東区体育館でそろってデビューした。ブラジルから来た日系二世の触れ込みだった一七歳の猪木とは対照的に、プロ野球「読売巨人軍」の投手で身長二メートル九センチと破格の体を持つ二二歳の馬場は、同じ新人レスラーでも待遇に雲泥の差があった。力道山は、馬場には月給を支払い、デビューから一〇カ月後の昭和三六（一九六一）年七月にはアメリカへの海外遠征へ送り出した。凱旋帰国する昭和三八（一九六三）年三月までの一年八カ月で、ニューヨーク、ロサンゼルスなど、東海岸、西海岸の主要地区で人気を獲得し、力道山から後継者としてお墨付きを得る。絶大なカリスマの亡き後は、力道山が初代王者だった「インターナショナルヘビー級」王座を獲得し、名実ともに日プロのエースに君臨した。昭和四〇年代の日プロ一強時代は、同時に「ジャイアント馬場」時代でもあった。

日本人と強豪外国人の対戦で興行を盛り上げる全日本

対する猪木は、馬場が全米で活躍していた力道山の存命中は、師匠の付け人を務め、リング上では若手のホープとして注目はされていたが、帰国後一気にメインイベンターになった馬場とは、人気も格もかけ離れていた。その後、日プロを離脱し東京プロレスでエースとなったが、団体は旗揚げから四カ月で崩壊し、日プロへ復帰してからは、馬場とのタッグ「BI砲」でインターナショナルタッグ王座を獲得し、馬場への挑戦も表明するなどライバルとも評され、人気と実力も認められた。ただ、目の前には常に馬場がいた。

好対照の二人は、昭和四七（一九七二）年にそれぞれ旗揚げした自らの新団体も、カラーの違いが際立った。テレビ局も付かないイバラの道を選んで旗揚げした猪木とは違い、馬場は日本テレビの全面バックアップを受け、同年一〇月から毎週土曜夜八時の「全日本プロレス中継」の放送が決定した。旗揚げシリーズで有名外国人選手がカール・ゴッチたった一人だった新日本に対し、全日本は、一〇月二一日に東京・町田市体育館で開幕したオープニングシリーズとなった「ジャイアントシリーズ」で、ブルーノ・サンマルチノ、テリー・ファンク、フレッド・ブラッシーと豪華外国人選手をそろえ、力道山時代から続く日本人と強豪外国人の対戦という図式で興行を展開した。

加えて馬場は、他団体の国際プロレスと友好関係を結ぶ。日本人の選手層が薄かった旗揚げシリーズを前に国際の吉原社長と交渉し、人気レスラーだったサンダー杉山の移籍を実現させ、町田市での旗揚げ戦で馬場は杉山と組んでサンマルチノ、テリー組と対戦する。猪木が旗揚げ戦で一人、ゴッチと闘った試合とは対照的な、豪華外国人選手との対決、さらには国際との友好関係を満天下に示すオープニングマッチとなった。加えて、旗揚げシリーズに国際から寺西勇ら複数の若手選手を借りて薄い選手層をカバーした。馬場も恩返しとして一一月に国際の「ビッグウインターシリーズ」で、二九日の東京都体育館、三〇日の茨城県立スポーツセンター大会の二試合に参戦し、以後も国際との友好関係が続くことになる。

さらに馬場は大型新人も獲得する。旗揚げ直後の一〇月三一日にミュンヘンオリンピックのレスリング日本代表で中大レスリング部の鶴田友美（後のジャンボ鶴田）の入団を発表し、一年後の一〇月六日、後楽園ホールで国内デビュー。鶴田は、馬場に続くスターとしての道を歩むことになる。

それだけではない。テレビの視聴率アップを狙い、プロレスの枠を超えた世間が振り向く話題も仕掛ける。旗揚げした翌年の昭和四八年九月二六日に昭和三九（一九六四）年の東京オリンピックで初めて正式競技として採用された柔道の無差別級で神永昭夫を破り、金メダルを獲得したオランダのアントン・ヘーシンクの全日本プロレス参戦を発表したのだ。

東京オリンピックから九年を経て、年齢は三九歳となっていたが、神永を倒した衝撃は日本国中に残っており、抜群のネームバリューを持つヘーシンクのプロレス転向は、世間に大きな話題を呼んだ。同年一一月二四日の蔵前国技館で馬場とタッグを組み、ブルーノ・サンマルチノ、カリプス・ハリケーン組との日本マットデビュー戦はプロレスの枠を超え、世間から大きな注目を集めた。プロレスを覚えられなかったヘーシンクは、デビューから四年あまりの昭和五三（一九七八）年二月五日のジャンボ鶴田戦を最後に引退したが、衝撃のデビューは、一時的に「全日本プロレス中継」の視聴率に貢献する、強烈なカンフル剤となった。

馬場もエースとして奮闘した。新団体で新たに創設した「世界ヘビー級王座」の争奪戦を、旗揚げ二戦目の日大講堂でのサンマルチノ戦からスタートさせる。この王座は、亡き力道山の夫人の百田（現・田中）敬子による「百田家所有」のチャンピオンベルトを全日本に寄贈したものと発表された。同時に力道山の長男の義浩を取締役に迎え、次男でレスラーの光浩の入団も決定。馬場の新団体は、力道山の流れを汲む本流であることをアピールした。

争奪戦は、馬場のほか、サンマルチノ、アブドーラ・ザ・ブッチャー、テリー・ファンク、ザ・デストロイヤーら八選手が参加する勝ち抜き戦で、馬場が八勝二引き分けの成績でベルトを獲得する。百田家が寄贈したこのタイトルは、一カ月後の三月にハワイ在住で馬場の友人のロード・ブレアースを会長とするベルトを管理する組織「ＰＷＦ（Pacific Wrestling Federation）」が認定する、ＰＷＦ世界ヘビー級王座（後に「世界」の名称は削除）となり、全日本と馬場の象徴として防衛戦を重ねることになる。

ＮＷＡ加盟を却下された猪木

昭和四八年、ようやくＮＥＴの中継が始まった新日本だったが、このようにライバル団体で商売敵の馬場「全日本」の大攻勢に防戦一方だったのである。最大の弱点は、招聘する外国人レスラーの顔ぶれだった。当時のアメリカマット界は、全米で最多数のプロモーターが加盟する組織「ＮＷＡ」（National Wrestling Alliance）が一大勢力で、ＮＷＡ世界チャンピオンが世界のマット界で最も権威のある王座と認められていた。当時のファンも、ボクシングの世界王者と同じように、プロレスの世界最強は、「ＮＷＡチャンピオン」という認識で一致していた。

デビューから間もなくアメリカマットで活躍した馬場は、全米のプロモーターから絶大な信頼を得ており、全日本を旗揚げして間もなくＮＷＡへの団体加盟が承認され、日本プロレスと同じようにＮＷＡ世界王者の招聘、さらには有力プロモーターから人気外国人選手を来日させる確固としたルートを確立していた。

猪木は、全日本と同じように有名外国人レスラーを参戦させるルートを作るため、やはり昭和四八年八月三日にラスベガスのデューンズホテルで開かれたＮＷＡ総会へ出席し加盟を申請するが、二三人の全米の有力プロモーターらによる多数決で否決された。

東京スポーツのプロレス担当だった門馬忠雄は猪木が加盟を却下されたラスベガスの総会を取材した。

「総会の前にホテルのラウンジで、ＮＥＴのスタッフと一緒に来ていた猪木と偶然に顔を合わせてね。何か暗い表情だったのを覚えているよ。総会を開く前から結果は分かっていたのかもしれないよな。それで案の定、却下だろ。あのころはＮＷＡに加盟しなければ、客を呼べる外国人は参戦できない時代だから、ＮＷＡから猪木が除外された時、この先、猪木の団体は、半分潰れるんじゃないかって思ったよ」

ＮＷＡに加盟できず有力外国人選手を呼べない現実は、新日本にとって興行戦略を練る上で厳しい状況が続くことを意味していた。一〇月一四日の蔵前国技館で、坂口とのタッグで、力道山の全盛期に「世界最強」と称えられたルー・テーズ、カール・ゴッチ組との「世界最強タッグ戦」をマッチメイクするが、この時、テーズは五七歳、ゴッチは四九歳で、次につながる展開を期待させるものではなかった。

さらに一一月五日に新宿の伊勢丹前で、妻の倍賞美津子とともに買い物に訪れた猪木をタイガー・ジェット・シンが襲撃する「事件」を起こす話題を作った。この「新宿伊勢丹襲撃事件」は後に「一般紙も報じた」と伝えられ、社会的にも反響を起こしたとされているが、事実は東京スポーツが一面で報じたぐらいで、同じ月にヘーシンクをデビューさせた全日本の話題に比べれば世間の反応は鈍かった。

昭和四〇年代のマット界は、海外の強豪をエースが迎え撃つという力道山時代から脈々と続く構図こそが、観客を会場に呼び、テレビの視聴率を稼ぐプロレス興行の最大で揺るぎない方程式であり、ビッグネームの外国人の参戦、ＮＷＡ世界チャンピオンとの対戦こそがプロレス団体の生命線だった。

全日本の波状攻撃のような大攻勢に、新間は、忸怩《じくじ》たる思いで興行戦略を日夜、思い悩んでいた。

「どうやってジャイアント馬場の全日本を倒すか、それしか頭にありませんでしたよ」

「月刊ゴング」編集長の竹内宏介から「ストロング小林が国際の中で生殺しにあってます」とささやかれたのは、新聞が、打倒！　全日本へと執念を燃やしていた時だったのである。

第3章 交渉と煽動

二人の傑出したプロレス記者の存在

独断で小林と交渉を開始

新間寿は、新日本プロレスの営業車で青梅市内のストロング小林の自宅へ向かった。事前に訪問の約束をすることのない「アポなし」、いわば突撃だった。

小林家は、昭和四〇（一九六五）年、小林が二五歳の時、それまで住んでいた青梅駅の近くから今も住む土地へ引っ越した。同居している妹のさち子によると、移ってきたころは、自宅の周りは一面が茶畑だった。

「家の周りは全部茶畑で、家はウチの他に裏に一軒あっただけでした。ウチの前の道路も農道の砂利道でした」

今は完全に様変わりし、周囲は住宅地となったが、新間が初めて訪問した昭和四八（一九七三）

「月刊ゴング」竹内宏介は天才的な編集者だった
（写真＝山内 猛）

年には、住宅が少しずつ増えてはきていたが、まだ茶畑が残っており、小林の自宅前の道路は舗装されていなかった。

「会社の車で行ってね。ドアのところに『新日本プロレス』って書いてあるから、万が一にもバレちゃいけないと思って、家から少し離れた遠いところでちょうど道路の拡張工事をやっていて、砂利かなんかを積んでいる脇に車を止めてね。舗装されてない道を歩いていきましたよ」

　小林の自宅へ行くことは、社長であるアントニオ猪木にも伝えていない、まったくの独断での行動だった。

「最初の最初は、とにかく行って、まず会うところから始めないといけない段階でしたし、まったく相手にしてもらえなくてダメだったら仕方ないって思っていましたから、言ってみれば私の思い付きのような行動だったんです。だから猪木さんに報告するまでもないと考えていました」

　呼び鈴を鳴らすと、小林の母・せつが出てきた。名刺を渡し、挨拶をすると「お兄ちゃんは、ちょっと出ています」と言われた。後日、改めて訪問する旨を伝えると、せつから「新間さんがいらっしゃったことは、お兄ちゃんに伝えておきます」と言われ、玄関を上がることなく帰った。

「竹内から『あの家はお父さんより、お母さんが中心ですよ』って聞いていたので、失礼があっちゃいけないと思って、留守と言われたから、すぐに引き下がりました。ただ、玄関でお母さんと話をしていた時に犬がワンワン吠えて『すげぇ鳴き声だな』って思ったのを覚えていますよ」

　小林と初めて会ったのは、それから数日後だった。

「今度は玄関に上げてくれて、その時に小林さんに初めてお会いしたんです。物静かな方だなっていう印象でしたね。あまり向こうから話をすることはなかったように思います。その時に話をしたことは、『今、会社はどうですか』とか『アメリカで試合をした時はどんな感じでしたか』とか、そんなとりとめのない話をしましたね」

怪力を活かした豪快なファイトスタイルが持ち味だった小林だが、新聞は、初対面でテレビで見る姿とは正反対のおとなしく穏やかな印象を抱いた。ただ、それ以上に強烈に残っているのは、部屋の中で吠えまくっていたマルチーズだった。

「初めて伺った時と同じで、やっぱり犬がワンワン吠えてね……。部屋に入って犬がマルチーズだって分かりましたよ。確か八匹ぐらい、いたんじゃないかな。それが一斉に吠えるもんだから、まともな話なんかできませんでしたよ（笑）」

新聞が忘れられないというマルチーズは、妹のさち子が可愛がっていた愛犬だった。

「私は犬と猫が好きで、最初は柴犬を飼っていたんですけど、知り合いにブリーダーの人がいて『小型犬が欲しい』って頼んだら、マルチーズを探してきてくれて、それで飼うようになったんです。それから子供を産んでどんどん増えていって、あのころは、五、六匹いたんじゃないかな。それと猫もいましたよ。一時は犬と猫で十何匹いました（笑）」

マルチーズに吠えまくられながら、新聞は、小林を猪木と対戦させるべく、青梅へ通い続けた。交渉を急いだ背景には、小林と国際プロレスとの契約関係があった。当時、国際は所属選手との契約は、原則として一年ごとの更新で、毎年二月が更改期だった。こうした契約のありようを事前に調査していた新聞は、翌昭和四九（一九七四）年の契約書に小林がサインをする前に、猪木との対戦をまとめなければならなかった。

「初対面は、社交辞令ぐらいで失礼しましたが、そこから私は、毎晩夜七時前ぐらいに車で青梅まで通って、『猪木さんと試合をしてください』と交渉に入りましたよ」

さち子は、新聞が繰り返し自宅へ来たことを覚えている。

「新聞さんがお見えになったことは、よく覚えていますよ。両親を交じえて兄と話していました。ただ、毎晩っていうのは、ちょっと大げさじゃないかな（笑）。毎晩ではないけど、何度もいらっしゃったことは確かです」

「誰の挑戦でも受ける」という猪木の言葉の真実味

小林との交渉を始めたものの、猪木にはまだ報告はしなかった。

「試合ができるのか、分からないうちは、猪木さんに言うべきじゃないと思っていたんです。小林さんの気持ちが八割ぐらい固まったところで報告して、最後の最後に猪木さんに結論を出してもらおうと考えていました」

この話を聞いた時、私の中でひとつの疑問が生まれた。それは仮に小林が承諾しても、猪木が拒否することを考えていなかったのだろうか？という思いだった。力道山の薫陶を受け、デビューも小林より七年先輩、さらには日本プロレス時代はＮＥＴが中継する番組でエースとして君臨していた猪木と比べると、ＩＷＡ世界ヘビー級王座を二五回連続防衛したとはいえ、後発団体の国際プロレスの小林は明らかに格下で、ある意味、猪木にとっては勝つのが当然とも言える試合だった。いくら「力道山対木村政彦」以来、二〇年ぶりの大物日本人対決といえども、さほどメリットのない対戦を拒否する可能性もあったのではないか。

「そんな心配はまったくなかったです。猪木さんなら受けると確信していました。常日頃から猪木さんはマスコミにはもちろんですけど、私にも『新聞、俺は誰の挑戦でも受けるからな』って言ってましたから。私が『誰でもいいんですか？』って聞くと『誰でも受けるよ』って真剣に言ってましたからね。実際、そのために物凄いトレーニングをやっていましたよ。外国へ行く時も必ずゴム板をもっていって、食事が終わるとホテルの部屋で腕立て伏せを二〇回ワンセットで八百回ぐらいやっていました。それを間近で私は見ていました。あれぐらい練習熱心な人はいなかった。だから、『誰の挑戦でも受ける』っていう言葉は説得力がありましたし、あらかじめ報告しなくとも小林さんとの試合をまとめれば、必ず受けてくれるって思っていました。それに私自身が力道山先生と木村さん以来となる日本人対決を見たかったんです」

新間は小林戦を実現させるべく、「毎晩」のように青梅へ通った。新間をそこまで突き動かしたのは、「アントニオ猪木」に魅了されたことが大きかった。

「私は、東京プロレス時代からプロレスラーであるアントニオ猪木と、社長である猪木寛至とは、別の人間と思って見ていました。ただ、あのころは、その両面ともに猪木さんは素晴らしかった。特にプロレスラーとしての才能は、世界一だと心酔していましたから、私は天皇陛下に仕えるような思いであの人を支えていました」

猪木への忠誠心と馬場の全日本への対抗心が新間を青梅へ走らせた。

「全日本の立ち上げから見れば分かると思いますが、馬場さんは、選手もスタッフも外国人の招聘ルートも、そしてテレビ局まで何から何までそろっている状況でしょ。ウチは旗揚げした時はアントニオ猪木という大木はあるけど、あとは山本（小鉄）、柴田（勝久）、北沢（幹之、リングネームは魁勝司）……という小さな枝が大木に絡んでいるような状態で、テレビも付かず、外国人を呼ぶルートもありませんでした。そこに私なんかが入って、鋳型を作って船を作り、そこへ坂口さんが来て、ＮＥＴの中継が始まり、ようやく這い上がろうという状態でしたよ。巨大空母に小舟が挑むような形でしたけど、『冗談じゃない。負けてたまるか！』っていつも必死でしたよ。馬場さんは大御所、徳川家康なんです。だけど、ウチはそうじゃない。島左近であり、真田幸村であり、そういう知勇兼備の武将のように、攻めて攻めて攻めまくるのが草創期の新日本プロレスであり、アントニオ猪木だったんです」

新間は関ケ原の戦いで徳川家康と闘った西軍の石田三成に仕えた島左近、三成に加勢した真田幸村に当時の新日本を重ね合わせた。西軍は、家康に敗れたが、攻め続ける姿勢こそが猪木の本領であり、それを新間は参謀として支えたのだ。家康である馬場を倒すべく、まさに「知勇兼備」で青梅に通った新間だったが交渉は難航した。

「最初はずっと難色を示されていました。小林さんは、国際の社長の吉原さんにスカウトされて育てられたから、『自分は吉原さんにお世話になっているので、国際を辞めることはできません』って、その一点張りでしたね」

新間は、小林の気持ちが変わるまで青梅へ通った。すると、あれだけ吠えまくっていたマルチーズがなつくようになった。

「最後は私の膝の上で寝ていましたよ（笑）」

ペットだけではなく、小林の母・せつの対応も変わってきたという。

「お母さんも、そのうち私が来るのを待っているような感じになってきて、少し間が空くと『最近いらっしゃいませんでしたね』なんて言われてね。だんだん私が行くことが歓迎されているような雰囲気になっていったんです」

「新間、小林はいい選手だ。あれはいいぞ」

最初は玄関に上がることもできなかった小林家だったが、新間の情熱と幼いころから住職だった父の説法を聞いてきた経験を下にした慈愛とバイタリティーあふれる会話に、小林の両親、何より小林自身の態度がやわらかくなってきた。そして、何度目かの訪問で、新間は率直に切り出した。

「小林さんに私はこう言いました。『これは、言いにくいことだけど、小林さん、人間は、いじめられるっていうのは嫌なことですよね』と語りかけたんです」

　竹内から聞いていたグレート草津との確執に触れ、小林を気遣う言葉を差し出したのだ。

「その時、小林さんはちょっと驚いた表情になって『新間さん、それ誰に聞きました？』って言うから『誰に聞かなくても、小林さん、そういうことは耳に入ってきますよ』と答えたんです。その時に隣にいたお母さんが『お兄ちゃん、本当にそうなの？』って聞いたんですね。小林さんは、草津さんとの確執を家族にも話していなかったようで、お母さんも驚いていましたよ。そこからです、猪木さんとの試合に向かって話が動き始めたのは。次に会った時には、小林さんの態度はガラッと変わっていきました」

　草津との確執を慮る新間の心遣いに小林の心は動いた。青梅に通い始めてから二カ月、昭和四八（一九七三）年の暮れになっていた。時あたかも田中角栄政権、オイルショックでインフレが加速し、大みそかに五木ひろしの「夜空」がレコード大賞を取ったころ、小林の心は、国際を離脱し猪木との対戦に舵を切り始めた。

　新間は、小林が「八割方」動く手ごたえを得た時、猪木に交渉の事実を報告した。このころ猪木は一二月一〇日の東京体育館大会でジョニー・パワーズを破りＮＷＦ（National Wrestling Federation）世界ヘビー級王座を奪取していた。アメリカのローカル団体のタイトルに「世界」の冠を付けたことは、馬場とＮＷＡへの対抗心だった。ただ、このベルトを巻いたことで、ＩＷＡ王者の小林と猪木の「世界王者」同士の対決という構図が成立することになった。新間は、二〇年ぶりの日本人対決の意義と、世界王者対決の実現を強調して、猪木にこの試合を受けてくれるように訴えた。

「確か、その年の暮れか年明けだったか時期は定かではないんですが、とにかく年末年始だったと思います。猪木さんに小林さんとの交渉を報告し『社長、小林戦をやりましょう』と伝えましたよ。猪木さんは、『新間、それ面白いじゃないか。日本人対決は久しぶりだな。これが実現したら、凄いぞ』って即答でしたよ。さらに『新間、小林はいい選手だ。あれはいいぞ』と小林さんのことを評価していました」

　すると猪木は逆に新間に提案したという。

「猪木さんは、『もし、小林が国際を辞めてこの試合を受けてくれたら、ウチで迎え入れないといけないな。その時は、取締役として来てもらおうと思うんだが、どうだろう？』とおっしゃったんですね。私は、『社長、それはグッドアイデアです』って、もちろん賛成しましたよ」

　猪木は、小林を新日本の所属にし、取締役として将来を保証することを考えた。取締役になれば、基本給と試合のギャラに加え、取締役手当が毎月支給され、待遇はもちろん、社内の地位も別格の扱いとなる。当時、レスラーで取締役だったのは猪木、坂口、旗揚げメンバーの山本小鉄の三人だけだった。この時、猪木はプロレスラー「アントニオ猪木」ではなく、興行会社である新日本プロレスの社長「猪木寛至」として小林をまさに三顧の礼で迎え入れようとしていた。

　猪木から小林戦のゴーサインを得た新間は、副社長の坂口にも交渉の事実を伝えた。坂口は、新間の報告を記憶していた。

「新間さんから『猪木さんと小林さんの試合を実現させようと今、やっています』と報告があって、『青梅まで通って説得してます』って言ってたよ。聞いた時は正直、できるんかな？って思ったよな。小林さんが国際を辞めてまで、この試合をスンナリ受けるのかなって不安だったよ。それを新間さんが毎日のように青梅まで通って口説いたんだから、大したもんだよね。あの試合の交渉は、全部、新聞さんがやったんよ。あそこまで頑張ったのは、全日本に負けたくない、何とかして勝ちたいっていう執念ちゅうか、それしかなかったと思うよ」

小林が受けた場合、いきなり取締役に就任するということについては、坂口の中に抵抗はなかったのだろうか。

「それは別になかったよ。取締役って言ったってよ、あのころのウチなんか、いつ潰れるか分からん会社だったからよ(笑)。そんなの名前だけだって思ってたよな」

猪木は電話で敬語を使った

新聞が独断で仕掛けた猪木対小林戦は、これで猪木、坂口、そして新聞のトップ三人が知る極秘社内プロジェクトとなった。新聞は、取締役として迎え入れるプランは、猪木から直接、小林へ伝えてもらうことを思いつく。自分ではなく社長である猪木からの言葉で、小林の心を完全に射止めることができると確信したのだ。

「私は、猪木さんに『小林さんは、ウチへ来る気持ちに傾いていますから、社長、最後に電話を入れてくれませんか』とお願いすると、『いいよ。いつがいい?』って即答してくれました。ただ、私からは『あそこの家は親子電話でお母さんも話を聞く可能性がありますから、そこのところは気を配ってください』と言いました」

猪木が電話を入れるタイミングに新聞は、一計を案じる。

「猪木さんには、私が小林さんの家にいる時間に電話を入れてくれるように頼みました」

自身が小林宅を訪問している時間に猪木にダイヤルを回してもらう段取りを組んだのだ。レスラーとして大先輩で社長でもある猪木自身から、直接電話があれば小林の心は傾く。電話を切った後に自宅には自分がいる。そこで、猪木の思いをフォローするように小林を口説けば、心を完全につかむことができると読んだのだ。

その日、新間はいつものように夜七時過ぎに小林の自宅を訪ねた。猪木には、一時間後の八時に電話を入れるよう頼んでいた。約束の八時過ぎ、黒電話のベルが鳴った。新間だけが知っていた猪木からの電話だった。

「小林さんの家は、親子電話になっていて、猪木さんからの電話と分かった時に、お母さんが別の部屋へ行って電話で猪木さんの話を聞いていました」

その時、猪木が小林にどんな話をしたかは、新間は分からなかった。恐らく猪木は、打ち合わせ通り小林を新日本に取締役として迎え入れることを伝えたのだろう。小林は、猪木の誠意を信用し、新間に「お世話になります」と挨拶した。新間の二カ月間に及ぶ交渉は、こうして結実した。

後日、新間は、母親のせつから意外な事実を打ち明けられた。それは、猪木からの電話の数日前にジャイアント馬場から自宅に電話がかかってきたというのだ。親子電話で馬場の話を聞いたせつは、小林に対して馬場が「小林よ」と呼び捨てにしていたと打ち明けた。一方の猪木は「小林さん」と語りかけていたという。呼び捨てにした馬場と、敬意を込めた猪木。その差に、母の心は猪木へと動き、息子に新日本への移籍を勧めたという。新間は、四六年前のせつの言葉を記憶から生々しく取り出した。

「ウチはお兄ちゃんが一番大切なんです。馬場さんは先輩ですから、呼び捨てにするのは分かりますが、猪木さんは、お兄ちゃんに、『さん』ってつけて話をしていただいた。そこに猪木さんなら、お兄ちゃんを大事にしてくれるって信用しようと思ったんですよ」

新間はせつから、猪木が小林に話した言葉を教えられたという。

「猪木さんは『小林さん、今、ウチは坂口と一緒にやっているけど、小林さんが加わって三人で頑張りましょう』と言ったそうです。『さん』を付けてくれなんて、私からは猪木さんにアドバイスしていません。お母さんからその話を聞いて、『さすが、社長』って感動しましたよ。坂口さんに来てもらう時に『俺が後にコールされてもいい』って言ったこともそうですけど、私が傍にいて思っていたのは、猪木さんという人は、その時々で相手に合わせて四重人格にも五重人格にもなれる術を持っているんです。その時々、人に合わせて相手を心地良くするんです。ここぞっていう場面で人の心をつかむことにかけて、あの方は凄いですよ。ただ、あの人の中には人間『猪木寛至』とプロレスラー『アントニオ猪木』の二つがあって、『アントニオ猪木』の割合が八〇パーセントになった時、ほんとに素晴らしい人になるんですけどね。小林さんを口説いた時は、そのバランスが最高だったんでしょう」

　小林の母・せつは、平成七（一九九五）年四月三〇日に八五歳で亡くなった。新間の来訪を記憶している妹のさち子に、猪木と馬場、それぞれとの会話を母が親子電話で聞いたという秘話を確認すると「新間さんが、そうおっしゃっているのであれば、そうかもしれませんが、私は、猪木さんからの電話は覚えていますが、馬場さんから家に電話があったことは知りませんでした。ただ、うちの母は兄の電話を盗み聞きするようなことはしない人だと思います」と言った。さらに、猪木戦への決断に母の影響があったとの見方も「それだけは絶対にありません。母は、私たち子供の仕事に何か口を出すような人ではありません。あの時、国際を辞めて猪木さんと試合をやるって決めたのは、すべて兄の判断です。それだけは、家族として言っておきます」と断固とした口調で否定した。

馬場からの電話と「月刊プロレス」藤沢の妨害説

さち子は、兄が猪木戦を決断した大きなきっかけだったのではないか、と考える出来事を明かした。それは猪木の自宅への来訪だった。

「正確な時期は覚えていませんが、あの試合が発表になる前に猪木さんが新間さんとお二人でいらっしゃいました。その時は、兄と三人だけで話をしていました。私も初めて猪木さんを生で見ましたから、『あっ本物のアントニオ猪木だ』って思いましたよ」

この時、さち子は、三人が話すテーブルにワインとつまみのチーズを持って行った。

「チーズの上に猫の毛が付いてしまって、その毛を猪木さんがフッと息を吹きかけて、落としたんです。その姿は今も忘れられません」

電話だけでなく青梅まで足を運んだ猪木の誠意が兄の心をつかんだとさち子は考えている。しかし、新間は猪木が小林の自宅へ行ったことは、「それはありません。自宅へ行ったのは私だけです」と否定した。

新間は、せつが明かしたという馬場が小林に電話をかけてきた理由を、「馬場さんも小林さんに全日本へ入るように声をかけてきた」と言う。もしも、そうだとすると、新間が小林と交渉していた同じ時期に馬場も引き抜きを画策していたことになる。ただ、馬場は全日本プロレスの旗揚げ当初から国際とは選手の貸し出し、さらには自らが恩返し参戦するなど友好関係を築いている。その馬場が、社長の吉原に無断で小林への引き抜き工作を行うとは考えられない。

さらに新間は、「月刊ゴング」の竹内から聞いた話として、自身が青梅へ通っていたまさにその時、馬場は懇意にしていた「月刊ゴング」のライバル誌でベースボール・マガジン社が発行する

「月刊プロレス」の編集長である藤沢久隆を自らの「密使」として小林の自宅に行かせ、「新日本へ行ってはいけません。辞めるなら全日本へ来てください」と説得していたということも打ち明けた。

そうなると、新間が交渉していたことが全日本サイドに洩れていたことになる。小林の「引き抜き」は、新日本の社内でも猪木、坂口、新間の三人以外は知らない極秘事項であり、仮にライバル団体に伝わっていたとすると、馬場はもちろん、バックにいる日本テレビ、さらには馬場から吉原へ情報が渡り、小林を全力で引き留め、新日本参戦をあらゆる手段で阻止したことだろう。

妹のさち子は、「月刊プロレス」の藤沢が来訪したことのみならず、藤沢その人を知らなかった。

「兄を取材した記者で覚えているのは、東京スポーツの門馬さん、櫻井（康雄）さん、ゴングの竹内さんはお顔もお名前も覚えていますけど、藤沢さん……？　覚えてないですね。あのころは、プロレス関係の方が家にいらっしゃる時は母から話を聞いていましたが、藤沢さんという方の名前は聞いたこともありませんし、お顔も存じ上げないですね」と断言した。

こうした証言から私は「馬場の電話」と「藤沢の妨害」が「本当にあったのだろうか？」と、新間に疑問をぶつけると、「こういう話はどこから洩れるか分からないから。馬場さんも知っていたかもしれない」と話した。それ以上の質問は控えたが、ただ、繰り返しになるが、馬場が新間の交渉を知っていれば、絶対に小林の離脱は成立しなかったと私は考える。

ここからは私の想像だが、せつが新間に明かしたという、馬場から自宅へ電話がかかってきたとするならば、小林の国際離脱が表面化した後のことではないだろうか。その時に聞いた馬場の「小林よ」の言葉を後に新間に打ち明け、それが新間の中で、小林と交渉した真っ只中のことと記憶の混線を起こしたのではないだろうか。

竹内が新間に教えた「プロレス」編集長の藤沢による妨害工作も、離脱が表面化した後の話ではないかと思う。仮に小林自身が新聞からの交渉を家族以外の第三者に相談し、それを馬場、藤沢、あるいは全日本に近い人物がキャッチしていた可能性はあるかもしれないが、全日本と新日本が激しい興行戦争でぶつかっていた時代に、これほどの機密事項が敵陣営に一ミリでも漏れていれば、小林が猪木と闘うことはなかったはずで、これも考えにくい。

小林は離脱の理由をはぐらかした

では、なぜ、小林は国際を離脱し、猪木との対戦を決意したのか。私はそれは、チャンピオンでありながら国際において草津によって不遇に追い込まれた小林に、自宅へ通い詰め、プロレスラーとして敬意を払って話し続けた新間の情熱が突き刺さったことが第一だと考える。当初は吉原への恩義を理由に頑なだった小林の心を新間の執念が動かし、そこへ取締役として迎え入れて将来を保証することを提示した猪木の誠意が掛け算となって、決断に至ったのだろう。さち子は、「何しろ新間さんは弁が立つから（笑）。この家まで来てくれて、あれだけ熱心に誘われれば、兄の気持ちが動くのは分かる気がしますよ」と振り返った。

　小林自身は、猪木戦の四日前の昭和四九（一九七四）年三月一五日発売の「別冊ゴング」に「特別手記　猪木さんとの試合で私の力を試してみる！」を寄稿し、二ページにわたって国際を辞めた理由を綴っている。一部を紹介する。

《わたしがフリーになりたいと思いはじめたのは、昨年の秋ごろからだ。わたしはＩＷＡ世界チャンピオンであることに誇りを感じ、自分を価値あるものと信じてきた。

国際プロレスのエースだという自負があった。だが、国際プロレスのマッチメーキングの上で、つまりカード編成上で、私は実質上、国際プロレスのエースではなくなっていた。
メインエベントに出ることが、プロレスラーの最大の望みであり夢である。

だが、わたしがメインエベントをとる機会は日を追うごとに少くなった。わたしは、いつの間にかIWA世界チャンピオンという看板は背負わされているものの、実質的にエースではなくなっていた。他人のせいにはしたくない。また、わたしをみている吉原社長の目を信じたい。メインエベントにでられなくなったわたしは、きっと実力の上でメインエベントをとるに足りなくなっていたのではないだろうか？

そう思うと、いても立ってもいられなくなった。すべて、わたし自身の責任なのである。

わたしも三十歳で間もなく三十一歳になる。自分では若いつもりでも、けっして若くはない。果たして自分はこのままでいいのかどうか？わたしは苦しみ悩んだ。仲間たちは発ラツと元気にファイトしている。わたしはセミファイナルや前座の30分1本勝負にでると、思うように体さえ動かなくなった。精神的にもまいった。

思い切って叔父に相談した。「馬鹿野郎！　男一匹、思い切って一人になってやってみろ。そうなりゃ嫌でもおまえの気持ちは分かる。甘ったれるな。自分の力に疑問を持ったら、自分でその力をためしてみろ」と長野県にすんでいるその叔父はいった。

この叔父の言葉がわたしをぶちのめし、わたしを奮い立たせた。

そうなのだ。くよくよしてもしかたがない。自分の力に疑問を感じたら、それを試してみればよいのだ。

国際プロレスをやめようと思ったのは、一月にはいってからだ》（原文ママ）

新聞、雑誌に掲載される「手記」は、選手本人が書くケースもあるが、多くは選手をインタビューした記者が構成して執筆することが通例となっている。おそらくこの手記も「ゴング」編集長の竹内、あるいは別の記者が取材してまとめたものだろう。どこまでが小林の本音と肉声なのかは定かではないが、新間が青梅へ通って交渉した流れと多くが符合することに気づく。

「フリーになりたいと思いはじめた」時期の「昨年の秋ごろ」は新間が初めて自宅に来た時期と一致する。さらに、実名は掲載されていないが、マッチメイクへの不満を明かしているところに草津への不信感と確執がうかがえる。また、「やめようと思った」のが「一月にはいってから」という話も新間の証言と一致する。

ただ、「ゴング」編集長の竹内が鬼籍に入った今、この手記は小林本人が書いたのか、あるいは第三者が構成したのかを確認することがかなわない。やはり、真相は当事者の小林に尋ねなければならない。私は、ベッドの上の小林に離脱の理由を聞いた。

「深い意味はないんです。僕は猪木さんと全然会ったことなかったからね……」と語り始めると、話をデビュー二年目で大抜擢されたイギリス遠征に移した。まるで私の質問を避けるように、三〇分以上、ヨーロッパの思い出、プロレスラーになるきっかけ、若手時代の練習など、自らが歩いた道を懐かしそうに話し続けた。

自分の価値を国際に見せつけたいという反抗心

話はたしかに興味深いものばかりだったし、饒舌な小林の姿に私は当初の質問は胸にしまった。海外マットで活躍した話が終わり、小林が一息ついた時、再び尋ねた。

「どうして国際プロレスをやめたんですか？」

「いろいろあったんだわ。深い理由はないですよ」と似たような言葉を繰り返すと、昭和六〇（一九八五）年六月一〇日に五五歳の若さで亡くなった国際プロレス社長の吉原への恩義と感謝を話し始めた。亡くなる直前に入院していた埼玉県川口市内の病院を見舞い「社長が、『俺のことを思ってくれたのは小林が一番だ』って涙を流してくれて、僕も泣けました」と涙ぐみながら話してくれた。だからこそ、私はもう一度聞いた。

「それだけお世話になった吉原社長を、あの時、ある意味、裏切ったのはなぜですか？」

再び小林は「いろいろあったんだわ」と繰り返す。私が「草津さんとの確執が原因ですか」と突っ込むと、「先輩だから、何でも言いなりになったけどね……それほど深い気持ちは持ってなかったけど……そんなこと、いちいち言うことじゃない」と口を閉ざした。しばらくの沈黙のあと、小林は何かを思い出したように、草津について話し始めた。

「十何年前に熊本へ行った時に、一緒に飲んでいた友人が『小林さん、今、珍しい人と電話でしゃべっているから代わるよ』って言われて、出たら、それが草津だったんだわ。そしたら、いきなり『おお、お前！』って呼び捨てにするから、僕も『この野郎、引退して何十年も経っているのに、お前はねぇだろ！』ってそのまま切っちゃったんです。後で一緒にいた友達が『あの時は悪かった』って謝りの電話を入れてくれてね。そんなことがあったわね」

小林は今回の取材で、キャリアが上の先輩レスラーには「さん」と敬称を付けて話した。草津は、小林が国際に入門する一年前に日本プロレスに入った先輩にあたる。しかし、草津だけは「草津」と呼び捨てにした。敬称を付けないところに、小林の草津への感情が表れていた。

再び退団した理由を尋ねると、やはり吉原と川口の病院で最後の対面をした時の思い出を繰り返した。その姿から、国際を辞めた理由を答えたくないことが痛いほどよく分かった。ただ、小林が国際を離脱したからこそ、プロレス史に残る一戦が実現した。そこは今回の取材の根幹の一つだから、私も引き下がるわけにはいかない。

ベッドの上の小林から「体調が悪い」、あるいは「もう帰ってくれ」と突き放されれば、質問は打ち切るつもりだった。覚悟を決めてもう一度聞いた。

「それほどお世話になった吉原さんの下を辞めた理由は何だったんですか？」

すると小林は、一〇秒ほど沈黙した後、語れる限りの言葉で私の問いに応じた。

「僕の役目は終わったと思ったからね。吉原社長にお世話になったことは忘れられないけど、僕もまだプロレスラーとしてやることは、いっぱいあるっていう気持ちがあったんですよ。猪木さんとの試合は、いいチャンスが来たと思ったんだよね」

続けて、新間の来訪とオファーの内容について聞いた。

「そんなこと、イチイチ覚えてねぇや」

初めて小林が言葉を荒らげた。怒気には、これ以上もう聞くなという意思を感じた。それでも私は、新間自身が毎晩のように小林の自宅へ行ったことを明かしていることを伝えると、落ち着きを取り戻した口調で「そんな何回も何回もっていうほどじゃないと思うけどね」と漏らし、猪木と会った事実を問うと、「試合の調印式まで会ったことはないよ」と、窓の外に視線を向けた。

昭和四九年三月一九日から半世紀近くを経て、小林が明かした国際からの離脱の理由は、「役目が終わった」というものだった。「役目」の二文字には、レスラーとしての存在意義、商品価値が込められていたと思う。草津がマッチメイクする国際プロレスでは「ストロング小林」の存在にもはや価値を認めてもらえなくなったことが、離脱への引き金だったと私は捉えた。さらに小林の中に、自らの名前で客を呼べることを国際プロレスに見せつけたいという反抗心が湧き上がったであろうことにも気がついた。そう思ったのは、猪木の訪問について訊いた時に窓の外を見ていた小林が、すぐに向き直り、私の顔をまっすぐに見てこう話したからだった。

「僕が猪木さんとやったことで、蔵前国技館が超満員になったからね。あれほどファンが僕に期待を持っているとは思わなかったし、あれはうれしかったですね」

ストロング小林は、今もストロング小林なのだ

小林は、今回の取材で私が猪木戦の思い出を聞いた時、真っ先に「一万六千五百人」の記録的な大観衆を動員したことを口にした。国際を離脱した理由を問われた文脈で、もう一度、超満員の国技館の記憶に胸を張ったことは、国際で傷つけられた「ストロング小林」の商品価値を満天下に示したことへの達成感の表れではないか。裏を返せば、自らを失った国際に、その喪失感を与えることも離脱の意志に含まれていたと私は感じた。

同時に私は、新聞との交渉内容、猪木の訪問を明かすことのない小林に、プロレスラーとしての誇りを持ち続けていることを感じた。プロレス、とりわけ「昭和プロレス」は、リングを見たファンの幻想で成り立つ世界であり、大きな夢を見せることができたプロレスラーこそがトップとして君臨し歴史に名前を刻むことができる。ファンが大切に抱えた思いに、プロレスラー自身が傷をつけてしまうなら、それは、もはやプロレスラーとしての誇りを失ったことと同義だろう。小林の自宅には今もファンが会いに来るという。私の再三の問いにも、新聞との交渉内容を一切、明かさなかったことは、小林の中にプロレスラーの矜持が息づいていることの証だった。ストロング小林は、今もストロング小林なのだ。

昭和四八（一九七三）年から四九（一九七四）年へと年をまたぐ、いずれかの時に、小林は、国際

プロレスを離脱して新日本プロレスのリングで猪木と闘う決意を固めた。試合は、二月二二日に後楽園ホールで開幕する「創立二周年記念ビッグファイトシリーズ」最終戦の三月一九日、蔵前国技館で行う方針で合意した。石田三成も島左近も真田幸村も関ケ原で家康に敗れたが、猪木と新間はマット界の「徳川家康」である馬場を倒す臨戦態勢を整えた。

プロレスの歴史が動く昭和四九年の一月、小林は新日本への移籍を心に秘めながら、国際の「新春パイオニアシリーズ」に参戦し、一月一四日の大阪・寝屋川市体育館、一九日の神奈川・川崎市体育館の二大会でカウボーイ・ビル・ワットを挑戦者に迎えIWA世界ヘビー級王座の防衛戦を行い、ベルトを守った。ただ、シリーズ全一七戦で小林がメインイベントを務めたのは、わずか四試合で、マッチメイカーの草津による不遇はさらに露骨になっていた。

新日本プロレスは、一月四日開幕の「新春黄金シリーズ」に、異色の双子タッグ、体重三百キロのベニーと二百九〇キロのビリーのマクガイヤーブラザーズが参戦し、話題を呼んでいた。全日本プロレスのジャイアント馬場は、「NWAチャンピオンシリーズ」と銘打った新春シリーズに超豪華外国人をそろえた。NWA世界王者ジャック・ブリスコ、さらに前世界王者のハーリー・レイス、元世界王者のドリー・ファンク・ジュニアの新旧世界王者三人が同時に特別参戦する超豪華外国人選手をそろえた。PWF王者の馬場は、一月二三日の長崎の長崎国際体育館大会でブリスコとダブルタイトル戦で激突。馬場と引き分けたブリスコに二四日の広島大会でレイスが挑戦、二七日の大阪でドリーが挑み、二八日の名古屋でデストロイヤー、最終戦となる三〇日の日大講堂でジャンボ鶴田が挑戦という、NWA世界タイトルマッチ五連戦を敢行した。八日間でNWA世界戦五連戦という華々しさは、プロモーターとしての馬場の実力を存分に見せつけたシリーズだった。昭和四九年の年頭は「NWA」の金看板を引っ提げた全日本の変わらない攻勢が際立っていた。

ライバルの進撃を受けながら新間はひそかに、「猪木対小林」という反撃の牙を研いでいた。決戦に向けた極秘プロジェクトの次のステップは、両雄の対戦を発表する方法だった。どれほど素晴らしい試合を企画しようとも、ファンの心をつかみ、世間の耳目に届かなければ興行は成功しない。しかも世の中に衝撃を与えなければ不発に終わる危険がある。重要なカギを握るのが、ニュースを世間に伝えるマスコミだった。新間は、小林が国際で浮いていることを教えてくれた「ゴング」編集長の竹内宏介と、プロレスファンに絶大な影響力を持つ夕刊紙「東京スポーツ」の記者の櫻井康雄の二人を頼りにした。

　ＳＮＳ時代の今は、団体、選手自身が発信するツイッター、動画などが情報発信の主要な手段となっているが、昭和から平成の中期あたりまでは、プロレス情報の主流は「東スポ」であり専門誌だった。

　マスコミの重要性を分かりすぎるほど分かっていた新間は、小林との交渉について「決定するまでは絶対に書かないでくださいって言っていましたが、小林さんと話をしていることは櫻井さんと竹内には、報告していました」と明かす。つまり、極秘事項を伝えていた竹内と櫻井は、新間のブレーンだった。中でも新間が行動を起こす発端となった、「小林が浮いています」とささやいた竹内は、昭和四八年当時、プロレスマスコミの最前線に立つ者として「日本人同士の大物対決」の実現を熱望していた。これは当時の「ゴング」を検証すると浮き彫りになる。

天才的な編集者・竹内宏介

　ここで竹内の経歴に触れたい。昭和二二（一九四七）年一月六日、静岡県熱海市で生まれた竹内は、東京・台東区で育ち、中学を卒業してから一般の会社に就職した。幼いころからプロレスファンだった竹内は、会場へ通ううちに団体関係者やマスコミと親しくなり、その豊富なプロレス知識から、昭和四〇（一九六五）年一月、一八歳で専門誌「月刊プロレス＆ボクシング」を出版していたベースボール・マガジン社（東京・千代田区）に入社する。卓越した編集の才能を発揮し、一九歳で編集長に就任するも、会社の上層部と編集方針で対立し退社。フリーのプロレス記者として取材していたが、昭和四二（一九六七）年一二月にベースボール・マガジン社が倒産（後に再建）、この時、同社を退社した社員が翌四三年一月、新たに「日本スポーツ出版社」を立ち上げ、竹内は同社に入社し、三月に編集長として新しいプロレス専門誌「月刊ゴング」を創刊した。以後、ミル・マスカラスを来日前から紹介して爆発的な人気を獲得させるなど、大胆な企画と迫力あふれる写真、斬新なレイアウトで数多くの読者を獲得し、「ゴング」を業界ナンバーワンの雑誌に成長させた。当時の「ゴング」は、プロレスに加えボクシングとキックボクシングも報道する「格闘技雑誌」でもあった。創刊翌年からは、プロレス専門の「別冊ゴング」を発刊し、竹内は月刊誌二冊を統括する編集長だった。

　現在、スポーツに関する書籍、雑誌の編集を行う「株式会社アッパー」（東京・渋谷区）の代表で、昭和四六（一九七一）年に日本スポーツ出版社に入社し「ゴング」でボクシングとキックボクシング部門の編集を任されていた舟木昭太郎は、当時の編集長・竹内の仕事ぶりを、「ひとことで言えば天才です」と評した。現在、七八歳の舟木は竹内の編集能力を、「あのころは、原稿は外部にも依頼していたけど、彼は自分でも原稿を書いて、写真を選んで、誌面を構成するレイアウトまで全部、実質一人でやっていたんです。あれだけの仕事ができるっていうのはスーパーマンですよ。私もこの業界に長くいますけど、後にも先にも彼のような編集者には会ったことがありません」と絶賛した。

一人で毎月二冊の雑誌を編集しながら、テレビでは時期は異なるが国際、新日本、全日本の解説を務め、中でも日本テレビの「全日本プロレス中継」では、長年、放送席に座り、歯切れのいい口調と豊富な知識でお茶の間からも好評を博した。プロレス記者として現場で取材を続ける一方、会社では代表取締役社長に就任した。しかし、平成一六（二〇〇四）年に経営悪化の責任を取って退任し、平成二四（二〇一二）年五月三日、腸閉塞のため六五歳で亡くなった。

編集者、記者としてプロレスの隆盛に絶大な功績を遺した竹内は、「ゴング」創刊以来、海外からの情報を軸に、来日する外国人レスラーの特徴や次期シリーズの見どころなど、力道山時代を踏襲する観点で編集していたが、猪木が日本プロレスを追放されて新日本を旗揚げし、馬場が全日本を設立し、日本、国際の四団体時代になった昭和四七（一九七二）年秋以降になると、各団体トップによる日本一決定戦を誌面上で盛んに訴えるようになる。

昭和四七年一〇月発売の「別冊ゴング」一二月号では「A猪木が日本選手権開催を計画」と題し、猪木が四団体の「統一コミッション、統一タイトルが必要」と「統一日本選手権」を提唱する記事を掲載している。その中で《四団体が日本マットに併立するならば、最も日本で権威を持つ〝統一日本選手権〟を四団体が制定し、争奪戦を行うべきなのだ》と全面的に支持する姿勢を打ち出している。

さらに昭和四八年一月発売の「ゴング」三月号では、猪木の「爆弾手記」と銘打ち、日プロの坂口、全日本の馬場、そして国際の小林へ対戦を呼びかける「公開挑戦状」を掲載した。「手記」の中で猪木は《今こそ日本プロレス界が一丸となって〝統一タイトル〟を作り、日本のプロレスのタイトルの権威を復活せねばならぬ時期ではないか、わたしは日本選手権の制定と、そのための話し合いを各派に公開で提案したいと思う》と改めて日本選手権の開催を呼び掛けている。

前述したように、選手の手記の多くはインタビューした記者、編集者が「代筆」するものである。そう考えるとこの猪木の手記は、竹内の当時のマット界を憂う思いが反映されているとも想像できる。手記の中で《現在のプロレスにたずさわるものはファンを忘れてはいやしないか》と指摘し《各派が勝手にチャンピオンを作って、タイトルマッチの安売りをし、試合の質を低下させているのは憂うるべき状態である》という箇所は、猪木だけでなく竹内の考えもあふれ出ているように思う。

日本人対決を煽った竹内と櫻井康雄

力道山からエースの座がジャイアント馬場に引き継がれた日プロ一強時代が終わり、四団体に分裂した昭和四七年は、実はプロレスの人気が急速に落ちてきた時期だった。ＮＥＴで日本プロレスの実況をしていた舟橋慶一は当時の状況を「猪木さんが抜け、馬場さんがいなくなった日プロは、会場へ取材に行ってもお客さんが目に見えてどんどん減っていましたね。じゃあ、独立した猪木さん、馬場さんは、観客が入っていたかと言えば、実はそんなことはなかった。それはそうでしょう。それまで一枚のチケットで馬場も猪木も坂口も見ることができたのに、スターが分散して、三人を見るためには、チケットを三枚買わないといけなくなったわけですから、ファンは離れますよ。あのころは、プロレス人気は危機的状況でした」と証言する。

　テレビ中継は、ゴールデンタイムで放送されていたが、力道山時代からの隆盛を目の当たりにしてきた関係者、団体、マスコミは、このままではジリ貧になる危機感を感じていた。さらに新聞も、朝刊スポーツ紙は神戸新聞社が親会社の「デイリースポーツ」が報じるだけで、他のスポーツ紙はプロレス報道から事実上、撤退していた。

こうした危機に竹内は、従来の「日本人対外国人」が闘う構図では、ファン離れに拍車がかかり、現在の停滞を打破するには「日本一決定戦」以外に起爆剤はないとの信念を抱き、猪木の「爆弾手記」など日本人同士の対決を待望するようファンを煽動したと考えられる。

しかも、日本人対決の必要性を誌面で訴えるだけでなく、自らの豊富な取材網から小林が国際で浮いていることをキャッチし、新間にその事実を教え、実現への後押しをしたのだろう。竹内のマット界を憂う危機感が新間の交渉の起点となったのだと私は思う。

この考えを「月刊ゴング」で竹内の部下として働いていた小林和朋に尋ねると、「それは、ありうるでしょうね」とうなずいた。小林は専門学校時代に新日本プロレスのファンクラブ会報誌「炎のファイター」の編集長を務め、竹内と知り合う。昭和五六（一九八一）年から『ゴング』でアルバイトをはじめ、後に社員となった。小林は編集者としての竹内の才能に脱帽したことを語ったうえで、「竹内さんは永遠のプロレス少年で、ファンの気持ちを亡くなるまで持ち続けた方でした。ですから編集方針も常に、今何を特集すれば自分がワクワクするかが軸でした。猪木対小林戦の前に日本人対決を煽ったのも、今、日本人対決をやればプロレス人気が復活するという思いと、何よりファンとしての自分がそれを見たかったんじゃないでしょうか。もちろん、そこにはプロレスの人気が高まれば、編集長を務める「ゴング」が売れるという部分もあったんでしょうけど、それ以上に、竹内さん自身が猪木対小林を見たかったんだと思います」と言った。

さらに、小林が浮いていることを馬場ではなく猪木のマネージャーである新間に教えた理由を、「竹内さんが一番評価していたレスラーが猪木さんだったからだと思います。記者として見た中でのベストバウトを、東京プロレスの旗揚げ戦の猪木さんとジョニー・バレンタインとの試合だとおっしゃっていました。あそこで猪木さんに、今までの力道山や馬場さんにはないプロレスの新しい要素を垣間見たのかもしれません。そこから竹内さんは猪木さんのプロレスに魅かれて、同時に編集長として雑誌は『馬場さんより猪木さんを表紙にした方が売れるんだ』とおっしゃっていましたから、そういう編集長としての立場からも猪木さんに魅かれ、しかも、猪木さんは日プロ時代から馬場さんに挑戦を表明していましたし、猪木さんなら自分が見たい日本人対決をやってくれると思ったんじゃないでしょうか」と話した。

さらに、当時の「ゴング」を検証すると、新聞が信頼を寄せた「東京スポーツ」の櫻井も日本人対決を待望していたことが分かる。櫻井は昭和一一（一九三六）年一二月二三日、東京府生まれ、東京市牛込区で育ち法政大学を卒業し日産研究所に入社。その後、昭和三六（一九六一）年に三四年二月一六日の創刊から二年目の東京スポーツに入社し、力道山全盛時代からプロレス記者として活躍した。外国人の異名や技の名前など数々の「プロレス言語」を編み出す類まれな才能を発揮し、テレビでもNET時代の日本プロレス中継から新日本の「ワールドプロレスリング」で解説者を務めた。東スポでは編集局長まで務める一方、作家として「原康史」のペンネームで『激録　力道山』など多数の著書を執筆し、平成二九（二〇一七）年四月一〇日、八〇歳で亡くなった。

東スポが引いた決戦への引き金

昭和四八年当時、櫻井は東スポの「運動第二部長心得」の役職だった。竹内の部下だった小林によると、創刊当時から竹内は、巻頭など重要な記事の執筆を櫻井に依頼していたという。

「私は、編集部に入ったころは竹内さんが櫻井さんに発注した原稿を取りに、よく櫻井さんのところへ行っていました。竹内さんも櫻井さんも団体と一体化して話題を盛り上げれば、雑誌も新聞も売れると考えていらっしゃったと思います。そこの部分に物凄く熱心だったと思います」

櫻井が「ゴング」の巻頭記事を執筆していた事実を考えると、猪木の手記も日本選手権の提唱記事も、もしかすると櫻井が書いた原稿かもしれない。その櫻井は昭和四七年三月発売の「ゴング」五月号からペンネームの「原康史」の企画構成で、「夢の日本選手権試合」と題する連載を開始していた。「この読物はすべてフィクションであります」との但し書きがついた連載は、日本、国際、新日本、全日本の四団体の日本人選手によるトーナメント「夢の日本選手権試合」を描く読物で、いかに櫻井が日本人対決を望んでいたかがよく分かる内容だ。注目されるのは、同年一一月号の第七回と翌一二月号の第八回で櫻井は「好勝負！　猪木vs小林の激突」と銘打ち、猪木と小林の闘いを描いていたことだ。結果は猪木がバックドロップで小林をＫＯする結末となっているが、この連載のリード部分には「いまは単なる読物として登場しているが近い将来、ここに書かれているようなことが現実に行われることになるかもしれない」と綴られており、まるで二年後の猪木対小林戦を予言する内容となっている。

　櫻井も竹内も鬼籍に入った今、確認することはかなわないが、この連載が、二人に猪木と小林の対戦をイメージさせる発端になったのではないだろうか。馬場と猪木の対戦が不可能なら、次の大物対決として猪木対小林戦を夢見て、新聞を動かした——。私は、櫻井の連載を読みながら、そんな思いに駆られた。

　二人の類まれな才能を持つプロレス記者に支えられ、刺激された新聞は、小林が国際を離脱する決意を固めたことを櫻井へ教えると、東京スポーツの社長で編集局長だった井上博に呼ばれた。

「猪木さんと小林さんの試合を、櫻井さんは、事前に井上社長にしっかり報告したんです。それで井上社長が『新聞を呼べ』ってなって、私は井上社長と会いました。その時に井上社長は『新聞さん、これは凄い試合だ。ウチに主催をさせてください』ってお願いされて、『もちろんです。ぜひお願いします』って頭を下げました」

井上から新聞へひとつ要望があったという。

「井上社長は『新聞さん、ウチは全面的に応援するから、その代わりこの試合のニュースはウチで書かせてくれよ。一面でやるから。櫻井に教えてくれよ』って言われて、『もちろんです』と私は即答しましたよ」

猪木対小林を衝撃的に伝える武器として、新聞は東スポの全面バックアップを取り付けた。

国際は、二月一日に札幌中島体育センターで「新春パイオニアシリーズ」を終えた。小林は、ブッチャー・バションと対戦。この試合が小林の国際での最後の試合となった。一週間後の二月八日、新日本の「新春黄金シリーズ」は茨城県牛久市の東洋大学付属牛久高校体育館大会で終了した。

「猪木対小林」に向けて、すべての態勢は整った。決戦へ引き金を引く時がくる。

二月一二日、東スポは一面トップで「Ｓ・小林が国際プロを離脱」と真っ赤な見出しでスクープした。小林が中学生を右腕一本で持ち上げる過去に撮影した写真を掲載し、「この怪力はどこへ行く」との見出しで以下のように伝えた。


《国際プロレスのエースであり、ＩＷＡ認定世界ヘビー級チャンピオンのストロング・小林（本名小林省三＝30歳）が「今年は国際プロレスと契約したくない。フリーになる」とフリー宣言。吉原代表に辞表を出したまま行方不明になっている。国際プロレスではまだ辞表を受理してはいないが、小林の辞意は固く、吉原代表も動揺の色は隠せない。小林はなぜ、こんな行動に出たのだろうか？　フリーになって小林はどこへいこうというのか……。話題の裏側を追跡してみよう》

記事は離脱をスクープするだけでなく、「行方不明」と表現し、事件性を強調する迫真の内容となっており、本文中には小林の契約は一月三一日で切れ、辞表提出は二月八日だったことが明らかにされている。吉原が慰留しているが小林の決意は固いことを伝え、離脱の理由を「国際プロレスの内情に詳しい某消息通」の話として《吉原代表と小林の間は親子のようなものだったが、ここ一年は亀裂が入り、断絶状態になっていたフシもある。双方の誤解もあろうが、プロレス界というのはとかく感情的に動く世界だけに、誤解がこうじると難しくなってくる。最近では吉原代表も自分の後継者は小林ではなくグレート・草津だ。草津をエースに育て、将来は社長のイスもゆずるといったようなことを公言しており、それが図体に似ず細い小林の神経に触れたのではないか。いってみれば勢力争いのお家騒動だろう》と草津との確執が背景にあったことを伝えている。さらに今後の去就を《自由の天地を求めて世界へ飛びたっていくのではないか》と海外マットに主戦場を移す見方を提示する一方で、《国内にも国プロ以外に全日本、新日本の二プロレス組織があるがはっきり小林がフリーになれば、当然全日本プロも新日プロも獲得に動くだろう》と解説し、猪木との対戦に言及する文言は書かれていない。

　引き金を引いた一発目の弾丸は、「小林離脱」の衝撃だけで十分だったのである。

第4章 動かす熱量

東スポの野望が日本人対決のタブーをこじ開ける

馬場への挑戦状こそが最大のポイントだった

ストロング小林離脱を「スクープ」した東スポは、連日のように、小林が猪木戦へ向かうストーリーを緻密に、また派手に描いていく。東スポの一面を受け、小林は、「行方不明」にもかかわらず自らプロレスマスコミに電話をかけ、一三日午後二時から東京・早稲田の喫茶店「ルナ」で記者会見を開くことを伝える。今はもうなくなってしまったが、夏目坂を下った早稲田通りとの交差点近くに「ルナ」はあった。会見場が「ルナ」になったのは、この会見を新聞が水面下でセッティングしたからだ。

「あそこは、私の実家のお寺と自宅に近い店だったから、会見場にしたんですよ」

東京スポーツ
2月13日
20円
目黒記念特別展望
素足叱るカネやん
健康管理へ親心
S·小林が国際プロを離脱
この怪力はどこへ行く
米国か欧州へ一匹狼の旅?
馬場、猪木派で争奪戦は必至
辞表提出→フリー宣言後に行方不明
「現体制」にイヤ気
国プロ内部にも反小林ムード
勢力争いのお家騒動
"蒸発"小林は今どこに…

ストロング小林の国際プロレス離脱をスクープした「東スポ」（写真＝東京スポーツ新聞社）

会見前に新聞は小林を自宅に呼んだ。

「会見で小林さんに声明文を読み上げてもらうことにしたんですが、その文章の作成と会見で話す内容を事細かく、入念に打ち合わせをしました」

もちろん、新聞が「ルナ」を会見場にしたことは極秘事項で、取材した記者は知る由もない。離脱スクープ翌日の会見は、始まる前から緊張感に包まれた。開始時間の午後二時前に、国際プロレスの鈴木利夫取締役総務部長が小林を慰留するために現れたのだ。報道陣が見ている前で、国際の社員と小林が小声で話し合う姿は、東スポの離脱報道が国際にとって寝耳に水の出来事だったことの表れだったが、予定通り会見は実行された。

小林は、まず新聞と作り上げた声明文を読み上げ、「できれば、ジャイアント馬場、アントニオ猪木選手と戦って、自分の気持ちを試したい気持ちでいっぱいです」と馬場と猪木への挑戦を表明した。

会見翌日の一四日発売の東スポは一面トップと三面の二ページで、「逃げるな！　馬場・猪木小林爆弾発言」の見出しで大展開した。小林の離脱は「Ｓ・小林、国プロ離脱の真相は2強打倒にあった」と掲げ、馬場と猪木への挑戦を目指した思いが背景にあったと報じ、さらに「世界3王者〝夢の対決〟へ」の見出しと共に「もし、馬場、猪木とストロング小林が戦ったらどうなるか？」との解説記事を以下の通り掲載した。

《昭和二十九年、つまり二十年前に力道山と木村政彦が日本選手権をかけて戦ったことがあるがそれを史上初の組織を異にする同士の大決戦とするならば、馬場――小林戦、あるいは猪木――小林戦は二十年ぶりの大決戦となる。しかも馬場ＰＷＦ、猪木ＮＷＦ、小林ＩＷＡの世界チャンピオン同士

だ。馬場と猪木が同時に小林の挑戦を受けて立てば空前の三つ巴大決戦になろう》（以上、抜粋）

離脱スクープから、会見での馬場と猪木への挑戦表明を受け、東スポは一気に三人による日本一決定戦を煽った。

小林は、水面下で猪木との対戦が決まっている。にもかかわらず、声明文で猪木だけではなく馬場への挑戦も表明し、実際、その通り、全日本プロレスと新日本プロレスに内容証明郵便で挑戦状を送った。この馬場への挑戦状こそが、新聞にとって声明文の最大のポイントだった。

私は新聞に率直に「猪木さんとの試合が内々に決まっていたのに、なぜ、馬場さんに挑戦状を出したんですか？」と聞いた。すると新聞は、「まさに、そこが最大の狙いだったんです」と打ち明けた。

小林が二人に発送した挑戦状を猪木は受諾する。一方で馬場が拒否すれば、日本人対決を待ち望む大多数のファンは、挑戦状を勇敢に受けた猪木を支持し、馬場には失望するだろうと考え、全日本プロレスにダメージを与えることを狙ったのだ。プロレスファンでもある新聞は、ファン心理を手に取るように読み切る抜群の能力があった。さらに東京プロレス以来、プロレスビジネスを熟知する新聞は、業界の常識から見て根回しなしで発送した小林の挑戦状を馬場が受け取ることはあり得ないと確信していた。万が一、予想を覆して馬場が挑戦状に反応すれば「そうなったら猪木対馬場の対決という展開にもっていけるし、うちとしては願ったりかなったりですよ。あの時の猪木さんならリング上で何があっても負けるはずはないっていう全幅の信頼がありましたから、馬場さんが受ければ、猪木・馬場・小林の、それこそ日本選手権へ動きましたよ」と、当時に戻ったように熱っぽく語った。

逆に言えば、根回しなしで馬場に挑戦状を送ることは、プロレス界の不文律を破壊する完全なルール違反だった。業界の掟を破ってでも、新聞は、猪木と小林戦を実現させるだけでなく、ライバルの全日本と馬場にいかにダメージを与えるかに執念を燃やしたのだ。

東スポは馬場と猪木の対比を浮き彫りにした

一方で新聞は、馬場への挑戦状は自らが仕掛けたことは明かしたが「櫻井さんに、記事の書き方やこうやって報道してほしいとか、そういう要望は一切していません。編集、記事に関しては当然ですが、外部である我々がタッチできる部分ではないですし、またすべきことではないですから」と振り返り、東スポの報道に深い信頼を寄せていたことも明かした。

小林が会見をした一三日、猪木はグアム、馬場はハワイにそれぞれ滞在していた。東スポは一八日に帰国した猪木を直撃する。猪木は小林の挑戦状に「まだ届いてない。今すぐハイそうですか、と返事するわけにはいかない」と慎重な姿勢を貫きながらも、挑戦状が届いたうえで対戦する意思を聞かれ「そうなれば喜んで対戦するよ」と明言した。この直撃取材を一九日発売の東スポは一面で、「猪木〝小林の挑戦〟に回答」の見出しで「筋を通せば俺は逃げない！」と掲げた。

リング外で小林との対戦の機運が盛り上がるなか、新日本プロレスは二二日に後楽園ホールで「創立二周年記念ビッグファイトシリーズ」の開幕戦を迎えた。シリーズの目玉は、新日本初参戦のアンドレ・ザ・ジャイアントだった。アンドレは、昭和四五（一九七〇）年、国際にモンスター・ロシモフのリングネームで初来日。小林とは昭和四七（一九七二）年五月の「第四回ＩＷＡワールド・シリーズ」決勝戦で対戦するなどトップ外国人レスラーとして人気が上昇していたが、新日本が友好関係を結んでいたニューヨークを拠点に置く「ＷＷＷＦ」（World Wide Wrestling Federation。

現・WWE）に参戦したことをきっかけに、リングネームもアンドレ・ザ・ジャイアントに変え、初めて新日本マットに登場した。

新日本の新シリーズ開幕の一週間後、猪木対小林戦へと事態が急速に進むことになる。原動力はやはり、東スポだった。当時はインターネットはおろか、携帯電話もパソコンも影すらなく、情報の発信と速報は、新聞、テレビ、ラジオが絶対的存在として君臨していた。プロレス界では、新大阪新聞社が昭和四二（一九六七）年に創刊したタブロイド週刊紙の「週刊ファイト」があったが、専門誌はベースボール・マガジン社の「プロレス」と日本スポーツ出版社の「ゴング」の二誌で、いずれも月刊誌（「ゴング」は本誌と別冊の月二回の刊行）の時代。プロレス情報の速報と信頼性は東スポが群を抜いており、ファンは小林の動向についても、離脱を「スクープ」した東スポを注視し続けていた。

さらに東スポには絶大な販売部数をバックにした影響力があった。前年の昭和四八（一九七三）年の東スポの部数を、「日本新聞年鑑」（日本新聞協会）で調べると、大阪の大スポ、中京の中スポ、九州の九スポの四地区を合わせて百万二七二部。百万部を誇る東スポによる怒濤の報道で、決戦ムードが加速する。

まず東スポは、馬場をキャッチする。小林の挑戦について馬場は辞表が正式に受理されていないことを引き合いに出し「うかつなことは言えない。吉原さんにも迷惑がかかる」と旗揚げ以来、友好的な関係を築いてきた国際の吉原への配慮を強調した。そして、猪木と同じように挑戦状が届くなど話が具体化した場合の対応を聞かれると、「それは話があまりにも飛躍し過ぎます。実際にボクは小林君とも話し合っていないし、この話を誰がプロモートするかも出ていないのだから、挑戦を受けるも受けないもないでしょう」「小林の挑戦を逃げる、逃げないというのではない。この問題は街のケンカと違うわけですから、話はあくまでも冷静に、慎重にということです」「あくまでも仮定だが、小林君がウチの組織に入れば全く問題のないことです」などとコメントした。

この馬場のインタビューを二五日発売の東スポは一面で「馬場、小林の挑戦蹴る」のメイン見出しで報じた。インタビューで馬場は、猪木と同じように慎重な対応を見せ、業界の常識や興行上のルールを述べただけとも言え、挑戦を拒否することまで言及していない。にもかかわらず、「挑戦蹴る」と一面トップで断定し、「俺は逃げない！」との見出しで報じた猪木と明らかな対比を浮き彫りにしてみせた。

「小林離脱」をまったく知らされなかった東スポ・国際担当記者の門馬忠雄

新日本は、東スポの報道に完全に歩調を合わせていた。馬場の「挑戦蹴る」を報じる東スポが発売された二五日に記者会見を開き、小林の挑戦状を公開し、猪木が正式に挑戦を受諾することを発表した。会見で猪木は「小林は現在のプロレス界では優秀な人材だと思う。俺に顔が似ていることは気にくわんが、〝馬場、猪木〟に挑戦してくるのはいい根性だ。本当にフリーになったらほしい人材だ。もし戦って俺に負けたら新日プロへ入れという条件をつけてやる」と語っている。この「負けたら新日プロに入れ」という言葉は、後に小林を新日本へ迎え入れることへの伏線を張ったとも受け止められる。

猪木の挑戦受諾を受け、東スポは二六日に青梅の自宅で小林を単独直撃した。翌日の二七日発売の一面で小林は「条件はすべて猪木さんに任せるし、新日プロ側が日時、場所を指定してくれればいつでもＯＫ」と語った。この発言を受け、一面では「小林―猪木戦の実現は決定的となった」と断定し、サイド記事で試合は「三月一九日、東京・蔵前国技館という大会場を押さえており、木村

―力道山以来二〇年ぶりのビッグカードが蔵前国技館で実現濃厚だ」と報じた。メインの見出しでは「猪木・小林3月19日に決戦か」とうたった。

これで馬場は、小林の挑戦状に端を発した「日本選手権」構想から完全に蚊帳の外に追い出された。東スポは、二七日に巡業先の山口県下関市体育館で馬場を取材する。馬場は猪木と小林の試合について「わたしの立場でいうことはなにもない。いっさいノーコメントだね」とし、「猪木―小林戦が実現して、日本タイトルマッチと銘打ったらどうなるか、わたしはかなりあとに問題を残すことが起こるのではないかと心配している。まだ、日本統一とか、日本タイトルというのは時期的に早い」とコメントした。これを二八日の一面で報じた東スポの見出しは「馬場『猪木・小林戦』を黙殺」「日本選手権は時期尚早だ！」と掲げ、馬場が日本人の最強決定戦から一歩引いた印象を再び与えた。

小林の挑戦を受けて立った猪木に対し、あたかも挑戦を逃げたかのように報じられた馬場。巧みな「印象操作」とも言える東スポの報道は、まさに新聞の思惑通りで、デビューから一貫して越せない巨大な壁だった馬場を、猪木が切り崩そうとしている確かな印象を与えた。

そして、国際離脱スクープ後に一連の小林の喫茶店「ルナ」での会見、また、猪木、馬場、小林を取材し一面で記事を書いた記者が門馬忠雄だった。

門馬は、国際を旗揚げから担当記者として取材をしてきた。一連の報道は、新聞から「猪木対小林戦」の計画を打ち明けられた社長で編集局長の井上と櫻井が展開していたが、小林が所属した国際の担当記者には、事前にどのような連絡、相談、報告、あるいは、打ち合わせがあったのだろうか。四十数年以上前の取材を門馬に確認すると驚きの答えが返ってきた。

「俺は、全然知らないのよ。小林が辞めるって、寝耳に水なの。他社の記者から『門ちゃん、こんなの出てるけど本当？』って聞いて、知ったのよ」

あの「小林離脱」を報じた二月一二日の一面スクープを、国際担当記者の門馬は事前にまったく知らなかったというのだ。しかも小林が離脱することはおろか、自社で報じることすら聞かされていなかったという。

「小林が国際を辞めるって書いたのは櫻井さんだよ。俺には事前に何の相談もなかったよ。プロレスで大事な柱は、馬場の全日本と猪木の新日本なの。国際は所詮、継子《ままこ》扱いなのよ。だから会社も櫻井さんも、国際担当の俺なんかどうでもいいって思ってたんじゃないの」

前年の秋から水面下で小林と交渉していた事実を、新聞は櫻井に教えていたが、その裏側の動きも門馬には届いていなかった。それは、櫻井が新聞からもたらされた「極秘情報」を洩らさなかった表れでもある。ただ、門馬の立場から見れば、櫻井は社歴で二年上の先輩記者にあたるとはいえども、国際旗揚げから八年間担当してきた自分に対し、エースの離脱を事前に一言も知らせずに書かれたことに憤りはなかったのだろうか。

「俺はプロレスに対して思い入れがなかったし、その時は、『どうでもいいや』って思ってたよ。『ああそうかい』くらいの感じかな」

プロレス業界を嫌い、プロレスラーを愛する

門馬が「プロレスに対して思い入れがなかった」と言うのは、初めてプロレス取材をした時の強烈な経験があった。

「俺がプロレス界を初めて取材したのは、昭和三八（一九六三）年一二月八日、力道山が刺されたあの夜なのよ。俺は、ボクシング担当で後楽園ホールで取材をしてたの。そしたら、会社から『力

道山が刺されたから、すぐに自宅へ行ってくれ』って命じられて、赤坂のリキアパートへ行ったんだよ。そしたら、表には黒服のヤクザが大勢いてね。それ見たら『あぁプロレスっていうのは、こういう世界なのか』って嫌になっちゃったのよ」

門馬はその後、自分自身の希望に反してプロレス担当になる。最前線で取材をしても「俺はプロレスは好きじゃないから、のめり込みたくなかった。人脈の動きが好きじゃなかったし、派閥もあったから、そういう裏の動きには関わりたくなかったのよ」と明かす。ただ、門馬は「プロレス業界」は好きではなかったが「プロレスラー」という人間を愛した。

「ボクシングとかアマチュア競技とか俺が取材してきた他のスポーツ選手と比べて、人間的に一番面白いのがプロレスラーだよ。人生の中でいろんな背景をみんな背負ってるから、そういう人間が出るのよプロレスは。例えばストロング小林は、母親が強い女系家族よ。それは彼の仕草に表れていたよ。猪木は、ブラジルで苦労して力道山にしごかれても上を見ていた向上心の塊よ。彼の顔にそれが出てるだろ？　あのアゴを見てごらんよ。アゴの先端が向上心のテッペンよ。俺はそう思ってるよ。プロレスには人間性が表れるなぁって、そう思って俺はプロレスをずっと見てきてる」

さらに東京オリンピックを取材した門馬は、記事の執筆も取材も、プロレスと他のスポーツで変わることはなかったという。

「記事を書くスタンスは、ボクシングも水泳もプロレスも同じだよ。自分が目の前で見たこと聞いた事実をそのまま書けばいいんだから、境目なんかないよ。ただ、プロレスを担当する時に先輩記者からは『知ったかぶりをするな』とは言われたよ。それは、当時だったら〝ベビーフェイス〟とか〝ヒール〟とかレスラーが使う用語を知ったかぶりして書くなって意味だったよね。ただ、東スポは戦争用語が好きでね（笑）。〝相手を駆逐〟とか〝またまた快進撃〟とかそういう言葉を使えって言われたよ。それは井上社長の考えで、それが東スポスタイルの原稿になったよね」

同時に門馬がプロレス記者として自戒していたことがあった。

「俺は団体の人間からいろんな相談とか持ち掛けられても避けてたよ。絶対に業界の中には入らないようにしていた。中に誘い込まれないように、自分なりのスタンスでリングの上のレスラーを人間観察していたよ。中に入らなかったからこそ、八二歳の今もプロレスの取材ができていると思ってる」

業界の中に入ることを避けた門馬と、積極的に入っていった櫻井。こうした取材姿勢が違う櫻井に門馬は、微妙な距離感を置いていた。逆に門馬も櫻井には、取材の中で得た国際内部の情報について相談しなかった。当時の東スポのプロレス担当は、「第二運動部」の部長で日本テレビの「全日本プロレス中継」の解説を務めていた山田隆を筆頭に、櫻井、門馬、他に二人ほどの記者が担当していた。

「山田さんは全日本、櫻井さんは新日本、俺は国際っていう、一応そういう括りだったけど、お互いに疑心暗鬼よ。自分の担当していた団体の大事な情報を原稿書く前に教えたら、担当している団体に筒抜けになって先手打たれて、封じ込められるからね。山田さんには部長だったから、相談してたかもしれないけど、国際の情報は、櫻井さんには一切言わなかったよ。だってあの人は、猪木、新間にベッタリだったから。極端な話、東スポの社内であったことは、誰かがくしゃみしたことまで伝わってたからね（笑）。ヤバくて下手なことはできなかったよ。早い話が東スポの社内で別々の団体を担当する三人が綱引きをやっていたようなもんだったね。俺は、人を傷つけることは好きじゃないから、言っていいことと悪いことを区別して、国際に迷惑がかかるようなことは社内でも言わなかったよ」

かつての自民党各派閥を担当する政治部記者の間の距離感や齟齬にも似た、複雑な関係性が東スポ社内にあったのである。こうした身内同士の牽制が、櫻井が小林の離脱を事前に門馬へ教えなかったことにつながるのかもしれない。水面下では、猪木と小林が対戦することは決まっている。しかし、何も知らされていない門馬は、社命で二月一三日の喫茶店「ルナ」での記者会見から小林の去就の取材に入っていたのだ。

まるで社会問題を追跡するような緊張感

「俺は、そんな裏舞台なんか知らないから、小林の会見も他社の記者と同じように『本当に辞めるのか？』っていう気持ちだったよ」

会見で会った小林とは、前後に二人だけで話すことはなかった。

「会見で目が合った時に、向こうは頭下げてたよ。俺は小林とは国際を取材していた時もあんまりしゃべったことなかったから、その時もそれだけで、特別に二人で話したことはなかったよ」

国際を取材していた時、門馬が感じた小林の印象は「孤立」だった。

「彼は、ＩＷＡのチャンピオンだったけどリーダーシップを取りたがらないタイプだったし、物事に対して積極的な性格ではないなっていう印象を持ってた。思い出すのは、巡業で選手が移動するバスがあるんだけど、小林はそれには乗らなくて自分で車を運転して一人で移動してたよな。そういうところで孤立していたし、仲間と群れたがらないし、グループを作るタイプじゃなかった」

離脱の動機になるグレート草津との確執は察知していたという。

「小林が草津を嫌っているっていう話は耳に入ってきてたよね。草津は酒を飲むと始末に悪くて、酒癖悪いから、そういう席で小林にとって嫌なこともあったんじゃないのかな。それで吉原さんが草津をマッチメイカーに指名したから、余計に溝ができたんだろうね。ただ、吉原さんが草津を指名したのは仕方がなかったのよ。だって、巡業に出た時に信頼できるのは草津しかいなかったんだよ。国際は、人材がいなかったんだよね」

　門馬が覚えている小林の「孤立」を象徴する巡業での単独移動について小林本人に事実を聞くと、「それは違うよ。吉原さんから、僕と草津とサンダー杉山さんの三人だけマイカーでの移動が認められてたの。だから僕は自分の車で移動していただけですよ。草津も杉山さんもバス移動はしなくて、車で移動していました」と明かした。

　喫茶店「ルナ」での馬場、猪木への挑戦表明の一面を、門馬は今後の展開を一切知らず自らが見て聞いた事実だけについて書き、続けて日替わりで猪木、馬場、小林を取材し、一面を執筆した。令和二（二〇二〇）年の秋、ＪＲ大船駅の駅ビルのレストランで会った門馬に当時の一面のコピーを見せると、「これ、全部俺が書いたの⁉」と驚き、署名を確認した。「へぇ……ホントだ。俺が書いたんだね」と感慨に浸ったが、当時の自分を「俺は、使いっ走りだよ」と自虐的に爆笑した。

　取材の命令は、部長でデスクを務めていた山田からの指示だった。

「アドバイスなんか、かけらもないよ。『明日、馬場のところ行ってくれ』『猪木のところ行ってくれ』っていうぐらいよ。裏の話なんか俺は知らないから、毎日、無我夢中よ。『これから小林はどうなるんだ』『猪木とやるのか？』『馬場はどうする？』って半信半疑のまま仕事をしていたよ。ある意味、こっちが振り回されてたよ」

　猪木、馬場、小林の取材で紙面に書けないオフレコの話もあったと思うが「それはなかったよ。全部、その時、聞いたことはすべて記事にしたよ」と断言する。「あのころのレスラーは、みんなプライドがあったから、実は……ああでこうで……なんてことは口が裂けてもしゃべらなかったよな」と続けた。

今、当時の紙面を読み直すと、水面下の動きを知らなかったからこそ、門馬は小林にも猪木にも馬場にも率直に読者と同じ視線で疑問を投げかけていたことが分かる。水面下の動きと符合する発言は点在するが、それもすべて今だから気が付くことで、当時はそんなことが分かるはずはない。

無我夢中で取材した門馬の記事は、まるで社会問題を追跡するような緊張感が行間からあふれ出ている。この緊迫感が読者の心をつかみ、記録的な大観衆につながったのだろう。もし櫻井が門馬に内情を打ち明けていれば、ここまでの張りつめた記事にはならなかったはずだ。櫻井も部長だった山田も亡くなっているため確認することはできないが、恐らく「何も知らない」門馬に取材をさせたのは、記事の上で緊張感をみなぎらせる狙いがあったのではないかと想像する。

門馬に私の思いを伝えると、「山田さんが俺を使いやすかっただけだよ（爆笑）。俺は誰に対しても当たり障りないから。それしかないべよ」と笑い飛ばされたが、門馬の取材と原稿の力が小林の去就への興味を増幅させたことは間違いないと私は思う。

何も知らされず無我夢中で記事を書いた、言わば、まっさらな門馬の思いとは裏腹に紙面上は、「猪木対小林」の実現へ全社を挙げてレイアウトを担当する「整理部」が猪木を引き立て、馬場を落とす見出しを掲げまくった。

「禁断」の扉を破る危険な匂い

二月一二日の「小林離脱」のスクープから雪崩のごとく急展開した猪木対小林へのドラマは、三月一日にひとつのピークを迎える。小林と猪木が公の場で初めて顔を合わせる時が来たのだ。

午前一一時半、新宿の京王プラザホテル四二階「武蔵の間」で、二人は大会を主催する東京スポーツ社長の井上の立ち合いの下、調印式に出席した。会見場を「武蔵の間」にしたのは、この試合を宮本武蔵と佐々木小次郎の「巌流島の決闘」になぞらえるためで、細部にこだわる演出は徹底していた。

会見の司会は、東スポ事業部長が務め、冒頭で新間が挨拶した。記者席には櫻井と「ゴング」の竹内がいた。新間が前年秋から青梅に通ってからおよそ五カ月。闘う両雄、水面下で動いた人物が公の場で初めて顔をそろえた晴れ舞台だった。

会見を伝える「別冊ゴング」五月号の記事によると、席上、試合は三月一九日、蔵前国技館で猪木が前年一二月に奪取したばかりのNWF世界ヘビー級選手権の初防衛戦として開催されることが発表された。試合時間は九〇分一本勝負でルールも反則による勝ち負けはなく、フォール、ギブアップ、カウントアウトのみで決することも決まった。

新日本プロレス社長「猪木寛至」として小林と交渉した猪木は、当たり前だが壇上では完全にプロレスラー「アントニオ猪木」としての振る舞いに徹した。「正々堂々とスポーツマンシップにのっとってファイトすることを誓います」などと書かれた誓約書へのサインを求められると、猪木は「サインする前に一言いいですか?」と切り出し「私はこの通り正々堂々と試合をやろうと思いますが、この二、三日、私のところにも相当の嫌がらせの電話が入ってます。それがもし、小林選手から出ているものであれば、それこそ命を懸けても勝負しようと思っています」と口火を切ったのだ。

不意打ちのような猪木の挑発に小林は「いや、僕はそんな……」と一瞬絶句し、「僕も正々堂々とやろうと思っているし」と応じると、「僕も挑戦した以上は、こちらにも覚悟があります。正々堂々と戦います」と宣言をした。さらに会見後の写真撮影でにらみ合った猪木は、右ストレートを小林の左頬へ二発叩き込んだ。小林は、つかみかかろうとするが実力行使はできず、会見は「アントニオ猪木」の独壇場で終わった。

派手な会見が行われた三月一日は、夜八時からNETで「ワールドプロレスリング」の放送がある金曜日だった。この日は、群馬県館林市民体育館からの生中継が予定されていた。会見が午前一一時半から行われたのも、館林への移動を考えた上での時刻設定だった。

午後八時からの生中継で、猪木と小林の調印式がブラウン管に映し出される。東スポを中心とする新聞だけの報道だった「猪木対小林戦」の実現が、ついに全国のお茶の間に披露された。

凄惨な結末に終わった「力道山対木村戦」以来、日本人対決は「禁断」の中にあった。会見で小林を殴打した猪木は、「禁断」の扉を破る危険な匂いと視聴者へのインパクトを与えるために派手な挑発を仕掛けたのだろう。さらに小林に馴れ合いを捨てさせ、「緊張感」と「説得力」を軸にアドリブで展開していく猪木流プロレスを肌で教える意味もあったはずだ。

この会見で小林がひとつだけ自己主張した場面があった。記者から「レフェリーは誰がやるのですか」と質問が出た時に司会者が「現時点で未定」と答えると、小林は「僕、条件があるんです。試合のルールはすべてそちらにお任せいたしますが、ただ、レフェリーは清美川さんにお願いしたいんです」と主張したのだ。

清美川は、大相撲で前頭筆頭まで昇進し昭和二一（一九四六）年一一月場所を最後に引退。七年後の二八（一九五三）年にプロレスラーに転向し山口利夫と全日本プロレス協会を設立、同団体の崩壊後は海外マットを転戦し、昭和四五（一九七〇）年から国際に参戦し小林とは旧知の仲だった。

新間は会見より前に小林から清美川のレフェリー就任を要望されていた。

「小林さんとの話し合いの中であの人が唯一要求したのが、レフェリーを清美川さんにしてほしいということだったんです。猪木さんに相談したら、『受けてやれ』って応じてくれました。ただ、猪木さんからは『使うのは一試合だけだぞ』って釘を刺されました。案の定、清美川さんからは、『小林戦だけじゃなくてレフェリーとして新日本で雇ってくれ』ってお願いされましたけど、それはお断りしました」

国際の会場で、小林の隣に清美川がいた

猪木と小林の両者が公の場で初めて顔を合わせた調印式でＮＷＦ世界ヘビー級選手権九〇分一本勝負での試合形式、ルール、レフェリー……試合の全貌が姿を見せた。二月一二日の東スポのスクープから調印式までの流れをここで整理しておきたい。

二月一二日　東スポが一面で「Ｓ・小林が国際プロを離脱」の見出しで小林の離脱をスクープ。

一三日　小林が早稲田の喫茶店「ルナ」で会見し、フリー宣言。同時に馬場と猪木への挑戦を表明。

一九日　東スポが一面で一八日にグアムから帰国した猪木を直撃し小林の挑戦に「筋を通せば俺は逃げない！」と宣言したと掲げる。見出しは「猪木〝小林の挑戦〟に回答」

二五日　東スポが一面でハワイから帰国した馬場を直撃し「逃げはせぬが現状では無理」との言葉を報道。見出しは「馬場、小林の挑戦蹴る」
同日、猪木は、青山の新日本事務所で会見し小林からの挑戦状が届いたことを明かし、受諾することを表明。

二六日　東スポが一面で猪木の会見を報道。見出しは「猪木〝小林の挑戦〟正式受諾」

二七日　猪木が挑戦を受諾したことを受け東スポが一面で小林の返答を報道。見出しは「猪木・小林3月19日に決戦か」

二八日　東スポが一面で全日本の下関大会で馬場の「猪木対小林戦」への反応を報じる。見出しは「馬場『猪木・小林戦』を黙殺」

三月一日　京王プラザホテルで猪木と小林が東スポ・井上社長立ち合いで調印式。

ここで気が付くのは、小林の離脱スクープから三月一日の調印式まで記者会見など公の動きは、二三日の喫茶店「ルナ」での小林の会見と二五日に新日本で猪木が挑戦を受諾する会見の二日間のみ。それ以外の空白を東スポが馬場をも巻き込んだ報道で埋め尽くしていき、流れを作っていったことが分かる。

当時、茨城・水戸第一高校二年生だったプロレス歴史研究家の流智美は、調印式までの展開を「見事としか言いようがありません」と振り返る。小学生の時にプロレスファンになった流は、初めて生で観戦した試合が国際プロレスだったことから日本プロレスよりも、一気に国際のファンになった。

「生で初めてプロレスを見たのが昭和四三（一九六八）年三月六日の茨城県立スポーツセンターの国際だったんです。この体験は大きかったですね」

国際に傾倒していた流にとって、あの日、国鉄の水戸駅の売店で「小林離脱」を報じた東スポの一面を見た時は「何で国際を出るんだ……って衝撃ですよね。ただ、第一報は、小林の言葉では辞める理由を書いてないんです。それが、だんだん、馬場に挑戦とか猪木に挑戦って唐突に報じられて『へぇ、そうなのか』って引き込まれていきましたよ」

小林が離脱する一面を読んだ時、衝撃を受けた流だったが、一方で小林が国際所属で最後となったシリーズの会場で見たその姿を思い出したという。

「昭和四九（一九七四）年一月二五日の金曜日に国際の水戸大会が茨城県立スポーツセンターであったんですが、私はそれを見に行っているんです。メインで小林はジェリー・ブラウンと金網デスマッチで闘いました。そしたら、小林がセミファイナルぐらいまで二階席の端っこの方でポツ〜ンっと試合を見ていたんです。メインイベントに出るのに控室にいないんですよ。それを見て『あれ？　おかしいな？』って思ったんですね。もしかしたら、団体の中で浮いているのかな？って何となく感じたのは覚えています。その時、小林の隣に清美川がいた。それは間違いありません。どうして覚えているかというと、私はその時、清美川にサインをもらったんです。今もそのサインを持ってますよ（笑）。その時、なんで清美川がいるんだろう？って不思議に思いましたよね。そしたら、離脱って報じられて、『あぁやっぱりか！』って、あの水戸大会で一人二階席にいた小林の姿を思い出したし、清美川がレフェリーをやるって決まった時に、彼が小林を新日本へ移籍させる仲介役をやっていたんじゃないかなとも思いました」

流が推理した清美川の仲介説を新聞に尋ねると「それはまったくありません。あくまでも小林さんの要望でレフェリーをやってもらっただけです」と回答した。

プロレスの枠を超えた破格の対決へと膨張した

流は、毎日、下校途中の売店で買う東スポの報道で馬場が挑戦に消極的で、猪木が挑戦を受けることを知る。

「さすが猪木！ってなりますよ。馬場は、この挑戦状にはシラケているなって感じました。猪木と小林が戦う興奮はめちゃくちゃありました。その前の年の昭和四八年七月九日の小林対（ラッシャー）木村戦が僕にとってプロレスファンになってからの初めての大物日本人同士の対決で、その時でさえ『そこまでの大物が闘っていいの』って感じていたんです。つまり、ファンになってからは、プロレスは日本人と外国人がやるもんだっていう固定観念があったから、日本人対決は、当時、禁断の対決っていうイメージがめちゃくちゃ強かった。それだけに、猪木と小林がやる興奮は凄かった。何しろ小林が国際のチャンピオンなのに猪木とやるって考えられない。僕は純粋なファンだったから、天地がひっくり返る思いでした。それは、恐らく僕だけじゃなく当時のファンは百パーセントそうだったと思う」

猪木と小林の調印式が三月一日の夜八時に放送された時の驚きは今も忘れられない。

「テレビ生中継された二月二二日の後楽園ホールのビッグファイトシリーズ開幕戦で、猪木はエリック・ザ・アニマルと対戦したわけです。その時は、東スポで小林の動向は注目していましたけど、そこから翌週の三月一日の放送でバーンッて猪木と小林の調印式ですよ。たった一週間であまりに急な展開だっただけに驚きますよね。嫌でも引き込まれますよね。試合に突入するまでの期間は短かったんですが、それが逆にインパクトを与えましたよね」

恐らく、流が覚えたこの興奮は、当時のファンの大多数を代弁していると思う。以後、プロレス史研究家として『鉄人ルー・テーズ自伝』、『東京12チャンネル時代の国際プロレス』など多数の訳書、著書を上梓してきた流は、六三歳になった今、猪木と小林が実現するまでの流れは「東スポにまんまと乗せられましたね」と笑ったが、「それも含めてさすが猪木ですよ。それと新間さんがやっぱり凄い。そして、この流れを作った櫻井さんも竹内さんも見事ですよね」と感嘆した。

ファンだけではない。新日本プロレスの社員もこの試合が実現することは、東スポの報道で知った。当時、リングアナから営業部へ異動になり、三月六日の山口・下関市体育館の興行のため下関に滞在していた大塚直樹は、「この試合をやるなんてことは事前にまったく知りませんでした。知ったのは東スポ（山口県では九州スポーツ）ですよ。読んだ時にはびっくりしましたよ。『へぇ、すげぇことやるな！』って驚きでしたよね」と目を細める。

　プロレス界の注目と話題を独占した「猪木対小林」。離脱から調印式に至る一連の流れは、プロレスを「スポーツではなくショー」「真剣勝負ではなく八百長」として報じていなかった朝刊スポーツ紙をも巻き込んだ。調印式翌日の三月二日、日刊スポーツとサンケイスポーツが一面で報じたのだ。

　日刊は、V10へ挑む読売巨人軍がオープン戦初戦を前日に控えた話題を一面トップで伝え、そのサイドに「血戦！〝ババ抜き日本一〟」の見出しで猪木と小林が向かい合う写真を掲載した。サンスポも一面のサイドに「猪木先制チョップ小林も返し技」の見出しで報じた。スポーツニッポンも五面で「猪木──小林が対決」の見出しで伝えた。

　プロレスは「ショー」「八百長」として報じなかった朝刊スポーツ紙の姿勢は、当時、大多数の世間がプロレスを見る視線を代弁していたと言えるだろう。そんな時代にあって無視していたスポーツ紙、それも二紙が、「猪木対小林」の、試合でもない記者会見を一面で報じたことは、プロレスを蔑視していた世間もこの試合には振り向いたことの証明でもあった。「猪木対小林」は、プロレス界の枠を超えた破格の対決へと膨張したのである。

　世間を振り向かせた現実は、新聞にとって思惑通りではあったが、内心は、調印式まで不安を覚えていた。

「あの日は、小林さんが本当に調印式に来るかどうか不安でね。朝から私は京王プラザの正面入り口に出て、小林さんを待っていたんですよ」

小林の離脱表明から表向きは静観していた国際プロレスだったが、水面下では関係者による慰留工作を進めていた。これまでの交渉で、小林の穏やかで優しい性格をよく知った新聞は、国際側が慰留に動き情にほだされれば、急転、残留するという不安を持っていた。

契約違反で法的措置へ動いた吉原功

事実、新日本プロレスは、極秘で「猪木対小林」が内定しながら、シリーズ前、最終戦の三月一九日の蔵前大会のメインイベントは、猪木とアンドレ・ザ・ジャイアントの初対決を発表し、前売り券を発売していた。ダミーと言える対戦発表だったが、新間は「いや、あれはダミーじゃないんです。本当にギリギリまで小林さんが試合をやってくれるのか確証が持てなかったから、土壇場でダメになれば、そのまま猪木さんとアンドレをやらせる予定でした。結果的には、小林さんとの試合に変更になってダミーになったんですが、あの時はどちらに転ぶか分からないという状況だった」と実情を語る（小林戦が無事に行われた結果、猪木対アンドレの初対決は、テレビ生中継された三月一五日の岡山・岡山武道館大会で実現。試合は猪木がアンドレにフォール負けした）。

新間が確証を持てなかった理由は、小林との交渉の中で新日本参戦の正式な契約書を交わしていなかったことにある。小林の新日本参戦はすべて口約束で、信頼だけが頼りだったのだ。契約で拘束していなかったため、小林の気持ちひとつで、いつでも国際に残留する可能性をはらんでいた。

小林が新日本の書類にサインをしたのは「あの調印式が初めてでした」と新間は明かし、「あのサインで私もようやく『あぁ、この試合が本当に実現するんだな』って安心したんです」と振り返った。ところが、安心するのはまだ早かった。正式発表した「猪木対小林」戦の前に大きな障壁が立ちはだかる。国際プロレス社長の吉原功が調印式から一週間後の三月八日、高田馬場のレストラン「ニューアサヒ」で記者会見を開き、小林が猪木と対戦した場合、「契約違反で損害賠償請求の提訴をする」と発表したのだ。

吉原は、すでに小林側へ訴訟を起こす内容証明郵便を送ったことも明かすと同時に、東京地裁に試合出場を停止する仮処分申請を提出する方針も公表した。さらに四月一日付で小林の国際からの除名と「ストロング小林」のリングネームを剝奪《はくだつ》する断固とした姿勢を打ち出した。

小林は、これまでの会見などで国際との契約は、「期間は一年間で二月一日で切れていますから問題ありません」などと主張していた。吉原は、会見でこれを真っ向から否定し、小林との契約書を公開した。「小林省三」のサインが入った昭和四八年二月一日の日付が書かれた一六条に渡る契約書は、八条から一五条までの条項で小林が契約違反に抵触していることを主張した。

条項は、「月刊プロレス」五月号で報じられており、以下の内容が記されていた。

【八条】当選手は、ＩＷＥ（国際プロレス）の許可なく他のいかなる団体の主催する試合に出場してはならない。

【九条】当選手が本契約書第八条に違背した場合は、ＩＷＥの請求あり次第、契約時の階級による違約金を支払うものとする。その階級別違約金は次の通りとする。特Ａ・Ａ級　一千万円　Ｂ級五百万円　Ｃ級三百万円

【十条】当選手が国際プロレスを引退、または廃業を認められ、以後一年以内に他の団体において稼働した場合は、第九条の階級別違約金をＩＷＥに支払うものとする。

【一一条】引退、廃業の意思表示は文書による届出を必要とする。口頭及び第三者による伝言、届

出等は一切認められない。

【一二条】引退、廃業の認定は新聞紙上での発表または当IWEとの公式文書をとりかわした時を以って正式決定期日とする。

【一三条】当選手はIWEの指定した試合に無断欠場の場合、IWEは欠場した回数に契約基本給の五倍を乗じた欠場違約金を請求する。

【一四条】前条の欠場によりIWEの蒙った損害が前条によって計算した金額を超える時はその超過分についても賠償の責を負うものとする。

【一五条】当選手はIWEの許可なく東京放送（TBSテレビ）以外の番組、コマーシャル等に出演してはならない。

契約書には、八条と九条に記されているように国際に無断で他団体試合に出場した場合は、違約金が発生することが明記されている。IWA王者の小林は「特A」の立場であり、違約金は一千万円になる。

さらに、小林は契約が一年で切れていると主張しているが、十条に「国際が引退、廃業を認めても以後、一年以内に他団体に出場した場合は、違約金を支払う」といった旨が書かれており、小林はたとえ国際と契約を更新していなくても、一年間は他団体のリングには上がることができない縛りがかけられていたのだ。

こうした詳細な契約違反を明らかにした吉原は、離脱報道以降、小林に対して直接話し合うことを求めても返答がないことから「小林よ、筋を通せといいたい。私は小林が会いに来てほしいと思う」と呼びかけた。

東スポ・井上社長の「ウルトラC」

吉原が法的手段に出たことは、新日本にとって想定外の事態だった。新間は「小林さんからは、契約は二月で切れるので問題ありませんって聞いていて、私も契約書を確認することをしないで信頼していたので、裁判に訴えるっていう吉原さんの方針は寝耳に水でした。弁護士に聞くと、訴えられれば負ける可能性があるって言われて、せっかくここまで汗を流して頑張ってきたのに、最悪、試合が中止になるかもしれないって思うと、目の前は真っ暗になりました」と振り返った。

　吉原の逆襲は、法的手段だけではなかった。会見の三日前となる三月五日に全日本プロレスの巡業先となる宮崎市へ足を運び、馬場と会談、三月二六日に開幕する国際の「チャレンジシリーズ」の全一八戦中一〇試合に馬場、サムソン・クツワダ、高千穂明久、大熊元司の四選手が参戦することで合意したのだ。国際は、小林の離脱問題より先に、この年の三月いっぱいで昭和四三（一九六八）年一月から六年二カ月にわたりＴＢＳで中継されてきた放送が打ち切られることが決まっていた。団体の経営が大打撃に見舞われていた時に馬場が国際の救援に乗り出した。これは、明らかに小林を「引き抜いた」猪木の新日本への対抗策で、ここから日本マット界は「新日本vs全日本&国際」という構図での興行戦争に突入していく。

　思いもよらない吉原の逆襲で窮地に陥った新日本を救ったのは、東スポだった。吉原は馬場との会談を終えた翌六日に「猪木対小林」の主催者である東スポ本社を訪れ、社長の井上に「猪木対小林」戦の中止を要望し、強行する場合は法的手段に訴えることを伝えていた。同時に部長の山田と櫻井の取材に応じて小林の契約違反を主張、そのインタビューを東スポは七日発売の三面で「吉原国プロ代表『猪木・小林戦』に抗議」と報じた。

その後、吉原が八日の会見で正式に法的手段に訴えることを発表することになったが、井上は何としてでも試合の実現を主張し、そのためにはあらゆる手段を辞さない方針を固めた。井上は、吉原と小林の和解へと動く。

小林との会談を求める吉原の要求をくみ取り、三月一〇日、銀座東急ホテルで井上が斡旋する形で吉原と小林が会談し、小林が謝罪した。二人と井上による三者会談は、約二時間に及んだが、会談後、吉原も小林も「いっさい東京スポーツの井上社長にお任せしました」と言い切った。井上は会談が円満に終了したことを明かし、試合は予定通り三月一九日に蔵前国技館で行われることを発表した。この時、「猪木対小林」が正式に決定したのだ。

この会談を報じる一一日発売の東スポは、「吉原・小林が円満解決」の見出しで「19日、晴れて猪木に挑戦」と伝えている。では、三者会談で何が話し合われたのか。その内容を櫻井は、原康史のペンネームで書いた著書『激録馬場と猪木　第11巻　世紀の大一番、猪木vs小林戦が実現』の第5章「世紀の大一番、猪木が小林に激勝」で以下の通りに描いている。

《後に筆者は、井上社長から「吉原、小林電撃和解」の真相を知らされた》と書いた上で《まず小林が、井上社長の説得で吉原氏に一方的にフリー宣言したことをわび、頭を下げたことが吉原氏の心を柔らげた。次に吉原氏がこだわる契約書付帯条項（契約切れ後も1年間は国際プロレスの了解なしに他団体のリングに上がることはできない）の問題で、井上社長は〝ウルトラC〟を出した。

井上社長は「猪木、小林戦は日本中のプロレスファンが待ち望んでいる大試合。しかも、力道山、木村政彦戦以来20年ぶりの日本人大物レスラー同士による対決は、これからの日本のプロレスの流れを変え、さらなる発展に寄与する歴史的、革命的な大義を持っている。これは東京スポーツとして絶対に実現、実行しなければならない」という見地から、当時オーナー（社主）代行として東京スポーツ新聞社に関わっていた太刀川恒夫取締役とも相談のうえ、吉原氏に対して「国際プロレスの（小林の）保有権は認める。改めて小林を国際プロレスから東京スポーツへトレードしていただきたい」と申し入れ、「それほどにこの一戦（猪木、小林戦）はファンが待っている。東京スポーツとしては、いかなる犠牲を払っても、この一戦を主催したい」と説得。ついに吉原氏が折れて小林を国際プロレスから東京スポーツ新聞社にトレード（譲渡）。小林が東京スポーツの所属レスラーとして猪木、小林戦のリングに上がることを認めたのだ。

　東京スポーツ新聞社から国際プロレスに支払われるトレードマネーは１０００万円であった。東京スポーツの所属レスラーになるについて小林に「否や」はなかった。約2時間の〝密室会談〟の真相はこれである》

三六億円もの大幅な増収となった東スポ

東スポが国際へ支払った「１０００万円」は、国際の契約にのっとった違約金と同額に算定された。吉原と小林、井上の会談を報じた三月一一日発売の東スポの一面では、一千万円を東スポが国際へ支払う事実、小林が国際から東スポへトレードされ「東スポ所属」として蔵前のリングに上がる合意事項は報じられていない。これらは、すべて試合から時を経て明かされたことだった。

　プロレスの一試合を実現させるために新聞社がいわば和解金を支払い、自社の所属選手にすることなど後にも先にもなかったことで、日本人対決の扉を開いた「猪木対小林」の歴史的意義を考えると、この時の井上の決断はまさに英断だった。

　東スポの支援で窮地を脱した新聞は今もあの時の英断への感謝は消えない。

「あの時は一千万円じゃなくて千五百万円を井上社長は吉原さんに払ってくれたんです。一千万は違約金であとの五百万は、和解金とかそういう名目で払っていただきました。あの時の新日本にそれだけの金額を支払う余力はありませんでしたから、本当に感謝は尽きませんよ」

東スポの記者だった門馬は、国際へ千五百万円を支払ってまでこの試合を実現させた背景を、「俺は、ヒラの記者だから上層部の考えは分からないよ」と笑ったあと、突如、真剣なまなざしに変わり「当時の東スポは、大阪の大阪スポーツ、名古屋の中京スポーツ、九州の九州スポーツと全国で部数増へ積極的に動いていた時で、プロレスは朝刊スポーツ紙が撤退して東スポの独壇場だったのよ。そこに猪木と小林が力道山対木村政彦以来、二〇年ぶりの日本人対決ってなって、これを全社的にバックアップすれば、売れると判断したんでしょう。だから、是が非でも実現させないといけなかった。だから、国際に金を払って東スポ所属っていう、言ってみれば裏技を使ったんだと思うよ」と証言した。

部数拡大と収入増に不可欠だった猪木対小林戦。実際、東スポは、一面で吉原と小林が和解したことを報じた三月一一日発売分から一部二〇円から三〇円へ値上げする。昭和四九年の東スポは、前年から一日あたり五万部アップの百五万二千九〇部（「日本新聞年鑑」に記載）を記録した。収入は、一〇円の値上げで前年から一日あたり約一千万円、単純計算で一か月だと約三億円、年間なら三六億円もの大幅な増収となった。部数増に加えて「猪木対小林」の実現がすべてではないだろうが、この試合は東スポに大きな利益をもたらしたとも言え、国際へ支払った千五百万円は、損失どころか経営的に多大なプラスをもたらす投資となったのだ。

とはいえ、すべては試合が実現したからこそ達成した事実であり、新聞は試合の正式決定までの薄氷を踏む思いも打ち明けた。

「あの時、吉原さんは、自分から小林さんに会いに行くことをしなかったんですね。吉原さんにとって、小林さんはいつまで経っても自分がスカウトして育てた若手レスラーっていう感じで捉えていたんです。だけど、小林さんにしてみれば、エースとなってチャンピオンになって、もう若手じゃないっていう自負は当然あります。そこの認識のズレが、吉原さんが頑なに『小林が俺のところに挨拶に来い』っていう態度にあらわれていた。あの時、私は、吉原さんが一度でも直接、会いに行くか、一本電話を入れて『小林、俺が悪かった。戻ってきてくれ』って頭を下げていれば、小林さんはウチには来なかったと思っていました。それぐらい吉原さんと小林さんの間には、私なんかには計り知れない絆があったんです。それは小林さんと何度も話をして分かっていました。だから、試合の直前まで安心できなかったんです」

さらに、こう続ける。

「だけど、結果的に千五百万円で吉原さんは小林さんを言ってみれば売ったわけですよね。私の立場から言えば、それはよかったことなんですけど、同時にあの時『なんで国際は、たかだか千五百万円で小林さんを売ったのかな。もったいないな』と思ったことも事実です。トップレスラーの価値は、お金には代えられないものがありますから。案の定、そのあと、数年を経た昭和五六（一九八一）年に国際は崩壊しましたから、それは小林さんを手離したことが大きかったんじゃないかなと思いますよ」

編集長としてライバル誌を圧倒した竹内宏介

ＴＢＳの放送打ち切りが決まっていた当時の国際にとって千五百万円は、当座の運営資金として貴重だったのだろう。ただ一方で、新聞が指摘するように団体の生命線となる興行の看板を失ったことも事実だった。

　またファンにとっては、国際の強硬な姿勢が、皮肉にも猪木対小林戦にリアリティを与える効果をもたらした。流は「法廷闘争も辞さない国際の姿勢が、逆に小林の離脱が本気だったことを印象付けました。あれで、さらにファンは、この試合に心奪われたと思います」と証言した。

　試合まで一週間を切り、東スポは紙面で猪木対小林をさらに煽りに煽った。強調したのは、「昭和巌流島」とうたわれた力道山対木村政彦以来、二〇年ぶりに実現する大物日本人対決という看板だった。

　一三日発売は一面でレフェリーの清美川を取材し「流血は避けろ！　猪木・小林」の見出しで力道山と木村のような凄惨な試合はしてはならないと呼びかけた。

　一五日発売は三面で日本プロレス時代の幹部レスラーだった吉村道明を取材し、同じように「力道山―木村戦にしてはならぬ」と警告するコメントを大々的に紹介した。

　一八日発売は一面で「猪木・小林戦ズバリ推理」の見出しでプロレス記者四人が試合を展望する座談会を掲載した。その中で「ゴング」の竹内は「ファンの中には馬場―猪木戦が最高のカードだと思っている人もいる。が、アメリカのチャンピオンに例えれば、V・ガニアが馬場、J・ブリスコが猪木、B・サンマルチノが小林といえるんじゃないかな。この三者でいえばガニアとブリスコが戦うよりブリスコとサンマルチノが戦う方が面白いと思うし、その意味からして猪木―小林の対決は馬場―猪木戦以上の面白い戦いになると思う」と含蓄ある見方で、この対決を最高の日本人対決と評した。さらに、この日の紙面では三面すべてを使って「20年前の世紀の対決　これが力道・木村戦だ！」と題し、力道山対木村戦の五枚の写真を掲載し、試合を取材した評論家の小島貞二が寄稿、二〇年前の試合を振り返っている。連日のように力道山対木村戦の「再現」を煽ったことで、外国人との闘いが全盛だったこの時代にあって日本人対決の希少価値を高め、さらに二〇年前を読者に伝えることで同じような「危険」な匂いを充満させる効果があった。

小林戦の実現を支えた竹内は、試合四日前の一五日に発売された「別冊ゴング」四月号で、表紙に猪木と小林のどアップの顔写真を掲げ、「ワイド特集　A猪木vsS小林〝世紀の対決〟実現！」と題し、三月一日の会見、小林の手記、両者の戦力比較など五つのパートに分けて二四ページにわたって大展開している。中でも強烈なのは、特集の四番目に「馬場はなぜS小林の挑戦から逃げたのか？　その真相を追求する！」と銘打った記事で、挑戦を受けた猪木を徹底的に持ち上げ、馬場を引きずり落とした。そこに、プロレス界の危機を救うには日本人対決の実現しかないという竹内の信念が窺える。

この大特集は、ライバル誌「月刊プロレス」との差をさらに広げることにつながった。なぜなら「プロレス」は、「別冊ゴング」と同時期に発売された試合直前の号で、猪木対小林戦を「小林の〝フリー宣言〟が日本マット界に大波紋」と題し、小林の離脱から猪木への挑戦、吉原の法的手段など一連の流れを追いつつも、この試合が実現するという肝心なことを書いていないのだ。当時の「プロレス」は馬場の全日本を全面に押し出す編集方針だったこともあるが、吉原が法的手段に出ることを表明したことで、締め切りまでに試合が実現するかどうか確証が持てなかったのだろう。

しかし、現実には試合は実現、さらにファンは日本人対決を待望しており、「プロレス」は完全にファン心理をつかむことに失敗している。竹内は「永遠のプロレス少年」として猪木対小林戦の実現を後押ししただけではなく、編集長としてもライバル誌を圧倒してみせた。

試合は九〇分一本勝負で、決着がつかない場合は一〇分一本勝負の延長戦を三度行うこととなり、サブレフェリーを豊登が務めることも決まった。さらに「力道山対木村政彦」戦の教訓から試合を公正かつルールに忠実に行うため、試合を監視し、レフェリー、サブレフェリーにアドバイスする「試合管理委員会」の設置も決定、共同通信の石川輝、毎日新聞の呉正男、日刊スポーツの鈴木庄一の各記者と評論家の小島貞二の四人が委員となった。一般紙と通信社の記者がプロレスの試合で立会人になったことで、この試合の格を上げる効果があった。

大衆を揺さぶろうとする熱量

迎えた試合当日一九日、東スポの一面は、「決戦前に語る猪木・小林」の見出しで猪木と小林の両者へのインタビューを展開した。恐らく多くの観衆が、この一面を手にして蔵前国技館へ向かったことだろう。

二月一二日の小林離脱のスクープから三五日間、東スポは百万部のパワーで徹底的かつ大々的に猪木対小林戦を伝えた。モハメド・アリなどとの異種格闘技戦を除いて、恐らく純粋なプロレスの一試合でこれほど長期にわたり、キャンペーンを打つように新聞社が報じ続けたのはこの猪木対小林戦だけではないか。

その意味でもこの一戦は、プロレス史上でも別格の試合であり、「一万六千五百人」という記録的な大観衆を集めたことに貢献したのは間違いなく東スポの力だった。新間寿と大塚直樹は、「あの試合が成功したのはひとえに東スポ。東スポの力があったからこそ、あれだけの興行になったんです」と口をそろえた。

同時に、新日本にこれほどの執念を抱かせた、ジャイアント馬場のとてつもない存在感を忘れてはならない。カリスマ力道山が急逝してからのおよそ一〇年、昭和四〇年代のマット界は間違いなく馬場の時代だった。馬場の存在なくして力道山亡き後のプロレスはあり得なかったと言っても過言ではない。馬場という「巨人」がいたからこそ、猪木は自らが独自に生きる道を探し出すことに苦闘し、新間は打倒全日本へと燃えた。「猪木対小林」を実現に導いたのは、馬場の存在があればこそだった。

そして、見逃せないのは、この一戦を企画したのはレスラーではなく新間寿というフロントマンだったことだ。力道山時代から一貫して試合は、レスラー、レフェリー、元選手などリング上の男たちがプロデュースしてきた。その旧態依然とした時代で、背広組の新間がプロデュースしたことは画期的な出来事だった。実際、猪木も坂口も小林との「日本人対決」に興行的な価値も見出せず、発想も浮かばなかった。そこにファンと同じ目線でプロレスを見ていた新間だからこそ「日本人対決」に活路を見出し、興行を爆発的に成功させた。新間こそが「日本人対決」という禁断の扉を開けた張本人だった。現在ではフロントが試合へのアイデアを出すのは、当たり前になったが、その原点は、この時の新間にあったのだ。

令和になった今、マスコミを巻き込んだ昭和四九年のプロレスの試合を「あの時代だからできた」、あるいは「許された」と表現するのは簡単だし、世間の大勢とは別に、当時の多くのファンが「プロレス」を「格闘技」として捉えていたからこそ完成した物語とも思う。ただ、興行を仕掛ける側において最も重要なことは、大衆を揺さぶろうとする熱量ではないだろうか。時代がどれだけ変わっても、あらゆる分野で世の中を動かす礎は、携わる人間の「熱量」であると思うのだ。その意味で、低迷していたプロレス界の時代を変えようと、「猪木対小林」に賭けた団体、マスコミ人たちの「情熱」と「執念」の圧倒的な熱量は普遍的な輝きがある。

そして、関わった者たち誰もに、プロレスへの「愛」があった。情熱と執念と愛情がなければ、人の心はつかめない。「猪木対小林戦」への道程に触れて感じた、今につながる教えだった。

新間、竹内、櫻井、井上……。個性豊かな人間たちが知恵を絞り、行動し、紆余曲折、虚実を織り交ぜて、三月一九日を迎えた。試合の実現に奔走した誰もが「銀の皿」を用意した。そして、この試合は、小林が離脱を決断しなければ実現はしなかった。その意味で離脱スクープから試合前日まで渦中の人となったストロング小林こそ、闘いの舞台が用意されるまで間違いなく主役だった。

だが小林の動向を追った熱狂の一カ月あまりが過ぎた三月一九日当日、主役が完全に交代する。アントニオ猪木がリング上で「金の林檎」と化すのだ。

第5章 プレイバック日本人対決

アントニオ猪木が「小林戦」を見直し、語り尽くす

「てめぇがそこまでやるなら、俺はここまでやってやるよ」

令和二（二〇二〇）年の晩秋、私は、四六年前のストロング小林戦について聞くために、アントニオ猪木を訪ねた。

小林戦について、これまでに猪木から平成三〇（二〇一八）年に上梓した作家の村松友視と猪木の共著『猪木流「過激なプロレス」の生命力』（河出書房新社）の構成を担当した時など折に触れて取材を重ね、思いを聞いてきた。今回、この本を書くにあたっては、猪木に小林戦のＶＴＲを見てもらいたいと考えた。猪木サイドに希望を伝えたところ、思わぬ提案をもらった。それは、小林戦の実況を務めた元テレビ朝日アナウンサーの舟橋慶一に同席してもらいＶＴＲを見てはどうかというものだった。時を経て七七歳になった

元テレビ朝日アナウンサー舟橋慶一とともに小林戦を見直したアントニオ猪木（写真＝福留崇広）

猪木と八二歳になった舟橋が今、試合を見ながら語り合うという、魅力的な企画を断る理由はなく、すぐに舟橋へ打診すると快諾していただいた。一〇月下旬、指定された都心のマンションへ舟橋と共に向かった。

部屋に入ると、猪木は真っ赤なマフラーをかけてソファに腰を下ろしていた。舟橋とは、ここ数年、イベントなどで顔を合わせており、お互いの近況と体調を気遣う言葉を交わしていた。二人の会話と呼吸を見て一息ついた頃合いをはかり、私はインタビューを始めた。

小林戦のＤＶＤをテレビ画面に映す前に、猪木に小林戦に対しての思いを聞いた。

「正直言って自分の過去からプロレスを全部消しているんでね……。まぁ忘れてるわけじゃないんだけど……」

平成一〇（一九九八）年四月四日、東京ドームで七万人の観衆を集めた引退試合から二〇年あまりが経つ。レスラー、実業家、政治家……その時々に自らの感性で常に前進し流転してきた猪木は現在、世界のごみ問題を解決する「水プラズマ」事業に取り組んでいる。今と未来にしか興味がないという猪木は、過去を振り返ることへの抵抗を露わにしたが、一方で、相手が求めていることには最大限応じようとするサービス精神にもあふれている。プロレスについて「全部消している」は本音だとは思うが、目の前にいる私の要求を猪木流のもてなし方ですべて受け止めて、できうる限りの言葉で小林戦への記憶を辿ってくれた。

「俺と闘ったレスラーは、みなさん、ありがたいことに『あれが俺の最高だよ』って言ってくれる人が多いんで、小林とはそこまで突っ込んだ話をしたことはないんだけど、どこかのインタビューで『猪木戦が最高だった』って話していた記事を読んだことがある。そういう意味で、それぞれ人生の花というか、一番の輝いた時というか、それをどこで咲かせるかは人それぞれだけど、あの試合が実現した時の状況、ファンを含めて、それは凄い盛り上がった時代で、それを小林もよかったと思ってくれた。それを今もみんなが評価してくれているというのは、ありがたいよね」

試合の実現には、前章で詳述した当時のマネージャーだった新間寿が水面下で小林と交渉した。猪木はこの事実を明かすことはなかったが、前述した『猪木流』でのインタビューにおいて、その過程について「あのころは、俺の周りにも優秀な兵隊さんがたくさんいてね。旗揚げした時のように俺が先頭に立たなくても、みんながやってくれた時代だった。多分、あのころ、俺の周りにいた人間は、面白かったと思うよ。だって、俺は絶対に『ＮＯ』って言わないんだからね。踊らせれば本当に踊ってくれるしね。俺も担がれたらどんな神輿にも乗ってやろうって思ってた……そんな時代でしたよ」と語り、小林戦は自らの陣頭指揮ではなく、周囲が作り盛り立てた「神輿」に乗っかったことを明かしている。

さらに猪木は、「力道山対木村政彦」以来二〇年ぶりの日本人対決と注目されたことについては「俺は、そこまで大袈裟には考えてなかったんだけどね。周りがそう盛り上げるから、それはそれでいいかと思っていた」と語った。猪木は、社長でエースだった東京プロレス時代の昭和四二（一九六七）年一月、団体が崩壊する前に国際と合同シリーズを行っている。この時、小林はデビューする前の練習生で、猪木とは比較にならない存在だった。対戦するまでに七年の月日を経て、小林も国際でトップを取り、当時は両団体のエースとして「同格」で報じられ、猪木も興行会社の社長として小林の存在価値を認め、自身との対戦をプロモートしたが、「大袈裟には考えてなかった」の言葉を聞いた時、過去の経緯から考えてもプロレスラー「アントニオ猪木」から見れば、「ストロング小林」は、やはり、あくまでも格下と見切っていたと感じた。実際、猪木は「俺のスタイルは、吉原さんがやってきた国際プロレスの逆の部分でね。『てめぇがそこまでやるなら、俺はここまでやってやるよ』っていう『プロレスの階段』とでも言うのかな。その部分で、俺はどこの階段で相手を見るかというところがあってね。小林に対しては、言い方はあれかもしれないけど、見下ろすという見方、博打じゃないけど、相手の手がすべて見えてしまうような感覚があった」と明かした。

輝きとオーラの違いが鮮明に出ていた

　では猪木は、小林戦で「階段」を下りたのか、あるいは上がったのか。そんな思いにとりつかれながら、私はＤＶＤをセットし「再生」ボタンを押した。画面は、無人のリングが映し出されたあと、猪木と小林が試合前に控室でインタビューを受ける映像に変わった。小林は、上半身裸で水色のタイツ姿でＮＥＴ（現・テレビ朝日）の三浦智和アナウンサーのインタビューに応じていた。「必勝」と書かれた日の丸の鉢巻を巻いた応援団に囲まれ、左耳にイヤホンを付けた小林は「ここ一カ月、今日の日のために頑張ってきた。それをお見せしますよ」と時折、声を上ずらせながら、眉間にしわを寄せて意気込んだ。

　続いてカメラは猪木の控室を映した。真っ赤な新日本プロレスのジャージに身を包み、縄跳びをする猪木が映った。

　三浦アナが近づくと縄跳びをやめ、いくつかの質問に「リングを見てください」と繰り返し、カメラ目線で、リラックスしたように笑った。緊迫感の中に左耳から垂れ下がるイヤホンのコードがどこか不釣り合いな小林と、千両役者の笑顔を振りまいた猪木。二人のことを全く知らない令和時代の若者にこの映像を見せたとしても、どちらがスターであるかが一目で分かるだろうと思うほど、輝きとオーラの違いが鮮明に出ていた。

液晶画面に映った小林のアップを見つめた猪木は何かを思い出したように、「まだ未だに歯がね」と切り出した。「試合前の調印式だったと思うけど、俺が横向いた時にバーンッて殴られてね。それで左の歯がグラグラになって、そこは今もインプラントが入ってる」と苦笑いした。

だが、この試合の調印式で殴ったのは猪木だった。

猪木にその事実を伝えると、「俺が殴ったの？　小林がバーンッて来たんじゃないのかな……」と訝《いぶか》しがる。小林が猪木を殴ったのは、同年一二月一二日に同じ蔵前で行われた再戦を前にした調印式だった。記憶違いはあったが、猪木にとって小林と言えば、調印式で殴られた印象が強烈に残っていることを表していた。もしかすると、左歯に入れたインプラントをメンテナンスする度に、小林のことを思い出していたのかもしれない。そんな想像が頭をよぎる。

私は猪木に、画面に映ったもみ上げが目立つ三一歳の己への印象を聞いた。しかし、猪木から返答はない。沈黙には、「つまんねぇこと聞くなよ」という思いもあったかもしれないし、四六年という時の流れに浸っていたのかもしれない。猪木の胸中に何が去来したのかは分からなかった。口を閉ざした猪木を、舟橋がフォローした。

「この小林戦から翌昭和五〇（一九七五）年の六〇分フルタイムになったビル・ロビンソン戦（一二月一一日、蔵前国技館）あたりが猪木さんが体力的にも精神的にも一番、充実していた時期だったんじゃないでしょうか。この画面に映った表情を見ても、改めてそう思いますね」

日本プロレス時代から昭和五〇年代の半ばまで猪木の試合を語り続けた舟橋は、小林戦は猪木が全盛期で迎えた試合だったことを強調したが、猪木は反応することなく舟橋の話を聞くだけだった。

この試合の際、控室で両者にインタビューをした三浦は、当時の猪木と小林にどんな印象を持ったのだろうか。三浦は、明治大学を卒業し昭和四七（一九七二）年にＮＥＴ（現・テレビ朝日）にアナウンサーとして入社した。舟橋の部下としてプロレス、自動車レースの実況に携わるなど、スポーツ番組を中心に活躍し平成一二（二〇〇〇）年に退社した。七七歳となって、熊本県の阿蘇に住む三浦を取材した。

「静かなる男の小林。殺気立つ猪木。マイクを向けた時、そんな印象を持ったことを思い出します」

　インタビューは前座試合が始まる午後六時半の一時間ほど前に行った。質問の内容など事前に打ち合わせをすることはなかった。

「あのころは、試合前の控室に猪木さんを取材に行くと、『お前ら、寄ったらぶっ殺すぞ』みたいな感じで殺気立っていましたよ。ただこちらは、インタビューで闘う雰囲気を盛り上げないといけないから、事前にこんな話をしてくださいってお願いすると、『バカ野郎！　俺に何を言わせるんだ』って怒られてね（笑）。だから猪木さんへのインタビューは、常にぶっつけ本番でした」

　それは、小林戦も同じだった。

「あの時も控室に入っていいのかな？　って恐る恐るドアを開けると、カメラマンが行け、行けっていうから中に入ると猪木さんは縄跳びをしていたんですね。あの姿を思い出すと、猪木さんは、その日の試合に合わせて自分を追い込んでいく天才だなって思いますね。それで燃える闘魂をリングに上がった瞬間に最高潮にもっていく……常に隙を見せないあの姿は見事でした」

暗闇の中から破壊と緊迫を取り出す

　ロングガウンに身を包んだ入場シーンが画面に映った。当時、新日本プロレスの選手入場は、テーマ音楽がなかった。この大会では特別に駒大吹奏楽部が演奏し、小林は黒人たちの陽性の葬送行進曲「聖者の行進」、猪木は陸上自衛隊の行進曲「大空」に乗って花道を歩いた。猪木は画面を見ながら、自身のテーマソング「炎のファイター」について語った。昭和五一（一九七六）年六月二六日に猪木と「格闘技世界一決定戦」で闘ったボクシング世界ヘビー級王者のモハメド・アリが、自身のテーマソングだった「アリ・ボンバイエ」を試合後、猪木に贈り、「アリ」の部分を「イノキ」に変えて、猪木のテーマ音楽となった曲だが、それだけでなく高校野球でのアルプススタンドの応援でも使われるなど、国民的に広く浸透した。

「この小林戦の時は、まだなかったんだけど、あの曲がいいなと思うのは、聞くと元気が出るんだよね。逆に坂口（征二）の曲なんかは、いきなり〝ドン〟っていう音が鳴って落っこっちゃうでしょ？　あれは、いきなり元気がなくなっちゃうよね（笑）。本人が気に入っているから、いいんだけどね。その点で言うと、『アリ・ボンバイエ』は、聞いているうちにワクワクしてくる曲だった」

続けて入場する時の心境に触れた。

「試合によって、この試合はこうだ、あの試合はこうだっていうことより、リングへ上がる瞬間になれば、ほとんど同じですよ。まぁ俺は、上がる前に情報を取らないからね。いくつか流れてくる情報で……」

語尾を濁した猪木だったが、リングに上がる前に相手についても試合そのものについても「情報」をほとんど取らないことを明かした。「情報」とは一体どういう意味なのか。引退試合を含めて猪木の試合を数多く裁き、令和二（二〇二〇）年二月にレフェリー生活を引退した、元新日本プロレスのタイガー服部に聞いた。

「猪木さんは、凄い暗闇なんだよ。試合前に手の内を見せない。だから、下の者は悩む。暗闇の中でリングに上がって、リングの上でだんだん自分のスタイルを作っていくんだよ」

服部は、昭和六〇（一九八五）年からの二年間を中心に、全日本プロレスでもレフェリーを務めた経験がある。

「馬場さんには、猪木さんみたいな暗闇はない。結構、オープンだったよ」

試合に向かって敵にもレフェリーにも手の内を見せない猪木と、オープンな馬場。これが新日本プロレスのストロングスタイルと馬場のＮＷＡから流れる王道プロレスとの決定的な違いとも言えた。試合を前に情報を公開しリング上での調和を是とした馬場に対し、猪木はすべてを遮断し暗闇に閉じ込めることで、調和を破壊して緊張感を追求した。向かう結末や目的は同じでも、至るまでの道程、あるいは思想がまったく違っていた。安定感が魅力の馬場に対し、常に危うさを抱えた猪木。正反対のスタイルだったからこそ、昭和のプロレスファンは二人それぞれに傾倒したのだろう。

服部は、猪木流プロレスについてさらに語る。

「猪木さんは他のレスラーと感性が違うし、何て言うのか……純粋なんだよ。なぜって、自分がやることに対して迷いがないし、恥ずかしさがない。そこは普通の選手とずいぶん違うよね。普通は迷ったりするから、そこまでできないし、どこでどうやればいいか分からないんだよ。だけど猪木さんは、どんな相手でもどんな試合でもひとつにまとめて終わらせる。これってめっちゃくちゃ難しいからね。あれほどの能力がある人はいないよ。昔のスタイルなら猪木さんがトップだよ。俺が猪木さんが凄いなって思うのはそういうところだよな。考えてみてよ、プロレスでファンを泣かせることができるのは猪木さんだけだよ。誰も猪木さんにはなれないよ」

　服部が言う、猪木の試合前の「暗闇」は、初対決となった小林戦も同じだった。猪木は言った。

「この試合は、目と目の勝負だった。歴史小説に出てくる剣豪の果し合いじゃないけど、小林が目を伏せるのか、伏せないのか。もっと言えば小林が俺の手の中に乗っかって来る勇気があるのかどうか。そこの勝負だった」

情報を閉じた二人がついにリングで対峙した。小林は、控室でインタビューを受けたままの水色のタイツ姿で青コーナーに立った。赤コーナにこげ茶色のショートタイツに黒いリングシューズを履いた猪木が上がった。ついに両雄がリング上で向かいあう。「目と目の勝負」と言った通り、猪木は対角線上に立つ小林からほとんど視線を外さない。

リングで闘っている俺を、上から見ている俺がいる

猪木のセコンドには、柴田勝久、永源遙《えいげんはるか》、栗栖正伸の中堅、若手選手がエプロンに付いた。小林には、後援者二人に交じって山本小鉄、星野勘太郎、さらに魁勝司のリングネームだった北沢幹之が付いていた。

なぜ新日本の選手が敵陣営のセコンドに付いたのか。北沢が理由を語る。

「小林のファンが殺気立っていて、会場で新日本のファンと揉めていたので、誰に指示をされたかはハッキリ覚えていませんが、ファンがリングに上がってくるようなことがあったら、小林を守るように言われていたんです。だから小林の傍に付いていました。私としては、小林だけでなく、猪木さんも守らないといけないので、両方にケガがないように両選手とその周囲に目を光らせていました」

調印式で猪木は、いたずら電話がかかってくると言って小林を挑発したが、それは事実だった。小林戦までに国際、あるいは全日本と思われる数多くのファンから抗議の電話が会社にはかかってきていた。開場後の館内は、応援団同士の衝突もあった。不測の事態を予測し、小林に小鉄、星野、北沢と、新日本きっての「ケンカ」が強い三人をボディガードとしてセコンドに付けたのだ。

北沢が振り返ったように、画面からは両陣営の応援団が鳴らす太鼓と鉦《かね》の音が聞こえ、異様な興奮と緊張が伝わってくる。リング上の猪木に国技館を包んだ音、声、どよめきは聞こえていたのだろうか。

「声援や音っていうのは聞こえていますよ。全部、自分の耳全体に届いているというか、目の中にも……」と話すと、思い出したように続けた。「試合によっては、もう一人の自分が見ているような試合もあったというかね。つまり、リングで闘っている俺を上から見ている俺がいるっていう感じという。これは、前に大相撲の白鵬と話した時に彼も『自分もそういうことがあります』と同じことを言っていましたね。そういう意味では、例えばボクシングの試合を見ればそうなんだけど、普通、選手は相手を見て勝たないといけないと思うんだろうけど、俺はそういう感覚よりも、選手以外にプロモーターもやっていて、会場へ来た客に喜んでもらいたいっていうことも含めてあったから、自分で言うのもなんだけど、視点が違っていた」

この言葉に舟橋は「猪木さんは常に観客と呼応していましたよね。つまり、観客が今、何を感じているかをすぐに自分の中に吸い込んで、それを行動に移す反応がもの凄かった」とうなずくと、猪木が客席とリングの一体感について語り始めた。

「俺は客に要求したことはないから、勝手に喚声が起きたっていう感覚でね。アピールなんかしなくても勝手に客が熱狂してくれた。だからこそ、リングと客席が一体となったんじゃないのかな。作ろうとしたら、そうはならないと思うよ。ましてや、一体となるタイミングって作ろうと思って作れるものじゃないんでね。例えば、俺がバンッて（実際に手を鳴らす）叩くと猪木コールが起きてね。それを藤波（辰爾）がマネをしたんだけど、テンポが遅れるんだよね。一瞬、本当にこれはゼロコンマ何秒の世界なんだけどね。まぁ、藤波をあまり例えに出しちゃかわいそうなんだけど。彼なりに一生懸命に、やったんだろうと思うから（笑）」

猪木は、意図せずとも「勝手に観客が熱狂」する「術《すべ》」を携えていた。猪木の試合を日プロ時代から引退試合まで取材し続けた、元東京スポーツ記者の門馬忠雄は、客が猪木に熱狂した理由を「殺気だよ」と一言で言い切った。

「俺は、ハッキリ言うけど、リングを離れた猪木は嫌いだよ。それは理由があって、日プロ時代に俺が選手が泊まる旅館で若手選手と飲んでいたことがあって、便所へ行った時に別の部屋で食事していた猪木と出くわして、『なんで、お前がここにいるんだ！』って問い詰められて、ケンカになりそうなことがあってね。そこから、俺は彼はダメなの。だけど、リングの上は別。俺が見た中で最高のレスラーは誰かって聞かれたら、それはアントニオ猪木だよ。なぜかと言えば彼には殺気がある。そこがお客の視線を自分に持ってくる力になっているんだ。言ってみれば、リング上の人心掌握術を彼は持っているんだよ」

猪木がみなぎらせる殺気の源を、門馬は「力道山だよ」と説く。

「彼は付け人時代に毎日、力道山から殴られて、いじめられていただろ。それで力道山のことを『いつかぶっ殺してやろう』『いつか超えてやろう』と思った。いじめられたことによる反骨心だよね。じゃなきゃあの顔は、あの殺気は出ないよ。あれは、作った顔じゃない。しかもブラジルへ移民して、毎日、農作業で重労働の日々を送ってきたわけでしょ。あの顔は彼の人生からにじみ出る本気なんだよ。それがファンを引き付けた。あんなキラーは、後にも先にも彼だけ。だから俺はリング上のアントニオ猪木は絶対に認めるんだ」

「ズバリ、『仕掛けて来いよ』というね」

門馬は、国際プロレスを旗揚げから担当し、小林の試合は覆面太郎のデビューから引退まで取材してきた。猪木と小林の決定的な違いも「殺気」にあると繰り返し、「小林には、お客さんの魂を吸い込む殺気と求心力はなかった」と二人の間にある決定的な差を証言した。

猪木と小林が向かい合うリングでは、ＤＶＤではカットされていたが、花束贈呈、主催者である東スポ社長の井上博によるあいさつ、君が代吹奏などのセレモニーが続いた。画面は、デビッド・ヘルマンＮＷＦ代表に代わって参議院議員の安井謙によるタイトルマッチ宣言から映され、倍賞鉄夫リングアナが小林、猪木の順にコールした。

名前を呼びあげられた時、一歩前に進んで両手を高々と突き上げた小林に対し静かに深々と礼をした猪木。ゴングが鳴るまでのリングで猪木は、「二〇年ぶりの日本人対決」で熱狂する周囲をよそに徹頭徹尾、「静」の姿勢を貫いた。

国技館を埋め尽くした「一万六千五百人」の観衆による耳をつんざく拍手がリングへ向けられた。第１章で書いたように、小林は自らが国際を離脱したことによって実現したこの試合に、記録的な観衆を集めたことへの誇りを何度も口にした。昭和四七（一九七二）年三月六日に大田区体育館で新日本プロレスを旗揚げしてから社長兼エースとして苦難の歴史を辿って来た猪木にとっても、超満員の客席に感慨があった。

「旗揚げしたころだったと思うけど、埼玉の秩父で千五百人も入ればいっぱいの体育館で三百人ぐらいしかいないことがあってね。まだ寒い時期で体育館の窓ガラスが割れて、風が吹き込んで寒くて拍手もない。だけど、俺は『この客を逃したら次はない。じゃあ、次にここへ来た時は、千人、その次は二千人にしてやる』って、テレビでも放送されないのに粋がってね」

この中で猪木が回想した「埼玉の秩父」は、第2章でリングアナウンサーだった大塚直樹が「観衆五〇人」と明かした旗揚げシリーズの埼玉県秩父市での大会のことだった。猪木が今も窓ガラスが割れていた記憶を鮮明に覚えているように、五〇人の「秩父」がレスラー兼社長の猪木に火をつけ、客を倍増しようと「粋がっていた」一試合、一試合の執念が旗揚げから三年目の蔵前で結実した。

画面にはレフェリーを務める、真っ赤なTシャツに身を包んだ清美川と、白いシャツを着たサブレフェリーの豊登が両者にルール説明とボディチェックをする姿が映った。猪木は腕組みし、見下ろすように小林の目を見つめた。ゴング目前、この時、何を思っていたのか。

「ズバリ、『仕掛けて来いよ』というね。『仕掛けてくれれば面白ぇじゃん』っていうことだね。仕掛けてくれれば、じゃあ、こう行ってみようかって思ってたんじゃないのかな。要するに我慢比べじゃないけど、お前がそこまでやるなら、こっちもこう行くよっていう部分ですよ」

猪木は腕組みをして小林に、目で「仕掛けて来い」と語りかけていた。それは「自然体」だとも言った。

「俺も緊張していたと思うけど、別にそこで演技をして緊張を見せないとかじゃなくて、ある意味の自然体であるがままというかね。よく、猪木は計算をしてどうのこうのって言われることがあるけど、計算はどこかでしているのかもしれない。ただ、そんなことじゃなくて俺は感性だからね。その感性を俺自身がどう捉えるかっていう部分での自然体という意味だね」

放送席では、この試合の実現に深く携わった東京スポーツの櫻井康雄が解説を務めた。猪木と小林がボディチェックを受けている時、櫻井は「もうね、これはね、試合が始まる前から大変な興奮ですね。私もちょっと興奮していますが」と試合までの紆余曲折へ思いを馳せたのか、万感を込め声を上ずらせた。同じ放送席にいた舟橋は、高揚の時を振り返る。

「大変な時を迎えたなと思っていました。何しろ二〇年ぶりの日本人対決ですから、猪木さんと小林さんが対峙した時の緊張感は、大喚声と同時に固唾を呑んで見守る雰囲気がありました。静寂と喚声のコントラストが凄かった」

猪木の一挙手一投足に観客の興奮が弾けそうになる

　両者が赤、青の両コーナーに分かれる。放送席で舟橋が「さぁ大喚声です。日本のマット界を揺るがしますNWF世界ヘビー級選手権。いよいよ世紀のゴング」と実況した。ただ、ゴングは、舟橋が「揺るがします」とアナウンスした直後に鳴っていた。あまりの大喚声で音が聞こえなかった舟橋は「ゴングの音さえも聞こえません。大喚声。蔵前国技館。柔の猪木か剛の小林か。喚声と声援の飛び交う蔵前国技館。一万六千五百人と超満員です」と会場の緊張感を伝えた。

　ゴングの音も聞こえない興奮を背負って、赤コーナの猪木が沈黙を破って小林を捕獲するように一気に飛び出す。青コーナまで突っ込むと小林が回り込む。両者は、リング中央で向き合った。動と静が交錯する猪木の動きに観衆は釘付けになった。国際の離脱から試合実現まで、日本人対決に向けた渦中の男として小林がいた主役の座は、この瞬間、猪木に交代した。

　リングを支配した猪木は、膝を曲げる中腰の姿勢をとり、左指で小林の右指に触れるが、距離を詰めることはしない。今度は右手で相手の左手を一瞬つかもうとするが、組みにはいかない。指から手へ、手繰り寄せようとするところは移っても、間合いは保ったままだった。組み合う瞬間を待つ観客の空気を察知するように、猪木は静から動へと少しずつ変化する。右手で小林の左手の甲を、張り手を浴びせるように払った。再び左甲を張ると小林の動きが止まった。猪木は右手で同じ場所を激しく叩くと、小林は両手を回して怒りをアピールした。同じ動作を重ねるごとに強さは増し、それに連動して喚声は高まっていった。まるで館内の空気をコントロールしているかのような猪木の一挙手一投足に観客の興奮が弾けそうになった時、ついに猪木と小林は組み合った。ゴングから一分一九秒後のロックアップだった。

小林のセコンドに付いた北沢は、猪木が開始から組み合うまでに時間をかけた意味を解説した。

「お客さんは、猪木さんと小林のどちらが強いのかを見たいわけです。二人が闘ったらどうなるんだろう？って興味を抱いて会場へ来ているわけです。そこで、簡単に組み合えば、答えをすぐに教えるようなもので、お客さんの興味は引いてしまいます。だから、すぐには組まない。これは、相手の小林に対してもそうですけど、何よりお客さんへのじらし戦法です。相手だけじゃなく常に猪木さんはお客さんと闘っていた。すぐに組まないところは、さすが猪木さんです」

一分一九秒、組み合わなかったからこそ、左手で右手を叩く普通の試合なら見逃されるような小さな動きでも観客はどよめいた。北沢が表現した「じらし戦法」で猪木は、その掌の上に「一万六千五百人」を乗せたのだ。

猪木自身にじらしたことについて聞くと、苦笑いされた。

「俺に聞くんじゃなくて、誰かに批評してもらった方がありがたいよ。そんな、何で組まないのか？って言われても、俺自身が解説できないよ（笑）」と即答は避けたが、少し気を取り直すと「これは、雰囲気だからね。じゃあ、組んだ方が楽なのか、組まない方がいいのかってそういう単純なものではなくて、結局、周りがいるわけで、その空気をリングの上で耳でちゃんと捉えているという部分でね」と続けた。

「だから一対一で勝てばいいっていう話とは違って、そこにひとつのゲームじゃないけど、見ている方からすれば、どういう展開になるんだろう？とね」

組み合わなかった一分一九秒の「じらし戦法」は、試合の行方を観客に想像させようとする猪木が投げかけた「ゲーム」だったのか。ロックアップを振りほどくと再び二人は組み合った。猪木がロープへ小林を詰める。クリーンにブレイクした猪木は、今度は小林に背中をロープに押し付けられた。レフェリーの清美川がブレイクさせた瞬間、右手で小林の脇腹を押し、左足で小林の右足を相撲の外掛けで倒した。これに怒りの表情を見せた小林に右手で張り手、左手で再び顔面を張った。ゴングから二分四四秒、ロックアップを遥かに上回る興奮が館内を包んでいる。外掛けから張り手を浴びせた猪木の攻めに、社員用の桝席で試合を見ていた大塚直樹は、驚きを覚えた。

「正直、最初、猪木さんと小林さんが入場してリングに立った時は同格に見えました。二人は顔もよく似てますしね（笑）。旗揚げした昭和四七年は、地方でポスターを貼っていると、よく町の人に『今度、小林が来るんだ？』って言われましたよ。その時、猪木さんはテレビ中継もなかったし、小林さんはＴＢＳで国際が毎週放送されていましたから、名前は小林さんの方が売れてた土地もありましたよ」

「相手の中にある一番の良さをどこで見つけるか」

同格に見えた二人だったが、大塚の目にプロレスラーとしての懐の深さを見せつけたのが猪木の反則だった。

「猪木さんと小林さんがようやく絡んで、ロープブレイクになった時、きれいに分かれたなって思ったら、次の瞬間、猪木さんがレフェリーの制止を無視して小林さんを倒したでしょ？　あのシーンを見て『すげぇな』って思いましたよ。だって、猪木さんがあれでヒールになったなって思いましたから。僕たちから見れば、試合前は猪木さんも小林さんも団体のチャンピオンでエースだから、この試合は〝ベビーフェイス対ベビーフェイス〟の試合だと思ってたんです。それはお客さんも同じ見方をしていたと思います。だけど、あそこでレフェリーの制止を破って倒したことで、猪木さんが悪党になった。あれで、二人の対立構造が鮮明になりましたよね。お客さんには、言って見れば小林の方へ思い入れを抱かせるようにしていったんです。僕はヒールの猪木さんを見たのは、あの試合が初めてで、『ああ、そう持っていくんだ、そうなんだ』って驚きましたよね」

　リングアナウンサーとして旗揚げから二年間、猪木の全試合をリングサイドで見てきた大塚にとって「ヒール猪木」は初めて見る衝撃だった。猪木が小林に対してヒールになる意味は、どこにあったのだろうか。

「ヒールは反則をするけど、ベビーフェイスは反則しない。ごく簡単なそれだけの差なんです」と大塚は説いたうえで「ただ、」と続けた。「ヒールは、試合を作らないといけないんです。あそこで猪木さんは試合の主導権を握ったんです。僕はそう思いますよ。それと、最初の一分ぐらいで小林さんを見て『お前、ちょっと気合不足じゃないのか？　遠慮してるんじゃないのか』って思ったのかもしれませんよね。気合を入れるために張り手をかましてヒールになったっていう意味合いもあったんでしょう」

　本来はベビーフェイスの猪木は、当時、抗争を展開していたタイガー・ジェット・シン戦が典型的な例だが、相手の凶器攻撃などの反則技を受けまくって逆転するスタイルが試合の筋道だった。しかし、小林戦では自らがヒールへ変貌し、攻め込むことで試合をコーディネートした。大塚が感じた「ヒール猪木」を本人はどう捉えたのか。

「そんなの評論家に聞いてくれよ」とまた猪木は苦笑いして答えを拒んだ。そこへ舟橋が「私は、猪木さんから見て、ちょっとでも格下だと思う相手でも本人の良さを引き出してやろうとしているように見えるんです。その引き出し方がわざとではない天才肌というか、相手を生かして自分をもっと生かそうというところがあったように思うんですが？」と尋ねると、猪木が口を開いた。

「相手の中にある一番の良さをどこで見つけるかでしょうね。それを潰すのも闘いだけど、それを生かすのも闘いなんです。そこには会場に何万人といる時もあれば、テレビを通じてもっと凄い数の人々が見ているわけでね。そこに人気度というものが当然あるんですが、俺は客に媚びるプロレスはやりたくないと終始一貫、言ってきました。その生かし方という意味で媚びるプロレスはやってこなかったし、この小林戦も媚びてはいないと思ってますよ」

観客に媚びず独自の世界で小林を生かす――。猪木の世界が時と共に膨らんでいく。試合映像は、ヒールと化した猪木がタックルでバックを取りに行くが小林が逃げるシーンに移った。猪木のヘッドロックを小林が外す。アームホイップで猪木を投げ左腕を固めた。瞬く間に試合は、序盤の五分を経過した。リング上は、グラウンドの展開に入った。

正統的でクリーンなレスリングに入った両者の姿に、舟橋は「心配された凄惨な流血戦は避けようという両選手の気持ちが十分に表れています」と実況した。

舟橋が放送席で語った「凄惨な流血戦」とは、言うまでもなく昭和二九（一九五四）年一二月二二日、同じ蔵前で行われた力道山対木村政彦の一戦だった。「猪木対小林」の祖型ともみなされた「力道山対木村」は、なぜ凄惨な結末に終わったのか。「猪木対小林」に耳目を傾けていただいた読者には申し訳ないが、ここで一旦、今も謎に包まれて語り継がれる日本人対決の原点へと、さらに時を遡ってみたい。

第6章

プロレス史上最大の謎

「力道山対木村政彦」の闇に分け入る

木村が倒れた時の静寂

力道山対木村政彦の一戦は、昭和二九（一九五四）年一二月二二日に蔵前国技館で行われた。試合は、「日本プロ・レスリング協会」の力道山と「国際プロ・レスリング団」の木村の両エースがプロ・レスリング日本一を決める「日本選手権」と銘打って、六一分三本勝負で争われたが、力道山が木村の顔面を一方的に乱打し、10カウントKOで一本目を奪った。木村は、大きなダメージを負ってドクターストップとなり、二本目を闘うことなく、一五分四九秒、力道山の勝利で幕を閉じた。

翌一二月二三日朝、スポーツ各紙は一面でこの一戦を伝えた。結果を力道山の「打倒勝（ドクタ

「力道山対木村政彦」こそ「禁断」の日本人対決の原点だった。力道山のメッタ打ちに遭った木村は意識を失った（写真＝毎日新聞社）

ー・ストップ）」と伝えた報知新聞（現・スポーツ報知）は「力道山にプロ・レス日本一の栄冠」「木村鮮血を吐く　凄烈の空手チョップ連発」、日刊スポーツは「〝日本一〟力道山に」「プロレス選手権　猛然木村を張倒す」、日刊スポーツニッポン（現・スポーツニッポン）は「力道、初の王座に」「空手張り手　ける　踏む　15分49秒木村、倒れて起たず」の見出しでそれぞれ報じた。

当時のマスコミは、「プロレス」を「プロ・レスリング」と「プロ」と「レスリング」の間に「・」を入れて表記していることに象徴されるように、競技スポーツである「レスリング」の「プロ」という、新しいスポーツとしての位置付けで伝えていた。このため一般紙も「プロ・レス」の試合を報道し、力道山と木村戦を朝日新聞と毎日新聞は運動面トップで報じ、毎日は「力道、木村をけり倒す」、朝日は「力道山、木村を破る」と掲載した。

一般紙もスポーツ紙も「けり倒す」「張倒す」「鮮血を吐く」の見出しに表れているように、力道山が日本一になった結果よりも、木村の顔面を蹴り上げて「打倒」した、凄惨な結末に終わったことに重きを置き、公衆の面前での野蛮行為への問題を提起する論評をそろって報じていた。

当時中学二年生だった直木賞作家の村松友視は、叔父に連れられて、この試合を蔵前国技館で観戦した。昭和一五（一九四〇）年に生まれた村松は、太平洋戦争中の幼少時からラジオで大相撲中継を聴き、上突っ張りを得意とする気風《きつぷ》のいい取り口と、雑誌で見た精悍な姿形から力道山に心を引き付けられていた。角界を引退し、プロレスラーに転向した後も雑誌などでアメリカ修業中の近況を熱心に読むなど、少年ながら力道山の動向を追っていた。

アメリカから帰国し、この年の二月一九日に同じ蔵前で木村と組んでシャープ兄弟と対戦した試合が初めてテレビ中継されると、力道山への熱はさらに高まっていった。木村との試合も力道山が勝つことを期待していたが、木村の顔面へ掌底、張り手、蹴りを浴びせる「打倒」での勝利は、予想外の展開だった。

「試合の途中で力道山が木村の顔面に蹴りをいれた時は見ていた大人たちが静まり返って本当にシーンとしました。予期しないことが目の前で起きた『えっ……!』っという驚きで館内が静まり返った感じがありました」

一本目が終わり、ドクター、セコンドらがリングに上がった時は、試合の行く末がどうなるのか見当もつかなかったという。

「当時、中学二年だった僕の中では、この凄惨な終わり方は、力道山がやり過ぎたことが何らかの形でチェックされて、力道山の反則負けになるかな?と心配しました。だけど、そのうち力道山が木村のところへ寄って行って、無理やり握手させられる感じで曖昧な決着がついたけど、見ている観客はどっちが勝ったのか分からないわけですよ。そのあと、ベルトの贈呈式で力道山が手を振るシーンを見て、ようやく力道山が勝ったことを認識しました」

木村が倒れた時の静寂と共に忘れられないのが、帰路に付く国技館の通路だった。

「あの日の観客は、みんな本音では、あんな結末を期待していた人は一人もいないわけですよ。帰る通路で叔父が『力道山もひどいよな。あんなにやることないのに』ってつぶやいたんだけど、力道山が好きで見に来ている周りにいた人たちも、叔父の『ひどいよな……』っていう言葉と同じ感覚だったんじゃないかな。今の試合は何だろう?っていう不気味なささやきが通路に充満して膨れ上がるような重苦しい空気をよく覚えています」

村松の叔父が「ひどいよな」とつぶやいた力道山への批判は、まさにその後の新聞を中心としたマスコミが同じ色合いで報じて波紋が広がる。

木村の「告発」と、プロレスの闇の領域

一二月二四日の日刊スポーツは一面で「〝真剣勝負〟の波紋」と見出しを掲げ、「殺傷沙汰を懸念　果し合いの興行化は問題」と題したコラムでは、「殺気と凄愴のみなぎったこの真剣勝負が果してプロ・レスリングを健全発展させるか問題であるだろう」と問題提起した。同じ日付の報知新聞は一面の見出しで「血のプロレス　スポーツに非ず　さらけ出した人間の醜悪」と断じた。同じ日に朝日新聞は、運動面に当時、早大講師（後の早大教授。ラグビー部監督）だった大西鐵之祐が「〝野獣の闘争〟力道・木村戦に想う」と題した寄稿文を掲載した。その中で大西は、木村を打倒した力道山を《飢餓にひんした野獣の闘争の如き感をいだいたのは私一人であったろうか。それは既にショウでもなく、スポーツでもなく、血にうえた野獣の本能そのものであった》と批判した。

新聞各紙が展開したこうした批判は、「昭和巌流島」とうたわれ、「プロ・レスリング」日本一を争った「力道山対木村政彦」への一般的な評価となった。社会に行き渡ったこのような嫌悪感ゆえ、団体の枠を超えた日本人対決は危険だと認識され、翌年一月二六日の力道山と山口利夫戦を最後に、「猪木対小林」までの二〇年間、大物日本人対決は「封印」されたとの定説が生まれた。

ただ「力道山対木村政彦」はいまだに強い関心を持たれており、インターネットのフリー百科事典「ウィキペディア」の「昭和の巌流島」の項には、この試合について「いまだにこの試合はプロレス史上最大の謎とされており、かつあまりにドラマチックな事件であるため、多くの小説家やノンフィクション作家、漫画家たちがこの試合を物語の核として作品を書いている」と記されている。「史上最大の謎」とまで表現される主な原因は、力道山が昭和三八（一九六三）年一二月一五日に三九歳で急逝後、木村が自著、雑誌のインタビューなど様々な媒体で「力道山が約束を破った」など

と暴露したことが挙げられる。
木村の「告発」により、プロレスの闇の領域がスキャンダラスにクローズアップされ、同時に木村が証言した、力道山が「約束」を破った理由、またこの試合が実現した経緯など、そしてついには試合そのものが「謎」と表現されるようになった。すでに当事者の力道山も木村も鬼籍に入っていることから、本人の証言を得ることがかなわず、平成二三（二〇一一）年に作家の増田《ますだ》俊也《としなり》が上梓したノンフィクション『木村政彦はなぜ力道山を殺さなかったのか』（新潮社）を筆頭に様々な識者、作家がそれぞれの方法でミステリーを解くように今もなお真相に迫ろうとし続けている。

ここで「力道山対木村政彦」が実現するまでの日本のプロレス史と、両者がプロレスラーになるまでの道のりを整理しておきたい。

日本でのプロレス興行は、明治二〇（一八八七）年六月に興行師の浜田庄吉が東京・木挽町（現在の中央区東銀座あたり）でアメリカ、イギリス、スウェーデン人を「力士」として闘わせた「欧米大相撲」と銘打った興行が始まりと言われている。神田明神（東京・千代田区）が所蔵する、浮世絵師の歌川国政（四代目とみられる）がこの興行を描いた「欧米大相撲スパーラ・ラスラ之図」と題する錦絵には、出場した「力士」の名前と、四つん這いになった相手のバックを取る姿、ボクシンググローブを付けて殴り合う姿など九つの闘う姿が描かれている。様々な説があるがこの「欧米大相撲」が現在につながる「プロレス興行」の礎で、以後、大正、昭和と時代が移り「西洋相撲」などの看板を掲げながら「プロレス」の興行が続いてきた。

こうした流れを受け、戦後、大相撲の関取だった力道山と、柔道家の木村も、相次いでプロレスラーに転向する。先にプロレスラーとなったのは木村だった。

大正六（一九一七）年九月一〇日、熊本県飽託《ほうたく》郡川尻町（現在の熊本市）で生まれた木村は、一〇歳で柔術道場に通い、鎮西中学（現・鎮西高校）四年時には講道館四段を取得する。拓殖大学に進み、昭和一二（一九三七）年から二四（一九四九）年まで全日本柔道選士権大会（一九四八年、全日本柔道選手権に改称）を一三年連続で制覇し、その強さから「木村の前に木村なく、木村の後に木村なし」と称えられた。木村は、師匠である牛島辰熊らが設立した「国際柔道協会」に参加した。同協会は「柔道」を興行化した「プロ柔道」を主宰し、木村は昭和二五（一九五〇）年四月一六日に東京の芝スポーツセンターで行われた旗揚げ戦から参戦した。

「力道山はゼスチュアの大きい選手で実力はない」

だが、興行は不振に終わる。ギャラの支払いが滞り、木村は師匠である牛島の下を去ってプロ柔道を脱退した。その理由を木村は、自著『わが柔道』（ベースボール・マガジン社）で、妻の斗美が当時は難病だった肺結核で入院し、高額な薬と治療費が必要なためだったと明かしている。報酬を求めて木村は翌昭和二六（一九五一）年三月にハワイに渡り、現地のプロモーターが主催する「プロ柔道」の興行に参加した。

この時、プロモーターからプロレスの興行への出場を要請されたことをきっかけに、木村はプロレスラーに転身する。この年の四月から翌年にかけて、ホノルルだけでなく、ロサンゼルス、サンフランシスコなど、アメリカ本土から南米を転戦した。この時、ブラジルに遠征した昭和二六年一〇月二三日、リオデジャネイロのマラカナンスタジアムで、後に「グレイシー柔術」で名を馳せるヒクソン、ホイスらの父親で柔術家のエリオ・グレイシーと対戦し、後に「キムラ・ロック」と呼ばれる腕がらみでＴＫＯする伝説の一戦を行っている。

海外転戦からの帰国時に、地元の熊本で「国際プロ・レスリング団」を設立、前年の昭和二八

（一九五三）年七月には北海道を巡業するなどプロレスラーとして生計を立てていた。

一方の力道山は、大正一三（一九二四）年一一月一四日に当時、日本が統治していた朝鮮の咸鏡《ハムギョン》南道《ナムド》洪原郡《ホンウオングン》龍源面《リョンウオンミョン》新豊里《シンプンリ》（現在の北朝鮮）で生まれた。朝鮮名は金信洛《キムシンラク》。現地で長崎県の警察官だった百田巳之吉らにスカウトされ、一五歳で大相撲の二所ノ関部屋に入門する。番付を上げると同時に名前を日本名の「金村」から「百田光浩」へ変え、関脇まで昇進するも昭和二五（一九五〇）年の九月場所前に突如、自ら髷《まげ》を切って引退する。角界を去った後は、後援者だった新田新作が経営する「新田建設」へ入社し資材部長となるが、昭和二六（一九五一）年九月三〇日に両国メモリアルホール（旧両国国技館。後の日大講堂）でアメリカから来日したプロレスラーのボビー・ブランズがプロレス興行を開催した際にスカウトされ、一カ月後の一〇月二八日に両国メモリアルホールでブランズとの一〇分一本勝負のエキシビションマッチで初めてリングに上がった。

これを契機として本格的にプロレスラーになることを決意し、アメリカで修業と実戦を重ねたすえに、昭和二八年七月、「日本プロレスリング協会」と道場を日本橋浪花町に設立した。

それぞれの経緯でプロレスラーとなった木村と力道山は興行師を通じて出会い、タッグを組んで全国で興行を打つことになる。この最初の試合が昭和二九（一九五四）年二月一九日、蔵前国技館での興行で、これは明治から続く日本のプロレス史において最大の転換点となる。

メインイベントで初めてタッグを組んだ力道山と木村がベンとマイクのシャープ兄弟との対戦は、前年の昭和二八年二月一日に日本で初めてテレビの本放送を開始したＮＨＫ、同年八月二八日に初の民放テレビ局となる日本テレビによって初めてテレビ中継されたプロレスの試合となった。単なる町の「興行」だったプロレスは、以後、テレビの力をバックに急速な勢いで日本国民全体へ浸透し、巨大化していく。

シャープ兄弟を招聘した全国巡業で大成功を収めた力道山と木村が対決するのは、それから一〇カ月後の一二月二二日だった。対戦へのきっかけは、マスコミを通じての木村の挑戦表明だった。昭和二九年一〇月三一日、自らが率いる国際プロ・レスリング団の巡業で訪れた岐阜市で、木村は朝日新聞岐阜支局へ足を運び、記者に力道山と対戦したい思いを打ち明けた。この力道山へ向けた挑戦声明が昭和二九年一一月一日付の朝日新聞大阪版社会面に載っている。

記事は「日本選手権かけ力道山に挑戦　プロ・レスラー木村選手声明」の見出しで木村の以下の談話が掲載されている。

《力道山はゼスチュアの大きい選手で実力はなく、私と問題にならない。今度挑戦したのは力道山のショー的レスリングに対し私の真剣勝負で、プロ・レスに対する社会の批判を受けるつもりで挑戦した。試合は六十一分、三本勝負であるが二十分以内に力道山をフォールする自信がある》

同じ日に木村は、地元紙「岐阜タイムス」（現・岐阜新聞）の本社も訪問し、力道山への挑戦を表明している。力道山を報じた記事などを検証した『力道山史否《いな》！　１９３８―１９６３』（仲兼久《なかがねく》忠《ただ》昭《あき》著）に、一一月一日付の岐阜タイムスの記事が収録されている。紙面には、木村が同社を訪問した際の写真とともに、以下の談話が掲載されている。

引き立て役に回されたことへの憤慨というストーリー

《きびしい勝負の世界で日本一あるいは世界一を決めるのが当然であるが、これまで力道山と決戦する機会に恵まれず残念だったが、いよいよその宿願成るの秋《とき》が熟したと思い挑戦状を出した。場所は東京、大阪、名古屋の三ヵ所で、双方とりきめの真剣勝負ルールに則って行う予定だが、勝負はもちろん早くて十五分、遅くても二十分のうちに私のものだ。

これで世間人が私の真価を新たに認めてくれると確信している。力道山は相撲の強者だけに得意の立業に挑んでくるだろうが、私は年期をかけた柔道の寝業で技の急所を押え栄冠を獲得してみせる。万一私の挑戦状に対しシリ込みして返事がなければ力道山が敗れ、私は戦わずして勝ち、日本一となるわけだ。いずれにしてもこの試合はファンが大きな期待をもちながら実現しなかったものだけに世紀の一戦だ》

朝日新聞と岐阜タイムスで、木村は力道山と「真剣勝負」をすることを強調している。ただ、腑に落ちない点がある。この時点ではあくまでも挑戦表明のはずで、当然、力道山は木村の発言は知らないはずだ。にもかかわらず朝日の記事では《試合は六十一分、三本勝負である》と形式にまで言及し、岐阜タイムスに《場所は東京、大阪、名古屋の三ヵ所で、双方とりきめの真剣勝負ルールに則って行う予定》と力道山が挑戦を受諾する前に三カ所で試合を行うことを一方的に宣言している。

挑戦表明の時点で早くも木村が断定的に試合形式（事実、その通り六一分三本勝負になった）を明かす段取りの良さを、私は疑問に思った。さらに当時の新聞記事を調べると、朝日と岐阜タイムスの報道から二日後の一一月三日に毎日新聞が報じた「木村、力道山に挑戦」の記事を見つけた。毎日は、力道山、木村対シャープ兄弟の試合から力道山のプロレス興行を主催しており、その意味でこの記事は両者の対戦が決定した「発表」とも言える。

《三日から岐阜市民センターで行われる国際試合に出場するプロレスラー、柔道七段、木村政彦選手（三六）はこのほど力道山に挑戦したいと声明、これに対し力道山も一日夜挑戦に応ずると語り、ここに相撲出身と柔道出身のプロ・レスラーが日本最初の全日本選手権を争うことになった》と力道山が挑戦を受けることを報じている。ただ、記事には「力道山も二日夜挑戦に応ずると語り」と書かれているが、肝心要となる本人のコメントが一切掲載されていない。

挑戦を受けた力道山が何を語ったのかを知りたいと思い、他の記事を探すと、毎日の系列紙「日刊スポーツニッポン」の一一月五日付に「木村、力道山に挑戦」との見出しがあり、そこには《力道山はプロレス協会幹部の意見を聞いてその挑戦に応ずることに決定。力道山が今年末、渡米するに先立って東京、大阪で日本選手権を行うことになった》とある。「挑戦に応じる」ことは、「協会幹部の意見を聞いて」と報じていることから、力道山の独断で決めたことではないと思われるが、この記事にも本人のコメントはない。

木村が挑戦を表明した記事が出た時、力道山は、自伝映画『力道山物語——怒涛の男』（森永健次郎監督）の撮影中で、正式なコメントは出せない状況だったと想像する。主催者で一般紙の毎日新聞が「力道山が語り」とあるのは、実際に取材をしているが、コメントを載せる必要はないと判断したとも考えられる。そうだとしても、木村からの挑戦を受け、力道山自身のコメントが記事の肝になる部分で、やはり毎日にもスポニチにも記事の中に一言も力道山の発言が記されていないことは不自然な感が否めなかった。

また、スポニチの記事は、木村が挑戦を表明した背景を《事情に通ずる人のいうところによると力道山、木村のタッグ・マッチでは木村が点をとられ、力道山が点をとるまわり合せになるが、これは実力のしからしむるところとはいえ、木村としては歯切れぬものがあったらしく、それが声望や地位、収入にも影響があるので研さんのうえ力道山と雌雄を決定しようとするのであるという》と伝えている。

この記事が発端となり、木村が力道山に挑戦した背景は、シャープ兄弟とのタッグで引き立て役に回されたことへの憤慨というストーリーが完成した。

その後、木村は一一月二六日に熊本から上京し千代田区神田橋の千代田ホテルで報道陣を集め、「日本選手権をかけての挑戦に力道山および永田プロモーターから応諾の回答があった」と発表した。永田プロモーターとは、力道山が大相撲からプロレスラーへ転向する時から面倒を見てきた興行師で、シャープ兄弟の一戦から力道山の興行を手掛けてきた「日新プロ」社長、元浪曲師の永田貞雄のことだった。

「私も力道山も『プロレスの本領』が何かを知っていた」

翌二七日に木村は、神奈川県大船市の松竹大船撮影所に映画撮影中の力道山を訪ね、両者が正式に調印する。席上、試合は一二月二二日に蔵前国技館で行われることが発表された。

すべては木村が朝日新聞岐阜支局と岐阜タイムスで挑戦を表明したことから生まれた流れで、挑戦を決断した背景はスポニチが報じた力道山とのタッグで引き立て役を強いられたことへの憤慨が背景にあり、それが現在まで既成事実として伝えられている。だが、本当にそうなのだろうか。

素朴な疑問を抱いた私は、平成五（一九九三）年四月一八日に大腸がんのため七五歳で亡くなった木村自身が、生前、引き立て役への憤慨や、この試合が実現するまでの流れを、雑誌、著書などで語っている「言葉」を探した。

私が調べた限り、最初に木村がこの試合について明かしたのは拓大柔道部監督時代の昭和四四（一九六九）年に上梓した自著『鬼の柔道　猛烈修行の記録』（講談社）だった。「力道山との試合」の項に以下のように書かれている。

《日本に帰り、各地をプロレス興行でまわっている時だった。力道山とやってはという話が持ち上がった。

当時プロレスの方は、力道山より私の方が経験が深かった。そこで、いろいろとプロレスの話をした。プロレスの試合というのは、お客をよろこばせて、それで利益をあげるものである。だから、この試合はお互いの利益のためにやろうではないかということなどである。

私たちは、そのために、はじめに引分とし、もう一度引分をくりかえし、そのつぎに相手が勝ち、そしてこっちが勝つという取決めをした。あくまでもお客をよろこばせ、そこから利益をあげるためだ。

この話し合いは、昭和二十八年に入ってからだった。

テレビ放送で話題になった力道山と私との決戦は、こういった背景のもとにおこなわれたのである》

力道山と試合をすることとは、シャープ兄弟と対戦する前年の昭和二八年から計画されていたことを明らかにしている。実際、永田貞雄を描いたノンフィクション『興行界の顔役』（筑摩書房）には、シャープ兄弟と対戦した最初の蔵前国技館で、力道山と木村の一騎打ちが計画されていたことが描かれている。

さらに、試合の計画において他の記事、書物を探した。すると、『鬼の柔道』の出版から一四年後の昭和五八（一九八三）年一月発売のプロレス専門誌「月刊ビッグレスラー」三月号に、「今だから明かす！　30年前の真相」のタイトルが掲げられた木村のインタビュー記事を見つけた。フリーライターの山下剛のインタビューに木村が答える形なのだが、その中で山下が「29年に日本中を湧かした故力道山との一戦は真剣勝負ではなかったんですか」と質問すると、木村は以下のように答えている。

《あれは金儲けを企んだプロモーターが、新聞で煽ったことで、私が挑戦状を出したとか、力道山が出したとかいう状況ではなかった。力も私も、プロモーターも、お互いの私欲を考えてやった一戦だと思っている。当時、私も力道山も豊富な海外遠征の体験から『プロレスの本領』が何んであるかを知っていた。中に入ったのが新田新策氏と天中軒雲月（先代？）の親戚の人だったように記憶している。この２人の仲介で、都内の某料亭で、私と力が会って、当日の手筈を整えた。方法として、話し合いにより、いずれかが先に勝ち、２本目は負けた方。３本目は、急所を蹴り合いお互いの負けにするか、そうでなければ場外乱闘に持ち込み、引き分けにするといった予定だった》（原文ママ。文中の新田新策は正しくは新田新作）

試合の計画は、まず、『鬼の柔道』と同じように事前に力道山と話し合ったものであることを証言している。さらに「朝日新聞」と「岐阜タイムス」での挑戦表明は、自らの意志ではなく「プロモーターが煽った」と新たに明かしている。木村のコメントにある「天中軒雲月（先代？）」とは浪曲師だった永田貞雄を指しているとみられ、力道山の相撲時代からの後援者で「新田建設」社長の新田新作が介在していた事実も披露し、木村が「煽った」とするプロモーターは永田と新田であることが推測できる。さらに、このインタビューでは、試合での「約束」も明かし、三本勝負の試合も二本目までを一本ずつ取って三本目は引き分けにするよう打ち合わせたと話している。

「Number」のインタビューには木村の本音が表れている

この「ビッグレスラー」が発売された一カ月後の二月、文藝春秋が発行するスポーツ総合雑誌

「Number」が「力道山の真実」と題した力道山特集を企画した。その中で「私と力道山の真相」と題し、木村のインタビューを掲載している。木村は、シャープ兄弟との試合について記者から「木村さんとしては〝やられ役〟になりましたね」と聞かれ、「だいたい〝やられ役〟の方が多かった。ぼくの方がはじめ出てって、シャープ兄弟をこてんぱんにやっつけるんですね。そして次は反対にやっつけられるんですよ。すると力道山が出てきて、空手チョップというような段取りですね」と答えている。

さらに「そういう時に、木村政彦ファン、とくに郷里の九州あたりから、いつも〝やられ役〟ばかりでつまらない、とか言ってきませんでしたか？」と問われると「多少そういう声は……。しかしまあ、こっちの方は商売だからね。勝とうが負けようが、そういったことは、日常茶飯事であったし、外国へ行けば勝って、最後には必ず負けて帰らなければならない、ということになってるからね」などと答えている。

続けて記者は、力道山戦に焦点を絞って質問を重ねる。「昭和29年12月22日の、力道山との決戦になるんですけど、当時の新聞は、木村はいつも負け役になっていて面白くない、とかいう不満があって、それで力道山に挑戦した、とか毎日毎日あおりたてましたよね」。この問いに木村は次のように話す。

「それは二人で事前に、いっぺんやってみようか、そして金もうけしようじゃないかという話を交したことがあります。いつごろからやるか、だいたいの月日と、段取りを決めての話なんです。これはお互いに公表しないで、やるときはパッと新聞に出そうじゃないか、という相談ずくでやったことなんですね」

記者からの繰り返しの問いにも木村は「引き立て役」への不満を洩らすことはなかった。

六ページに及ぶインタビュー記事は、最後に「協力　宮澤正幸（日刊スポーツ）」と記されていた。この記事に掲載された木村の発言を確認するため、現在、拓大で客員教授を務める元日刊スポーツ記者の宮澤正幸を茗荷谷の拓大文京キャンパスに訪ねた。

宮澤は、昭和五（一九三〇）年に神奈川県小田原市で生まれた。今年二月で九一歳を迎えたが、現在も母校の拓大で客員教授として大学史の編纂などに携わっている。拓大時代はレスリング部に所属し、卒業後は東京新聞に就職したが一年後の昭和二九（一九五四）年、日刊スポーツに入社した。力道山と木村の試合は「プロレス担当」として蔵前国技館で取材した。後にレスリング、柔道、大相撲などを取材し、大学の先輩だった木村とは日刊スポーツで柔道の評論家を務めるなど懇意にしていた。「Ｎｕｍｂｅｒ」のインタビューについて宮澤は、「あのインタビューは、『Ｎｕｍｂｅｒ』編集部の設楽敦生《したらあつお》さんという方から依頼を受けて、木村さんにお願いして実現したものでした。設楽さんは早くにお亡くなりになられましたが非常に聡明な方でした。私は、木村さんとは懇意にさせていただいていましたが、力道山との試合については、聞いてはいけないという雰囲気がありましたし、私自身も聞きたくなかったので、ご本人に聞いたことはなかったんです。ですから、私もあのインタビューに立ち会って、初めて力道山との試合について木村さんの思いを聞きました。あそこに書かれているものは、すべて木村さんがお話になったほとんどが掲載されていますし、木村さんの本音が表れていると思います」と明かしてくれた。宮澤の言葉を頼りにすれば、やはり「朝日新聞」「岐阜タイムス」の紙面上での挑戦表明は、お互いに「段取りを決めての話」で「やるときはパッと新聞に出そうじゃないか」とあらかじめ力道山と話し合った上での行動だったのだ。

「Ｎｕｍｂｅｒ」のインタビュー記事から二年後となる昭和六〇（一九八五）年にベースボール・マガジン社が出版した自著『わが柔道』でも《マスコミが〝木村対力道山のチャンピオンマッチ〟と銘

打って試合をやったら、さぞかしお客さんも集まるだろうと盛んにあおりたてた。私は力道山と会って、試合に対する考えもただしてみた。力道山は「それは良い方法です。お互いにプロレスの精神にのっとってやれば、数カ月で巨万の富を得ることは間違いありません。是非決行しましょう」という。

話は決まった。勝ち負けは、一回目は引き分け、二回目はジャンケンで勝った方が勝ち、それ以後はこれを繰り返して興行する。互いにこの条件で納得したのだ》と書かれていた。

力道山も木村も、まぎれもなくプロレスラーだった

自著の『鬼の柔道』と『わが柔道』、さらに「ビッグレスラー」と「Number」のインタビューと、すべてにおいて木村本人は、挑戦への背景を、事前に「金儲け」のために力道山、あるいは永田らプロモーターと話し合った上で決めたことだと断言し、一言も「引き立て役」への憤慨を露わにしていない。

どこか一誌だけのインタビューで答えた言葉なら真偽は定かではないが、調べた限り四媒体すべてで同様の言葉を述べていることからすると、さすがに作られたコメントではなく本心と考えて間違いないだろう。引き立て役への憤慨は、木村の中にはあったかもしれないが、その思いも試合を描くための興行的なストーリーとして使ったのだろう。

そう考えると、私の中で引っかかっていた、「朝日新聞」と「岐阜タイムス」での「挑戦声明」記事で、力道山が挑戦を受ける前に試合形式を「六一分、三本勝負」と断定し、「東京、大阪、名古屋の三ヵ所で試合」と明かしていることも、辻褄が合う。すべて事前に力道山、プロモーターの永田と話し合いで決まっていたからこそ、ハッキリと試合形式に木村は言及することができたのだ。

それを事前に漏らしてしまったことはプロレスラーとして不用意だったのだが、それが今こうしてあの試合の成り立ちを解こうとする際のヒントになっているのである。

　また、『力道山史否！』に、「朝日新聞」と「岐阜タイムス」で明かす以前に、木村が力道山への対戦を口にしている雑誌が載っていた。それは、昭和二九年一一月三日号の週刊誌「アサヒグラフ」で、その中に写真と共に掲載されたコメントで木村は、プロレスについて《日本ではアメリカ式ショウだけではダメ　まじめで真剣味のある試合でないと客はこなくなってくると思う　日本での好敵手は力道山だ　一度機会をみて試合をしたいと思っている》と言っている。

　当たり前の話だが、雑誌は発売日の数日あるいは数週間前に取材は終えており、恐らくインタビューは一〇月中に行われたと考えられる。そうなれば、「朝日新聞」と「岐阜タイムス」より先に力道山との対戦計画を話しており、マスコミにアピールして興行を盛り上げようという意図が表れている。同時にこの記事から推測すると、二人の一騎打ちは一〇月には内定していたことも窺える。

　一連の木村の言葉を読んで分かったことは、力道山も木村も、興行を成功させるためにアイデアを駆使した結果、新聞を使った挑戦声明という仕掛けを編み出したということだった。その結果、蔵前国技館に一万一千人を超える観衆を集め、興行を大成功に導いた。どれほど多くの観客を呼び寄せるかに、日夜、肉体と頭脳を駆使することがプロレスラーの生きざまであるならば、この時、力道山も木村政彦も、力士でもなく柔道家でもなく、まぎれもなくプロレスラーだった。つまり「力道山対木村政彦」はプロレスの試合であり、この試合における二人の存在もプロレスラーとして評価することが妥当で、もし「謎」を解明しようとするのなら、多くの観客を集め、試合で客席を熱狂させ、多くの大衆に影響を与えることが最大の評価であるプロレスの価値観で判断しなければ何も見えてこないのだ。

こうして迎えた一二月二二日、午後六時に前座試合が始まった。試合を蔵前国技館で取材した日刊スポーツの宮澤は、この日、初めて生でプロレスを見た。プロレスが真剣勝負か否かは「半々の気持ち」で、街頭テレビを見ていた宮澤だったが、前座の試合を見て「これは真剣なのかもしれない」と思った。

この日の興行は、メインイベントの力道山と木村戦を含め、全八試合が組まれていた。その中で「日本プロレス」と「国際プロ・レスリング団」の対抗戦三試合と、「日プロ」の芳の里と「全日本プロレス協会」に所属する市川登との対抗戦がマッチメイクされていた。宮澤が「真剣勝負」と思ったのは、芳の里が市川を倒した試合だった。

この一戦は、試合翌日となる一二月二三日の「日刊スポーツニッポン」で「所属違いで真剣勝負」との見出しで、開始直後から「喧嘩のような渡り合い芳の里が特に張り手を連発」と伝えているように、芳の里が張り手の乱打で一方的に市川を倒し、一二分三六秒、体固めで勝利している。「真剣勝負」の見出しで表現している通り、双方の良さを引き出し観客を沸かせる通常のプロレスとは隔絶した試合を記者席で宮澤は目撃したのだ。

「力の入れ方、顔つき、攻防を見た時に、これは駆け引きじゃなくて真剣勝負だなと思いました」

目の前で見たリング上の光景に、街頭テレビで見たプロレスとは違う印象を宮澤は感じていた。そんな胸騒ぎがするなか、力道山と木村がリングに登場した。

一方、叔父と共に一階の桝席で観戦した村松友視は、花道から登場した二人の姿に明らかに違う光を見た。

「まず木村が鬱屈した表情でリングに上がって、その後に力道山が新調したような紫色のガウンを羽織って、まるで走り込むように笑顔でリングに上がったんです。それで、パッと観客に手を挙げた時、木村とはまったく別物のオーラを感じました。その前の前座試合から木村までは、肌の色から何からすべて普通の日本人が出てきた感じだったんです。だけど、力道山がガウンを脱いだ時は、筋肉のあり方とか肌の色とかすべてがきれいだった。力道山を見た一番の印象は、〝きれい〟なんです。僕は、力道山ファンだし、力道山が勝つべきだという感覚のもとで見ていましたから、そう見えたのかも分かりませんが、力道山には、明らかに華があった。そこが木村とはまったく違って、びっくりしました。その明るさは、僕の中でどちらが勝つとか負けるじゃなくて、これから何かが始まると予感させるような光がありました」

「木村がニンマリ笑ったように見えました」

宮澤と村松がそれぞれの思いで見つめるなか、ゴングが鳴る。試合を映像で見ると、力道山は、口元に笑みを浮かべながら木村と組み合う。ロープブレイクを繰り返し、木村が一本背負いで投げれば、力道山は、ボディスラムでマットに叩きつけた。「昭和巌流島」の前評判とはかけ離れた緩い空気がリングを漂っている。象徴的だったのは、力道山がカナディアンバックブリーカーで木村を持ち上げると、エプロンへゆっくりと下ろしたシーンだった。村松は「木村を持ち上げて、力道山がリングの外にそっと置いた時は、こういう力関係なんだなと思って見ていました」と振り返れば、宮澤も「最初はお互いが出方をうかがうような感じに見えました。木村さんは、投げてみたり、投げられてみたり……そういう繰り返しが続いていました」と二人のやり取りに芳の里の試合で感じた緊張感とは違う、何か段取りが決まっていたかのような印象を覚えたことを明かした。

　事態が急変したのは、一五分が経過する直前だった。リング中央で木村が左足で蹴りに行くと、金的への急所攻撃と感じたのか力道山が血相を変え、右のパンチを顔面に突き刺し、続けざまに右手で張り手を四発、頬に浴びせたのだ。

木村はタックルでロープに詰めるが、レフェリーのハロルド登喜が両者を分けた時、木村は登喜を見る。その瞬間に力道山は左の掌底、右の張り手、右からの蹴りを叩き込む。

木村は再び、レフェリーの登喜を見たが、力道山の右の蹴り、右張り手で尻もちをつく。なおも攻めを緩めない力道山は、ロープにもたれ座り込んだ木村の顔面へ強烈な右からの蹴りを叩き込んだ。再び顔面へ蹴りを入れると、首筋をつかんで四つん這いになった木村をリング中央に引きずり出した。背中を踏みつけ、木村も左足をつかもうと抵抗するが、力道山は顔面にチョップを入れる。何とか立ち上がりコーナーへ後ずさりすると、レフェリーの登喜がダメージをチェックするが、試合は続行する。

全く手を緩めない力道山は、左から張り手、右の二の腕でラリアットのように顔面を殴打すると、最後は左の張り手を叩き込み木村はうつぶせになりダウンした。登喜が10カウントを入れ、一五分四九秒、力道山の「打倒」で勝利が決まった。

殴る、蹴る……時間にして五一秒、およそ一八発に及ぶラッシュを、村松は「木村が金的を蹴ったことは確認できませんでした。ただ、力道山が怒ったことに対して木村がニンマリ笑ったように見えました」と明かした。

映像では木村が急所とされる蹴りを放った時、背中が映っており、木村の表情を確認することはできない。木村の「ニンマリ」は、国技館で観戦した村松だからこそ知る表情だった。その笑みの意味を村松は「もしかしたら『蹴って脅かしただけだよ』というメッセージだったのかもしれません」と想像した。

記者席で見た宮澤は「急所を蹴ったって言っても大した蹴りには見えませんでした。ただ、力道山の顔色がサァッと変わったのは分かりました。木村さんが倒れた時は館内が静寂に包まれたことを思い出します」と明かした。騒然とするリングに木村の師匠の牛島辰熊が駆け上がった姿を覚えている。

「牛島先生は、正面土俵右側のリングサイド二列目で観戦していらっしゃいました。レフェリーが力道山の手を挙げた時に立ち上がってリングに上がったんです。必死で木村さんに何かを呼び掛けていました」

牛島が介抱するほど惨敗した木村の姿を目の当たりにした宮澤は、「血の気が引きました。今までの木村さんが築き上げた名誉が、これで片付けられてしまうのか？　木村さんはこれからどうなるんだろう」と案じながら、試合前は「半々」だと思っていたプロレスを「真剣勝負なのか？」と思ったという。

勝った力道山、敗れた木村は、共に控室で記者に囲まれた。力道山は「打倒」した理由を打ち明けている。当時の両者の談話を主催者である毎日新聞の一二月二三日の紙面から以下の通り引用する。

《リングにのぼってから二度も木村は引分で行こうといった。自分から挑戦しておきながらこんなことをいうのはとんでもないことだと思った。開始直後首をしめた時、完全に利き、フォールできたのだが、この時も木村は〝やめてくれ〟といったので離れた。その直後彼がぼくの急所をけってきたので、しゃくにさわり、遠慮していた空手打を用いてあのようにたたきのめす結果になってしまった。木村はぼくに反則があったといっているがツマ先でけったのではなく足の裏でけり、ゲンコツで打ったのでもない。決して反則はおかしていない。自分としては良心に恥じな

い試合をした》

木村のホテルの部屋に、大山倍達が現れた

打倒したことは金的蹴りへの報復であることと、試合中に木村から引き分けをもちかけられたことを告白した。この発言に、木村は控室で以下の通り反論している。

《力道山はぼくが引分けようといったという話だが、そのようなことを彼がいったとしたら彼の心理状態を疑いたい。この試合で力道山もたいしたわざもなかった。そもそもこの試合をやる前にプロ・レスとしてのルールの範囲内でフェアプレーでやるよう日新プロの中川氏に託してあるわけだ。それだから私としては引分にしてくれなどスポーツマンシップに反するようなことは絶対いわない》

試合後の控室で力道山と木村が対立したコメントを発した後、宮澤は会社からの命令でさらに木村を取材するために宿泊している千代田区神田橋の千代田ホテルへ向かった。当時は、今では考えられないことだが、フロントに宿泊者の部屋番号を聞くと教えてもらえた時代だった。宮澤は、木村の部屋を訪ね、中へ入った。

「木村さんは、大学の先輩ですけど、まったく面識がなくて、この時が私にとって、事実上の初対面でした。部屋に入ると、私より先に社名は忘れましたが、夕刊紙の記者が来ていて、木村さんは取材を受けていました。その間に私は会社に電話してカメラマンを呼んで、先の記者が帰ったあとにお話をお聞きしました」

力道山に蹴られ、殴られ、張られた右顔面は腫れ上がっていた。

「話を聞く前に木村さんは『こっちを撮らないでくれよ』と腫れている側を撮らないように頼みました」

宮澤は木村にケガの状況を質問し、木村は落ち着いた口調で大事には至っていないことを繰り返した。ただ、この時、宮澤が覚えているのは、ベッドの枕元にあった電話が何度も鳴ったことだった。

「何回も電話が鳴るんです。そのすべてに木村さんは出て、『いや私だけが我慢すれば、これは済むことですから、騒がないでください』とお願いしていました。私は『木村先輩、どこからの電話ですか？』って聞きました。そうすると、木村さんは、地元の九州でお世話になっている興行主、親分たちが怒っていると教えてくれました。『力道山を生かしちゃおけない、と親分たちが言っていて、これから東京へ行くって息巻いている連中がたくさんいる』と言っていました」

当時は、プロレスに限らず「興行」と名がつくイベントは、ほとんどがヤクザによって仕切られていた。東京で「日本プロ・レスリング協会」を設立した力道山の興行は、ヤクザが支えとなっていたし、熊本で「国際プロ・レスリング団」を立ち上げた木村も九州の興行師たちと密接な関係を築いていた。木村の裏にいるヤクザは、大切な看板を台無しにした力道山への憤りを露わにし、報復することを木村へ電話で予告していた。

「そういう電話に『私が我慢すれば済むことです。騒ぎを起こすのは本意ではありません』とすべて同じような言葉でなだめていました」

やがて、部屋には拓大の後輩で、後に「極真会館」の創始者となる空手家の大山倍達《ますたつ》が姿を見せた。当時の大山は三〇歳。極真会館を昭和三九（一九六四）年に設立する一〇年も前の時代だった。

「大山さんは『木村先輩！』って部屋に入ってきて『空手でよければ、僕が力道山と対戦します』っていうようなことを盛んに、わめいていました。それを木村さんは『いいから、いいから』ってなだめていました。私は、二人の間には入らず、じっと見ていました」

宮澤が試合後のホテルでインタビューした木村の顔写真は、一二月二四日の日刊スポーツの一面を飾り、国際プロレス団が力道山の打撃攻撃をコミッショナーへ提訴することが報じられた。その中で木村の以下の談話が掲載された。

《最初から反則はしないで正々堂々とやろうという約束の下に紳士協定ができていた。それが途中から、すっかり裏切られた結果となってしまった。僕は敗れた立場だし、今さら泣き言はいわない。しかしプロとはいいながらお互いにスポーツマンなのだから、もっと善良な態度でやりたかった。下腹部を蹴ったというが胸部を軽くけっただけだ。力道山がカッとなって僕の態度が卑劣だというのは試合前の打合せが十分でなく両者の解釈の相違があったためだろう》（以下省略）

力道山と木村は、お互いに凄惨な結末となった理由を主張したが、一般紙もスポーツ紙も、マスコミは凄惨な試合そのものを批判した。その主な矛先は、木村を「打倒」した力道山に向けられた。ここで力道山は一つの行動に出る。試合前に木村が書いた「念書」を公開したのである。

第7章 二人の運命

プロレスに賭けた力道山、プロレスラーになりきれなかった木村政彦

木村は八百長の首謀者のごとく仕立て上げられた

「内外タイムス」昭和二九年一二月二四日付（二五日発刊）が、七面で「試合前に木村政彦が八百長申し入れ。これがその証拠だ！」との見出しで、木村が大船撮影所での調印式前日となる一一月二六日夜に、新橋の料亭で力道山と交わした「念書」を写真入りで報じた。

記事によると文書は二枚あり、一枚目は《二二日の試合ははじめ二十分位で木村の勝、次は十九分位で力道の勝、三本目は時間切れで引分け、五分五分の勝負なしとして選手権は預かりとすること》と書かれ、二枚目は《確約　昭和三拾年内第二回日本選士権試合ニ際シテワ力道氏ニ対シ、勝ヲユズル事　昭和二十九年十一月二十六日　右　木村政彦　力道山君》と木村の拇印が付いた書面で、

力道山と木村政彦はプロレスに向き合う構えが違っていた（写真＝毎日新聞社）

昭和三〇年に再戦し力道山に勝たせることを約束する内容となっている。

この記事を書いた門茂男は、昭和六〇（一九八五）年に刊行した著書『力道山の真実』（角川書店）で、力道山が念書を公開した経緯を書いている。

それによると、試合翌日の一二月二三日に大田区梅田の力道山邸を取材で訪れた門は、力道山が木村戦への、特に朝日新聞の批判的な論調に頭を痛めていたという。門は、試合後に千代田ホテルで取材した木村が「試合は八百長崩れだった」と証言したことを力道山に伝えると、力道山は茶封筒に入った二枚の念書を見せ、自らが許可した時に記事化することを許した。そしてそれは早くも二五日に、スクープ記事として掲載された。

こうして木村は、八百長を申し入れた首謀者のごとく仕立て上げられた。力道山と木村は、試合から二カ月後の昭和三〇（一九五五）年二月一〇日に手打ち式を行い、表面上は和解した。ただ、二人の運命は完全に分かれた。力道山は山口利夫を破り、日本選手権を統一すると日本プロレスを活性化させて世界王座への道をひた走り、興行も拡大し、不動産、レジャー施設などを扱う実業家としても台頭する。

木村は、熊本に戻り、国際プロ・レスリング団の興行を続けるが、やがて立ちいかなくなり、団体は崩壊、昭和三一（一九五六）年七月から翌年一〇月までメキシコ、パリ、ロンドンなど海外へと転戦して何とか食いつないだが、昭和三三年六月一日に大阪でのＰ・Ｙ・チャンとの試合を最後にプロレス界から姿を消した。その後、昭和三六（一九六一）年に母校の拓大に戻り柔道部監督となった。

二人の運命がさらに劇的に変化したのは昭和三八（一九六三）年の暮れだった。力道山が一二月八日に赤坂のナイトクラブで暴力団員に刺され、入院する。一週間後の一二月一五日、三九歳の若さで急逝したのである。

怨敵の死から六年後の昭和四四（一九六九）年、木村は著書『鬼の柔道　猛烈修行の記録』で力道山との試合、自らが体験したプロレス界について告白する。以後、前章で紹介した「月刊ビッグレスラー」「Number」『わが柔道』と時を隔てながら、力道山戦とプロレスの内幕を暴露した。この木村の告白が今日まで「事実」と認識され、力道山戦について様々な雑誌、書物で検証され、「史上最大の謎」として増幅され伝わっている。

その中で、試合と念書について語る「Number」のインタビュー記事を紹介したい。

終戦直後はお金のためにやらなくてはいけないことがあった

――最初の約束は、勝負の結果は引き分けにするつもりだったんですか？

木村　そう、最初は引き分け。次はジャンケンポンで勝った方が勝つ。その次は反対、またその次は反対、またその次は引き分けにもっていく、というようなことをずっと継続して、日本国中を回ろうじゃないか、という口約束だったんですね。（中略）

――あの試合が終ったあと、力道山が、「木村から八百長の申し入れを受けていた」と暴露して、その証拠だという文書を公表しましたね。

木村　そうじゃない。あれはおたがいに文書を交して、「こういうふうにしよう」と約束したんだ。だけど、だいたいレスリングというのは口約束だからね。どこへいっても、プロモーターが、お前負けだ、引き分けだ、と言ったらそれを通すんだから。それが通らないレスラーというのは存在できない。だからそういうように文書をとり交わすということ自体もおかしいんです。

——文書をとり交そうと言ったのは、力道山のほうから言ってきたわけですか。

木村　そう。おたがいの意思を確かめるためにとり交しましょうか、というんで、いいよおまえのいいようにしてくれ、って。で、その文書をとり交す日、ぼくが書いてもってったら、あれは持ってこなかった、忘れた、というんだね。大丈夫です、決して違反はしません、って言うから、じゃ、そのとおりにやろう、と相手の誠意を認めたわけです。で、ぼくが書いたものは、むこうが持っていってしまった。（中略）

——それで、試合が始まったんですね。

木村　そう。演技はスムーズにいっとったな。それでずいぶんお客さんも喜んだし、ちっともおかしい点はなかった。

——それが途中から流れが急に変わっちゃったわけですね。

木村　相手が手をあげてきたわけです。攻撃してくるから、これは空手チョップだな、と思ってね。それでわたしが両手を開いたわけだ。撃ちやすい状態にしておいたんですね。そしたら本当に撃ってきた。（中略）

——それを本気になって撃ってきたわけですね。どこを撃たれたんですか。

木村　頸動脈のところだね。急所です。

——でも、なぜ最初に一発くらった時に、パッと抵抗しなかったんですか？

木村　そうじゃないんだよ。そのころのわたしは練習の時でも二人のレスラー相手にして、こっちは一人でやっつけよった。そうとうの体力と技術はあった。でもそういう体力でも、あれは急所を撃たれたら、全神経が麻痺しちゃうんだ。急所はきたえようがないからね。（中略）

——それを左右でやられたんですか？

木村　一発か二発だね、憶えているのは。（中略）それからロープを背にした、（中略）本当のレフリーだったら引き分けなきゃだめなんだ。ところが引き分けなかった。あとで調べたら、相手のほうの味方のレフリーだった。

いってみれば全部仕組まれていた敵の陣容のなかに、ひとりで飛び込んだようなものだった。

（中略）


――なぜ、そんな裏切るようなことをしたのか……。

木村　その点は、金と名声がかれをそういうふうに左右したんじゃないかな。これに勝てば、将来大きな金がとび込んでくるということが、そのころのプロレスの人気からみればわかっていただろうからね。

このインタビュー取材に同席した元日刊スポーツ記者の宮澤正幸は、木村が証言した「最初は引き分け」の口約束を、力道山が破った理由をこう想像した。

「彼は、猜疑心が強い人だと思う。それは木村さんが言ったように、試合前にお互いに文書を書いて、木村さんは力道山に渡したのに、力道山は木村さんに寄こさなかった行動に表れていると思います。ですから、力道山は試合をやっているうちに話はついているけれども、もしかすると俺は木村にやられちゃうんじゃないかという猜疑心が高じて、木村さんを倒したと思います」

木村と力道山のプロレスに対する姿勢も凄惨な結末に関係していると考える。

「柔道から見れば、プロレスの技は作られたものですから、木村さんがプロレスをなめていた部分はあったと思います。それでもプロレスをやらなくてはならなかった。それは、奥さんが肺結核を患ってアメリカの高価な治療薬ストレプトマイシンが必要だったんです。戦後間もないころは、柔道家が就職するといったら警察官になるぐらいしかできない時代で、木村さんは、戦後すぐに奥さんを助けるために闇屋をやって、その流れで危ない橋を渡ってプロ柔道、そしてプロレスの世界へ入ったんです。私が忘れられないのは、柔道を担当していた時に早稲田大学の柔道部師範だった大澤慶己先生（現・名誉教授）を取材した際、大澤先生の奥様にお話を伺ったんです。その時に木村さんの話になり、奥様は『木村さんは奥様を助けるためにあの世界に入った。だから私たちの間では木村さんの名前が出るとお気の毒に思って涙が出るんです』とおっしゃったことがありました。私は、この言葉は非常に貴重だと思っています。終戦直後は誰もが苦労していた時代で、お金のために名前も捨ててやらなくてはいけないことがあったんです。木村さんにとってそれがプロレスだったんでしょう。ですから私は木村さんに今も同情してしまうんです」

仕掛けられたら制裁を加えるのがプロレスの掟

一方の力道山は、プロレスに人生を賭けたのだろうと宮澤は指摘する。

「力士を辞めた力道山にとって、プロレスは相撲に代わる王道だったんでしょう。他に力道山に何かやれと言ってもできなかったのだと思う。やれるのは裸一貫でアメリカ人の真似をしてやるプロレスしかなかった。それは、朝鮮から日本に渡った彼の出自もあると思います。プロレスで生きるしか道はなかった。そこが木村さんとの違いだと私は解釈しています。そのためには、反則でも何でもやることを恥とも思わないのが力道山という人だった」

プロレス歴史研究家の流智美も、宮澤と同じように試合の途中で力道山が木村を倒すことを決意したのだろうと分析する。

「あの試合のビデオを何度も見返すと、木村は明らかに引き分けを狙うペースでやっているんですね。最初は力道山も合わせているんですが、途中から力道山がイライラしてくる様子が分かるんです。こんなヤツと六一分やったら本当に世間からプロレスが見放されるって気が付いたんでしょう。そこは力道山のプライドです」

力道山が「内外タイムス」で暴露した「念書」について、流は木村に危機管理能力がなかったことを指摘した。

「念書を木村が書いたのは間違いない事実だと思います。ただ、力道山が持ってこなかったって言った時点で、木村は疑うべきだった。つまり、例えば、ボンド（保証証券）ではないけれども、お互いの約束として、百万円ずつをそれぞれ渡しましょう、と。それで約束を守れば、お互いに返します、守らなければ、そのままもらいます、というぐらいのことをやるべきだった。力道山が念書を出さなかった時点で、プロレスラーだったら、相手が何をしてくるか分からないと思うのは普通です。安心しきっていたのは、木村がプロではなかったというしかありません」

力道山の死後、木村が雑誌などに「約束を破った」と告白したことで、この試合への「謎」を解明する論調では力道山が汚いという意見が目立つが、こうした見方に流は、プロレスの「掟」があることを掲げて反論する。流が根拠にしたのは、戦前から戦後にかけて世界（後のＮＷＡ）ヘビー級王者に君臨し、「二〇世紀最高のレスラー」と形容されたルー・テーズの告白だった。流は平成一四（二〇〇二）年四月二八日に八六歳で亡くなったテーズを生前、ジャーナリストとして幾度となく取材し、さらには平成に入ってからは来日時のマネージャーを務めていた経験をもつ。テーズが明かしたプロレスラーの掟を証言した。

「私は、二二年間、テーズさんのマネージャーをやってきて、何千回と話を聞いてきました。一番感銘を受けた話は、テーズさんはＮＷＡ王者を合計一二年八カ月やっているんですが、当時はビデオも何もなくて、その土地へ入ってから、対戦相手をプロモーターから教えられることがほとんどだったんです。そして、その中の半分ぐらいのレスラーが力道山が木村にやったように仕掛けてくるんですね。その時、テーズさんは、逆に仕掛けた相手をボコボコに殴って制裁を加えたんですね。プロレスの世界で仕掛ける、仕掛けないは、特にテーズさんの時代では当たり前の話だったんです。それは力道山と木村がプロレスラーになった時と重なる時代で、仕掛けてくることもあり得るし、仕掛けられたら制裁するのが当然というのがプロレスの掟なんですね。ですから、木村は力道山が仕掛けることを想像していなかったことが、恥ずかしい。プロレスではそんなことがあるわけないと思っていたのなら、当時のプロレスの本質を分かっていなかったとしか言いようがありません。ただ、これはテーズさんとかいろんなレスラーの話を聞いて、ようやく分かることで、本当にプロレスを見てきたという背景がないと、力道山対木村戦についてもしゃべってはいけないと私は思っています」

　繰り返すが、力道山対木村戦はプロレスの試合であり、プロレスとして評価しなければ「謎」の本質は見えてこない。木村は「約束を破った」と主張するが、一方でテーズが証言したように、「仕掛ける」こともまた、プロレスが内包する一つの要素である。アントニオ猪木はストロング小林戦において、試合前に腕組みして小林を睨んだのは、「ズバリ、『仕掛けて来いよ』という」意味もあったと証言した。「仕掛ける」という、瞬間の殺意のようなものすらプロレスの緊張感として含み込んでしまうところに猪木流プロレスの無二の凄味があるのだが、少なくとも、仕掛けられたら、制裁を加えるのがプロレスラーとしての振る舞いであるはずだった。それを実行できず、ただ「打倒」されてしまった木村は、プロレスラーではなかった。正確に言えば一流のプロレスラーではなく、プロレスを演じる柔道家に過ぎなかった――。流の話を聞いて、私は率直にそう思った。

挙国一致を跳ね返す異端としての魂

実際に力道山が木村を倒した瞬間を目の前で見た村松は、力道山の死後、木村が自らの視点で様々な形で「告白」したことをどう受け止めているのだろうか。

「それは力道山が死んでからのことですからね。それに対する反論を力道山はできないわけで、そういう中で木村のコメントはいっぱい出てくるんですけど、それは、力道山が約束を破ったに尽きるんですよね。ただ、ひとつ思うのは、約束を破ったというふうな視点に立つとしたら、〝木村の前に木村なく、木村の後に木村なし〟とまで評された木村が、そんな仕掛けは防げないのかな？と考えてしまうんです。もし木村が真の強さを持っているなら、なおかつ、凄い武道家だったなら、力道山の動きを見切ることができたんじゃないのかな？という思いを捨てきれない。僕が格闘物語を見過ぎたから、そんなことを思うのかもしれませんけど」

村松は、試合の発端となった朝日新聞と岐阜タイムスに掲載された木村の挑戦表明に触れた。

「木村は、力道山とやる前に『力道山のショー的レスリングに対し真剣勝負で闘う』とか話したわけですよね。つまり、プロレスはこういうもんだって言っちゃったことになる。だとすると、力道山の立場に立つと、〝プロレスはそういうもんじゃない〟ということを説明しなきゃならないことになる。そんな考えも力道山の根底にあったのかな……。これもすべて想像でしかないし、そこも謎ですけどね」

この話を聞いた時、私の中でひとつの仮説が生まれた。力道山と木村は、挑戦声明を事前に話し合って「新聞」で発表した。木村は力道山の「ショー的レスリングに対し私の真剣勝負」と表明した。恐らくこの発言も力道山と木村の間で話し合って決めたものだろう。力道山は木村にこの言葉を言わせることで、村松が明かしたように、日本人対決のテーマを、〝プロレスはこういうもんだ〟という世間の見方を打ち倒すことに設定したのではないだろうか。

シャープ兄弟との一戦で爆発的な人気を獲得したプロレスは、当時は一般紙も報道し、テレビもＮＨＫが中継していた時代だった。新しいスポーツと認識された一方で、「ショー」「八百長」、あるいは「真剣勝負」とその実像と虚像が様々に取りざたされるなど、プロレスに対する世間の視線は定まっていなかった。こうした中で木村戦が決まった。力道山は試合が決定した一一月二七日の調印式で次の言葉を残している。複数の媒体の新聞記事から引用する。

《プロ・レスリングは八百長だ、ショーだといわれているがプロ・レスリングのショーと真剣勝負は紙一重だ》

力道山は、「昭和巌流島」とうたわれた日本人対決で、世間に対して、プロレスは真剣勝負でもなく八百長でもなくショーでもない、「紙一重」の世界であることを問いかけたのではないか。力道山は、木村を凄惨な形で倒し「紙一重」の危険さを世間へ叩きつけた。それは、つまりプロレスが既存の枠に当てはまらない独立したジャンルであることを訴えたかったのではないか。これをかつて村松は、デビュー作である『私、プロレスの味方です』（情報センター出版局）で「他に比類なきジャンル」と表現した。まさに力道山は、類がない世界を木村戦で示したのだ。結果として世間から「野蛮」「残酷」などと批判され、蔑視は続いたが、すべて覚悟の上での行動で、それ以上に、プロレスがこれまでの日本人の価値観では捉えきれないことを見せたかったのではないだろうか。

村松は、木村戦で力道山が抱えたもうひとつの姿を浮き彫りにした。

「この試合の構図としては、力道山が朝鮮出身ということも含まれていると思います。日本人というのは、例えばオリンピックのたびに、日本の文化、教養とかに興味のない人もすべて、選手を〝サムライ化〟して挙国一致するんです。その挙国一致の国にあって、朝鮮で生まれた力道山には、それを跳ね返す異端としての魂があったんじゃないでしょうか。しかも、プロレスは明治期からアンダーグラウンドで棲息してきたわけで、力道山はそれを知った上でメジャー化した人と位置付けると、日本人の求心的な精神を掘り下げても至らない、あるいは捉えきれない、挙国に変わる大きなものが力道山の中にあったかもしれない。例えるなら、日本は散文の国だけど朝鮮は詩の国。その詩が散文によって抑えられてきたことを超えようとするような何かが……。言ってみれば、戦後になって凄惨なことは忘れようとしていた時代にあって、思いもかけないところから力道山という日本人の心情を引き出す存在が現れた。その力道山が異端の者であり、そして人格的ではなかったという噂とともに、凄惨な事態が生々しく伝えられた。その流れで、この世界から突然消える破綻も起こったんじゃないでしょうか」

力道山が異端の人だったからこそ、比類なきジャンルのプロレスを吸収し、この日本に打ち立てることができた。一方で村松が表現したように、枠を超えてしまったからこそ、三九歳で急逝する「破綻」も訪れたのかもしれない。

「力道山なんか死んでしまえと俺は思った」

木村は、これまでに紹介したインタビュー、自著で、力道山の死について自らの思いを語っている。昭和六〇（一九八五）年に上梓した自著『わが柔道』から、力道山の「裏切り」への思いと試合直後の周囲の様子を綴った一節を紹介する。

《この背信行為は許せなかった。九州からはその夜、組の者が数十人、力道山を殺すために上京するという電話が入った。もちろん、力道山の方にも、彼を守る組の者がいる。私のために、あの卑怯な力道山を殺すという気持ちには感謝したが、このために関係のない人たちが血の雨を降らすということは、私には耐えられなかった。

他人の力は借りたくなかった。頼るのは、自身だけである。

その夜、修業時代によくやった試合の前夜の暗示を試みたら、近いうちに「死」と出た。その死も、神々しく光り輝くものではなく、灰色で陰鬱な色だった。

悪は亡びる。一本の短刀が力道山の腹をえぐったのは、私が郷里熊本に帰る車中の出来事であった》

木村が力道山へ抱いた恨みを、本人から直接聞いた人物がいる。現在、武術を指導するアカデミー「ＢＵＤＯ‐ＳＴＡＴＩＯＮ」（東京・荒川区）を主宰する山田英司だ。

山田は、月刊誌「フルコンタクトＫＡＲＡＴＥ」（福昌堂）の編集長だった昭和六二（一九八七）年、木村と合気道家の塩田剛三との対談を企画した。都内の和食店で食事と酒を飲みながらの席で、山田は、木村からの告白を聞いた。

「木村先生は、塩田先生との対談で、人を恨んだらいけないっていう話題になった時、『俺は、今まで人を恨んだことがある。そしたらみんな死んだ』って言ったんです。それでこっちは聞いてもいないのに、力道山のことを話しはじめたんです」

山田が記憶している木村の言葉は、以下の内容だった。

「力道山の時もだまされて恨んだ。その後、力道山なんか死んでしまえと俺は思った。そしたらどうなったと思う？　あいつ刺されて死んでびっくりした。俺が人を恨んだら死ぬから、それから俺は人を恨まないことにした」

　酒が飲めない山田は、アルコールを口にすることなく、木村の独白を黙って聞いていた。

「俺は質問しないで勝手に木村先生がしゃべって、とにかく、力道山は約束があったのに破ったので恨んだと言っていました。目の前で聞いて、どんよりした積年の恨みを感じました。木村先生にとって力道山戦は、人生の屈辱、トラウマみたいなものだったんでしょう」

　山田は、開成高校から早大教育学部に進み、大学時代に東洋古武道研究会（後、中国武術研究会に改名）を設立するなど、六六歳の今に至るまで一貫して武道、武術を研究し、専門誌の編集長などジャーナリストとしても取材を重ねてきた。プロレスの試合である「力道山対木村政彦」は、武道の専門家として、どう評価しているのだろうか。

「木村先生は、ルールで成り立つスポーツの強者です。ですから、ルールがある柔道では完璧です。対して力道山は育ちも何もかも違います。プロレスに対して木村先生はスポーツとして見ていたところがあったと思います。だから、正々堂々やれよ、とか、約束守れよっていうことになるんです。だけど、力道山の発想は、武術かケンカの達人みたいな感じで、最初から正々堂々とやるつもりなんかないんです。しかも、プロレスは5カウント以内なら反則技が認められているように、そもそも正々堂々とやらなくてもいいルールなんです。その中に正々堂々しか知らない木村先生が入って、勝てるわけがないんですね」

　山田は、力道山がプロレスを「ケンカ」として捉えていたと分析する。

「当時はプロレスも黎明期だから、やる側も見る大衆もみんな、それが何であるのか分からなかったかもしれないですけど、力道山は最初からケンカという本質を理解していたと思います。だからケンカ師なんですね。それで、ルールを守るスポーツとか格闘技の人とケンカ師が闘うと、ルールを守る人たちはまったく敵いません。どうしてかというと、まず格闘技の人は、審判がいて、試合の始まりも用意ドンで指示があって始めますよね。ケンカにはそれがないんです。いつ始めていつ終わるかは、ケンカを仕掛ける本人が決める。力道山はこれを応用したんですね。試合が始まって、最初は二人は、仲良くお互いにプロレスのやり取りをやって、いきなりケンカを始めたんです。あとからキンタマ蹴られたとか何とか言ってますけど、最初から頃合いを見てケンカを売るつもりだったんでしょう。キンタマ蹴られてなくても、どっかで仕掛けていたと思います。ただ一応、お客さんがいますから、その手前、仕掛ける理由が欲しかった。そこはケンカ師ですね。もう一方で、こうも考えらます。キンタマを蹴る打ち合わせをしていたかもしれません。力道山だったらそこまでやったかもしれませんね、キンタマ蹴ってこい、エキサイトしようぜっていうぐらいは言ったかもしれない。それで木村先生は、真面目な人だから素直に蹴ったかもしれない。力道山はそこで仕掛けたのかもしれません」

「邪魔な木村先生をそこで消そうと考えたんじゃないでしょうか」

金的蹴りを合図にした、力道山の五一秒間に及ぶ顔面への蹴りと張り手を、山田は恐怖心だったと見る。

「これは想像ですが、力道山も木村先生が怖かったんでしょうね。本当にやっちゃったんで木村先生が、てめえ裏切ったな、って向かってきたら怖いというところで、一気に終わらすしかないっていう恐怖心に駆られて蹴ったんじゃないんでしょうか。私もあの場面をビデオで見ましたが、そんな印象を受けました」

もう一度、山田は繰り返した。

「ケンカは実践であり兵法です。その兵法で上の上の人が力道山。だから正々堂々の格闘技の人が何回やっても勝てません。もし、あの二人が再戦していたら、今度は違う手で木村先生は騙されたでしょう。力道山対木村政彦は典型的なケンカ師とスポーツマンの試合だったんですね」

山田が「ケンカ」と捉えた「力道山対木村政彦」を、木村が部長を務めていた当時、拓大柔道部に在籍し、弟子でもある西良典がさらに解説してくれた。

長崎の五島列島で生まれた西は、拓大柔道部で木村の指導を受け、卒業後は空手の「大道塾」で無差別級を制覇、平成六（一九九四）年七月には格闘技トーナメント「ヴァーリ・トゥード・ジャパン」で日本人としてヒクソン・グレイシーと初めて対戦するなど、総合格闘家の先駆者でもある。現在は、自らが長崎市に設立した格闘技道場「和術慧舟會」を主宰し、後進の指導に務めている。

柔道に始まり空手と武道を追求してきた西は、「武術の目的は相手を倒すことだけです。言ってみれば、相手が死なない程度に姑息な手段を使ってでも、倒すことなんです。ですから我々が目指すのは、いかに相手を早く倒すかということで、究極的に言えば街のケンカです」と明かした。ケンカの極意は「相手を数秒で倒すことです。だから正直言って、ズルいことばかり考えます。例えば目を突く、喉を突く、金的を狙うとか、何でもやったもん勝ちの世界なんです」と説いた。

西は、プロのリングにも参戦してきたが「私自身、リングでの試合は、そういうケンカの疑似体験だと捉えていました。ケンカであれば、目つぶしをやって早く相手を倒すというそこに至る経験を、ルールがあるリングの上では肘や膝を使ったり、寝技を使うことを経験としてさせてもらっていたんです。そこは、私自身は割り切ってやってました」と振り返った。

人前でのルールに則ったプロの試合を、ケンカの疑似体験と考えていた西は、師匠の木村が力道山に敗れたことを冷静に見ていた。

「我々拓大柔道部にいた者にとって木村先生は、天皇陛下みたいな存在ですから、今も力道山との試合で、本当は木村先生の方が強かったっていう話を聞くと、うれしく思います。ただ、力道山との試合で八百長に加担したのは人間としての甘さだし、罠に引っかかったっていう部分はあったでしょうし、そこは武道家としての甘さじゃないかなと思っています」

　プロレスを含む試合をケンカに置き換えれば、油断は絶対にありえないと西は主張する。

「今だから言えるのかもしれないですけど、私なら、どっかで裏切り行為はあるかもしれない、油断はできないと考えます。ましてや試合になれば、心を許せる話じゃないですし、信じてやったというところで、木村先生は墓穴を掘ったという感じはします」

　木村が「約束を破った」と恨んだ力道山が仕掛けた背景を、西は、プロレスで生き残るための手段だったと見る。

「力道山がある意味、プロだからですよね。自分の名をなそうと思ったら、裏切る行為はあると思います。プロレスラーでいえば木村先生の方が先輩ですから、木村先生との関係をそのままにしていたら、自分がのしあがっていくには邪魔な存在で、そこで消そうと考えたんじゃないでしょうか」

　拓大時代に監督だった木村に、力道山との試合を聞くことはタブーだった。

「私の後輩が、合宿で先生が機嫌がいい時に聞いたことがあったんですけど、それで、その日は先生の機嫌が悪くなって、腕立て千回、打ち込み千本とかになった（笑）。我々柔道部員にとって、絶対に聞いちゃいけない質問でした」

　木村が力道山の死後に恨みを告白したことについても、西は冷静な視点を持っていた。

「本人のメンツもあったんでしょうし、話すことでお金が入った部分もあったとは思います。ただ私個人としては、公言しない方がよかったのかなと思っています。木村先生が黙っていても、こういう話は他人が言ってくれるものだと思います」

力道山はプロレスに命をかけていた

そして西は、師匠の木村がプロレスに走ったことに対する複雑な思いを打ち明けた。

「柔道家として、あれだけの実績があったにもかかわらず、プロレスという甘露に魅入られてしまい、お金が入るという武士の商法みたいな感じで、プロレスラーになってしまったんじゃないかなと思います。力道山のような商売人だったらいろいろ考えたんでしょうけど、武道家が考えたことですから、どこか甘い部分があって失敗した……。私自身、六六歳になっていろんな経験を重ねたうえで、そんな甘さを感じます。ただ、人の人生ですから、何とも言えませんが、プロレスへ行かなくて不敗の木村を保っていた方がよかったんじゃないかな。今はそう考えています」

西は、柔道家として、恩師として木村への尊敬は揺るがない。ただ、相手をどんな手段を使っても倒すことだけを追求する武道家として、そしてプロのリングに上がった総合格闘家としての立場から、力道山に敗れたのは木村の甘さだったと言い切った。

果たしてそうなのか。もう一人、木村、西と同じように、武道家でありプロのリングの両方を経験した空手家・山崎照朝に「力道山対木村」への見解を聞いた。昭和二二（一九四七）年七月三一日に山梨県甲府市で生まれた山崎は、都留高校二年の時に大山倍達が設立した空手の極真会館に入門した。日大農獣医学部へ進学してからも稽古に打ち込み、昭和四四（一九六九）年に大山の命を受け、キックボクシングのリングに上がった。キックで一〇戦し八勝（すべてKO）二敗の戦績を残す。この年には極真会館の第一回全日本選手権で優勝するなど、空手、キックで輝かしい実績を残した。七三歳の現在は格闘技ライターとして格闘技の現場で取材し、東京中日スポーツを中心に執筆を続けている。「力道山対木村政彦」への思いを聞くと、山崎は師匠である大山倍達の言葉を教えてくれた。

「大山館長は、木村さんと拓大の先輩後輩の関係で仲が良かったんだけどね。あの試合の話になると、いつも言っていたんだよ。『君、試合は終わってみないと分からないんだよ。最後まで気を抜いちゃダメなんだ』ってな。プロであろうとアマチュアであろうと、闘いの世界は、結果がすべてなんだよ。気を抜いたら終わりだよ」

力道山は試合後に一方的に木村が試合中に八百長を持ち掛けたと明かし、さらには念書まで公開して木村を八百長の首謀者のように仕立てた。それは卑劣な行為と感じるが、どうなのだろうか。

「ハッキリ言って、先にやったもん勝ちなんだよ。終わってから、後になって、汚いとか卑怯だとか言ったってダメなんだよ」

ただ、木村が言うように「約束」があったとして、それを破った力道山は卑怯ではないのか。

「全然、卑怯とは思わないよ。プロレスだろうが何だろうが、勝負っていうのは約束を破ったから卑怯とか、そういうもんじゃないんだよ。大山館長の言葉通り、試合が終わるまで気を抜いたらダメなんだ。気が緩んだ木村さんが甘かった」

そう言うと、自身の経験を明かした。

「勝負っていうのは、勝たないと意味がないんだよ。そのためには急所でも何でも狙う世界なんだよ。ハッキリ言って、俺もよく言われたよ。『山崎さんは、貫手《ぬきて》を使う』って」

貫手とは、指を突き立て、目、みぞおちの急所を狙う空手の技だ。

「勝てると思う相手には、貫手は使わないけれど、これは負けるかもって思う相手には使ったよ。

勝負は、勝たないと意味がないんだ。負けたら、周りがどれだけ同情してくれても何もならないんだよ」

勝負の厳しさを訴えた山崎は、力道山と木村の違いを、やはりプロレスにかける熱量の差にあったと分析した。

「俺が思うに、力道山はプロレスに命をかけていたんだろうね。木村さんは、そこに固執してなかった。命をかけていたら、約束があったって、ここはチャンスだと思えば、行くよ」

もし山崎が木村の立場だったら、どう対処したかを聞いた。

「力道山が仕掛けてきたら、まず相手の目を見たまま絶対に離さない。闘いっちゅうのは、目に全部出るんだよ。そういう目を見たら相手はやってこないんだよ。あの時、木村さんはどういう目をしてたのかな？　多分、避けるようにしたんじゃないかな。力道山が仕掛けてきた時に面食らったんじゃないのかな。あの試合のビデオを見ると、木村さんはやられながら、一瞬、何を考えているんだろうっていうそんな表情があったよな。その木村さんの目を見た時、力道山は、隙を感じて、バッバッバッバッて行ったんだと思うよ」

木村への同情、力道山を「卑怯」と断じる見方は皆無

さらに山崎は、闘う者だけが知る世界を教えてくれた。

「俺が極真で一番最初に、大山館長に教えられたことは『君、倒されても絶対に相手から目を離してはいけない』っていうことだったよ。どんな時でも目を離すな、そうすると倒れた時も絶対に後頭部を打たないって教えられたよ。だから俺はダウンした時も倒れながら相手の目をずっと見てたよな。自分の身を守る意味でも、目を離すことは命取りなんだよ。格闘技はみんなそうだと思うよ。

それは、プロレスだって相手の目を見てなかったら危ないよ。よそむいてプロレスやっているヤツなんていないと思うよ。目を見てなかったら相手の動き、考えは分からないからな」

あの試合で力道山のラッシュを受けた木村は、二度、レフェリーのハロルド登喜の顔を見て、視線を外してしまっている。山崎が言うように目をそらした木村にはさらに隙が生まれ、力道山の何かに火をつけ、さらなる猛ラッシュを呼んだ可能性がある。そして木村は、流が証言したルー・テーズの「仕掛けられたら、制裁する」というプロレスラーの掟も実行できなかった。

空手家としての山崎の見立ては、力道山から目を離した時、木村の負けは決まっていたと断じた。これは武道の精神論ではなく、実践論なのである。

山崎は「だけど」と切り出した。「どうして、柔道であれだけの実績がある木村さんが目をそらしてしまったんだろうな？」と少し考え込んだ。そして、「それは、力道山の気迫が凄かったのかもしれないな。それに木村さんは、怯んだのかもしれない。それだけ力道山がプロレスに懸けていたってことだろうな」と自らを納得させるようにうなずいた。山崎も西も宮澤も、試合の背景に、力道山がプロレスに自らの存在と未来のすべてを懸けていたことを指摘した。

そこには、力道山を支える興行師、ヤクザら、裏社会の人間たちの思惑も隠されていたのかもしれない。また、木村戦の前に大相撲の横綱・東富士が「日本プロレス」に入団することが内定しており、角界で生きてきた力道山にとっては、金看板で絶対的権威をもつ「横綱」のプロレス転向で自らの地位が危うくなることを察知して、木村戦に負けることはできない危機感があった。いずれにしても、プロレスという新しいジャンルを自らが背負うことについて、ただならぬ覚悟を力道山は持っていた。

西と山崎を取材したのは、敗れた木村と同じように、武道の世界で修業してプロのリングに上がった経験から、木村側の視点で力道山戦への見立てを知りたかったためだった。ところが二人とも、結論は「結果がすべて」という立場であり、木村への同情、さらに力道山を「卑怯」と断じる見方は皆無だった。ただ、二人はプロレスをやったことがない。木村が辿ったように柔道家から総合格闘技、そしてプロレスのリングに上がった経験者に話を聞きたいと思った時、同じ経歴を辿っている人物が浮かんだ。青木真也である。

青木は、昭和五八（一九八三）年静岡県静岡市で生まれ、小学校から柔道を始める。早大人間科学部に進学し、柔道部に在籍した。在学中に格闘家としてプロの大会に参戦し、平成一八（二〇〇六）年二月一七日には「修斗の」世界ミドル級王座を獲得。総合格闘技イベント「ＰＲＩＤＥ」などにも出場し、平成二五（二〇一三）年にはシンガポールの総合格闘技団体「ＯＮＥ」のライト級王座を奪取するなど、総合格闘家として結果を残してきた。一方、平成二六（二〇一四）年四月二七日の澤田敦士戦からプロレスデビューし、アントニオ猪木が主宰していた「ＩＧＦ（INOKI GENOME FEDERATION）」を中心に、プロレスラーとしてリングに上がり、同団体が崩壊後は、平成三〇（二〇一八）年一〇月二八日にはＤＤＴでＥＸＴＲＥＭＥ級王座を獲得した。三八歳になる現在も総合格闘技、プロレス、両方のリングに上がっている。

青木に「力道山対木村政彦」への見解を聞こうと、世田谷区の駒澤大学近くのジムを訪ねた。この試合を青木は、柔道に専念していた大学に入ったところに「ＹｏｕＴｕｂｅ」で見たという。

存在をかけていなかったら真剣勝負じゃない

「まず、あの試合を見た感想は、プロレスだったということですね。この試合でどっちが強い弱いとかの話をする気はまったくなくて、要は、理《ことわり》があるものを力道山が破ったという人がいますよね。

木村側に立てば力道山は悪者だろうし、それも分からんでもないんです。ただ、それを今、取り上げる意味があるんだろうかって。美しくないと思っちゃうんですよね。つまり、強さって平等じゃない。例えば、格闘技でもボクシングでも、ホーム&アウェーがあるし、ジャッジもあれば、運もある。そういうすべてをひっくるめたものが強さなんです。だから、あの試合で勝ったのは力道山でしょ？って、それしか思わない。理を破ったっていう、その理屈も分かるけど、僕は、それを聞いても『だから何？』って思っちゃうんです」

　負けた木村をどう捉えているのか。

「木村は、闘いをなめていた。僕は、柔道という理のないものをやってきたんだ、理があるものなんて、ヘッヘッてなめちゃっていた。僕に言わせると、理のある世界への童貞感が出ちゃったんですね。それがすべてです」

　それは、プロとアマチュアの違いなのだろうか。

「というよりも、プロは物語を紡いでいかなければいけない。勝とうが負けようが物語、歴史をつないでいかないといけないんです」

　青木は持論を語り続けた。

「相撲の八百長問題とか、くだらない。あれが本当に面白くない。あれはそういうもんだと思って見たほうが面白いんです。要は、言い方は悪いかもしれないけど、理がある方がむちゃくちゃ面白い。理がないものは面白くないって僕は思っているんです。だから力道山は、相撲を経験していたから理のある世界をなめていなかった。木村は柔道で力道山は相撲。二人が違う世界を経験したことも、あの試合の結果を考える上では、大きかったと思います」

なぜ青木は、「理のある世界」にはまるのか。

「僕が究極の勃起不全だから（笑）。ずっと格闘技をやってきて、それなりに注目されることもやりましたけど、プロレスに触って『あっ！　こんなに面白いんだ』と思ったわけです。それは、プロレスをやってすぐに思いましたね。要は全部理屈があって、制限がある中でお互いに組み立てていくわけじゃないですか。そこでは自分の器量が問われるし、自分のキャラクター、自分のルールも守らないといけない。なおかつ相手も立てなきゃいけない。それを考えるゲームがむちゃくちゃ面白い。興奮するんです」

柔道、格闘技は「真剣勝負」という視点でプロレスより上位に見る声は多くある。

「格闘技が真剣勝負だってみんな言ってますよね。格闘家の人も真剣勝負だっていうアイデンティティがあります。でも、僕から言わせれば、それって真剣勝負ごっこだから。僕は格闘技でもプロレスでも、存在をかけてなかったら真剣勝負じゃないと思っています。逆にすべての人生、存在を背負ったものであるならば、格闘技でもプロレスでも、真剣勝負なんです。多くのものは真剣勝負ごっこだとみんな肝に銘じたほうがいい。もっと言うと、すべての人が日常の中で真剣勝負をしているかどうかを問われる。競技だけが真剣勝負だっていう考えは、凄い幼稚です」

プロレスと格闘技の両方で闘う青木だが、リングに上がる心構えに違いはあるのか。

「コンディション、気持ちのあげ方とか作り方、向き合い方は違います。ただ、存在をかけているっていう意味では真剣勝負でマインドは一緒です。ただ、木村さんが自分に自信があって、理のある世界をなめちゃう気持ちも分かるんです。僕自身もそこは気を付けています。プロレスでも格闘技でも日々の練習でコンディションを整えないといけないことは同じですが、その時に『プロレスだから』って頭をよぎることがある時がある。そこは一番気を付けないといけない。なぜかと言うと、レスラーもピンからキリまでいて、凄いレスラーとやる時は、気を引き締めていかないと自分の存在を持っていかれる。そこは気を付けるように言い聞かせています」

青木は、プロレスでも格闘技でも「存在をかける」という意味でリングへ上がることに変わりはないと表現した。この立場から、木村が力道山の死後に「約束を破った」と告白したことには違和感しかない。

「それを言ったら負けです。卑怯とか正々堂々とか言っている時点で、僕は『えっ？』って思う。勝負は卑怯だって言ったら負け。木村も試合直後は言ってないはずです。最終的に言ってしまったのは、木村はプロレスラーになる覚悟、このジャンルを背負っていく強さがなかったということです。木村は柔道家だった。実際、拓大で監督になって柔道の世界に戻っています。ただ、プロレスに飛び込んだからにはレスラーにならなければならない」

増田俊也が「力道山対木村政彦」への感慨を語り尽くす

柔道家としてプロレスに手を染めた木村。関取の勲章である大銀杏を自ら切り落とし退路を断った力道山。空手家の山崎も言ったように、青木もプロレスを背負う覚悟の違いが二人にはあったことを指摘した。

「だから、あの試合は、二人にとって自流試合か他流試合かの違いがあったんです。つまり、力道山には自流試合で、木村にとっては他流試合だった。木村はプロレスに入った時点で負けていたんです」

柔道、格闘技、プロレス……木村と同じ道を辿り、今も歩いている青木も、西や山崎と同じように、木村に対しては結果がすべてという視点だった。背後に何があろうが、これが闘う者の覚悟だと私は悟った。

最後にもう一人だけ話を聞きたい人がいた。闘いから六七年が過ぎた今もなお「力道山対木村政彦」が語り継がれている背景には、作家の増田俊也が平成二三（二〇一一）年九月に発表したノンフィクション『木村政彦はなぜ力道山を殺さなかったのか』の影響が大きいと考えている。北海道大学時代に柔道部に在籍していた増田は、中日新聞社の記者だった平成五（一九九三）年四月一八日に木村が七五歳で亡くなったことが契機となって、柔道家として敬愛する木村の人生を取材し始めた。一五年あまり取材を重ね、平成二〇（二〇〇八）年に格闘技専門誌「ゴング格闘技」で連載をスタート。平成二三年まで三年間執筆して、同書を上梓した。木村の人生を描いた壮大なドラマと、力道山との試合で木村が背負った影を浮き彫りにし、ベストセラーとなって、プロレス、柔道、格闘技のジャンルを越えた多くの人々の心をつかんだ。そして、埋もれていた木村への再評価を導いた。作品を上梓してから一〇年を経て、作者の増田は「力道山対木村政彦」をどんな感慨を抱いて見つめているのか。

現在、新聞社を退職して作家活動に専念している増田は、木村を描く中で取材を始めた二七歳から作品が完成した四五歳に至るまで、自身の内でも心の変遷があったという。

「最初は力道山が許せなくて、木村先生の無念を晴らしたい思いから書き始めたんです。だけど、木村先生、力道山の双方それぞれを知るいろんな人に会って取材をして、並行して文献を調べると、力道山のことも分かってきてね。両方とも優しい人だって見えてきた。二人とも生きることに真剣だったことが分かった。民族の誇り、家族を養う、生きることに真剣だった。あんな時代じゃなかったら、また違う生き方もできたと思うようになった。だから、僕は柔道の人間ですけど、書いている途中から柔道寄りに立って木村先生の名誉を救おうと思って書いたら失礼だと思ったんですね。

だから、僕の中で木村先生も力道山も、両方とも助けてあげなきゃと思うように変わっていったんです」

二人が闘った昭和二九（一九五四）年一二月二二日は、力道山が三〇歳、木村が三七歳だった。

増田の思いが変わった背景には、こうした年齢もあった。

「僕自身、取材を始めた時は、二〇代だから当時の二人より若かったし、仰ぎ見るような感じだった。だけど自分自身、年齢を重ねて、二人より大人になると、年下の若者を見るような別の視点が出てきた。つまり、あの試合で二人は完全に決裂してしまったし、柔道界もプロレス界も対立するようになってしまった。その中で取材を重ねて原稿を書いている僕は、二人より年上になって、お互いの言い分も分かってきたから、このままだとずっと嫌な空気が残るから、二人を仲裁させるために書くような気持ちになったんですね。例えて言えば『もうケンカするな。俺が全部責任もつから、酒飲んで仲直りしろよ』っていうような気持ちです。それができるのは僕しかいないと思ってました。ひとつはこの試合に関して膨大な取材をして真実に最も近い場所にいたこと。もうひとつは僕自身も柔道という格闘技をやってたからファイターである二人の気持ちを汲んでやることができたこと。あの試合が終わって手打ちはしたけど、本当の仲直りは、力道山が生きているうちには誰も間に入ってやっていなかった。リングの上で握手させるなりすれば良かったのに、それができる人がいなかった。二人とも魂がさまよっていたと思う。心ある相撲関係者、柔道関係者、当時を知る年配の方々は、みんなそう思ったんじゃないかな。試合の中でのテクニカルな見方は色々あるけど、二人の心情を理解しないとあの試合の実像は分からない。僕としては、こじれて拳を下ろせない二人に、『まぁ、まぁ、どっちも悪くないからもう仲直りしようよ』って……。書き終わった時の本心は、二人とも楽にさせてあげたかった。みんな、生まれたからには幸せになって欲しいじゃないですか。だから、あの本は木村先生への鎮魂歌じゃなくて、好漢二人への鎮魂歌なんです」

戦争が木村と力道山に与えた傷

作品に込めた二人への深い思いを吐露した増田は、上梓した後に、木村が抱えていた新たな側面が見えたことを教えてくれた。そのきっかけは、社会経済学者で講道館柔道三段、空手の大道塾五段の松原隆一郎と対談した時だった。

「松原先生が木村先生について『なんで、あそこまでめちゃくちゃになったんだろうか。そこがわからない』とおっしゃって、そこでもう一度、なぜプロレスをやることになったか、その理由を木村先生の文献、活字を追うと、見えてきたのが戦争でした」

木村は、太平洋戦争が始まる直前の昭和一五（一九四〇）年六月に、「紀元二千六百年奉祝天覧武道大会」で優勝した時、二三歳だった。ここから全盛期と言える五年間が戦時中となる。『木村政彦はなぜ力道山を殺さなかったのか』には、戦争中、木村が二等兵として福岡県朝倉郡金川村（現在の朝倉市）の防空隊へ配属され、後に千葉の防空隊へ転属した時の物語が描かれているが、増田は、松原の疑問に触発され、最強の柔道家だった木村が「めちゃくちゃになった」理由を調べた。

「木村先生に関する取材ノートを追っていくと、木村先生が連隊にいる時、上官から兵隊全員に船で南方に物資を支援することを志願するかどうかを聞かれたことがあったようなんです。あの時代だから当然、部隊全員が手を挙げたんだけど、木村先生だけ後で上官に呼ばれて、取り消せって言われたんですね。上官は柔道をやっていて、木村先生を知っていた。だから先生の将来を思って、『この戦争は負ける。この船は帰って来れないと思う。取り下げろ。お前ほどの男をここで死なすわけにはいかない。日本が負けたあと復興のためにその力を使うべきだ』と命令したというんです。

それで木村先生は取り下げたんですが、その後、乗るはずだった船は一人か二人を残して全員が死んだんですね。木村先生は物凄く繊細な人だから、恐らく自分だけが生き残ったことを相当、苦しんだんじゃないかなと思うんです。だから、そこで自分の人生に投げやりになったんじゃないか。あの本を書いていた時は、戦争のことをあまり考えていませんでした。でも、こうやって松原先生に疑問を投げかけられて調べると、また見えてきたものがあったんです」

　増田は、力道山も戦争で運命が変わったと見ている。

「力道山も、戦争がなかったら横綱になっていたと思う。戦後、日本人じゃないからなれないという空気を感じたかもしれない。お互いに終戦で、個人の意志とは関係ないところで国の勝ち負けが逆転してしまってオセロゲームみたいに運命が変わった。二人とも柔道、相撲の世界では怖いモノがなかったと思う。だけど国家には抗いようがなかった」

　戦争がなければ、柔道、相撲でそれぞれ今、伝えられている以上に名前を残したかもしれなかった木村と力道山だが、戦争を経て、プロレスという共通の舞台で運命が重なった。増田は、この時にプロレスへの捉え方が木村と力道山で決定的に異なっていたと指摘した。

「力道山は、プロレスをひとつのジャンルに確立させて、ビジネスとして成功させようと思っていた。だから、いろんな人に頭を下げて回っていた。力道山にはそれしかなかった。だから、アメリカで修業した時に人生をかけて自分のプロレススタイルを育てたと思うし英語も一生懸命勉強していた。シャープ兄弟と試合した時は、自分のスタイルを確立していた。だけど木村先生は、アマチュアの世界と同じ考えしかなかったし、さっきも話したように自分自身に投げやりになっていた。そこに決定的な違いが表れてしまった」

　戦争で自分だけが生き残ったことを呪うように、心に大きな傷を負った木村は、戦後、プロ柔道へ走り、その後、師匠の牛島の下を離れハワイへ向かい、そしてプロレスラーに転向した。妻・斗美が肺結核となり、高額な治療費を稼ぐためにプロレスのリングへ上がったと自伝などでは明かしているが、戦時体験を知った増田は「そんな単純なことじゃなかった」と思いを馳せた。

「木村先生は、力道山との試合の時にプロレスラーになっていないし、なる気もなかった。だけど、柔道界にも戻れない。師匠の牛島先生を裏切ってしまったから、師匠にも会えない。そういうめちゃくちゃな状況で自分が嫌いになっていったと思う。自分で自分を律することもできなくなっていた。そこには戦争の傷もあったと思う。何で自分は生きているんだろうって自問自答したはずです。自分が許せなかった。だからプロレスをやりながら、俺は何をやっているんだ、と思っていたんじゃないか。人生に投げやりになっていた。だから、柔道家でもプロレスラーでもなく、何者にもなれなかった。人生に投げやりな中であの試合があった」

プロレスへの向き合い方の違いが凄惨な形で現実となったのが二人の一騎打ちだったと増田は見ている。試合前に木村は自暴自棄とも言える行動に出ていた。

木村は本当に力道山を「殺そう」と思っていたのか

「当日の控室で木村先生を見た人を取材した時に、その人は、先生が酒臭かったって証言していた。ベロベロになって煙草を吸っていたとも聞いた。普段の晩酌が三升の人だから、前の晩も飲んで、当日も飲んで酔っ払ってリングに上がっている。木村先生は、もっと真剣に上がるべきだった」

増田の言葉を証明するような象徴的な写真がある。それは試合前日の一二月二一日、報知新聞が報じた熊本から電車で上京する木村の車内での一枚だ。笑顔の木村は、左手におちょこを手にし明らかに酒に興じていたのだ。「昭和巌流島」と謳われ緊迫感を漂わせた決戦二日前に飲酒する姿を公にするのは、大衆からの視線を常に気にするプロレスラー、あるいはプロとしての自覚がなかったと断じられても致し方ないだろう。

増田に力道山が木村を「打倒」したのは、計画的だったのか、それとも衝動的だったのかを尋ねた。

「飛車と角を置くように、布石として何かあったらやるみたいな計画も、半分はあったかもしれない。ただ、リングに上がったら、木村先生が酒で酔っ払ってベロベロになって息が上がっている。その姿に力道山は怒って、この野郎と思ったんでしょう。しかも、この試合は木村先生の方に引き立て役の不満があって、新聞で真剣勝負でやると言ったわけですよね。引き立て役への不満は絶対にあったはず。だけどベロベロになった姿と対峙した力道山の立場に立てば、真剣でやるってぶち上げてきたんだから、ちゃんと仕上げて来いよってなりますよ。なぜ、そうなったのか。僕は木村先生の味方をすべきなんだけど……そこは分からない。そこまで木村先生は、自分自身に、生きることに、投げやりになっていたのかもしれない。戦争で傷ついた自分の心象風景をそのままリングに持って来た。それが力道山は許せなかった。もう終戦から八年以上経っていたわけだから、戦争なんて終わったことだろう、みんな生きていくために必死で汗を流して働いているのに、いつまで引き摺っているんだって憤ったかもしれない」

「力道山」と「木村政彦」の二人を並べると、戦争体験から前に踏み出すことができなかった木村に対し、力道山は過去を振り切って新しい何かをつかもうと動いた。増田は、そこに「凄惨な流血戦」の明と暗を見た。同じ作家の村松の表現を借りると、木村はこの国では誰もが共感する「挙国」の人だったが、朝鮮で生まれ、戦争で祖国が分断された力道山は、この国では「異端」の人だった。実態や方向性が定まっていなかった当時のプロレスも、また「異端」だった。だからこそ、力道山は、当時、この国で既存の価値観にはないプロレスを自由にデザインできた。木村はプロ柔道に走り、柔道家としては破天荒な存在だったが、プロレスを「金儲け」という固定した枠でしか捉えなかった。木村が「異端」になりきれなかった差が、残酷な結末を呼んだのかもしれない。

　私にはまだ、増田に聞きたいことがあった。特に試合後の力道山の行動だ。事前に木村に念書を書かせ、試合後、新聞に暴露したことは、計画的ではなかったのだろうか。

「念書は計画的じゃなくて、二人で話し合った時にやりあって、その流れで、じゃあ一筆書けよ、とかなって、そんなに意味はなかったと思う。それを試合後に力道山が暴露したのは、社会的に勝ちたかったからでしょう。プロレスをすべて自分の手で仕切りたかったんだと思う。力道山は、木村先生を倒したことも、あそこでやらないと社会全体から潰されると思ったんでしょう。それほど、彼はプロレスに賭けていたと思う」

　木村の証言だと、引き分けにするはずの試合が約束を破られ、惨敗した。結果、木村は力道山を恨み「念」を送ったことを明かしている。力道山が再戦を組まなかった理由はどこにあったのだろうか。

「僕があの本を書いて分かったことは、二人が似た者同士だということだった。力道山はあの試合後に、自分が木村だったら、どんな気持ちになったのかを考えたと思う。木村の怨念が力道山は怖かった。プロレスは何でもありだから、リングでやるのはまず嫌だったでしょう。興行をやったらどう考えても力道山にいいことはない。木村先生がどれだけ辛い思いをしたか、一番、分かっているのは力道山。悪かったと思っていただろうし、だからこそ再戦も組まなかった」

　木村は本当に力道山を「殺そう」と思っていたのか。

「本当にそう思っていたと思う。負けたのは傷どころじゃないから。それは死ぬまで、ずっとそのことばかり考えていたんじゃないかな」

でも、殺すことはなかった。なぜ、木村は力道山を殺さなかったのか。

力道山も木村政彦も命は絶えていない

「そこを含めて、木村先生は人生に投げやりになっていたんでしょう。例えて言うと太平洋の真ん中でゴムボートにのっているようなものでね。取り残されてしまったような感じになっていたと思う。じゃあ、今もネットなんかでこの試合について、力道山が早く死んだことで念が晴らせたとか、ざまあみろとかいう書き込みもあるし、長生きした木村さんが幸せだったかっていう見方があるけど、実際にこの本の書評でもそう書かれたこともあったけど、あの二人はそんな単純じゃない。普通の人じゃないんです。あの二人は……」

そして、増田は続けた。

「だからこそ、僕は、この本で二人を仲直りさせたかった。二人の後悔をこの世に遺したままだったから、仲裁したかった。仲裁役になったんです僕は。どちらも傷が小さくなるように着地させたかった。幸い、いろんな人に読んでもらえて、共感を得てもらって、僕の目標は達成できた思いはあります。それがうれしい。あの本を書いてから一〇年を経て今、僕の中に葛藤はありません」

増田への取材を終えた数日後、本人からメールが届いた。本人の許可を得て、ここに掲載する。

《数日前に大学生たちと話す機会がありましたが、そのさい、木村先生と力道山のことを反芻して思い返しました。

先日の電話ではいくつか質問に答えましたが、僕の気持ちとしては、あの時話したように2人の心を傷つけたくないと思っています。

ですから「どちらが悪い」とはもう裁かないでほしいのです。

2人ともまだ若すぎたし、まわりのことまで考えられない状況でした。

リング外では朝日新聞対毎日新聞の対立など、様々な対立構図がありました。

そんななかで若い2人によってあの試合は行われました。

遠藤幸吉さんが言うように「2人ともプロレスをまだ理解していなかった」というのが正しいかと思います。

ああいう試合をすれば世間がどう思うか、あるいは相手選手がどう思うか、そこまで考えが及ばなかったのでしょう。

とくに戦争があって、木村先生は仲間が大量に戦死するという不幸に遭っていますし、力道山は朝鮮戦争で祖国が分断されるという不幸に遭っています。

そんななかであの2人は、代理戦争のようなかたちでリングに上がらなくてはいけなくなりました。

いまでは2人ともに「柔道の神様」であるし「プロレスの祖」です。

なんとかソフトランディングさせてあげてください。

それが僕のお願いです。

どうぞ2人のために、よろしくお願いいたします》

増田は『木村政彦はなぜ力道山を殺さなかったのか』を上梓してから一〇年経つ。多くの共感と反響、そして評価を得た作品だが、私が感じていた読者の声は、「よくぞ力道山によって傷つけられた木村政彦の名誉を回復してくれた」という意見が多数で、それと同等に、力道山へのバッシングを煽る結果も招いた。

ところが、増田の思いは違っていた。

「『どちらが悪い』とはもう裁かないでほしいのです」と悲痛とも言える叫びを訴えた。あらかじめ自らの結論に沿って、取材を進め執筆したのではなく、二人の背景を知れば知るほど、その深度と同じほど葛藤し木村と力道山の人生を描いたのだ。そして作品を発表して一〇年を経た今もその拘泥は続いている。

力道山は、亡くなる前年の昭和三七（一九六二）年五月に「スポーツタイムズ」で連載した半生を振り返る「わが斗争の記　力道山」で木村戦について、そしてプロレスについてこう綴っている。

《プロレスはもともとショー的要素によって成り立つことは事実で、それを離れてのプロレスはあり得ない。ショーと真剣勝負とは紙一重なのである》

《この試合でわかったことはプロレスを日本人が考えるような真剣勝負でやれば、ケガぐらいですむものではなく、そのたびに腕をくじいたり、あばらを折ったり、不具にもなりかねない結果になるということだ。〝プロレスはショーと真剣の紙一重〟というわしの信念の正しさが実証されたことは、大きな収穫だった》（原文ママ）

「力道山対木村政彦」の謎とは、プロレスという「異端」が持つ「紙一重」に潜む危うさだった。厳密に言うと「昭和プロレス」がそうだった。「紙一重」の世界は、時代とともに刻々と変化し、見る者によってまったく違う姿となる。その恐れが解明されない謎と表現され、「力道山対木村政彦」、さらには昭和プロレスは今も語り継がれている。

力道山が「紙一重」の危うさを満天下に示してから二〇年の時を経た昭和四九（一九七四）年三月一九日、同じ蔵前国技館でアントニオ猪木は、ストロング小林と闘った。

二〇年前とは比較にならないほどマスコミはプロレスから離れ、世間がプロレスは「ショー」であると見ていた時代に、猪木はプロレスを「紙一重」とは表現せずに「真剣勝負」と言い切り、「八百長論」へ真っ向から勝負を挑んだ。

その真意を猪木は「自分の仕事をインチキとか笑われて、黙ってられるかよ」と明かしたことがある。村松が猪木のプロレスを「過激なプロレス」と評したように、猪木は小林戦で「紙一重」の「力道山対木村政彦」を超えようと、さらにラジカルな闘いへ挑んでいく。

第8章

闘いの階段

相手の良さをどこで見極め、どう生かすか

「力道山対木村」から「猪木対小林」への二〇年

アントニオ猪木は、昭和四九（一九七四）年三月一九日のストロング小林戦で二〇年前の同じ蔵前国技館のリングで起きた、力道山と木村政彦戦が遺した凄惨な流血戦の記憶を拭い去ることを迫られていた。

試合を五日後に控えた三月一四日、猪木は、大会の主催者である東京スポーツ社長の井上博を訪ねている。試合の実現に奔走し取材をした同社の記者だった櫻井康雄が原康史のペンネームで書いた『激録　馬場と猪木第一一巻　世紀の大一番、猪木vs小林戦が実現』によると、席上、井上から「この試合は名勝負、プロレス史に残る内容にしなければならない。この試合が名勝負になれば、これからの日本のプロレスの流れを変える、新たな日本の

アントニオ猪木対ストロング小林は互いの力が見事に引き出された一戦だった（写真＝山内 猛）

プロレスの大発展につながる歴史的、革命的な一戦になる。だが、一歩間違えてファンの非難を浴びるような試合内容になれば、日本のプロレスの命取りになる。その事を十分に心に刻んで戦いに臨んでください」と強く要望された。二〇年前のような幕切れで世間からバッシングされることがあれば、主催者としてもメンツが潰れるだけでなくプロレスの将来にも暗い影を落とすと井上は危惧していた。

試合を企画した新間寿は、中大二年の時に「力道山対木村政彦」を会場の蔵前国技館で見ていた。

「私は、力道山道場の会員だったから、都内で試合がある時は、場内整理のアルバイトを頼まれていて、あの試合もアルバイトで蔵前に入って、生で見ていたんです」

凄惨な結末に終わった理由を新間は、木村の油断だと断じた。

「あの試合は、前座で芳の里さんが凄まじい試合をやったんです。あれを見たら、今日の試合は何かが違うぞって思うのが普通です。木村さんも控室で見ていたはずで、それに何も思わないで、何も警戒せず安心しきっていたところに木村さんの油断があったし、逆に力道山先生はそこを隙と見たんでしょう。それがあの試合のすべてです」

自らが見た「力道山対木村政彦」の記憶、そして井上の希望を受け止めたうえで、新間は猪木を信頼していた。

「猪木さんは、当時、私にプロレスについて『俺は、相手の力が一〇のうち三、四しかないのなら、それを七にも八にも引き出して一〇の力で仕留めてやる』と何度も話していました。その言葉通り、相手の良さを最大限に引き出した上で勝つ試合を猪木さんはやっていました。私は、アントニオ猪木なら必ず、小林さんの力を最大限に引き出して凄い試合をやってくれると信じていました」

力道山と木村の試合は、朝日新聞と岐阜タイムスを利用する形で挑戦表明を行った。猪木と小林の試合は、東スポの小林離脱スクープに端を発して実現に至った。「猪木対小林」で、試合へのストーリーをマスコミの力を使って描いていく方法は、「力道山対木村」をモデルにしたのではないかと考えられる。新聞にこの疑問をぶつけると「私はそこまでは考えていませんでした」と否定された。ただ、少し苦笑いされたが、少し間をおいて「櫻井さんはもしかすると意識していたかもしれませんね」と言った。事実、東スポは紙面で「力道山対木村」以来の日本人対決と煽りまくった。

闘う猪木は、周囲が危惧した「力道山対木村」の記憶は持っていなかった。

「この試合は、当時、見てはいなくて、後からビデオで力道山が蹴りを入れている場面を見たけど、いろんなことが言われていて、オレも正直、本当のところ何があったか分からないけど、力道山にしてみれば、やったら弱かったっていうことじゃないのかな。付き合ってられねぇよってバンバンッて倒したっていうことだと思いますよ。木村さんも柔道で強かったけど、打撃への対応はできなかったんでしょう」

プロレスに対して一貫して「強さ」の追求という姿勢を打ち出す猪木は、力道山と木村の試合も、両者の実力の差が結果に表れたという立場を崩さなかった。何よりも猪木は力道山の強さに憧れてプロレスラーを志した。

「力道山がシャープ兄弟とやった時、俺は九歳で、横浜の鶴見にあった実家の隣に住んでいた人の仕事が電気技師でテレビを持っていてね、プロレスとボクシングの試合がある時は、俺たち家族を招待してくれたんですよ。ブラウン管の力道山を見て、その強さに憧れてね。オレもいつかは、プロレラーになるぞって思った」

しかし、中学二年の昭和三二（一九五七）年二月にブラジルへ移住し、夢は遠ざかったと思ったが、三年後の昭和三五（一九六〇）年の春、ブラジルへ遠征した力道山と運命の出会いを果たしてプロレスラーになった。

「日本の真裏のブラジルへ行って、遠ざかったと思っていた夢が向こうからやってきたっていう。人生いろいろだけど、運命ってあるなって思った」

そのまま力道山に連れられて四月に帰国し、永遠のライバル、ジャイアント馬場と出会い、同じ九月三〇日に台東区体育館でデビューする。力道山の強さに憧れた猪木は、道場でひたすらスパーリングを重ね、強さを追求した。一方で付け人として力道山に仕え理不尽な指導に耐える日々を重ねた。

「毎日殴られるんですよ。そこに理由なんかないからね。そうやって過ごすと、神様だと思っていた存在がだんだん人間に変わっていった」

一言に反応する猪木の鋭い感性

同じ日に入門しデビューした馬場は、初陣から一〇か月後の昭和三六（一九六一）年七月に渡米する破格の待遇を受けた。この扱いの格差が猪木の中で馬場への対抗心を燃やす萌芽となった。猪木が師匠にやっと認められたと思ったのは、力道山が暴力団員に刺される昭和三八（一九六三）年一二月八日だった。昼に赤坂のリキアパートメント八階の自宅で大相撲の元横綱前田山の高砂親方と酒を飲んでいる力道山に呼ばれた。宴席で高砂親方が猪木を見て「リキさん、こいつ、いい顔してるな」と話すと力道山は満面の笑みで「そうだろ」とうなずいた。

「あの一言があったから、親父は俺のことを認めてくれてるんだって分かった。毎日、バカヤロウ！　ブラジルへ帰すぞ！って怒鳴られるだけで、俺のことをどう思っているかなんて分からなかった。あの一言があったから今の俺があると言ってもいい」

たった一言に反応する鋭い感性を猪木は持っていた。師匠亡き後、力道山に認められたと信じ、座右の銘「闘魂」を自らの看板に使う。読んで字のごとく「闘う魂」を受け継ぐことを誓い、プロレスは「闘い」であることを観客に訴えた。

一方、猪木と対戦したストロング小林にとって、力道山への憧れの発端は、強さではなく鍛え抜かれた肉体美だった。黒のロングタイツに身を包んだ姿を初めて見たのは街頭テレビだった。

「中学二年の時に青梅の商工会議所前に街頭テレビができたんです。そこで力道山を見て、あの逆三角形の体に憧れてね。相手が誰だったとか試合なんか覚えてませんよ。何しろあの体にびっくりしてね。自分もあんな体になりたいって、筋肉を鍛えようと思って、運動具店へバーベルを買いに行ったら、売ってなくてね。その時に読んでいたプロレスの雑誌に、コンクリートでバーベルを作る方法が載っていてね。自分でセメントを買ってきて、その本を見ながらバーベルを作ったんです」

コンクリートで作った円形プレートの真ん中に穴を開けて、棒を刺してバーベルを作った。重さは左右で五〇キロ。力道山のような体になろうと、毎日、自宅でコンクリートのバーベルを繰り返し持ち上げた。高校に入ると水道橋の後楽園ジムに入会し、さらに肉体を鍛えた。当時、ジムには作家の三島由紀夫もトレーニングに通っており、何度か話をしたこともあったという。筋肉を鍛えながら自然とプロレスラーになりたい思いが募り、一度は国鉄へ就職したが、友人の応援に行ったボディビル大会の会場で国際プロレスの吉原功からスカウトされ、プロレスラーとなった。

「力道山の試合を見なかったら、プロレスはやりませんでした」

七九歳の小林は、青梅の自宅で介護用ベッドに横になりながら、力道山を街頭テレビで初めて見た中学二年の感激へ、思いを馳せた。プロレスの原点は猪木と同じように力道山だった。まるでタイムスリップしたかのような鮮やかな思い出を聞いていた私は、バーベルの作り方などを詳しく尋ねた。

「お父さんが国鉄に勤めていたから、不要になった列車の車輪を持ってきてもらって、それを言ってみれば鋳型にして作ったんですよ」

そう明かすと小林が何かに気づいたように切り出した。

「あぁ、その時作ったコンクリートのバーベルなら、まだ家の裏にありますよ。一個はコンクリートが粉々になったから処分しちゃったけど、もう一個はまだありますよ」

小林の話を聞き、妹のさち子に家の裏へと案内してもらうと、エアコンの室外機の横に丸いコンクリートが置いてあった。さち子は「漬物石ぐらいにしか使えませんけどね」と笑った。確かにそこにあったのは漬物石のようなコンクリートの塊だった。ただ、小林の話を聞いた以上、そうは思えなかった。小林は一個しか残っていないと言ったが、そこには二個が置いてあった。見事なほど円形を保っているコンクリートは、中学二年の小林がどれほど力道山に憧れて、夢中で作ったかを表していた。六五年という時を経ても、少年時代の小林が息づいているような不思議な感覚を覚えながら、小林がいる和室に戻り、取っておいた理由を聞いた。

「せっかくの思い出のヤツだからね。何か捨てられなくて置いているんですよ」

それは、小林が抱いた夢の象徴だった。生命の証と言ってもいいかもしれない。人はいくつになっても、どんな状況に置かれても、少年時代の志を抱き続けることがあるのだ。

力道山を師匠と仰ぎ強さを追求した猪木と、力道山の教えは受けていないがその肉体に憧れた小林。プロレスを「紙一重」の世界であることを訴えた先駆者の系譜を引く者と、影響を受けた者が、「力道山対木村政彦」から二〇年後の蔵前国技館で闘った。

相手の力を潰すのも闘いだけど、生かすのも闘い

力道山でつながった猪木と小林。令和二（二〇二〇）年の晩秋。都心の一室で猪木が、試合を実況した舟橋慶一と見た試合のＤＶＤは、緊迫の開始五分を経過し、グラウンドの展開に入った。猪木は、巻き投げで倒した小林の左腕を取り、右膝と右肘で左頬とこめかみの急所を押さえる。横四方固めの態勢に入った時も右肘を小林の頬に押し当て、フェイスロックで絞める。小林もブリッジで懸命に返し、横四方へ行くが、簡単に返される。猪木がタックルからバックを取り、左足を固め小林の背中に左肘を突き立てた。

ロープブレイクから今度は小林が背後に回って両腕を取るが、猪木は右肘を顔面に入れ、再びグラウンドでバックを取る。うつぶせになった小林の左太腿裏に左膝を落とし、足を固める。常に頬、背中、太腿と急所を外さない猪木の厳しいプロレスに、小林の顔面が紅潮し、リング上には緊張感がみなぎっていた。

猪木は、グラウンドの攻防で考えていたことを明かした。

「相手の中にある一番の良さをどこに見つけるかでしょうね。それを潰すのも闘いだけど、それを生かすのも闘いという部分があるんでね。生かす方法っていうのは、そこには何万という観客がいて、テレビを通じてもっと凄い数が見ているわけで、そこを意識するということでもあってね。その辺の感覚が、俺は他の選手と同じではなかったのかもしれない。要するに俺が力道山から受け継いだ闘魂という部分でね。その中で闘いの階段っていうことになると、どこまで（小林が）登れたのかは分からないけれど、もうちょっと登らせてあげたら面白かったかもね」

闘いの階段とは、猪木が新聞に繰り返し明かしていた「相手の力が三、四しかないなら、七にも

八にも引き出す」という猪木流プロレスの極意。道場でのスパーリングの疑似的展開でもあるグラウンドの攻防で急所を攻めながら、小林の「実力」を見極めていた。「仕掛けてこい」というメッセージを体で伝えていた。さらに小林を「闘いの階段」に誘い、強さをどう引き出すか、観客にどう見せるかを考えていた。そこには、木村政彦を「打倒」した力道山とは異なる姿があった。

　猪木は相手の実力をどう見極めたのだろうか。

「力は強かったでしょうね。それなりの基本は吉原さんが指導していたと思うけど……」

　猪木が「吉原さんが指導」と触れた、国際プロレス社長の吉原功は、早大レスリング部から日本初のアマレス経験者として日本プロレスに入門し、猪木も日プロへ入った当時、道場で指導を受けていた。猪木が指摘したように、小林も国際へ入ると、吉原からレスリングの練習を課せられていた。

「入門してすぐの昭和四一（一九六六）年から四二（一九六七）年ぐらいに吉原社長の命令で社長の母校の早稲田大学のレスリング部、明治、中央の道場へも練習に行きました。そこで、ビックリしたのは、僕より背も小さくて体重が軽い男が、僕の上に乗っかってフォールの態勢になった時に、いくら跳ね返そうと思って力ずくでやっても返せないんです。それでレスリング部の人に返し方を教わったら簡単に返せた。返すには、独特の体のねじり方が必要で、これは技だなと思った。上に乗るほうもバランスよく乗っかっているから力だけじゃ返せないんですね。早稲田と明治と中央での練習は、本当にいい勉強になりました」

　デビュー前の小林は身長一八〇センチを超え、体重も百キロを上回っていた。立派な体格を持つ小林が、早稲田、明治、中央の練習で驚きを覚えた小柄な選手とは、服部正男、後に新日本プロレスなどでレフェリーを務めたタイガー服部だった可能性がある。服部は、昭和三九（一九六四）年に明大へ入学し、レスリング部に入った。三年時にはグレコローマンの五七キロ級で全日本選手権と国体を制覇するなど輝かしい実績を残した。レスリング部の七年先輩には、国際プロレスの営業部員で、小林をボディビル会場でスカウトした長谷川保夫がいた。服部は在学中に長谷川が国際の若手選手を練習へ連れてきたことを覚えていた。

「長谷川さんが若い選手を連れて一緒に練習させてくれって来てね。それで俺は一緒に練習したんだよ。スパーリングやったら、体は俺より全然大きいけど、力の入れ方とか動き方がまるで違うなって思ったよ。相手した人は、レスリングやるのは初めてだったと思うけど、長谷川さんがこれからデビューするって言っていたのは覚えている。だから、このレスリングという競技を知らないで、プロレスやるって大変だなと思ったよね」

藤波は、トップ同士の試合をゾクゾクする気持ちで見ていた

　身長で一六〇センチそこそこ、体重が六〇キロほどの服部は、倍以上もあるプロレスラーの卵を完全にコントロールしたという。一緒に練習した相手がデビュー前の新人だったこともあり、名前は覚えていない。ただ、小林自身の明治で練習したという証言と、服部が在籍した時期、練習をした時の記憶が重なることから、デビュー前の小林が服部とスパーリングをしていた可能性は高いのである。後に二人がプロレス界で選手、レフェリーとして一時代を築くことを思うと、不思議な因縁を感じる。

　入門した当時の小林は、レスリングだけでなく、プロレスの練習に驚くことばかりだったという。練習場は、表参道にあった国際プロレスの事務所が入ったビルの屋上だった。ここで先輩レスラーでコーチ役のマティ鈴木の指導を受け、プロレスを学んだ。

「デビューする前の練習は、いろいろ勉強になったけどね。見ること、聞くこと、やること全部がビックリすることばかりでね。それは、今までテレビで見ていた画面の中のレスラーとは違うなって思いましたよ。みんな初めて聞くような言葉ばかりでね」

テレビで見てイメージしていたプロレスラーと実際の姿が違っていたことに驚いたというのは、いわゆるキャラクター設定へのとまどいも含まれていた。

「猪木対小林」の実況で、舟橋は、二人の経歴を伝える時に「昭和一八年、横浜生まれ。三一歳のアントニオ猪木。そして昭和一九年、東京生まれ。三〇歳、小林省三」とアナウンスした。当時、公表されていた小林の生年月日は「昭和一九年一月一五日」とされており、「昭和一八年二月二〇日」生まれの猪木より一歳下だった。

しかし、本当の生年月日は「昭和一五年一二月二五日」で、猪木戦当時は三三歳だった。「覆面太郎」を経て、昭和四三（一九六八）年一月三日に素顔の小林省三でリングに立った時は「二三歳」として宣伝されたが、実際は「二七歳」だったのだ。当時のプロフィールが実年齢と違っていたことに小林は「全部、吉原さんが考えたんだと思うよ。僕は、そりゃ内心はビックリしたし、何でだろうって思ったけれど、その時は、それに従うだけで、そういうものだと思っていたし、それが嫌だとかいいとかまったく思わなかったよ」と振り返る。

恐らく吉原は、期待の新人が「二三歳」なら、自らがそうであったように大卒と同じ年齢でフレッシュさをアピールできるが、「二七歳」では、薹《とう》がたち過ぎて新人にふさわしくないと判断し、年齢を詐称したのだろう。こうしたプロレス界のやり方に、小林は驚きと戸惑いを覚えたが、すべてを飲み込んで順応し、国際の中で頭角を現していった。

猪木が映像で振り返った「猪木対小林」は一〇分を過ぎ、二人の動きは激しくなっていった。リング下にはオレンジのジャージに身を包んだ新日本プロレスの若手選手が見守っている。その中にデビューする前の吉田光雄――後の長州力と、藤波辰巳（現・辰爾）の姿があった。

藤波は、この日、第三試合の一三人参加バトルロイヤルに出場した。試合は、一五分七秒、ラクダ固めで魁勝司を破り勝利した。昭和四六（一九七一）年五月九日のデビューから二年一〇カ月の前座レスラーだった当時、メインイベントの「猪木対小林」を「今までにない団体の壁を越えた日本人のトップ同士の試合で、ゾクゾクする気持ちで見ていた」と振り返った。

昭和二八（一九五三）年一二月二八日に大分県東国東郡（現・国東市）で生まれた藤波は、中学時代にプロレスラーになる夢を抱いた。卒業後に自動車整備工として就職したが、思いは捨てきれず昭和四五（一九七〇）年に一六歳で日本プロレスに入門し、翌年にデビューする。その後、日プロを追放された猪木の背中を追い、昭和四七年三月六日に大田区体育館で旗揚げした新日本プロレスに参加した。

旗揚げ時の苦難をくぐり抜けて実現した「猪木対小林」に「あの日は、選手も営業マンもみんなが勝負をかけていた」とリング内外で社運をかけた緊張感がみなぎっていたことを思い出す。

受け継がれる「日本人対決」の系譜

三・一九蔵前で、藤波は初めて小林を間近で見た。プロレスラーになる前は、猪木と同じように小林への思い入れもあった。

「中学のころ、生まれ育った大分県は、民放のテレビ局がＴＢＳ系のＯＢＳ大分放送しかなくてね。当時、国際はＴＢＳで中継していたから、毎週、国際を見て、小林さんのファンだった。日本プロレスを中継する日本テレビとＮＥＴは、他の県の放送局から流れる電波を辛うじてキャッチして見ていましたよ（笑）。小林さんは、筋骨隆々のいい体でカッコよかった」

　中学時代、国際プロレスは生観戦していた。

「大分市の荷揚町体育館で国際を見に行きました。当時の小林さんはＩＷＡのチャンピオンでね。試合よりも覚えているのが、興行が終わって選手の出待ちをしていたら、選手はみんなバスに乗って移動するのに、小林さんだけ自家用車でハンドルを握って颯爽と出て行ったんですよ。あの姿はカッコよくて。単独で車を運転する姿を見て、やっぱりエースは別格なんだって思ったね。そんな思い出があったから、初めて小林さんを控室で見た時に、猪木さんの敵だけど『うわぁ、本物のストロング小林だ』って、一瞬、ファンみたいな感情になったことを覚えています」

　共に憧れた猪木と小林の対戦を、藤波はリング下で胸を昂らせてみていた。

　一方の長州は、デビューを前にした練習生だった。昭和二六（一九五一）年一二月三日、山口県徳山市で生まれた長州は、桜ケ丘高校でレスリングを始め、専修大に進むと三年時には昭和四七（一九七二）年のミュンヘン五輪で、在日韓国人二世であるため韓国代表として、フリースタイル九〇キロ級に出場する。四年時には、フリー、グレコローマンの共に百キロ級で全日本選手権を制覇する最高の実績を残した。卒業を前にした昭和四八年にスカウトされ、一二月に入団発表の記者会見が行われた。「猪木対小林」の時は、デビュー前の練習生だった。藤波は、大型新人の吉田が入団したことに喜びを感じていた。

「当時の自分は、新日本を団体というより家族みたいに思っていて、早く大きな団体になって選手もたくさん入って欲しかったから、アマレスの大物選手が入ったことが凄くうれしかったですね」

「猪木対小林」の時、若手選手と練習生だった藤波と長州。八年後の昭和五七（一九八二）年、二人がプロレス史に残る「日本人対決」を紡ぎ出すことになる。

第9章

「かませ犬」が反逆する

長州力の憎悪に藤波辰巳が感応した「名勝負数え唄」

猪木の制止を振り切って乱闘する二人

アントニオ猪木対ストロング小林戦を、共にリング下で見た藤波辰巳（現・辰爾）と長州力の運命は、その八年後の昭和五七（一九八二）年一〇月八日、「闘魂シリーズ」開幕戦の後楽園ホールで交錯する。

長州はこの年の四月からメキシコへ遠征し、七月二三日にエル・カネックを破ってUWA世界ヘビー級王座を獲得した。タイトルは九月にカネックに奪還されたが、この後楽園ホールが凱旋帰国初戦だった。

一方の藤波は、昭和五三（一九七八）年一月二三日にニューヨークのマジソンスクエアガーデン

長州力はなぜ藤波辰巳に噛みついたのか（写真＝山内 猛）

（ＭＳＧ）で、カルロス・ホセ・エストラーダを初公開のドラゴンスープレックスで破り、ＷＷＷＦ（現・ＷＷＥ）世界ジュニアヘビー級王座を奪取、スター街道を歩んだ。三年あまりに及ぶジュニアヘビーを卒業して、ヘビー級へ転向したのがこの昭和五七年だった。この年の八月三〇日にＭＳＧでジノ・ブリットを破ってＷＷＦ（当時）インターナショナルヘビー級王座を獲得、ヘビー級でもベルトを巻いて名実ともに猪木の後継者への道を歩もうとしていた。

両雄はシリーズ前に、一〇月二二日、広島県立体育館で藤波が持つ王座に長州が挑戦するタイトルマッチが決まっていた。二週間後にベルトをかけて戦う二人は、開幕戦で猪木と共にトリオを結成し、メインイベントでアブドーラ・ザ・ブッチャー、バッドニュース・アレン、Ｓ・Ｄ・ジョーンズと対戦した。

藤波と長州に異変が起きたのは、田中秀和リングアナウンサーが長州をコールした時だった。藤波より先に呼びあげられた長州がリングアナに詰め寄り抗議したのだ。コールの順番は、格下の選手が先にアナウンスされることが通例で、ベルトは失っていたがメキシコで世界王座を奪った長州は、抗議することで二人が同格であることをアピールした。

ゴング直前、長州は、エプロンへ下がった藤波へ先に行けと指示する。タッグマッチで先発する選手は格下が務めることも通例で、ここでも長州は藤波より下の扱いを拒絶した。藤波が不快感を露わにしながらも先発に出た。不穏な空気が流れるなか、ゴングが鳴る。

試合で実力行使に出たのは藤波が先だった。長州にタッチすると右手で強烈な張り手を浴びせたのだ。これを合図に藤波と長州が張り手の応酬を繰り広げ、二人は完全に仲間割れする。会場が騒然となる中、回転エビ固めで藤波がジョーンズを破り、試合は終了した。

乱闘は、テレビの生中継が幕を閉じた後にクライマックスを迎えた。長州が顔面を張ると、藤波をボディスラムでマットに叩きつけた。マイクを奪って藤波を挑発する。リングには、専務取締役営業本部長の新間寿が止めに入る。「猪木対小林」の時は、営業促進部長だったが、この時は名実共にフロントトップだった新間を、長州は左腕で振り払い倒した。

新間は、この行動を、「レスラーでもないのにリングに上がって、あんなことしちゃいけませんよ。何で自分があんなことをしたのかいまだにわかりません。我ながら恥ずかしい」と笑った。

新間が吹っ飛ばされた後、永源遙、星野勘太郎、レフェリーのミスター高橋が二人の間に入って止める。それでももみ合う二人を制するように猪木が藤波をビンタし、長州を制した。一度は、乱闘をやめた二人だったが、なおも引き下がることなく、果ては、観客が見ていない控室につながる階段の踊り場でも罵り合った。この日、藤波と長州は完全に決裂し、二週間後のタイトルマッチに遺恨が生まれた。

藤波に挑戦することが決まっていた長州は、仲間割れという手段を使って、ベルトを奪うことをアピールしただけだったのか。当時新日本の営業部員だった上井《うわい》文彦は、この単純な見方を否定した。

上井は、後楽園の試合前日となる一〇月七日に、長州本人から待遇への不満をぶちまけられていた。それは、新宿の京王プラザホテルでレスラー、社員が全員出席し、福岡市から招いた実業家の講演会を聴いた勉強会の後だった。

「勉強会が終わった後に長州さんが僕のところに飛んできたんです。長州さんはメキシコから帰ってきたばかりだったから、『お久しぶりです』って挨拶したら、いきなり血相を変えて『俺はメキシコでチャンピオンになったのに、何で藤波の前を歩かないといけないんだ』って怒りをぶつけてきたんです。その言葉と表情を見て、今、置かれた立場に相当、不満があるんだなと思いました。

これはマスコミにアピールするとかじゃなくて、単なるいち営業マンに長州さんが漏らした言葉ですから、本音に間違いないです。僕はそれを聞いていたから、あの後楽園での姿を見て、長州さんは自分の不満をそのままマジで表現していると感じました」

長州はゴッチの指導を拒否した

長州は、リング上で反旗を翻した後、上井に漏らした不満と同じ言葉を記者に対しても吐いた。試合を報じる、一〇月九日発売の東京スポーツに掲載された長州のコメントを抜粋する。

「なぜ俺は藤波の前を歩かなければならないのか。俺だってチャンピオンだ。どっちが強いか争うのは当然だし、それがいま行動になって表れてしまった」

当時、日本人のトップレスラー同士の仲間割れは、あり得ない展開だった。反逆は、それ自体が「禁断」だった。しかも、行動の根底には、格下に扱われる現実への憤慨があった。長州は自らの中に溜まっていた不満をそのまま藤波にぶつけた。

不満の背景には二人が辿ったプロレスラーとしての道のりがある。

ミュンヘン五輪に出場した長州は、将来を期待される幹部候補生として入門し、そのわずか八カ月後の昭和四九（一九七四）年八月八日、日大講堂でのエル・グレコ戦でデビューした。出世コースと言われた「海外武者修業」に秋から旅立ち、凱旋帰国後の昭和五二（一九七七）年四月には、リングネームをファンに公募して「吉田光雄」から「長州力」に変え、テレビマッチのメインイベントで猪木とタッグを組むなどの抜擢を受けた。以後、ナンバー2の坂口征二と組んで北米タッグ王座を奪取したこともあったが、肝心の人気が上がらず、いつしか中堅レスラーの一人となっていた。

対する一介の若手選手に過ぎなかった藤波は、デビューから四年後の昭和五〇（一九七五）年六月にようやく初めて海外武者修業のチャンスを与えられ、西ドイツ、アメリカ、メキシコを転戦する。昭和五三（一九七八）年一月、ニューヨークのＭＳＧでＷＷＷＦのベルトを奪取し、三月に凱旋帰国すると、「シンデレラ・ボーイ」よろしく一夜にしてスターとなり、長州と完全に立場が逆転した。

　藤波が長州を追い抜いた背景には、もうひとつ、カール・ゴッチとの関係性もあったのではないだろうか。長州と長年にわたり公私ともに親しくしてきたタイガー服部を取材して、そう思った。

　明大レスリング部で全日本選手権制覇など実績を残した服部は、卒業後の昭和四五（一九七〇）年にアマレスの試合で立ち寄ったフロリダ州タンパでエディ・グラハムが主宰するプロモート会社「チャンピオンシップ・レスリング・フロム・フロリダ」の幹部だった日本人レスラー、ヒロ・マツダと出会う。マツダは現地で市民にレスリングと柔道を教える「ヒロ・マツダ柔道レスリングスクール」を設立しており、服部はスクールのインストラクターに誘われる。こうした縁で昭和五一（一九七六）年ごろから、プロレスのレフェリーとしてのキャリアをスタートさせた。このころ、デビュー二年目で海外武者修業中だった長州（当時のリングネームは本名の吉田光雄）とタンパで初めて出会った。

　新日本が長州をフロリダへ送ったのは、タンパに住むカール・ゴッチの指導を受けさせるためだった。「プロレスの神様」と呼ばれたゴッチは日本プロレス時代に猪木を指導し、当時、全盛だったＮＷＡのスタイルとは一線を画す「強さ」をベースにしたプロレスへの考え方、練習方法など、大きな影響を与えた。猪木は、新日本プロレスの旗揚げ戦でもゴッチと対戦して敗れるなど、「強さ」の追求を掲げた猪木と新日本にとって、ゴッチは象徴とも言える存在であった。

新日本はミュンヘン五輪に出場した実績を持つ長州も、猪木が辿ったようにゴッチの薫陶を受け、プロレスラーとしての地力と箔をつけさせようとした。実際、デビュー戦で決め技として使い、長州の代名詞とも言える「サソリ固め」は、ゴッチが開発した技という触れ込みだった。さらにゴッチの色を付けさせようと、新日本は長州をタンパへ送り込んだのだが、肝心の長州自身がゴッチからの指導を拒否した。服部はその姿を間近に見ていた。

「オレに言わせたら、ゴッチさんにはゴッチ流のプロレスがあって、それを光雄は好きじゃなかったんだよ。例えば、スクワット二千回、プッシュアップ四千回やれ、とかね。そういうことに光雄は疑問をもって、あいつが考えている練習方法と、ゴッチさんが思い描いている育て方とはギャップがあった。光雄は、アマレスでオリンピックまで行った人間だからね。そこはゴッチさんと光雄のプライドとプライドのぶつかり合いがあったと思うよ」

ゴッチは徹底して基礎トレーニングを課した。しかし、高校から大学までレスリングで練習を重ね、五輪出場、さらには全日本選手権も制覇した長州にとって、そういう練習は学生時代で終わった世界だった。それよりも、観客を熱狂させる技、動き、試合運びなど、実際のプロレスを覚えたかった。プロレスへの考え方の違いから、次第に長州はゴッチの自宅から足が遠ざかっていた。

促したのは猪木以外に考えられない

一方の藤波は、長州がタンパから去った後の昭和五二（一九七七）年に同地に入り、ゴッチの下で徹底的に指導を受けた。

「ロープを上ったり、鉄棒をやったり、体操選手みたいな練習をやらされた。自分には、長州のようなアマレスとか格闘技のバックボーンがないから、言われたことを毎日必死にやるしかなかった。

自分のプロレスの動きやベースは、あの時のゴッチさんの指導の賜物といえる」

ゴッチを強さの象徴に掲げ、猪木の思想が絶対だった当時の新日本にあって、「ゴッチ直伝」「ゴッチが認めた」などの形容詞は、ファンにとって猪木の「後継者」として認知させる作用があった。ゴッチを拒否した長州に対し、藤波はその「箔」も「地力」も我が物とし、MSGにおいて「ゴッチ道場」で編み出したドラゴンスープレックスによってベルトを奪った。同じ技でも「ゴッチ直伝」の形容詞が付くと、ファンは真の実力者と言うべき輝きを感じていたのが、昭和五〇年代前半の新日本マットだった。ゴッチとの関係の濃淡で、長州と藤波の間でファンの熱量に格差が生じ、長州が長きに渡る低迷を強いられたことにつながった面があると私は考える。

こうした様々な糸が絡み合い藤波よりも完全な格下扱いされていることへの不満と、スターになれない苛立ちが長州の中にマグマのように溜まり、あの日の後楽園で爆発した。

では長州は、自らの意志で藤波に反旗を翻したのだろうか。当時、営業部長だった大塚直樹は、その見方に異を唱えた。旗揚げ時はリングアナウンサーであり、「猪木対小林」戦の際は営業部員だった大塚は、昭和五一（一九七六）年に二七歳の若さで営業部長に抜擢され、昭和五六年からはブッキング（試合の組み合わせ。タイトルマッチの対戦者などカードを決める）にも携わっていた。

「あの後楽園が長州の凱旋帰国だったから、とりあえずメインに入れておこうと思って、六人タッグに入れたんです。いつも取組は、猪木さんが会場に来るとお見せするんですが、あの日は、南青山の本社へ入った猪木さんから社長室で『おーい、今日の取組どうなってるんだ？』って聞かれたんで『これです』って紙を渡したら『つまらない試合だな』って言われまして……」

ここからは、大塚が記憶している猪木との社長室での会話を再現する。

猪木　何なんだ？　長州は？

大塚　はい。一応、凱旋帰国です。メキシコからです。

猪木　一応か（苦笑）？

大塚　六メンが嫌だったら二人にしますけど。

ここで、カード表を見た猪木は即答せず、一瞬考え込んだという。

猪木　お前が決めたのか？

大塚　はい。

猪木　分かった。じゃあいい。そのままでいいから。いいよ、あとは俺が考えるから。

当時の新日本は、試合開始時間の三〇分前からは、社員であってもレスラー以外は控室への入室は厳禁だった。この日の試合は午後六時半開始で「俺が考えるから」と猪木が言い残した言葉を聞いて、会場に着いた大塚は、控室の出入りを遠慮した。この後に猪木、長州、そして藤波の間に何があったのかは、大塚は今も分からないという。

「そこから先は、猪木社長がどう動いたのかは分かりません。ですから私は試合で起きることを、事前に全く聞いていませんでした」

試合を組んだ当事者でありながら、これから起きることを知らなかった大塚は、長州と藤波の仲間割れを目の当たりにし「そうか！　こうするのか！」と感嘆した。猪木組とブッチャー組の定番とも言える開幕戦のカードを劇的に変貌させ、会場に異様な興奮を生み出したのを見て、「凄い！」とうなった。

「プロレス界の序列を考えると、誰かに指示されない限り、長州はあんなことができるわけがないんです。じゃあ、あの時の新日本で誰が指示できるのかと言うと、新間さんはリングの中のことに口は出しませんから、ありえません。じゃあ、後は誰がいるかというと……それは自分で感じてください」

大塚は、悪戯っぽく笑ったが、証言から推測すると、猪木以外には考えられない。ここからは完全な想像だが、大塚が入室しなかった午後六時以降の控室で、長州は上井に打ち明けたような待遇への不満を猪木へぶつけたのではないだろうか。その本気を、猪木はリングで表現することを促した。その結果、長州はため込んでいた鬱憤をそのまま藤波にぶつけたのではないか。当初は、二週間後のタイトルマッチへの伏線と考えていたのかもしれない。ただ、むき出しの感情で藤波に反旗を翻す長州の姿は、観客と生中継された視聴者へ興奮を与え、リアルな「事件」となっていく。

二人の間にノンフィクションの「リアル」が生まれた

造反劇がリアルな展開となったもうひとつの背景は、藤波が長州の行動を事前に全く知らなかったことにある。

「自分は何も聞かされていなかった。だから、彼が先にコールされた時は、彼が何を言っているのか分からなくて、何が気に入らないのかも分からなかった。試合が進むうちに自分に対する嫌な部分があるんだろうって少しずつ分かってきた。彼が仕掛けてきたからには、こっちも引けなかったし、引くつもりはなかった。相手のことなんか考えずにやり合った」

乱闘は、観客もマスコミも去った控室でも続いた。

「もし事前に長州が反逆することを知っていたら、どこかで鉾《ほこ》を収めていたでしょうし、控室まであれだけ感情をむき出しにやり合うことはできない。後になって冷静に一人で考えた時に、『これは、もしかしたら自分だけが知らなかったのか』と思った。誰かが長州に『やれ』とけしかけたんだろうと思う。それが猪木さんなのか、新間さんなのか。誰なのかは、分からなかったし聞くつもりもなかった。どうしてかと言うと、それを例えば猪木さんに聞いたら、自分がそういうやり方に屈してしまうというか、負けになると思った。そういう意味でも、この長州との闘いは、引いてたまるかと思った」

　今、藤波は、恐らく仕掛けたであろう人間が、長州を反逆させた狙いが理解できる。

「長州はあの時、僕に対してジェラシーを持っていたと思う。オリンピックに出場した実績を引っ提げてこの世界へ入ったのに、ずっとくすぶって、ある部分で宝の持ち腐れが続いていた。フラストレーションがたまって、何をやってもうまくいかなくて面白くなかったと思う。ハッキリ言って、今までのマッチメイクでは、鳴かず飛ばずだった長州の前にいたのが自分だった。その〝藤波憎し〟という感情に誰かが火をつけて、そこにヒントを得て長州は突っ走ったと思う。ジュニアで華やかな時代を築いた自分を、くすぶっていた長州のターゲットにする。華やかな世界にいる人間を引きずり下ろして、取って代わるような絵を描いたんでしょう。その時の長州の自分への憎しみの感情は、嘘じゃない。これは、長州にもう一回脚光を与える意味で、マッチメイクした人が選手をよく見ている証拠だった」

　さらに藤波は、自身の性格も十分に把握した上での「仕掛け」と見ている。

「僕は、今でもリングに上がる前に太腿がピク、ピクッと震える。どれだけキャリアを積んでもリングに上がる直前は怖い。自分にとってプロレスには、そういう恐怖感がずっとある。だから、自分がプロレスをそういう真剣な態度じゃなくて、違うふうに捉えていたら、長州が反逆したとしてもマジに受け止めず、『もっとこうやろうよ』とか『そんな感じじゃなくてもっと盛り上がるようにやろうよ』とか、ずる賢い知恵を使って長州や会社に提案したかもしれない。そうしたら、あんな形にはならなかったでしょう。自分はそもそもプロレスに対する考えが常に恐怖感を覚えるというところに身を置いているから、真正面から受け止めた。長州に『やれ』ってささやいた人は、僕のそういう不器用な性格を見抜いていた。ある部分で自分は鈍感だから、藤波なら真剣に返すと見ていたんでしょう。当時の新日本では、そういう選手の中にあるリアルな感情をリングに反映させることがあり得た」

　長州の反逆への「恐怖」を、藤波は実際の行動で表していた。

「あの六人タッグで先に手を出したのは自分だった。どうしてかと言えば、それは怖いからだった。脅かされたと思ったから、先に手が出た。例えて言えば、猫でも犬でも先に手を出すのは弱い方。相手が向かってきてどっしり構えられるのは余裕がある人で、自分は恐怖を感じたから先にやらないとやられると思って手を出した」

　長州は格下に扱われることへの不満を藤波へぶつけた。常にプロレスに恐怖感を持っている藤波は、長州の反逆に「やられる」と思い、真っ向から対抗した。多くのフィクションを内包した「プロレス」にあって、二人の間にノンフィクションの「リアル」が生まれた。藤波は、あまりにも本気になった自分に、猪木が当惑していたことを覚えている。

「猪木さんが長州をけしかけたのかもしれないけど、試合中、自分たちの感情が収まらなくて、違う方向にいったらマズイと考えたのか、必死で止めていた。試合後もマスコミがいなくなった後、『お前ら試合をぶち壊しやがって』って真剣に怒っていました」

「かませ犬」発言を全国に広めた古舘伊知郎

二週間後のタイトル戦への煽りだったかもしれない仲間割れは、猪木の想定をも超える事件と化した。さらに、二人の闘いが劇的に変化していくきっかけとなる言葉を、長州がマスコミに打ち明ける。それが「かませ犬」だった。

長州は後楽園で藤波に対して、「俺はお前のかませ犬じゃない」と挑発したと伝えられている。この言葉から、長州の反逆は今も「かませ犬事件」と言われている。「かませ犬」とは、闘犬に出場する犬の調教時に、自信をつけさせるためにかませる弱い犬のことで、プロレスで言えば、未知の強豪などの触れ込みで初来日した外国人選手と真っ先に対戦し、強さを引き立たせる役割の選手を意味していた。長州が自らを「かませ犬」に例えたことで、ジュニアヘビー級でスポットライトを浴びた藤波とはかけ離れた不遇をストレートに表し、その切ない響きはファンの心を射抜いた。

ただ、一〇月八日の試合を報じる新聞、後に発売された専門誌に、後楽園で長州が「俺はお前のかませ犬じゃない」と発言した記事はない。実は、長州が初めて「かませ犬」と発言したのは、後楽園の試合直後ではなく昭和五七年一〇月発売の月刊誌「ビッグレスラー」一二月号でのインタビューだった。取材は、後楽園の試合を終え、一〇月二二日の広島で対戦する間に行われている。同誌は「藤波の〝かませ犬〟になるのはもうごめんだ」との見出しを掲げ、サブタイトルに「10月8日の後楽園での行動……あれは僕の本心だ」と伝えている。

インタビューで長州は、後楽園ホールでの試合後に新聞と副社長の坂口征二に自らの扱いに不満があることを伝えたが、意見の食い違いがあったことを明かしている。これに対して記者から「お互い（長州とフロント）が歩み寄ることはできないのですか?」と聞かれ、次のように答えた。

「だけど、ここで自分を主張できなかったら僕は一生〝かませ犬〟のままで終わってしまうんですよ」

記者に「かませ犬？」の意味を問われると「いい表現じゃないですけど、僕はそんな感じだったでしょ。ボックとかハンセンあたりのシングル・マッチの初戦は、必ず僕だった。要するに〝ひきたて役〟なわけ。プロレスラーだったら、そんな役回りは誰だって喜ばないと思いますよ」と語っている。

この「ビッグレスラー」での「かませ犬」発言を全国に広めたのは、「ワールドプロレスリング」で実況したテレビ朝日アナウンサーの古舘伊知郎だった。古舘は「ビッグレスラー」が発売された後、長州が「俺はお前のかませ犬じゃない」と藤波に向かって叫んだかのように放送席から実況した。これが既成事実化されて、ファンへと浸透していく。古舘は、長州の行動を体制を打倒する「革命」と表現した。山口県出身でリングネームでもある「長州藩」の志士たちが江戸幕府を倒して明治維新を実現した姿と重ね、「革命戦士」と名付け、後に結成したユニットを「維新軍団」と命名した。さらには必殺技となった「リキラリアット」など、毎週金曜夜八時に刺激的な言葉で「長州力」というプロレスラーを描き出し、ある意味、プロデュースしていった。この類まれな語り手が奏でるフレーズに、当時、視聴率二〇パーセントを誇った「ワールドプロレスリング」の視聴者が魅了され、猪木に迫る幻想が長州に向けて膨らんでいった。古舘の実況が、「長州力」を巨大化させたのだ。

反逆のイメージを追い風にし、藤波という格上へ挑む長州は、誰かに決められた序列の中で日常を過ごすサラリーマンや、体制に不満を持つ学生から、既成概念や序列を覆《くつがえ》す存在の象徴として圧倒的な共感と支持を獲得する。明治維新の志士をも連想させる「革命」の、言わばスローガンが「かませ犬」だった。営業部長として興行を統括していた大塚は、やはり「かませ犬」発言で会場のファンが長州を見る視線が変わったことを感じた。

「本人は後楽園でかませ犬なんて言ってないですから。実際に後楽園で言ったのは、『何で、お前より先に歩かないといけないんだ』だけなんですよ。だけど、それだけだったらひがみにしか聞こえなくて、あの時の藤波と長州の序列からしたら当たり前という感覚でしか、ファンは受け止めなかったと思う。彼の流れを変えたのは、あのかませ犬のコメントですよ。あの言葉がなかったらあそこまで売れたとは思えないです。それまでの長州は、人気もないし、努力してきたわけでもない。オリンピックに出たかもしれないけど、プロになってからは試合でこれといった大技はない……っていう評価だったんです。しかし、あのかませ犬は、言葉が斬新でインパクトは大でした」

自分でも客でも金でもなく、長州しか見ていなかった

迎えた二週間後の一〇月二二日、二人はシリーズ前に発表されていた通り広島県立体育館で激突した。試合は、予定されていたＷＷＦインターのタイトルマッチではなく、ノンタイトル戦に変更された。テレビ生中継された試合は、二〇分三四秒、無効試合に終わった。この結果を受けて新日本は、シリーズ最終戦の一一月四日の蔵前国技館で、当初、発表されていた藤波とボブ・オートンJr.とのシングルマッチを覆し、長州との再戦を決定した。事前に「猪木対アンドレ・ザ・ジャイアント」と発表しながらカードを変更した「猪木対小林」を踏襲しているかのようなやり方だったが、藤波はこれこそが新日本のマッチメイクだと強調した。

「新日本の特徴として、自然発生的に生まれたハプニングを、興行に生かしていくところがある。この時の自分と長州の連戦はまさにそうだった。猪木さんは常々、『お前らリングに安住の場所はないぞ。常に脅かされているよ』って言っていた。それがマッチメイクに表れていて、それは全員にチャンスを与えるという意味でもあった」

試合は、ＷＷＦインターをかけたタイトルマッチとして行われたが、長州が場外フェンスの外へ藤波を投げ、反則負けに終わった。広島から蔵前の二連戦は、いずれも完全決着は付かなかったが、スピード感あふれる攻防とむき出しの感情がスパークする試合内容に、ファンは熱狂した。昭和五七年は、猪木が深刻な糖尿病に冒され体調不良で欠場した時期でもあった。さらにリング外では実業家としてブラジルで運営していたバイオ事業会社「アントン・ハイセル」が不振に陥り、莫大な借金を抱えていた。年齢は三九歳。心身共に疲弊していた猪木は、八年前、新日本を成功させるためにリングに集中しストロング小林と闘ったころとは、まったく違う姿に変貌していた。

リング上で猪木に影が射し始めたころ、二九歳の藤波と三一歳の長州の二人が技と技、意地と意地が休む間もなくぶつかり合う闘いを展開した。この対決が長州のリング上での待遇への憤慨に端を発していることは、かつて木村政彦が力道山の引き立て役をやらされていることへの不満をもって日本選手権をアピールしたと伝えられてきた展開にも似ているが、長州は木村と異なり、不満の感情をリング上で見事に爆発させ、表現していった。やがて二人の闘いは古舘によって「名勝負数え唄」と形容され、日本人対決による連続ドラマへと昇華した。発端は猪木のアイデアによる、タイトルマッチに向けた仲間割れだったのかもしれない。両雄は、そんな思惑を「かませ犬」発言、そして極上の試合内容でファンの心をわしづかみすることにつなげ、猪木の想定を飛び越えて新しい時代の扉を開けたのだ。

さらに二人の闘いは、「日本人対外国人」が主軸だったリング上の構図を大きく変えた。長州が反逆した「闘魂シリーズ」の看板選手は、アブドーラ・ザ・ブッチャーだった。前年の昭和五六（一九八一）年五月にライバルの全日本から引き抜いた大物外国人は、藤波と長州の抗争で完全に光を失った。その意味で「藤波対長州」は、リングの構図を「日本人対決」へと激変させる歴史的な転換点と言える。

　長州は蔵前での試合を終えると、志を同じくする小林邦昭と共に渡米し、フリーで活動するマサ斎藤と合体する。三人は「革命軍」と呼ばれ、年明けの昭和五八（一九八三）年から新日本の主役となる。連日のように各会場で二人は闘い、メインイベントの猪木を凌ぐほどの歓声を集めていく。

ただ、藤波の本心は複雑だった。

「自分は長州が出現する前は、ジュニアを卒業して、これからヘビー級でも新しい時代を作るぞって一番、居心地がいい場所にいた。それが、長州が出てきたことによって、足元を脅かされて、築いてきたモノがどんどん崩れて消えていく感じだった。正直言って長州の存在は、いい迷惑だった」

　藤波が抱いた不安は、やがて現実になる。会場での声援が、自分よりも長州のほうが大きくなっていくことを肌で感じたのだ。

「とにかく全国どこへ行っても自分と長州が絡むとお客さんが異常に沸いた。会場で自分と長州のファン同士がケンカしていることもあった。あんな光景は見たことがなかった。あそこまでファンを熱くしている試合をやっているのかと驚いた。ただ、各会場でだんだん長州への声援が自分より大きくなっていった。自分のほうが反対に長州にジェラシーを持つようになった。本当なら全国どこへ行っても満員になって気分はいいんだけど、自分はそうならなかった。あの時は、客の入りがどうとか、良い試合をしようとか、自分の存在感、ギャランティとか全部、後だった。家族を養っていかなければいけないんだけど、金のことがどうこうって意識もなかった。とにかく長州しか見ていなかった」

「ただ、相手の技から逃げるのが嫌なだけ」

長州への声援が高まっていく中で藤波に生まれた感情は、自らの行く手を遮った敵への憎しみだった。

「このころは長州が視界に入ることすら嫌だった。恐らく長州もそうだったと思う。試合前に自分が練習していると姿をみせない。自分が引っ込むと出てきた。会話なんてあるはずがない。憎しみだけがあって、試合はガチな感情でやっていた。今までに経験したことない個人的な感情をむき出しにやっていた」

藤波が逆にジェラシーを抱いた長州の急激な人気上昇は、密度の濃い試合内容、「かませ犬」発言、言葉が冴えまくっていた古舘の実況……様々な要素が絡み合った結果だが、後に長州と「ジャパンプロレス」を設立し全日本プロレスへの参戦を支えた大塚は、もうひとつ、「長髪」にその理由はあったとみている。

「彼が、デビューして最初に海外へ行って帰って来る時の宣材写真がロングヘアーでカッコよかったんです。だけど、帰ってきたら短髪のパンチパーマになっていたんです。ある時、彼から凱旋帰国したのに『なぜ人気が出ないんだろう』って質問を受けたことがあるんです。私は、その時に帰国した時のロングヘアー姿の宣材写真を引き合いに出して『そのイメージでやらないとダメだよ。そんなヘアースタイルをしていたら人気は出ないよ』ってハッキリ言ったんです。そしたら彼は『なんで長い髪がいいんですか?』って言うから『背が高くないから髪の毛を長くすると、ロープへ飛んだ時に髪の毛が後ろへなびいてイメージが変わるだろ』って説明して『今のままじゃそれ以上はないよ』って言いました。それで彼は、『分かりました』ってうなずいて、それから髪を伸ばし始めたんです」
メキシコ遠征前の長州のヘアスタイルは、パンチパーマだった。それを長髪へ変えることで、確かに大塚が言うように、すべての動きで髪がなびき、スピードあふれる長州のイメージを増幅する効果があった。変貌した容姿も長州人気を後押しした。

昭和五八年の年頭から全国の会場を沸かせた藤波と長州の闘いがクライマックスを迎える。四月三日、蔵前国技館で五カ月ぶりに一騎打ちで激突した。この一戦こそ「名勝負数え唄」の頂点であり、「猪木対小林」に続く日本人対決の新たな歴史を作った一戦だった。

試合は、ゴングが鳴る前からヒートアップした。レフェリーのミスター高橋がボディチェックをした時、長州が藤波をロープに振った。ラリアットを繰り出すと藤波も右腕を振り上げ、ぶつかり合う。館内に興奮のスイッチが入った時、ゴングが鳴った。

筋肉が隆起するロックアップから長州がリバースで投げる。藤波が左手で顔面を張り、長州が怒りを露わにした。逆にロープブレイクの時にストンピングを放った長州に詰め寄る藤波。感情がほとばしる展開から、グラウンドに入り、藤波がバックを取り、背後からフェイスロックで長州の顔面を絞め、長州も首4の字で首を絞める。グラウンドの攻防で、藤波は必死だった。

「プロレスでは自分が先輩だけど、ハッキリ言って、技術は彼が数段上だった。格闘技を何も知らないで入っている自分と比べて、向こうはレスリングで本物の技術を持ってプロレスの世界に入って来た。彼が入ったころ道場でスパーリングをやっても、相手を倒してホールドを取る技術は、自分は長州の足元にも及ばなかった。アマチュアレスリングで全日本を取って、オリンピックまで出た彼の実力は生半可じゃない。アマレスにはない関節技の決めっこになれば何とか対応できたけれど、道場では彼の方が強かった。自分は、リング上では、この世界に彼よりちょっと早く入ったというプライドだけで闘っていた。これは彼に聞いたことがないから分からないけど、長州は僕と道場でスパーリングをやっているうちに『この若造、レスリングの技術は俺より下だ』って分かったと思う。だから試合でも、もしかしたら長州は百パーセントの力じゃなかったのかもしれない。逆に自分は、長州の実力を越えないといけないから必死だった。僕は真剣でいった」

試合は一〇分を経過し、動きは激しさを増した。長州が左膝へのニークラッシャーからサソリ固めへ入るが藤波は体を回転させて防ぐ。逆にドロップキックからブレーンバスターで藤波が投げれば、長州はひねりを効かせたバックドロップで藤波の後頭部をマットに落とした。藤波は、長州の技を真っ向から受けた。

「僕は、相手の良さを引き出すとか言われるけど、そんなことは一切、思ってない。ただ、相手の技から逃げるのが嫌なだけ。それが結果としてそう言われるのかもしれない。長州との試合で、僕がずる賢く技をすかしていたら、あれだけの試合にはなっていない」

「長州は、自分との試合でプロレスの面白さが分かったと思う」

藤波は「ガチ」の感情で闘いながら、相手の技を受けた。

「そこがプロレスラーなんだね。感情はガチでも、いざリングに上がってお客さんの前に出ると、自分の感情より試合を成立させようという意識が勝るんです。試合を重ねていくうちに個人的な感情を抜きにしてプロレスラーとしてこのレールにのっかっていかないといけないと思った。だけどガチの感情はある。これはレスラーにしか分からない世界かもしれない」

試合は、佳境を迎える。長州がボディスラムからサソリ固めに入る。ロープへ逃げる藤波に、再びサソリ固めをかけた。尻が藤波の腰へ付くほど体重を乗せたサソリに、藤波は腕立て伏せの態勢で、泣きそうな表情で必死にロープへ逃げる。今度は藤波が弓矢固めをかけると長州が場外へ落ちた。フェンスに叩きつけた藤波が、リングに上がろうとした時、長州が引きずりおろして至近距離でラリアットを浴びせた。

先にリングインした長州がエプロンに上がった藤波をブレーンバスターで投げるが、空中で回転した藤波がバックに回ってジャーマンスープレックスで投げた。カウント2で返す長州。藤波は、右膝を痛めたのか、手で膝を抑える。それでも、長州をロープへ振ってドロップキックを狙うが、長州はロープをつかんで受けない。逆に長州が藤波をロープへ振ってラリアットへ行く。上半身をかがめて藤波がかわす。そのままロープの反動を使っての藤波の回転エビ固めもカウント2で返す。

そのまま長州は、自らロープへ走る。左膝を付いた藤波が立ち上がると、右腕を弓矢を引くように最大限のところまで振り上げると、力を溜めて藤波の首へ叩き込んだ。倒れた藤波を左手で顔を押さえて強引に押さえ込み、カウント3を奪った。長州は、リングに上がったセコンドのマサ斎藤と小躍りしながら抱き合い、感極まった表情で右手の人差し指を突き出した。デビューから八年八カ月、「かませ犬」の後楽園から一七七日、長州がプロレスラーとして最高に輝いた瞬間だった。蔵前が総立ちになる。拍手と歓声が長州に巻き起こる。敗れた藤波は、マサ斎藤と抱き合う宿敵を見た。

「負けた時は半信半疑。自分がこうなって欲しくないことが起きた。だけど、体を起こすと長州がマサさんと抱き合っていた。それを見た時、悔しいけど長州がいい顔をしていてね。眩しいぐらいのいい表情で変な話、うらやましかった。今、思い出しても凄くいい顔していた。ジェラシーはあったけど、それぐらい輝いていた」

長州は藤波を破り不遇から完全に解放された。自らは踏み台にされたとも言えるが、そんな屈辱よりも藤波の中に生まれた感情は、「ガチ」で憎かった相手の輝きを受け入れる優しさだった。
「長州は、自分との試合でやっとプロレスの面白さが分かったと思う。自分にも覚えがあるけど、こういう時はリングへ上がるのが面白くてしょうがない。体もいいし、シェイプアップして動きも素晴らしくよかった。入門からずっとくすぶっていた時代が終わって、長州がようやく開花した時だった」

藤波は、長州がプロレスラーとして花開いたことに喜びすら感じていた。この試合は、昭和五八年の東京スポーツ制定「プロレス大賞」で年間最高試合賞を獲得した。互いの技を真っ向から受け止め、観客を熱狂させ、勝者も敗者も光ることがプロレスの醍醐味であるならば、勝った長州、敗れた藤波、ともに最高のプロレスラーだった。

「自分も長州と闘ったころは、一回り大きくなる成長の時期だった。お互いにあの出会いがなかったら、その後はなかったと思う。自分はプロレスファンでプロレスが好きでこの世界に入って来たから離れることはないけど、長州は、自分とやるまでアマチュアであれだけの実績があったのに、悶々として実力を発揮できなかったから、もしかすると、自分との試合がなかったらこの業界を離れたんじゃないかな。これも本人には聞いたことがないけど、恐らく背水の陣というか、それぐらいの覚悟であの蔵前は闘っていたと思います」

藤波の言葉は、ガチな感情に発しながらも相手を受け、自分を生かすプロレスの真髄に結実していく道筋を語り尽くしていた。重要なのは観客の熱狂で、その意味で「名勝負数え唄」に歓声をあげたファンは至福の時を過ごした。

第10章
凄さと優しさ
藤波、長州が見た猪木、小林が感じた猪木

日本プロレス史の分岐点となる試合

長州力は、「名勝負数え唄」にどんな感慨を抱いているのか。私は、令和元（二〇一九）年六月二六日、後楽園で二度目の引退試合を行う前の長州をインタビューした。この時、ｗｅｂ版「スポーツ報知」で配信した記事から長州の言葉を抜粋して引用する。

長州は、藤波戦を「こっちが合わせていくの大変だった。その時はちょっと違ったのかも分からないけど捉え方が。僕は、ジュニアじゃないけど体力的には同じようなもんだけど、彼以上に行かなきゃいけなかった。合わせるっていうか追いついていくっていう感覚ですよ」と振り返った。

広島から蔵前、そして勝利した蔵前の三連戦で感じたことは「だから、彼とやりだして実際に肌

お互いを変えた藤波辰巳対長州力
（写真＝山内 猛）

を合わせることで見ているだけじゃ分からなかった〝あぁ、こういうスタイルで、こういう間でこういう動きをするんだな〟っていうか、見ているのとやるのとでは違うっていうあれがありましたよ。それから彼と交わる機会が多くなって、自分も〝こういうふうになってこういう具合に動けるな〟って、そんな積み重ねみたいなものですよ」と述懐した。

　藤波との試合で、今まで感じなかったプロレスの魅力、あるいは自分の眠っていた能力に気づいたのかを聞くと「気づくことはあったけど、〝あぁ、これは違うな〟っていう部分でそんな大したことでもないですよ。お互いの反応の良さがお互いにとって良かった。うん、良かったっていうか反応の良さがリングの中でやるたびに見せられることが多くなってきたなっていう感じだよ」と明かし、反応の良さは藤波が引き出したのかを尋ねると「そういう具合にも見られるでしょうね。それも間違いじゃないですよ。これはリングに上がった違う2人の人間が動いて意識の反応をし合っているわけですよ。お相撲さんでも一緒だよな。その取組が多くなっていくと、立ち合いって相手のクセもあるし、疑心暗鬼になっている部分もあるし、ひょっとしたら横にスカされるんじゃないかなって、そういう立ち合いの部分でも真剣に考えて意外とナーバスになりながら、でもお互いが反応を示していくことができる。まして彼は身体能力もそうだし、能力的にもやっぱりプロレスが凄い好きで入った人だから、僕のようにちょっとこの先を考えてプロレス界を選んだ者とは違いますよね。当時、彼より反応がいい選手がいたかも分からないし、いたと思いますよ。だけど、僕にとって彼が一番肌が合ったんでしょう。反応の仕方がね」とかみしめるように振り返った。

　自らの感覚の内部に分け入りながら対戦を振り返る長州の話を聞いていると、やはり藤波との出会いは、プロレスへの目覚めであり気づきだったと感じさせられる。公私ともに長州を知り尽くすタイガー服部は、藤波戦の前と後で長州が変わったと言う。

「プロレスってアマチュアレスリングとは全然違うんだよ。だけど光雄は、オリンピックまで出た凄い実績を持つ男だから、最初はそこを勘違いしてたよな。そこは、試合を重ねて経験を積むしかないんだけど、なかなか苦労してたよ。その時に藤波さんと出会ったんだよ。これが大きかった。藤波さんは真面目で、プロレスの天才だから、何でも受け止めるんだよな。あの出会いで光雄はプロレスの面白さに目覚めたんだよ。それまでは、もうプロレス辞めたいなんてしょっちゅう言ってたヤツが、そこからは二四時間、寝ている時以外はプロレスのことばっかり考えるようになったよ」

さらに服部は「藤波対長州」は、プロレスの枠組みも破壊したと語る。

「あの二人は、ギリギリの試合をやってたよ。今、思っても凄い試合だったし、何よりベビーフェイスとヒールっていう枠をなくしたよな。あれから、そういう区別がなくなったんじゃないの」

国内マットは、力道山から続く伝統的な「日本人対外国人」による「善玉対悪玉」という単純な対決の枠組みで描かれてきた。日本人対決による連続ドラマの先駆けとなる、昭和五六（一九八一）年八月に国際が崩壊し、一〇月から「はぐれ国際軍団」としてアニマル浜口、寺西勇と共に新日本に参戦したラッシャー木村と猪木の抗争は、大枠においては従来の「善玉対悪玉」の図式を踏襲していた。「藤波対長州」の名勝負数え唄は、こうした旧来の構図を打破し、闘う両者の存在感と試合内容のみで、勝者と敗者の双方へファンが賞賛の拍手を送るリングへと進化させた。

以来、新日本の「闘魂三銃士」、全日本の「四天王プロレス」など、日本人対決が主流となった平成から令和の現在に至るまで、日本マット界は「試合内容」でファンの信頼を獲得する構図を受け継いできた。その大きな礎は「藤波対長州」だった。四・三蔵前の試合直後、古舘伊知郎は「両雄にとりまして、自分のプロレスの歴史の中でひとつの節目になるシーンでした」と実況したが、二人の人生だけでなく、日本のプロレス史においても分岐点となる試合だった。

藤波と長州、その流転のプロレス人生

昭和五七年一〇月二二日の広島で抗争が始まった「藤波対長州」は、四・三蔵前を頂点に平成二八（二〇一六）年一月二五日の日本武道館まで以下の二五戦が行われた。

●昭和五七年一〇月二二日・広島県立体育館
――藤波　長州（二〇分三四秒、ノーコンテスト）
●一一月四日・蔵前国技館／ＷＷＦインターナショナルヘビー級選手権
――○藤波　●長州（一二分八秒、フェンスアウト→反則）
●昭和五八年四月三日・蔵前国技館／ＷＷＦインターナショナルヘビー級選手権
――○長州　●藤波（一六分三九秒、リキラリアット→体固め）
●四月二一日・蔵前国技館／ＷＷＦインターナショナルヘビー級選手権
――○長州　●藤波（一二分八秒、リングアウト）
●七月七日・大阪府立体育会館／ＷＷＦインターナショナルヘビー級選手権
――○長州　●藤波（一六分二九秒、反則）
●八月四日・蔵前国技館／ＷＷＦインターナショナルヘビー級選手権
――○藤波　●長州（一九分二四秒、リングアウト）
●九月二日・福岡スポーツセンター／ＷＷＦインターナショナルヘビー級選手権
――藤波　長州（一二分五一秒、両者リングアウト）

•九月二一日・大阪府立体育会館
—藤波　長州（一九分二四秒、両者リングアウト）

•昭和五九年二月三日・札幌中島体育センター／ＷＷＦインターナショナルヘビー級選手権
—藤波　長州（試合不成立）　※藤原喜明が乱入

•六月一〇日・静岡産業館
—○長州　●藤波（一四分四二秒、リングアウト）

•七月五日・大阪府立体育会館
—○藤波　●長州（九分四六秒、反則勝ち）

•七月二〇日・札幌中島体育センター／ＷＷＦインターナショナルヘビー級選手権
—○藤波　●長州（一五分八秒、バックドロップ→体固め）

•昭和六二年一〇月五日・後楽園ホール
—藤波　長州（三五分五秒、無効試合）

•一〇月二五日・両国国技館／六〇分三本勝負
—○長州　●藤波（2－1）

•昭和六三年五月二七日・宮城県スポーツセンター／ＩＷＧＰヘビー級選手権試合
—藤波　長州（二二分五五秒、無効試合）

•六月二四日・大阪府立体育会館／ＩＷＧＰヘビー級王座決定戦
—○藤波　●長州（一八分四六秒、首固め）

•平成二年一二月二六日・浜松アリーナ／ＩＷＧＰヘビー級選手権試合
—○藤波　●長州（一一分一八秒、回転足折り固め）

●平成四年一月四日・東京ドーム／ＩＷＧＰヘビー級＆グレーテスト18クラブ両選手権試合

――○長州　●藤波（一二分一一秒、リキラリアット→体固め）

●平成六年一二月一三日・大阪府立体育会館

――○藤波　●長州（五分三九秒、グラウンドコブラツイスト）

●平成九年八月一〇日・ナゴヤドーム

――○藤波　●長州（六分四八秒、ドラゴンスリーパー）

●平成二三年一月一〇日・後楽園ホール

――○藤波　●長州（九分二九秒、エビ固め）

●五月四日・大阪府立体育会館第２競技場

――○藤波　●長州（一〇分五二秒、逆さ押さえ込み）

●九月二三日・名古屋国際展示会議場イベントホール

――○長州　●藤波（一〇分五七秒、リキラリアット→体固め）

●九月三〇日・札幌テイセンホール

――○藤波　●長州（六分四五秒、逆さ押さえ込み）

●平成二八年一月二五日・日本武道館

――○長州　●藤波（五分四九秒、リキラリアット→体固め）

対戦成績は、二五戦で藤波の一〇勝九敗二分四無効試合だった。この間、藤波は平成一一（一九九九）年には社長に就任するなど、旗揚げから平成一八（二〇〇六）年まで新日本を離れることはなかった。その後、「無我ワールド・プロレスリング」、そして「ドラディション」を主宰した。六七歳の今も現役としてリングに立ち続け令和三（二〇二一）年の今年、デビュー五〇年を迎えた。

　長州は、新日本離脱→ジャパンプロレス設立→全日本参戦→新日本復帰、マッチメイカーとして全権掌握→引退→現役復帰→再び離脱→ＷＪプロレス旗揚げと崩壊→フリー、再び新日本のマッチメイカー→フリーと有為転変の人生を送る。そして令和元（二〇一九）年六月二六日、後楽園ホールでの二度目の引退試合を終え、六九歳になった今は、ツイッターで五六万人を超えるフォロワーを獲得するなど、ＳＮＳ時代に順応し人生を謳歌している。

　昭和五七年一〇月八日、「かませ犬」の後楽園で藤波と運命が交錯した長州は、流転のプロレス人生に何を思うのか。その感情が表れたのは、二度目の引退試合後のバックステージで記者からの質問が途切れた時だった。自ら切り出したのは、アントニオ猪木のことだった。

恩讐を越えての、猪木への畏敬の念

「やっぱり、一番最大、気持ちの中で残っているのはやっぱり猪木会長のことが、この6月26日が決まってから常に毎日、頭のどこかで一回は猪木会長の顔、名前っていうのが頭の中に浮かびますよね。

　45年間、ここまで成長できたのは自分自身、猪木会長のとてつもない、リングの中であの方をずっと見てきて、プロレスっていうものが分かってきて、あぁ大変だなこれはっていうのは、やっぱり常に感じてここまでやってきてますね。でも、それでも、とてもじゃないが、やっぱりリングの中のアントニオ猪木に近づくっていうことは、とてつもなく大変なことなんだなっていう。

　これは本当に終わった時点で、この業界でここまでファンの皆さんに支えられながらやって来れたのは、ひとえにあの人を見て自分なりの感じ方で、プロレスはこういうものだよって。あの人は教えることはしないですけど、リングサイドから我々には、ここにいる古い記者の人はたぶん知っている通り、猪木会長の場合は、ファンの人たちが後押しするわけじゃなくて、あの方が会場の雰囲気を作るというか。やっぱり凄いなって。その時代、マスコミは馬場さんと比べたでしょうけど、馬場さんも素晴らしい人でした、温厚で。でも、自分が選んだのはプロレスの世界ですから、どっちかというと自分の性分からすれば、リングの中の、またリングを下りてからの猪木会長の姿勢。本当にこの人、プロレス二四時間考えている、やっているっていうことを感じてきましたよね。まぁ到底及ばないですけど、プロレスに大事なものを自分なりに考えながら、あのリングの中に打ち出してきたんじゃないかなと思っているんですけど、どうなんですかね？　やっぱり答えがないですから。でも、その時代の猪木さんは、猪木さんが会場の中を一人で雰囲気を作ってファンを引き寄せていましたよね。

ボクなんか現場もやりましたけど、なかなかそこまではできなかったですね。やっぱり凄い方です。はい、そういうことです」

長州が「吉田光雄」だった新日本プロレスへ入門したばかりのころ。「猪木対小林」のＤＶＤに映るリング下で見るその顔つきは、終始、無表情で、目の前で闘う二人を茫然とした表情で見つめていた。企業に就職する他の学生と同じように、職業としてプロレスラーを選択した男にとって、リング上で観客を興奮させている猪木と小林の姿は、そこまで感情を揺さぶるものではなかったのかもしれない。激しい試合展開の中でもあまりにも表情がない「吉田」を見ると、そんなことを思う。

その姿勢はデビューしてからもさほど変わらず、ゴッチの指導を拒絶し、スターになれない境遇を恨んでもいた。しかし、藤波への反逆で覚醒して、プロレスの深さと面白さを知ったとき、ようやく本当の意味で「吉田光雄」は「長州力」となった。その後、猪木とリング内外で激しく衝突し、確執が表面化したこともあった。ただ、流れ流れた四五年にわたるプロレスラー人生において、最後に心の奥底からこみ上げた感慨は、自らをプロレスラーにしてくれた猪木への畏敬だった。

記者に囲まれた後楽園ホールのバックステージは、控室前の階段の踊り場だった。「かませ犬」の夜、この場所で長州は、懸命に自らの不満を藤波へぶつけ、「革命戦士」となり、プロレスラーとして生きる道を見出した。時が過ぎ、恩讐をも越え、最後に原点と言える場所で白いリングシューズを脱いだ。薄汚れた階段の風景は、あの時と変わらないだろう。しかし、当たり前のように時は流れた。振り返れば一瞬だったような気もする。私は不思議な感傷に浸りながら、長州のラストメッセージをライバルがどう受け止めたのか聞くために、再び藤波を訪ねた。

小林は猪木の目に腰が引けたのか

「正直、自分も長州も猪木さんと衝突したこともあったし、いろんな思いを持ったことは事実。でも、今、この年齢になって振り返ると、残っているのは、やっぱり猪木さんにはかなわなかったなっていうことだった。だから、長州も最後にそう語ったんだと思う。今、思い浮かぶのは猪木さんが控室のドアを開けて、花道に出た瞬間の空気感でね。あの人が現れた瞬間にお客さんの空気が一気に緊張した。あれは、誰もできない猪木さんだけの世界だった」

長州と同じ猪木への畏敬の念を一気に明かすと、会場の空気を支配する猪木プロレスを象徴する試合として、ストロング小林戦を例に挙げた。藤波がストロング小林戦で見たアントニオ猪木の記憶は、鬼気迫る表情だった。

「あのころの猪木さんは、全日本のジャイアント馬場さんがいたから、プロレス界の頂点には立っていなかった。猪木さんは、馬場さんを超えようと燃えて、大きな会場でも地方の駐車場でも、全国どこへ行っても絶対に手を抜かなかった。傍にいて常に怖かったし、隙がなかった。逆に言えば余裕がなかったのかもしれない。その中で小林さんとの試合が決まった。猪木さんは、馬場さんを超える起爆剤として、そこに賭けていた。それがあの日のリングで顔に出ていた。旗揚げのゴッチ戦とは全く違う顔つきをしていた。猪木さんの本性が出ていた。自分の中での勝負でもあったんでしょう。自分はあの表情から、プロレスラーが本来あるべき姿を学びました」

当時、藤波は猪木からプロレスラーは「顔」で会場の空気を支配し、緊張感を高めるということを吸収した。とりわけ凄さを実感した試合が小林戦だった。対戦した小林とまったく異なる存在感に瞠目させられたのだ。

「小林さんは、猪木さんの表情と持っている独特のムードに、どこかで腰がひけていた。それが顔に出ていた。お客さんが自然に猪木さんに引き付けられていることが分かった。リングで向き合う二人のあまりの違いに、改めて猪木さんの凄さが分かった」

蔵前国技館で猪木と初めて対決した小林は、藤波が言うように腰が引けていたのか。私は主にそのことが聞きたくて、初めて小林を青梅へ訪ねた令和二年の初夏から三カ月後の秋に、自宅を再訪した。

「対戦することに上も下もないと思うんだけど、ただ、僕の方が猪木さんより上、経験豊富だと思うことはあるよ。それは、あの人は常に自分が主宰する試合場で自分の考えで試合をしているからね。相手も自分の考え通りになるような人物を選んでいるでしょ。だけど、僕は世界中でいろんなレスラーとやってきた。アメリカ、イギリス、フランス、ドイツ、それにアフリカまで行っているんですよ。それだけの経験を持っているのは、当時の日本人レスラーでは僕が最高。だから、気後れとか腰が引けたとかなんて全然、なかったよ」

　小林は、マスクマン「覆面太郎」でのデビューからわずか一年三か月後の昭和四三（一九六八）年一〇月にイギリスへ初めての海外武者修業に出た。当時、若手選手にとって海外遠征は、将来の出世への一里塚だったが、昭和三五（一九六〇）年九月三〇日にデビューした猪木が初めて海外へ出発したのは、デビューから三年六カ月後の昭和三九（一九六四）年三月だった。日本プロレスと国際プロレスと団体が違うため、厳密に比較することはできないが、単純に出世コースに乗るまでの時間を比べると、圧倒的に小林が猪木を上回っていた。

　しかも猪木は、修業時代のリングはアメリカだけだったが、小林は、イギリス、西ドイツ（現・ドイツ）、フランスなど各国でメインイベンターとして活躍した。フランス・パリでは、昭和四四（一九六九）年五月一九日、豊登とのタッグでモンスター・ロシモフ（後のアンドレ・ザ・ジャイアント）、イワン・ストロゴフを破りＩＷＡタッグ王座を獲得した。デビューから一年一〇カ月、二年に満たないキャリアでのベルト奪取は、快挙だった。

　翌六月に凱旋帰国し、昭和四五（一九七〇）年八月からは再び西ドイツへ渡り、アフリカのケニアにも遠征した。アメリカへ転戦すると「ＮＷＡ」に次ぐ団体「ＡＷＡ（American Wrestling Association）」に参戦し、バーン・ガニアが持つＡＷＡ世界ヘビー級王座にも挑戦した。小林は、自身が胸を張ったように、昭和四六（一九七一）年七月に二度目の凱旋帰国をするまで、猪木を遥かに超える欧米、アフリカの各国でトップを張った経験を持っていた。

「自分の持てる力を出させてくださいと天に祈った」

「猪木さんにしても坂口にしても、海外経験の第一歩はアメリカでしょ。僕はヨーロッパから始まって、世界中を回っている。これだけ日本人として世界各国へ行ったのは一番ですよ。それと、普通、日本人レスラーは、その国に渡るとプロモーターへお願いをして試合に出してもらうんだけど、僕の場合は、みんなプロモーターの方から来てくれって言われて行ったから、条件が全然違った。最初にヨーロッパへ行った時はデビューしたばかりで経験は少なかったけど、取り扱いは上でやってくれてね。自分で言うのもなんだけど、僕は自分をお客さんに必要以上によく見せる長所を持っていたと思うよ」

世界各国のプロモーターに評価された自信が、小林のプライドだった。だからこそ、あの日の蔵前国技館でも猪木に腰が引けることなどなかったと主張する。藤波の見方を否定した小林は、最初の遠征地となったイギリスの思い出を話し始めた。イギリス行きを橋渡したのは、早大レスリング部出身だった国際プロレス社長の吉原功と強いパイプがあった、日本レスリング協会会長の八田一朗だった。

「イギリスの地図を見ると、ちょうど真ん中辺にヨークシャー地方ってあるんですよ。そこのリーズという街を中心にした一帯の大プロモーターだったジョージ・レリスコウさんと八田さんが懇意だった関係で、僕はイギリスへ渡ったんです。僕は、リーズを拠点に試合をしたんだけど、ホテルに泊まるんじゃなくて、レリスコウさんの自宅で寝かしてもらった。結婚した一人娘さんが使っていた部屋を僕に与えてくれてね。一〇畳ぐらいの広さで洋服ダンスとベッドもあってね。そのベッドが柔らかくて、フワフワだったんです。そのころ日本の巡業は普通の旅館ばっかりだったから、ベッドというものに寝たことがなくて、ベッドで初めて横になった時の柔らかさっていうのはいまだに忘れられないなぁ」と懐かしそうに笑うと「このベッドとは比べ物になりませんよ」と冗談交じりに介護用ベッドの布団をなでるように叩いた。

「レリスコウさんの奥さんも僕のことを省三、省三って呼んでくれて、自分のせがれと同様に扱ってくれてね。日本の食事がいいだろうって米、味噌、醤油を買ってきてくれて、米なんか炊いたことがないのに、店の人に教わって炊いてくれましたよ。本当によくしてもらいました」

　これまで聞いたプロレス時代のどんな話よりも喜びを露わにして振り返る小林に、私は、「もしかして、レスラー人生で最高だったことは、レリスコウさんのお宅の柔らかいベッドで寝たことですか」と質問をした。

「そうです。あれはびっくりしたなぁ。うん、最高だったね。何しろ信じられないぐらいフワフワだったからねぇ。国鉄をやめてプロレスラーになって良かったなって思ったね」

　小林にとってレスラー人生で忘れがたい思い出は、リーズで初めて眠った「フワフワ」のベッドだった。果てしない野心を抱いてモハメド・アリと闘い、リング外で膨大な借金を抱えながら壮大な事業へ乗り出し、果ては政治家にまでなって大衆を常に引き付け、走り続けた猪木とは、明らかに違う素朴な色を小林は帯びていた。

　小林の自宅を再訪したのは、藤波の見方を確認したかったことに加えて、もうひとつ目的があった。猪木が、実況した舟橋慶一と共に映像を見て試合を振り返ってくれたように、小林にもその目であの試合を確認して欲しいと思った。実は、最初に会った時も打診したが「見たくない」と断られた。二度目も拒否されることを覚悟したが、今度は意外にも「いいよ」と受け入れてくれた。私は、小林に感謝しながらスマートフォンで新日本プロレスの公式動画配信サービス「新日本プロレスワールド」に収録されている「猪木対小林」の映像を液晶画面に再生した。

　リングで向い合う二人が映ると、猪木戦のオファーを受けた理由を改めて聞いた。

「深い考えはないよ。いい試合をやってみたいなっていうのが一番の夢だったから、いいチャンスがきたなと思っただけだよ」

　水色のタイツに黒のリングシューズを履いた自分の顔を「いい表情をしている。闘う男の顔だなって思う」とつぶやいた。猪木と向かいあった時の思いは「初対面だからこの野郎っていう気持ちはないけど、どんな試合でも最高のものを自分が出して、見ている人が〝小林、良かった〟って喜んでくれるように『いい試合をしなきゃ』というのがいつも頭にあったから、自分の持っているものを精いっぱい出せばいいと思っていた。この時もただ、ただ自分の持てる力を出させてくださいと天に祈った」と明かした。続けて観客をつかむために試合前に必ず行っていたルーティンを披露した。

「ああ、素晴らしい人だなと思った」

「僕はどこの会場へ行っても、雰囲気をつかむために、第一試合から三、四試合目まで控室を出て試合をずっと見ていたよ。そうすると、この会場のお客さんは、何をやれば喜ぶかが分かる。そのことを頭に入れて、それで雰囲気をつかんで試合をしていた。ただ、この蔵前は、人が多すぎて、試合を見ることはできなかったんだけどね」

　猪木が、この試合を「目と目の勝負だった」と明かしたことを伝えると、「別にそんな深い考えは感じねえよ。こっちは、いい試合をしてお客さんが喜んでくれたらいいなと願っているだけ。僕は、相手の気持ちまで読むような深い考えはしないから」と言い切ったが、「目の勝負」という言葉には反応した。

「僕が一番注意したのは、例えば三本勝負で一本目が終わって、コーナーに戻っても後ろを見なかった。前にいる相手を見るだけだった。国際の時は、草津は絶対に来なかったけど、ラッシャー木村さんとサンダー杉山さんはセコンドに来てくれた。だけど後ろは見なかった。それはなぜかと言うと、僕は試合は自分の意志でやっているってことをファンに見せないと嫌だった。後ろを向いてセコンドから『こうやったらいいぞ』とか、アドバイスをされているってお客さんに思われたら嫌だから、絶対に後ろを向かなかった」

猪木が表現した「目の勝負」とは「仕掛けて来い」という問いかけであり、覚悟でもあり挑発でもあったが、小林はその無言のメッセージを「そこまで考えているとは僕は思わなかった。とにかく自分が思っているものを全部出して、ファンの人が喜んで欲しいという頭しかなかった」と繰り返した。仮に猪木が仕掛けてきた場合、どう対応したのかを聞くと「それはやり返すしかないよ」と苦笑いした。

猪木は試合前に「情報を取らない」と明かした。小林に「情報」を取る意味を聞いた。

「よく事前にリハーサルするんですか？って聞かれるけど、そんなことは絶対にあり得ないんですよ。どうしてかっていうと、プロレスで一番大事なのは緊張感でね。事前に打ち合わせしたら、それが全部なくなって、お客さんに『あぁ、馴れ合いでやってるな』って分かってしまう。だからそういうのは、プロとしてやっちゃいけないことだし、少なくとも僕はやらなかった。この試合でもそんなのはやってないよ」

画面は、リングアナウンサーがコールする場面に移った。猪木の表情を見た印象を「緊張してるね」と漏らした。ゴングが鳴る。にらみ合う展開を経てようやく組み合ったが、「手ごたえとか力強いとか感触はなかったよ」と振り返った。顔面を張られる場面は「屈辱とかそんなことは思わないよ」と笑った。

序盤は、猪木がグラウンドで小林の動きを制圧したが、一〇分を経過すると、流れが変化した。

小林が一本背負いで猪木を投げると、左腕を固めた。猪木は立ち上がり、そのまま小林をロープへ押し込んだ。猪木は、レフェリーの清美川の制止を聞かず、ロープを背にする小林の顔面へ右肘を入れ、続けざまに左肘を鳩尾《みぞおち》に入れた。観衆が一気にヒートアップする。右拳を握って「来い、この野郎」と挑発する猪木は、右拳を客席に突き出しアピールする。左手で顔面へ張り手を二発叩き込むと、小林も制止する清美川を振り払う。ただ、ここで反撃へ行かず、にらみ合うだけになった。猪木が得意のコブラツイストを仕掛け、グラウンドの態勢へ移行し、ロープブレイクする。

おもむろに猪木は、小林へ抱き付く。ここで小林が得意のベアハッグで猪木の上半身を締め上げた。試合開始から初めて小林が明確に攻めたシーンだった。猪木を持ち上げ、腰を絞め付けながら落とし、再び持ち上げて落とす。右膝を付いた猪木だったが、右腕を差して、すくい投げで小林を倒し脱出した。一分二七秒にわたるベアハッグで猪木のピンチと小林の強烈なパワーを館内へ印象付けた。

この時、猪木に対して持った印象を、小林が語った。

「猪木さんは、人間的に優しい性格だなと思った。全体の試合の流れの中で、僕のペースでやってる時は僕の動きに合わせてくれたからね。僕は、パワーが持ち味だから、試合では必ず自分が力強いところを見せるようにした。受けるのが嫌いなレスラーは、試合の最中で反発して流れを壊す連中が多いけど、猪木さんは、僕の動きにちゃんと合わせてくれた。攻撃する時は自分のペースで攻撃するし、受ける時は相手のペースで受けてくれる。そういう気持ちをもってくれる人。ああ、素晴らしい人だなと思った。受け方でそんなふうに感じた。やっぱりこの人も人生いろいろ経験しているなって思った」

小林が猪木の優しさを感じながら試合は一五分を経過した。

リング下で二人の闘いを見る若手選手の中に、藤波と同じように「まったくレベルが違う」と感じていた男がいた。小林邦昭だ。

昭和三一（一九五六）年一月一一日に長野県小諸市で生まれた小林は、一六歳だった小諸商業高校一年の時、書店で立ち読みしたプロレス雑誌で猪木を見て一目ぼれし、新日本プロレスへの入門を決意した。高校を中退し、昭和四七（一九七二）年秋に練習生となり、翌四八（一九七三）年二月一日、愛媛・西条市体育館での栗栖正伸戦で正式にデビューした。「猪木対小林」をリング下で見つめたのは、デビューから一年が過ぎたばかりの前座レスラーの時代だった。

小林邦昭の中にある、小林戦での猪木の記憶は、「鷹のような目」だった。

「あの目に、ストロング小林さんはビビッていたよね。動きもスタミナもまったくレベルが違った。猪木さんの力が一〇なら小林さんは四ぐらい。余裕で猪木さんが勝つと思って見ていました」

藤波も明かしたように、小林邦昭も、猪木が相手だけでなく観客をも引き付ける表情に心を奪われた。

「あの鷹のような猪木さんの目に僕も圧倒されましたよ。あのころの若手選手は、みんなあの顔に憧れていましたから」

小林邦昭もまた猪木によってレスラー人生が激変することになる。ターニングポイントとなった相手が、タイガーマスクだった。

第11章

青春の結晶

「タイガーマスク対小林邦昭」はなぜ比類のない熱を帯びたのか

タイガーマスクの覆面を破り、一躍「虎ハンター」に

アントニオ猪木に憧れた小林邦昭がチャンスをつかんだ一戦は、昭和五七（一九八二）年秋「闘魂シリーズ」中の一〇月二六日、大阪府立体育会館でのタイガーマスク戦だった。

試合は、タイガーマスクが持つＷＷＦジュニアヘビー級王座に挑戦するタイトルマッチだった。

メキシコからイギリスに遠征していた新日本プロレスの若手選手だった佐《さ》山《やま》聡《さとる》が虎の覆面をかぶったタイガーマスクは、昭和五六（一九八一）年四月二三日に蔵前国技館でのダイナマイト・キッド戦で誕生した。実況した古舘伊知郎が「四次元殺法」と表現した、信じられないような空中殺法、鋭い蹴り、華麗なスープレックス

タイガーマスク対小林邦昭には二人の人生の物語が関わっていた（写真＝山内 猛）

と、すべてにおいてこれまでの常識を覆す動きで瞬く間に爆発的な人気を獲得する。

小林は、この「闘魂シリーズ」開幕戦の一〇月八日の後楽園ホールで昭和五五（一九八〇）年六月から二年あまりに及んだメキシコ、アメリカでの海外武者修業から凱旋帰国した。シリーズ前に大阪でタイガーマスクに挑戦することは発表されていた。人気絶頂の虎との初対決を前に、小林は猪木から呼ばれた。

「タイガーマスク戦の数日前だったか、当日の試合前だったか、記憶は定かでないけど、猪木さんがいる部屋に一人、呼ばれてね」

猪木は小林に命じた。

「お前、この試合で小林邦昭っていう存在感を見せろ。この試合で残せるものがなかったら、お前はずっとダメだぞ」

猪木の言葉は、大阪のタイガーマスク戦が最初で最後のチャンスになることを意味していた。デビューから八年あまり。海外遠征を経てようやくつかんだ飛躍のリングを前に、一人になった小林は危機感を募らせて思い悩んだ。

「猪木さんにそこまで言われて、もしここでダメなら、俺はもう一生浮かび上がれないのかって考えましたよ。どうしたらいいんだ？って自問自答ですよ。実は、猪木さんに呼ばれる前から、自分の中で、タイガーマスクとの試合で『覆面を破ってやろうかな』って考えてはいたんです。実際にマスコミには『正体を知っている。俺が暴く』とか発言していたんですが、内心は『言ったはいいけど、どうしようか？』と悩んでいて、あの猪木さんの言葉で腹を括りました。『ヨシッ！ 覆面を破ろう』ってね。強烈なインパクトで自分の名前を残すには、これしかないって決めました」

赤いパンタロン姿の小林は、覆面破りを決行する。場外戦でタイガーマスクを鉄柱に叩きつけると、リングに戻った敵を青コーナへ逆さ吊りした。そこへ四連発のストンピングを浴びせ、覆面を破った。レフェリーのミスター高橋に髪の毛を引っ張られ制止されるが、高橋を押し倒し、タイガーマスクを蹴りまくった。反則負けのゴングが鳴ったが、なおも勢いをゆるめず、覆面に手をかけた。半分以上破れた覆面をテレビカメラが映すと、一瞬「佐山聡」の素顔がむき出しになった。

「あの時は、顎に引っかかってできなかったんだけど、全部剝がしてやろうと思ってました。ゴールデンタイムで放送されているし、ここはやってやろうってね。中途半端だとお笑いで終わってしまう。思い切ってやらないと意味がありません」

　リング下のカメラマンが素顔を撮ろうとタイガーマスクに接近してシャッターを押し続けた。セコンドのブラック・キャットが着ていたTシャツを脱ぎ、タイガーマスクの顔にかぶせ、素顔が露呈することを防ぐ。タイガーマスクが誕生して一年六カ月。これほど素顔がむき出しになるまで覆面を剝いだのは、小林が初めてだった。

「プロレスラーは、試合で何かを残さないと存在している意味がないんです。それがないと、勝っても負けても、『ああいい試合だったね』で終わるだけでは、ファンに対して何も残らない。一番良くないのは、何も反応がないことです。反応がなければ、その一試合で終わり。後が続かない。大阪でマスクを破いたことで、もう四〇年近く経つのに、いまだに〝虎ハンター〟って呼ばれる。僕は、あの一瞬だけです。いかにあれが鮮烈だったかということだと思います」

　スーパーヒーローだったタイガーマスクの覆面を剝ぐ行為は、当時の少年ファンにとっていわば禁断の世界だった。暗黙の掟を突破してファンを騒然とさせた小林を、新日本プロレスと猪木は評価した。闘魂シリーズ最終戦となる一一月四日の蔵前国技館で、タイガーマスクはマーチン・ジョーンズとの対戦が発表されていたが、これを覆し小林との再戦を決めたのだ。蔵前で小林は、大阪より、さらに覆面を引き裂いた。エプロンに立ったタイガーマスクの背後から覆面をビリビリに破いたのだ。大阪、そして蔵前の二連戦で覆面を剥いだことをきっかけに、小林は「虎ハンター」と呼ばれ、タイガーマスクの宿敵となる。その反響は自らの想像以上だった。

「当時は、世田谷の等々力に住んでいて、あの試合が終わってから買い物があって電車で渋谷へ出ると、声はかけられないけど、すれ違う人、周りにいるみんなの視線を感じた。本当に一晩で変わった。町を歩けなくなった。これはヤバイと思った」

「俺も何か行動を起こさないと取り残される」

それまでは、町に出ても誰も見向きもされなかった男が、タイガーマスクの覆面を破った行動が金曜夜八時のゴールデンタイムで放送されると、誰もが知る「虎ハンター・小林邦昭」へ変貌していたのだ。

「そのころ、新宿に行った時に空手をやっているやつに絡まれたこともあった。ケンカするわけにはいかないので、すぐそばにゲームセンターがあったから、そいつを連れて、パンチングボールを殴ってね。『お前やってみろ』って、やらせたら、到底、僕には勝てない。それで握手したんだけど、思い切り握ってやりましたよ。そしたら、そいつは痛がって『負けました』って謝ってました（笑）」

覆面を剥いだことで、ファンの憎しみも買った。小林は「これ見てよ」と右手に残る二つの傷跡を見せた。

「これは、ファンからカミソリ入りの手紙が来た時にできた傷でね。事務所に来た僕宛の封筒を破ったら、中にカミソリが仕掛けてあって、血が吹き出た。あと、小諸の実家の壁に『小林出て来い！』って生卵をぶつけられたこともあった。それを、その時、両親は何も僕には言わなくて、後から聞かされてね。最初は申し訳ないと思ったけど、逆に自分はそこまでファンをヒートさせたのかって今はプラスに考えています」

　カミソリ入りの封筒に生卵……ファンを犯罪行為に走らせるほど、小林は憎まれた。それは、一人の中堅レスラーに過ぎなかった小林が、タイガーマスク戦で巡ってきた一度だけのチャンスをつかみ、スターになった証明でもあった。以降、小林とタイガーマスクの試合は、新日本プロレスの看板カードになる。タイガーマスクは、昭和五八（一九八三）年八月四日の蔵前国技館での寺西勇戦を最後に、誕生から二年四カ月で引退するが、小林は初対決から引退までのわずか一〇カ月間で七試合も対戦した。戦績は、昭和五八年二月八日の大阪府立体育会館で初めてフォール負けを喫し、六月二日の蔵前国技館でもフォールで敗れるなど七戦してフォール負けが二、反則負けが四、リングアウト負けが一と全敗だったが、これほどの短期間で立て続けのシングルマッチは、いかに「タイガーマスク対小林邦昭」がファン、テレビ局、プロモーターからニーズが高かったかの証明だろう。

「猪木対小林」で二〇年ぶりに甦った団体の枠を超えた大物日本人対決を「藤波対長州」が連続ドラマへ昇華させたが、ジュニアヘビー級の日本人対決で（当時、タイガーマスクは正体・国籍不明だったが……）、連戦しかも劇的ストーリーを描いたのは、「タイガーマスク対小林邦昭」が初めてだった。

　猪木の言葉に背中を押され、禁断の扉を開いた小林だが、もう一人、刺激を受けたレスラーが長州力だった。小林が凱旋帰国した一〇月八日の後楽園ホール大会は、半年間、メキシコへ遠征していた長州の帰国初戦でもあった。第9章で詳述したが、この後楽園でメインイベントに出場した長州は、藤波辰巳（現・辰爾）に反逆する「かませ犬事件」を起こした。

長州は、小林より四歳上だが、入門は約一年遅かった。レスラーとして後輩にあたる長州を、小林は「入ったころ、天然のイメージが僕にはありました。あまり自分で大きなものをつかもうという意識はなかったというか、欲がなかったですよね。そんな姿が僕には、サラリーマンのように見えていました」と思っていた。その〝サラリーマンレスラー〟が藤波への反逆という大胆な行動に出たことに衝撃を受けた。

「僕も日本へ帰る時は、うれしかったんですけど、それ以上に不安が凄かったんです。帰って、もしも認められなかったらどうなるんだろうって。帰ってきたはいいけれど、今までと違った小林邦昭が出せるのか、海外へ行く前と同じなのか、まるっきり違うモノを表現できるのかって凄く悩みました。だから、帰る時一時、自分の中だけのアイデアですが〝ザ・ジャガー〟っていうマスクマンで帰ろうと思っていたんです。当時、『ジャガーNo.1』っていう映画があって、そこからヒントを得て、マスクも発注しました。だけど、そのマスクが確か白だったんだけど、ジャガーのまだら模様がシミが付いたみたいで、これじゃ笑われるなって思ってやめたんです。それぐらい自分の中で悩んでいた時にあの反逆を見て、『長州、やりやがったな』って思いました。あの必死の形相、姿を見た時、逆に不安に思っている自分を『俺は、何をやっているんだ』って思ったんです。俺も何か行動を起こさないと取り残されるって刺激を受けたんですね。それで、タイガーマスクとのタイトルマッチが決まってましたから、すぐに思いました。『タイガーマスクに噛みつくしかない』って……」

「『小林邦昭をスターにしてやろう』という気持ちだけでした」

猪木の言葉と長州の行動が起爆剤となって、小林が覆面を剥ぐ衝撃が生まれた。長州と小林が台頭したこの「闘魂シリーズ」は、開幕前では凱旋帰国にも、さしたる注目は集めていなかった二人が、最終戦の一一月四日の蔵前国技館で、長州は藤波と、小林はタイガーマスクと、いずれも当初発表になっていたカードを覆して対決した。ちなみにメインイベントも猪木が当初のカードを変更し、ラッシャー木村、アニマル浜口、寺西勇の「はぐれ国際軍団」と一対三の変則マッチとなった。最終戦の三大ビッグマッチすべてのカードが開幕前の発表と変わったことは、このシリーズが起伏に富んだドラマに展開した表れだった。

さらに、蔵前国技館の三大決戦すべてが日本人対決となったことは、力道山時代から続いてきた日本人が外国人に挑む闘いの構図から、今につながる日本人対決が興行の看板になった原点となる大会だった。その意味で歴史の転換点となったシリーズだったが、すべては今振り返って分かることで、真っ只中にいた当時の小林はチャンスをつかむことに必死だった。

「ただ、いくら僕が向かっていっても、あの時点でタイガーマスクがダメだったら何をやっても注目されなかったでしょうね。だって、二人が対戦したのは、一年にも満たないんですよ。それなのに今でも〝虎ハンター〟って言ってもらえるというのは、いかに佐山がスーパースターだったかっていうことなんです。僕が今あるのは佐山のおかげなんです」

期せずして小林は、闘った相手を「タイガーマスク」ではなく「佐山」と口にし、深い感謝の思いを表した。では、タイガーマスク＝佐山聡はどんな思いで覆面を剝ぎ取られたのだろうか。令和二（二〇二〇）年の秋、佐山を取材した。

佐山は、平成三〇（二〇一八）年夏に「パーキンソン病の疑い」との診断を受けたことを公表した。以来、原因不明の病と闘っている。一時は体調が悪化して外出も難しい状況にあった。取材時は回復傾向にあったが、まだ不安を抱えていたため、一時間限定でインタビューに応じてくれた。

小林との思い出を尋ねると、穏やかな笑みで目を細め、まず人柄について語った。

「優しかったです。こんなにいい人いるのかなと思ったぐらい優しかったです。あのころの新日本プロレスの選手は、北沢（幹之、魁勝司）さんとかみんな優しかったですね」

佐山は、昭和三二（一九五七）年一一月二七日、山口県下関市で生まれた。小林と同じように猪木に憧れ、山口県立水産高校ではプロレスラーになるためにレスリング部に入った。小林の入門からおよそ三年後となる昭和五〇（一九七五）年七月に新日本プロレスの門を叩いた。翌昭和五一（一九七六）年五月二八日後楽園ホールの魁勝司戦でデビューし、昭和五三（一九七八）年六月からは小林よりも先に初の海外武者修業となるメキシコ遠征へ出発した。翌昭和五四（一九七九）年にはNWAミドル級王座を奪取するなどトップとして活躍する。その間、アメリカ・フロリダ州タンパのカール・ゴッチの自宅で特訓を重ね、イギリスへ転戦し、「サミー・リー」のリングネームで絶大な人気を獲得する。そして、小林が帰国する一年半前となる昭和五六（一九八一）年四月二三日に蔵前国技館でタイガーマスクに変身し、伝説のスーパースターとなった。絶頂期で闘った小林戦に、佐山はひとつの決意を秘めていた。

「僕が小林さんより先に日本へ帰って大成功しましたよね。それで後から小林さんが帰ってきたときに第一に思ったことは、『絶対に大成功させてやろう。小林邦昭をスターにしてやろう』ということだけでした」

　佐山は「絶対に」と発した時、聞いているこちらが後ずさりするような迫力を込めた。佐山の小林への特別な思いがあふれていた。タイガーマスク時代は、ダイナマイト・キッド、佐山がイギリス時代に好敵手だったマーク・ロコが正体のブラック・タイガーら外国人と名勝負を展開してきたが、小林との初対決は「ダイナマイトやロコと闘った時とは、まったく違う思いがありました」と明かし、マスクを引き裂かれた禁断の行為を「覆面を破ることは、もの凄いインパクトが残ることですよね。それは非常によかったと反対に思っているんです。どうしてかというと、絶対に小林さんを大成功させてやろうという気持ちの方が先だったからです。僕の覆面を破ってインパクトを残して絶対に大スターにしてやろうと思っていました。この人のためにやってあげたいなっていう気持ちがあったんですね」と何度も繰り返した。

「スパーリングであいつは誰に極められても絶対に参ったしなかった」

再戦となった蔵前では、覆面を裂かれた直後に小林に激しい張り手を浴びせ、これまでのタイガーマスクが見せなかった怒りを露わにした。

「それが僕の小林さんに対する思いです。お客さんに〝なんだ、これはわざと破られた演出か〟みたいに思われたら、それでおしまいです。普段だったら破られたら顔を隠せばいいんですけど、それじゃすまない関係にしておこうという気持ちでいっぱいだった。あの怒りは僕も一生懸命にやっていたのもありますが、彼を大成功させる、大スターにするっていう気持ちが入っていたんです」

　素顔がさらされることでタイガーマスクのイメージがダウンすることより、小林が脚光を浴びることを願っていた。それほどまでに小林の成功を望んだ理由は「若い時から一緒に練習していた仲間だったから」とつぶやくと、入門当時の新日本プロレスでの道場の記憶を振り返った。

　現在も同じ場所の世田谷区野毛にある新日本プロレスの道場へ入門した当時を、佐山は「練習は厳しかったですね。特にスパーリングがそうでした。僕は、アマレスで高校一年の時に（山口県で）チャンピオンでしたけど、それでも歯が立たなかった。アマレスの技術はまったく通用しませんでした」と振り返った。

佐山によると、当時、道場の練習は、スクワット、プッシュアップなどの基礎体力を養うトレーニングを合同で行い、それ以降は筋肉を鍛えることに専念する選手と、リング上でスパーリングを行う選手に分かれたという。スパーリングは、打撃技なしでひたすらグラウンドで関節技を極め合う、今で言う「グラップリング」の練習だった。入門前からデビューする直前までプロレスを今の「総合格闘技」と同じ競技と信じていた佐山は、道場で強さを追求するスパーリングに没頭した。

「あの当時、スパーリングをやっていたのは、猪木さん、北沢さん、藤原（喜明）さん、木戸（修）さん、荒川（真）さん、小林（邦昭）さんでした。猪木さんが一番強くて藤原さんも猪木さんには勝てなかったですね。その中で、僕は小林さんとよくスパーリングをやってました。これは僕の感覚ですけど、入ったばかりのころは、（技を）極められてましたけど、そのうちに先輩も後輩も関係なくてお互いに極まらなくなるんです。そうすると互いに尊敬し合いますから、より、内容の濃い練習ができるんです」

小林のスパーリングでの記憶は、佐山と少し異なっていた。

「あのころは、みんな誰もがスパーリングはやっていたと思いますよ。僕があの練習に没頭していたのは、他の格闘技に負けたくなかったからです。当時は道場に町の空手家とか柔道家とかがしょっちゅう挑戦に来たし、町を歩いていても、やんちゃな兄ちゃんにケンカを吹っ掛けられることがあったんですよ。そういう時にきちんと対応しなきゃいけませんからね。何も知らなかったらプロレスがバカにされますから、そういうことがないように関節技をやっていました」

佐山は小林とのスパーリングで今も思い出すことがある。

「入ったばかりのころ、小林さんにフェイスロックで絞められても僕がギブアップしないんで、こらえていた時に歯がバキッて折れたことがあったんです」

小林は、歯が折れるまでギブアップしなかった佐山を覚えている。

「最初、あいつが入った時は身長が一七〇センチぐらいしかないから、小さいヤツが入って来たって周りの選手はバカにした空気があったんです。だけど、練習を始めると、スクワット千回でもスパーリングでも何でもできて、すげぇなって思いましたよ。スパーリングでは、あいつは誰に極められても絶対に参ったしなかった。だから、僕が顔を絞めた時も歯が折れたんです。一回、練習で負けて涙を流しているのを見たことがあった。入った時からそれぐらい根性が違ったし、初めから人とは違う何かを持っていた」

小林は、自らが入門した当初は、あまりに過酷な練習に「自殺しようと思った」と苦しんだ経験を持つ。それだけに、体は小さいが抜群の運動神経と負けず嫌いな根性を持つ佐山に、一目置いていた。ただ、佐山にはそれだけではない要素もあった。「こんなこと言っちゃいけないんですけど……」と佐山自身が明かした。

「普段ウエイトトレーニングを重視してスパーリングの練習をやってない人が、たまにスパーリングに入ってくることがあるんですけど、そういう人は僕よりキャリアが上でも極まらないんです。だから全然、練習をやらない人には極めてました（笑）。ある先輩に『坊や、来な』って誘われた時に三回、首を極めたことがありました。それが誰かは言えません、かわいそうで……（笑）」

温厚で感情を露わにしない小林と、短気でキレやすい佐山

道場で自分と同じように強さを追求する選手だけを佐山は尊敬していた。逆にそうでない選手は、先輩でも実力でねじ伏せ、容赦しなかった。見た目は小柄で温厚そうだが、内部には危険な刃物を隠し持つジャックナイフのような男が佐山だった。

「理由は忘れましたが僕は、先輩と決闘したこともあります。何時に道場で待ち合わせして、入っていきなりやるぞみたいに約束して、その先輩は、道場に入るなり耳に嚙みついてきました。僕は頭に来て目を突いて、ハイキックでKOしてやりました。そしたらイビキをかきはじめまして……。イビキをかいたらヤバイって知っていたんで、介抱するうち意識が戻って、お互いにこのことを人に言うのはやめようなっていう話をしました。翌日、僕は耳に包帯をして、相手は目を真っ赤にしながら薬をぬって練習してました。その先輩？ それも言えません（笑）」

先輩に決闘を挑むほど危険な男だった佐山の武勇伝を、小林は、「その現場を見たわけではないけど、だいたい分かりますよ（笑）。決闘してもへっちゃらだと思ったんでしょうね。とにかく、あいつは、気が短くてね。しょっちゅう、ケンカしてましたよ」と明かした。

ただ、小林は佐山と一切、争いごとはなかったという。

「自分とは口ゲンカもなかったですね。僕はあいつの気の短さを知っているし、これ以上やるとキレるなっていうのが分かっていたからね。後輩だから合宿所の規律とか指導しなきゃいけないけど、僕は自分が言われて嫌だったことは下の者には絶対に言わなかった。だから上から目線で教えるようなことはしなかったですね。そこは僕の性格でね。佐山もそこは、小林さんは気を遣ってくれるって思っていたんじゃないかな」

佐山は小林の気遣いを分かっていた。

「小林さんの優しさは感じていました。本当にあの人は怒らないんですよ。だから僕は小林さんに対して生意気なことを言ったことはなかった。何をいっても同等の付き合いをしてくれました。当時は北沢さんもキラー・カーンもそうでした。そういう先輩に僕は恵まれていました」

佐山はそう明かしたが、一方で「優しい」先輩だった小林、北沢、キラー・カーン（当時のリングネームは本名の小沢正志）はあくまでも例外中の例外だったことも告白した。

「例えば、柔道、合気道、剣道、柔術の選手はみんなそうでしょうけど、大会で優勝したいとか、何かに勝つために練習しますよね。だけど、プロレスの場合、試合と練習は違いますから、道場でのスパーリングをやる僕らにはそれがないんです。あるのはプライドだけです。道場では、絶対にお互いに負けられないし、プロレスが一番強いと思っちゃっているし、いろんな選手が道場破りに来たけど誰にも負けなかった。そういうプライドを持つ中で、スパーリングでお互いにぶっ潰してやるっていう気持ちで極め合うんです。それは、柔道の選手とかが優勝を狙って練習するそれ以上の感覚っていうんですかね。そこは、お互いに凄い張り合っていたから、レスラー同士はみんな仲が悪かったし、本当に試合でケンカになった人もいました。だけど、小林さんとは、全然そうならなかった。そこはウマが合ったとしか言いようがないんです」

　佐山は、格闘技を極めるには道場のスパーリングだけでなく蹴りの習得が不可欠と思い立ち、キックボクシングの「目白ジム」へ、先輩レスラーに内緒で通った。やがて、それが知られるところになると中には揶揄するレスラーもいたという。そんな時も小林は「それは、いいことだよ。どんどんやった方がいい」と励ました。佐山は「小林さんはいつも優しかったですね。ただ、先輩には誰にも言わないで目白ジムへ通ってましたから、猪木さんに怒られるかなと思ってましたけど、僕が通っていることがバレた時、猪木さんは何も言わなかったですね。逆に僕に『本物の蹴りはどうやって蹴るんだ』って聞いたこともありました。僕は、その姿を見て、本当に凄い人だなって思ったんです」と打ち明けた。

　温厚で感情を露わにしない小林と、短気でキレやすい佐山。性格は正反対だったが二人とも「なぜかウマが合った」と同じ言葉で互いの関係を表した。小林はオフの日も佐山と一緒に遊んだことを思い出す。

「佐山とは趣味も同じでね。一緒によく買い物に行きましたよ。あいつは、四輪の自転車を持ってて、それに乗って二子玉川まで壁紙買いにいって道場の壁紙を張り替えたりしたなぁ。あと、何に使ったか忘れたけど、部品を買って二人で潜望鏡を作ったりね（笑）。とにかく休みの日は一緒によく行動しましたよ」

お互いが全力でぶつかっていく感覚

やがて二人がリングで対決する時が来る。昭和五一年五月二八日の後楽園ホール大会でデビューした佐山は、デビュー八戦目となる六月一一日、岩手県宮古市宮古ボウル大会の第一試合で初めて小林と対戦した。結果は小林が一一分三六秒、首固めで勝利した。以後、小林は佐山に二七連勝する。佐山が小林に初めて勝ったのは、デビューから八カ月あまりを経た翌昭和五二（一九七七）年二月六日、岩手県久慈市体育館の第一試合で一一分一秒、スリーパーホールドで倒した試合だった。二人は佐山がメキシコへ遠征する昭和五三年六月まで二年間で七一戦し、小林の四七勝六敗一八引き分けの戦績だった。

小林は佐山との試合で蹴りまくられた記憶を明かした。

「あいつは、好きなところを蹴りまくってきましたよ。顔面、頭にハイキックを入れてね。僕は人間サンドバッグみたいになってました（笑）。佐山の蹴りは危ないから嫌がる選手もいましたけど、僕は一切、文句は言わなかったですね。当時の若手の中では一番いい試合をやってたと思います。佐山とは手が合いました」

手が合うとは、闘えばいい試合ができる相手という意味になる。小林が感じた「手が合う」は、佐山も同じだった。

「二人はいい試合ばかりやってました。それは、もっと踏み込んで言うと、猪木さんが見て怒られない試合という意味です。お客さんから見れば百パーセントいい試合とは言えなかったかもしれません。だけど猪木さんが掲げたストロングスタイルに見合った試合というか、猪木さんの考えを反映した試合だったと思います」

　佐山は、小林だけには遠慮なく蹴りを入れていたのだろうか。

「僕は他の選手にも躊躇なく蹴りを入れてました。だけど、小林さんだと燃えるっていうんですかね……それはライバルとしてではなく、いい試合になるから燃えるっていう感じでした。だから、普通だったら上がらないドロップキックも小林さんだと上がったし、それでお客さんがワァーッて沸くから、さらに燃えるっていう、そんな繰り返しの試合でした」

　私生活で「ウマが合った」ことが試合でも「手が合った」ことへつながったのだろうか。

「何だったんですかね……生活も道場のスパーリングも一緒だったからですかね？　そこは僕も分からないですね」

　明確な答えはなかったが、佐山は「ただ……」と言葉をつないだ。

「よく相手の良さを引き出すとかプロレスでは言われますけど、小林さんとはそんなんじゃなかったですね。引き出してくれるんじゃなくて、お互いが全力でぶつかっていく感覚です。だから小林さんの技は、関節技から肘打ち、ドロップキック……すべてが印象に残ってますよ。それだけ、向こうも必死だったんでしょうね。僕も躊躇なく蹴りましたし、お互いがぶつかったからこそ、いい試合になったんでしょうね」

　それから、およそ一カ月後に佐山は、メキシコへ飛び立った。デビューから二年での海外遠征は、将来の期待への表れだったが、キックボクシングのジムへ通うなど格闘技を追求していた男にとって、空中殺法が中心となるメキシコの「ルチャリブレ」は、自らの理想とかけ離れており、「島流しだと思いました」と振り返る。

不本意なままメキシコに入国したが、すぐにリングの外で存在感を見せる。

「向こうに着いて一週間か二週間目だったと思うんですけど、グアダラハラへ行った時にレフェリーから『明日、道場で練習するから来い』って呼ばれて行ったんです。僕は、ルチャリブレは、新日本の道場でやっていたスパーリングなんか練習していないと思ってたんですけど、道場へ行ったら、スパーリングをやってたんです。僕を呼んだ普段は優しいレフェリーが、そこの先生だったんですね」

道場で佐山は、実はコーチだったレフェリーから、その中にいる一番、強い選手とのスパーリングを命じられた。

「その相手は、体重が百キロ以上ある選手で、僕は飯を食ったばかりだったんですけど、言われたから『しょうがないな』って思って、やったんです。三〇秒で首投げにいってダブルアームロックで極めたら、『分かった。分かった』ってストップされました。それから僕への扱いが変わりました」

メキシコで新日本の道場で培った実力を見せつけた佐山は、リング上では類まれな運動神経を生かして空中殺法をすぐに自分のモノにした。

「ルチャリブレは全然、僕のスタイルに合わなかったんですけど、こいつ、できないのかってバカにはされたくなかったので、見よう見まねでやりました。新日本の試合でドロップキックは覚えていたんで、派手な技ももともと体が器用だから、こなしていけました。だから、試合では苦しみませんでした」

スパーリングを重ねた選手同士でしかできない攻防

リングネーム「サトル・サヤマ」は、瞬く間にメインイベンターへ登りつめ、翌昭和五四年には専門誌「ルチャリブレ」が選ぶ優秀選手となる。タイトルも獲得した昭和五五年六月に小林がメキシコに入ってきた。二人は、メキシコに定着していた先輩レスラー、グラン浜田が用意した部屋で一緒に生活することになった。当時、佐山は二三歳。小林は二四歳だった。小林も佐山とのメキシコでの生活は「楽しかった」と懐かしそうに目を細めた。

「お互いに若かったから、あっちこっち行って遊びましたよ。あまり、仕事の話はしなかった。釣りに行くってなったら、竿じゃなくて空気銃を持って行ってね（笑）。魚って必ず水の上に上がってくる時があるから、そこを狙って打つんですよ。あと、日本食が恋しかったから、市場に行って魚を買って、僕が寿司を作ったこともありました」

佐山が思い出すのは、二人で蹴りの練習をしたことだった。

「仲がいい小林さんが来てうれしかったですね。気が合うんでどこへ行くにも小林さんを案内しました。練習も一緒にやって、僕はサンドバッグを買って部屋においていたんで、一緒に蹴りの練習をやりました」

二人は、ブルース・リーが大好きだった。サンドバッグで蹴りを練習した時に「お互いにブルース・リーのマネをして、映画の撮影みたいに、こっちがハイキックを蹴ったら、こうよける……みたいな映画のシーンみたいなまねごとを何カ月間もよくやっていたんです」

当時、二人は違う団体で試合をしていたため、同じリングで対戦することはなかったが、ある日、アカプルコでの興行に出場した時、タッグで対戦する。

「まさか対戦するとは思わないから、ビックリしちゃって。その時にリング上で『そうだ！　あれをやろう』ってずっとやっていたブルース・リーをやったら、めちゃくちゃお客さんに受けちゃってね（笑）。あれは凄かったですよ」

　メキシコでもさらに親交と友情を深めた二人は、その後、佐山はフロリダのカール・ゴッチの自宅へ行きトレーニングを積み、イギリスへ転戦してタイガーマスクとなって帰国する。小林は、アメリカのロサンゼルスへ転戦し、長州と共に「闘魂シリーズ」開幕戦で凱旋帰国する。

　佐山と小林が前座時代に闘った最後の試合が昭和五三（一九七八）年四月二八日、徳島県の徳島市立体育館だった。第一試合で一五分一本勝負で対戦し結果は、時間切れ引き分けだった。それから四年後の「覆面を剝いだ」大阪は、二人にとって七二回目のシングルマッチだった。試合は、見ている者に「初対決」と感じさせないほど、スイングする名勝負となった。前座時代の七一試合とメキシコでのブルース・リーをモデルにした試合があったからこそ完成した作品だった。そして小林は必死にたった一回のチャンスをつかもうと黄金の虎に挑み、佐山は、自分より出世が遅れた先輩を「スターにしたい」の一心で、覆面を剝ぎ取られた。

　大阪での試合前に猪木が小林に「存在感を見せろ」と迫ったことを佐山は知らなかった。

「そんなことを小林さんが言われていたのは知りませんでした。今、それを聞いて思ったのは、あの試合は、僕と小林さん、そして猪木さんの三者の気持ちが一体化していたんでしょうね」

　七年ぶりの一騎打ちに「相変わらず若手の時代と同じように手が合うなって思っていました」と明かした上で、序盤に展開したグラウンドの攻防は、新日本の道場でスパーリングを重ねた選手でなければできないことを強調した。

「あの攻防をできるレスラーも中にはいると思うんですけど、それは型通りになってしまうでしょうね。本気で練習してこなかった選手たちは、型は知ってますけど、本当の本気は分かりません。僕たちはそんじょそこらの本気じゃないですからね。そんじょそこらじゃない本気の中でやるのは、闘いです。それが見せられたということです。まさに猪木さんの思惑通りだったと思います」

大阪からスタートしたタイガーマスクとの闘いで小林は、前座の時と同じように遠慮ない蹴りを入れられたことを明かした。その証拠としてスマートフォンのアルバムに入れている一枚の写真を見せてくれた。それは、タイガーマスクのローリングソバットが自分の喉に食い込んでいる画像だった。

「これ見てください。アイツは喉に入れているんですよ。他の選手には胸を蹴るのに僕には喉を狙ってましたからね（笑）。それで、試合が終わるとしょっちゅう血痰がでました」

タイガーマスク戦でできた血痰を、ある試合後にファンの前で吐き出したことがある。

「確か後楽園だったと思いますけど、血痰を溜めておいて、帰る時に駐車場にいるファンの前で吐き出したことがあったんです。みんなビックリしてましたよ。それは、ファンにこれだけ凄い試合をしているんだぞって見せようと思ってね。バカにするなっていう意味でした」

赤いパンタロンでつながる二人の友情

血痰がでるほどの厳しい攻めを繰り出した理由を、佐山は覆面を剝ぎ取られた時と同じ思いだったと語る。

「僕が厳しく攻めて怒れば怒るほど小林さんは光ることになるんです。小林さんを売ってやろう、それしか思ってなかったですね。みんな、ヒールだと見ていると思うんですけど、あんないい人は僕の人生の中でもそうそういませんから」

最も記憶に残る試合は何かを聞いた。

「シングルマッチは全部が印象にのこっているんですけど、どの試合が一番良かったというより、いかにも新日本プロレスらしい戦い方ができたなっていうことだけを覚えています。それは、極め技の展開でケンカができるっていうことです。そこは、やはり猪木イズムでしょうね。プロレスでケンカができるんです。小林さん本人は優しい人だから、リングを下りたらケンカなんかできないんですよ。だけど、プロレスになるとそれができたんですね。だからこっちも必死でしたし、本気の感情で必死で手が合ったんです」

二人の友情を表すひとつの秘話がある。小林は、二年四カ月ぶりに凱旋帰国した闘魂シリーズに、赤いパンタロンをはいてリングへ上がった。開幕戦となった一〇月八日の後楽園ホールで、当時誰もはいていなかった赤いパンタロンをはくかどうか、試合直前まで迷った。

「日本に帰った時に新しい自分の姿、スタイルを残さないといけないと思って、誰も着ていなかった赤のパンタロンをはこうと思ったんです。だけど、こんなのはいて上がったら猪木さんが怒るかな、とか、お客さんはどう見るかなって、試合に出る直前まで赤にするか、普通の黒のショートタイツでいくか悩んだんです。その時に荒川真さんが『小林、いいから長いのはいていけ！』って背中を押してくれて、『もう、いいや』って半ばやけくそみたいな気持ちで赤をはいて出たんです。だけど、リングアナにコールされて、お客さんは、コスチュームだと思っていたみたいで、脱がないから、試合が始まった途端に笑っていましたよ。今でも覚えています。なんていうスタイルで上がっているんだよって、クスクス笑っているのが分かった。これはやめておけばよかったって思ったけど、そのインパクトが強かったのか定着したんですね」

そして、赤のパンタロンに隠された秘話を明かした。

「あれは、佐山の置き土産だったんです。佐山は、あれをはいてメキシコで試合をしていたんですね。だけど、ゴッチさんのところへ行く時に二、三枚置いていって、僕がもらったんです。はいてみたら、サイズもピッタリでね。あれは、佐山のものだったんです」

小林は、佐山が残したパンタロンを着てタイガーマスクと闘っていた。

佐山は「確かにゴッチさんのところへ行く時にゴッチさんが黒のショートタイツ以外は認めないっていう人だったんで、メキシコで使っていた試合着はおいていきました。小林さんに『あげる』って言ったかどうかは覚えてないんですけど……それを小林さんが使っていたんですか？　あぁ……それは知らなかったなぁ。僕があげたことになってるんですね。だけど、サイズがよく合いましたよね。だって僕の方が足が長いのに……。これは冗談ですけど」と笑った。

「タイガーマスク対小林邦昭」は、「佐山聡」と「小林邦昭」が野毛道場で出会い、切磋琢磨し、共に遊び、ブルース・リーのマネをしたメキシコ……出会いから七年間に至るそのすべてをリングで燃やした青春の結晶だった。

佐山は、タイガーマスクを引退したがＵＷＦで復帰した後、総合格闘技「修斗」を立ち上げ、総合格闘技の祖となった。六三歳になった今は、原因不明の病と闘いながら、「ストロングスタイルプロレス」を主宰し同時に格闘技道場「佐山道場」を立ち上げ、プロレスと格闘技の両面で後進の育成と自らの理念の伝承に力を注いでいる。佐山は総合格闘技を創始したころ、「タイガーマスクのマスクは、ただの布切れだった」と発言するなど、プロレスを否定する言葉を繰り返したことがある。それでも今、プロレスに携わっている。

「確かに僕は、『タイガーマスクはただの布切れ』と本当に言いました。それは、僕から見たらマスクをかぶる時、こっちから見たら布切れで、お客さんに見える黄金の方を考えてませんよっていう意味で、本気で言ったんです。僕はタイガーマスクの時も、闘っているプレイヤーとしての意識しかなかった。そこには、他のプロレスと新日本プロレスは違うぞっていう思いもあったんです。だから自分が見える布切れの世界しか気にしていなかったんですね。でも、みなさんは当たり前ですけど黄金しか見ていないわけで。そのことが時間が経つにつれ、どれだけの影響を与えていたんだろうということに気がついてくるんです。だから、今、僕が思っていることはひとつなんです。タイガーマスクは裏切れないって。それが僕の今の本気です」

この試合がアントニオ猪木の理想の中で耐えうるのか

小林は、新日本を退社した営業部長の大塚直樹と長州が昭和五九（一九八四）年秋に設立した「ジャパンプロレス」へ移籍し、翌年から全日本プロレスに参戦。その後、新日本に復帰したが、平成四（一九九二）年に大腸がん、一一年（一九九九）年に肝臓がんを発症し、翌平成一二（二〇〇〇）年四月二一日、後楽園ホールでの獣神サンダーライガー戦で引退した。引退後も平成一九（二〇〇七）年に肺がんを発症し平成二八（二〇一六）年に再発するなど病魔に襲われたが、新日本プロレスの野毛道場を管理する仕事を担当している。

小林は佐山がタイガーマスクを引退した時に「今振り返れば、僕も佐山がいなくなったことで何か燃え尽きたようなところがありました」と明かす。佐山は引退した理由を「細かい理由はいろいろあったんですけど、結局、僕は格闘技をやりたかったんです。それに尽きます」と振り返った。

小林は、好敵手を失った失望を明かしたが「僕自身がどうのこうのよりも、佐山自身がやりたいことをやりたかったっていう決断だと思いますから、彼の人生を思えばそれでよかったんです。佐山らしく生きてくれたからそれでよかったんです」と慮った。そして、二人は互いの思いを「感謝しかありません」とこれもまったく同じ言葉で表現した。

小林は、佐山が「パーキンソン病の疑い」と公表した時、真っ先に血流を改善する効果があると言われる玉ねぎの皮を煎じたお茶を自宅に送った。

「僕はがんになった経験から、病気の元は血液の流れが悪くなることだと分かりました。あの玉ねぎのお茶は、僕も寝る前に毎晩飲んでいて、体にいいから、佐山が体調を壊したって聞いてすぐに送りました。今は、心配で心配で仕方ありませんけど、佐山のことだから、必ずよくなるはずです」

そう話すとシャツをまくって右腕で力コブを作った。

「六五歳でこんな腕している人いますか？　僕ががんを克服したのは、練習なんです。毎日、今も練習しているからがんに勝ったんです。僕らは練習で育ってきたので、それしかないんです。佐山もいきなりは回復しないと思いますけど、一日一〇歩でも百歩でも歩く練習から始めたらいいと思うんです。生きている限りは、ずっと練習ですよ」

「タイガーマスク」は今年、誕生から四〇年を迎えた。その一年後に「虎ハンター」は生まれた。新日本プロレス野毛道場で始まった二人の物語はこれからも続いていくだろう。

佐山は、「タイガーマスク」時代を振り返り、もうひとつ当時は明かせなかった事実を告白した。

「お客さんには申し訳ないんですけど、僕はタイガーマスクの時、客席を意識して試合をしてませんでした。正確に言うと意識はしてるんですけど、重要視していなかったということです。あんなに応援してもらって申し訳ないんですけど、それは本当です。じゃあ、何を意識していたかと言えば、それは猪木さんだけだったんです。この試合がアントニオ猪木の理想、価値観の中に耐えうるのか。それだけを意識していました」

佐山は、小林邦昭戦の記憶から「アントニオ猪木」への思いを打ち明けた。そして、佐山が猪木を崇拝している象徴的な場面が昭和四九（一九七四）年三月一九日のストロング小林戦の中にあった。佐山が「猪木さんは本気だった」と表現した場面は、試合時間が一五分から二〇分へ至るリングにあった。

試合は、小林のベアハッグを猪木が返し一五分が経過した。横四方固めの態勢となった猪木を小林は、体を回転させ上になる。ロープブレイクで分かれた時を合図に二人がエキサイトする。猪木が左手で張り手を見舞うと、ついに小林も左手で猪木の顔面を張りに行くが、空振りとなる。小林が一瞬、躊躇する。そこを猪木が右手で張り手を入れると小林も右からの張り手を浴びせるが猪木が左腕でブロックする。左、右と張り手の連打をバックステップで猪木がかわすと、館内が一気にヒートアップする。

興奮の張り手合戦を終え一六分に入ると、再び引き潮のように静かな展開に戻る。背後からスリーパーホールド気味に首を絞める猪木をそのままおんぶした状態で小林が立ち上がる。猪木がコブラツイストへ入ろうとした時、逆に小林がお株を奪うアバラ折りでそのままグラウンドで絞め上げた。その流れで猪木をエビに丸め、フォールへ行くが猪木の両足がロープへかかった。

立ち上がった小林は、再びベアハッグを試みる。ここで猪木が顔面へ右のエルボーを叩き込む。再び抱えようとする小林にもう一度、エルボーを顔面へ入れた。続けてダブルアームスープレックスで投げへ行く猪木に小林は腰を落として抵抗するが、猪木は強引に低空で投げ捨て、カバーに入るが小林はカウント1で返した。

逆に小林が背中へ蹴りを入れ、かがんだ猪木の背中を二の腕で二発、殴打した。猪木が離れる。距離が開く。瞬間、小林の顔面へ猪木が右ストレートを突き刺したのだ。

佐山が言う「猪木イズムとは没入力」

腰から落ちた小林は、尻もちをついてダウンする。右肩を下にして目は宙をさまよい、動かなくなった。辛うじて頭を振って意識を戻そうとするが、レフェリーの清美川がカウントを数える。小林は四つん這いになり、何とか立ち上がろうとする。

ＫＯの10カウントが入る寸前で猪木が背中にストンピングを入れ二〇分が経過した。

小林をダウンに追い込んだ右ストレートは、力道山が木村政彦を「打倒」した凄惨な結末を彷彿とさせた。猪木が背中にストンピングを入れて覚醒させなければ、あのままＫＯになっていてもおかしくない展開だった。佐山はこの右ストレートを「本気で行った」と断言した。

「あの一発で猪木イズムを必死で世間に訴えようとしていたわけです。小林さんは、それが分からなかったのかもしれません」

猪木イズムとは、どういう思想なのだろうか。私の質問に佐山は、猪木が繰り返し弟子やファンに伝え続け、自作の詩にもした「馬鹿になれ！」という言葉を引き合いに出した。

「猪木さんは、『馬鹿になれ！』って言いますけど、それは本当の馬鹿になるってことじゃないんです。馬鹿になれっていうのは人間が何かを目指す時に失敗することばかり考えますよね。例えば、こんな話があるんです」と独特の例えを佐山は披露した。

「初めて上京した若い人に新宿へ行く時に〝いろんな看板があるけど、ピンク色の看板だけは絶対見ちゃいけないぞ〟って命令すると、その子はピンクの看板を見ちゃうんです。だけど、馬鹿になると本当にそれが見えなくなるんです」

　この例えを受けて佐山は、猪木イズム、さらには「アントニオ猪木」というプロレスラーをこう定義する。

「馬鹿になれって、物事に対して集中するなんていう言葉で表現できるような生易しいものじゃないんです。それは没入することです。身も心も深く深く本気で真剣に入り込んでいくことなんです。人間は、集中はできますけど没入することは、なかなかできません。猪木さんは、プロレスに対してあらゆる場面で没入した人なんです。猪木イズムとは、没入力です」

　佐山は、若手時代に猪木の付け人を務め、以降も様々な場面で行動を共にした。平成一〇（一九九八）年四月四日の猪木が引退した後も、柔道からプロレスへ転向した、バルセロナ五輪九五キロ超級銀メダリストの小川直也を共に育成、また世界格闘技連盟「Ｕ．Ｆ．Ｏ．」を設立するなど歩調を合わせた時期もあった。そんな佐山は、「没入力」を醸成したのが道場だったと語る。

「猪木さんは、道場で僕らが〝セメント〟って表現しているガチンコのスパーリングを徹底してやりました。恐らく他の団体は、あそこまでやっていないと思います。猪木さんは本当に練習をして、自分から率先してセメントをやっていました。そこに没入して闘いを知るみたいな姿勢がありました。それは（カール・）ゴッチさんから来ている流れで、日本プロレス時代からやっていたみたいですね。当時、新日本プロレスは、〝プロレスこそ最強〟とか〝プロレスラーは強くなくてはいけない〟とか掲げていましたけど、猪木さんは、道場でそういう思想を地で行っていました。それが猪木イズムです。ですからプロレスラーはそうならなければいけないという思想が新日本だけにあって、僕たちは、そこに共鳴してセメントの練習に没頭したんです」

　道場の「セメント」で強さを追求した選手が、ファンの前で披露する「プロレス」こそが「ストロングスタイル」だった。

「セメントとリングの上は違うじゃないですか。でも、猪木さんは、セメントの中で培った本物の動きが生きてこなくちゃダメだと考えていました。練習では、腕緘《がらみ》だけで一〇分以上、お互いに外せない、外されないことがあります。だけど、試合では、猪木さんは常に『動け』と教えていました。だから僕と小林さんは、関節技の中で次の展開へどんどんいくわけです。その展開の中で今度はアームロックからキーロックに入ったり、クロックヘッドシザースに入ったり、みんな動くわけです。それは、セメントをやっていないとできない動きなんです。しかも、関節技の極め方、外し方は道場のセメントそのままの動きだから、迫力が違います。体の使い方が理にかなっているから、見ているお客さんに矛盾を与えないし、説得力があったんです。それを闘いのごとくやるのが新日本プロレスだった」

　これを佐山は「リアリズムの追求」と表現した。

「猪木さんは、誰が来ても負けないリアリズムを追求していました。例えばこんな話があります。木戸（修）さんが一回、猪木さんから叱られたことがあって、木戸さんはプロレスがうまいんです。だけどお客さんの受けが足りなくて『お前、街でケンカしてこい』って猪木さんから言われました。ボクシングとかキックボクシングとかの競技やスポーツはありますけど、街のケンカの方がリアリズムがあって面白いだろっていうことですね。猪木さんはそういうことをみんなを集めて教えてくれました。街のケンカのような迫力ある試合をしないで、派手な技ばかりを使っていると怒られました。僕は、入門してからメキシコへ行くまでそうやって教えられて、派手なことをやらないで試合をやったことが基本を作ってくれたんです」

「猪木さんは、プロレスに対する思想が格闘技なんです」

若手時代の猪木からの教えを振り返りながら、佐山は「あっそうだ！」と何かに気が付いたように話し始めた。

「入ってから三年間、飛んだり跳ねたりしない試合をやったことがタイガーマスクを作ってくれたんです。道場のセメントで学んだ基本に忠実な動きの中で、大きな技を出さずにお客さんを盛り上げないといけない。しかも、技もよく知ってないといけない。そういう猪木イズムをメキシコへ行くまでの三年間で培ったんですね。もし新日本に入ってなかったらそれはなかった。全日本に入っていたら、タイガーマスクは生まれてなかったでしょう。生まれていたとしてもあんないい試合はできなかったと思います。タイガーマスクがあんなに人気が出たのは、新日本プロレスで修業した三年間があったからだと思っています」

タイガーマスクを生み出した猪木イズム。その猪木が「没入力」を育んだ背景には、ジャイアント馬場の存在があったと佐山は見る。

「馬場さんの存在が大きかったでしょうね。ブラジルでスカウトされて、同じ日に入門した馬場さんを見て、あの方を超えるためにやはりレスラーは強くなければいけないという思想になったと思います。猪木さんが日本プロレスに入ったころには、馬場さん以外にもライバルはいたんでしょうけど、こんなこと言っていいのかどうか分からないですけど……〝あんなもん、平気でやってやる〟っていう考えがあったと思います。猪木さんは、プロレスに対する思想が格闘技なんです」

格闘技的思考だからこそ、佐山は、猪木がストロング小林へ放った右ストレートを「あれで試合が終わってもいいと思っていたでしょうね」と断言する。猪木は、今回の取材で小林戦の映像を見た時にゴング前で向かい合った時の心境を「仕掛けて来い」と思ったということを佐山に伝えた。

「それも本気だと思いますよ。そして、万が一、小林さんが超えてきても勝つ自信があったはずです」と断言した。一方で「ただ、小林さんは優しい人でしたから（笑）……そこまで考えてはなかったと思いますが」とほほ笑んだ。

佐山は、右ストレートを猪木の「本気」と表現したが、一方で同じ猪木の弟子で、昭和六三（一九八八）年八月八日に横浜文化体育館で猪木と六〇分フルタイムなど対戦経験もある藤波辰爾は別の見方を示した。

「あのパンチは、猪木さんの感性です。いろんなところへどういうふうに自分が映っているか、見えているか、もの凄い鋭い感性がある。だから、あのパンチで猪木さんは、自分の強さを印象付けようとした」

ここまでは佐山と共通の考えだったが、藤波は「受けた」小林に着目した。

「ただ、あれは小林さんがプロ。自分も猪木さんとフルタイムの試合をやった時も無意識、阿吽《あうん》の呼吸で猪木さんを良く見せようという意識が働いた。これは決してお約束じゃない。体が自然にそう動く。小林戦でも猪木さんのパンチを受けて小林さんが平気で立っていたら、猪木さんの存在を印象付けることはできない。もちろん、パンチも生きない。今もあの試合であのパンチが印象に残っているのは、あそこで小林さんがプロレスの受け身じゃなくて、尻もちをついたから。あの動きは本物のプロじゃないとできない。あれは、猪木さんの感性の鋭さに小林さんがプロとして対応した場面だった」

同じ猪木の弟子でもプロレスへの思想が違う藤波と佐山では、「右ストレート」の真相への見解も異なった。では、当事者の猪木は、あの一瞬に何を考えていたのか。都心の一室で舟橋慶一と映像を見た猪木が問題のシーンを振り返った。

画面には、右ストレートを放つ前の張り手の攻防が映っていた。このシーンで私は、猪木に相手のどこを見ていたのかを尋ねると「相手の顔を見るとか見ないとかありえない。すべては体で感じ取るもの」と返って来た。

この答えに舟橋が「猪木さんは舞台に立ったら最高のアクターです。台本もない監督もいない、そういう中で自分を瞬時に表現した」と明かすと猪木は「よくテレビに出る時に台本があるでしょ。それを読んで、俺はスタッフに文句は言わないけど、つまんないじゃんって思うんだよね。サービス精神っていうのは一瞬のハプニングでね。例えば、時代劇の『水戸黄門』があるけど、最後に必ず印籠が出て終わるっていう、あれはあれで面白いけどね。他にも寅さんの『男はつらいよ』も面白いけど、でもそこにハプニングがねぇのかなって俺は思ってしまう。『えっ！　寅さんがこんなことするのか⁉』みたいなことを考えるんだよね。そういう部分で、戦後の力道山時代からプロレスが伝わっていく中で、ジャイアント馬場のプロレスは『水戸黄門』だと思うんだよね」と持論を展開した。

格闘家としての猪木を表現しようとする団体

私は「では、猪木さんのプロレスが他のレスラーと違う部分は何ですか？」と聞くと「俺のプロレス？って……。それは、基本的には人を驚かせたい。それで、計算しているわけじゃないけど、そこの会場が騒ぎになっちゃったらしょうがないって思っているんだよね」と過去に自らの試合で起きた会場の暴動騒動を笑った。

猪木が自分のプロレス観を打ち明けた時、画面には、偶然にも右ストレートを小林に叩き込んだシーンが映し出された。

まさに、これが「人を驚かせたい」「ハプニング」という猪木流の象徴なのか。猪木に聞いたが反応は鈍かった。

「どうですかね。流れの中じゃないですかね。これたぶん、反則でしょ？　だけど、プロレスというのは5カウントまで許されるわけで……」

言葉が途切れると舟橋が「猪木さんの試合は意外性なんですね。本当に誰も考えないことが出てくるわけなんですね」と尋ねると「覚えてないな。かなりいいところに入っちゃったのかな」とだけ返した。私は、画面を巻き戻し、再び問題のシーンを猪木に見せた。小林をＫＯ寸前に追い込んだ右ストレートは、力道山と木村政彦戦の再現を狙っていたのかという私の想像をぶつけた。

「そこまでは意識してないよ。そこは本能というかね。俺の人生観は、全部、世の中の常識の範囲内じゃなくて、猪木の常識、非常識でね。それを説明してくれっていうのもなかなか難しいんで。むしろ他人《ひと》様が言ってくれるのが一番いい。冗談じゃねぇよとか、いやあ凄かったとか」

本能で出した一撃だったと猪木は振り返った。舟橋が「勝負事って例えば囲碁、将棋だと長考一番ってありますが、猪木さんは瞬間的に体が動くんですか？　考えるより先に出てくるんですか？」と聞いた。

「プロっていうのは何だろうというね。野球は監督さんがいてサインが出て指示通り動く。リングは自分がすべて。監督がいるわけじゃない。ボクシングはセコンドがいるけど、これはまさに自分との闘いであり、相手との闘いであり、自分がどういうふうに客をつかめるかっていう闘いだから……」

猪木の言葉を聞いて、あの一撃はプロレスに「没入」した猪木だからこそ成し得た確信犯的なハプニングだと私は感じた。

同じ場面を青梅の自宅で小林に見てもらった。右ストレートで自らがダウンするシーンが映ると、しばらく黙り込んでしまった。口を開かない小林に、私は「このパンチはかなり効きましたか？」と質問した。

「覚えてないよ。試合中は、効いたか効いてないかなんて、そんなこと考えてない。お客さんが喜べば最高にいいと思っているだけだから」

意識が飛んだように見えたので「意識はあったんですか？」と聞くと「そりゃあるよ」と即答し、「意識が飛んだら試合なんかできない。見る人が感じることと僕の考えとが全然違うことはあるんじゃないですか。僕はただお客さんに喜んでもらいたいと思って試合していただけだからね」と明かした。

小林の言葉を聞いていると、右ストレートは二人にとって、観客を興奮させるために、プロレスの流れの中で起きたひとつの攻防に過ぎないとも思う。ただ、そこに潜む何かを探すこともプロレスを観る側の特権だと思う。実際、プロレスラーである佐山と藤波が、猪木の一撃へ見解はまったく異なるがそれぞれの確たる視点を持っていた。弟子たちでさえも想像力を膨らませるところに、アントニオ猪木という稀有な才能の証しがある。

右ストレートにこだわった取材を続ける中で、特に佐山の証言からハッキリと確認したことは、猪木には観客を沸かせるプロレスラーの中に格闘家としての危険な側面を内包していることだった。「猪木対小林」の一〇年後、格闘家としての「アントニオ猪木」の側面をクローズアップして表現しようとする団体が後に生まれる。それが「ＵＷＦ」だった。

第12章
強さへの革命
プロレスを格闘技に移行させたＵＷＦという実験場

新日本道場での「セメント」のスパーリングが原点

佐山聡は、ＵＷＦを「プロレスから総合格闘技へ移行するための実験場だった」と振り返る。

昭和五九（一九八四）年四月一一日、埼玉県の大宮スケートセンターで旗揚げしたユニバーサル・プロレスリング「ＵＷＦ」は、激動する濃密な歴史を辿り、その後の格闘技に大きな影響を与えた団体だった。佐山がＵＷＦに在籍したのは、「第一次」と呼ばれた昭和五九年七月から六〇（一九八五）年九月までの一年二カ月間だった。もともと格闘技をやりたくてプロレスラーになった佐山は、「ＵＷＦ公式ルール」を制定するなど、自らが頭脳となって従来のプロレスとは一線を画し、ＵＷＦを競技スポーツのようにプロデュースした。

道場でのトレーニングがＵＷＦの原点だった（写真＝山内 猛）

試合では、ロープワークなどプロレス特有の動きをほとんど排除し、キックと関節技を軸に展開した。このスタイルは、従来のプロレスの動きを否定し、ＵＷＦは、プロレスそのものの「禁断」を突破しようとする先鋭的な思想をファンに問いかけていた。

この実験を経て佐山は、ＵＷＦを離れた後の昭和六二（一九八七）年に「修斗協会」を設立し、平成元（一九八九）年からプロとして興行をスタートさせる。打撃と寝技をミックスさせた「総合格闘技」の名前もなかった当時に、佐山はまさに開拓者として「総合格闘技」の礎を築いた。そして「ＵＷＦ」から「修斗」へ至る原点が新日本プロレス入門からメキシコへ旅立つまでの三年間に野毛道場で積み重ねた「セメント」と呼ぶスパーリングだった。

プロレスを格闘技と信じていた佐山は、練習生時代に「僕は合宿所の部屋に『真の格闘技は、打撃に始まり、組み、投げ、そして最後に極め技で決まる』って自分で書いて貼っていました」と言う。自らの理想を実現しようと、道場で練習する寝技だけでなく、前章でも触れたが打撃を習得するためにキックボクシングの「目白ジム」へ通った。

「高校時代にアマレスをやっていて、道場で関節技を覚え、キックを練習していたので、そういうのを総合的に全部できたら強いんだろうなと当時から思っていました」

当時、一九歳だった佐山は、練習を重ねながら、プロレスは競技としての格闘技であると思い描いていた。ところが昭和五一（一九七六）年、ちょうど猪木対アリ戦の一カ月前にデビューする直前、プロレスが純粋な格闘技ではないことを知ると、付け人を務めたアントニオ猪木に自らのプランを打ち明けた。

「僕は猪木さんに、『新日本の中に格闘技部門を作ったらどうですか？』と言いました。今の総合格闘技みたいなものをイメージして言うと、猪木さんは『いい考えだ。お前を格闘技第一号の選手にしてやる』って言ってくれたんです。猪木さんは、ルールも持ってきました。それはたぶん、マーシャルアーツのルールだったと思うんですが、このルールを変えてガチンコの勝負をしようと言ってくれました」

猪木は、佐山の格闘技にかける情熱とキックの技術を評価し、昭和五二（一九七七）年一一月一四日に日本武道館で行われた漫画原作者の梶原一騎が主催した「格闘技大戦争」で、プロ空手家だったアメリカ人のマーク・コステロとの試合に抜擢する。試合は、ボクシンググローブ着用で寝技なしという圧倒的に不利なルールで実施され、二分六ラウンドをフルに闘うも判定で敗れた。佐山はこの敗戦を経て、さらに格闘技に傾倒していく。ただ、リング上の日常はプロレスだった。

「そこは割り切ってやっていました。猪木さんが格闘技第一号にしてやるって言ってくれたので、それを信じて練習していました。タイガーマスクになってからも、いつ格闘技をやってくれるんだろうって思ってました」

ただ、猪木が佐山との約束を実行することはなかった。信じていた言葉を反故にされた時、猪木への不信感や疑問は、なかったのだろうか。

「それはないです。なぜかと言うと、猪木さん自身がセメントが強くて率先してガチンコの練習をやっていたからです。もし猪木さんが道場でセメントをやっていなかったら、僕の中でガラガラとイメージが崩れて、やめていた可能性はあります」

佐山にとって「道場」のセメントこそが「格闘家」としての誇りであり、自らを支える核だった。いつか猪木と「格闘技」を実践することを夢見た佐山に、「セメント」を汗まみれになって教えたのが三年先輩の藤原喜明だった。藤原こそが、新日本の道場で猪木の分身となって関節技、セメントを伝承した男だった。

「俺は、猪木さんの教えを忠実に守っただけだ」

藤原は昭和二四（一九四九）年四月二七日、岩手県和賀郡江釣子村（現在の北上市）で生まれた。黒沢尻工業高校を卒業し埼玉県川越市にあった小松製作所の関連会社に就職する。二年半の工場勤務を経て、調理師を志して東京・神田の洋食店で修業する。その後、横浜市の中央卸売市場のマグロ専門店に勤める。

当時、横浜には重量挙げの元全日本ライト級王者で、日本プロレス出身の金子武雄が運営するボディビルの「スカイジム」があった。藤原は、このジムへ入会し、市場で働いた後、トレーニングに励んだ。ジムで金子からレスリングを指導された藤原は、ほどなくして金子からプロレス入りを勧められ、新日本プロレスへの入門を希望した。金子の仲介によって旗揚げした昭和四七（一九七二）年一一月に入門。体も出来上がっており、レスリングも覚えていた藤原は、入門直後の一一月一二日に和歌山県白浜町の坂田会館での藤波辰巳（現・辰爾）戦でデビューする。

瞬く間にプロレスラーとなった藤原だったが、出世のステップとなる海外武者修業には抜擢されず、試合は前座から中堅での試合が常で、いつまで経ってもメインイベンターには起用されなかった。

「この世界でいい選手というのは、お客さんをいっぱい会場へ入れる選手のことを言うんだよ。だから、俺は会社的にはいい選手じゃなかったということじゃねえの」

藤原は、スポットライトを浴びなかった理由を半ば自虐的に打ち明けた。ただ前座で興行を温める毎日にも、腐ることはなかったという。

「だって俺は岩手の百姓の長男でな。父さんと母さんは、朝から晩まで真っ黒になって働いても、ずっと貧乏でな。俺は、父さん、母さんみたいな苦労はしたくないと思って東京に出てきたからな。どんなことがあっても岩手には帰りたくなかったんだよ。しかも帰ってしまえば、落伍者って笑われるからな。俺は自分の好きなことをやって食っていければそれで充分だった。好きなことって何かって？　それは、これだよ」

意味深な笑いを浮かべながら「これ」と話した時、藤原は右の人差し指を伸ばし、親指を突き立てる「ピストル」の形を作って見せた。これはプロレスの隠語「シュート」の意味で、佐山が言う「セメント」と同義語の、観客に見せるプロレスとは異なるガチンコのスパーリングのことだった。興行の華になれなかった藤原は、道場でのスパーリングに熱中した。

「猪木さんは、プロレスラーにとって一番大切なのは道場だっていう考えだった。あの人の教えは、『プロレスとは闘いだ』って、これだけ。だから『本物をみせろ。本物のテクニックをみせろ』って、みんなに言ってたよな。強くなければ、お客さんを納得させられる仕事はできないということだよ。俺は、その教えを忠実に守っただけだ」

藤原は、スパーリングの面白さにのめり込んだ。

「関節技っていうのは、最初は力任せに腕、足をねじったり、絞めれば極まるって思ってたよ。実際、（山本）小鉄さんの教え方はそうだったよな。極まらないと『バカ野郎！　根性で極めるんだ』って言ってたよ（笑）。ところが、そうじゃねえんだな。重要なのはテコの原理なんだよ。俺は工業高校だから、そういうのが好きでな。テコの原理を応用すれば、力なんか入れなくても、ちょっとだけ体重を移動したり、体の向きを変えるだけで極まるんだ。それが面白くてな。若い連中を相手にどうやったら極まるのかっていうのを実験していったんだよ」

新日本プロレスの練習は、スクワットやプッシュアップなどの基礎トレーニングをやった後、リングでスパーリングへ移るメニューだった。藤原が入門した当時の道場は、すべてを山本小鉄が指導していた。しかし、藤原がスパーリングに熱中してリングを独占するようになると、後から入門した若い選手と、「実験」相手として肌を合わせた。この流れでいつしか、藤原が関節技の指導役となった。

「俺は、教えるつもりなんかなかったんだよ。あくまでも、俺が好きな関節技の実験台として若い連中を相手に『今、極めたけど、もっと合理的に極めるにはどうしたらいいんだ？』って研究していただけなんだよ。だけど、それが自然に何か俺が教えるみたいな感じになったよな。別に猪木さんから『お前がコーチしろ』とか言われたことはなかったからね。俺には俺の役目があったっちゅうことだな。つまりは、スターになる人たちが一生懸命お客さんを集めて、俺たちはそのおこぼれに預かるっていうことだよ（笑）。その代わり道場は俺たちが守る。だから役割分担だよね。俺としては、人から何と言われようが、飯が食えて、酒が飲めて、自分の道を生きられればそれだけでいいって思ってたよ」

「寝技イコール世界最強という神話を持っていました」

いつの間にかスパーリングのコーチになった藤原には、もうひとつ重要な役目があった。当時、「プロレスこそ最強」を掲げていた猪木の影響で、道場には街の空手家や柔道家など、プロレスラーの強さが本物かどうかを確認する「道場破り」が現れた。こうした「素人」を相手に、面倒を見るのが藤原だった。

「ああいう連中は、極めただけじゃダメなの。その時は極められて『参った』しても、家に帰ったら、『プロレスラーは大したことなかった』って吹きまくるからな。だから、大切なのは、しっかり靭帯を切る、骨折させるっていう、俺たちが強いっていう証拠を残さないといけないんだよ。そこは、きっちりやったよな」

藤原が道場で若手選手をコーチするようになった昭和五〇（一九七五）年、佐山が入門する。佐山にとって藤原は、プロレスラーの強さを最初に叩き込んでくれた男だった。山口県立水産高校レスリング部に所属していた佐山は、同校を中退して新日本入門を志願し、山本小鉄に連れられて試合前の後楽園ホールを訪れた。リングでスパーリングを促され、相手をしたのが藤原だった。この時のことを藤原は覚えている。

「佐山は、まだ一七歳だったんじゃないかな。小鉄さんが連れてきて『ちょっとやってみろ』って言われてスパーリングをやったんだよ。やってみると、身長は一七〇センチぐらいで小さいのに、結構やるじゃねぇかって思ったよ。あいつもその辺のプロレスラーには負けないって思ってたらしいよ。ただ、関節の極め方を知らなかったよな。アマレスは相手の両肩が付けば勝ちだけど、俺らはそこから始まるからな。それで、道場破りと一緒で一発目にクチャクチャにやらないとダメだから、その時もクチャクチャにやったよ。だからあいつは、下っ端でもこんなに強い人がいるんだから、プロレスラーって本当に凄いって思ったらしい。だからあいつは、もっと強くなろうって、入ってから一生懸命やったよ」

藤原が明かすように佐山は、入門後、道場で毎日、藤原の胸を借りて「セメント」に没頭した。

「藤原さんは厳しかったですよ。それは、口とか態度とかじゃなくてスパーリングの厳しさです。最初の三カ月ぐらいは、もうボロ雑巾のようにめちゃくちゃに絞られました。ただ、毎日必死になれば、だんだんと極まらなくなります。それで、僕がメキシコへ行く前のころ、お互いに極まらないから『俺たちって、この寝技が競技だったら世界で五本の指に入るよな』みたいな話を、今から思えばバカみたいなんですけど、笑いながら話したことがありました。当時はそのぐらい自信があったし、寝技イコール世界最強という神話、理論を持っていました」

藤原が佐山に教え、研究した関節技の練習に、新たな若者が加わることになる。佐山の入門から三年後の昭和五二（一九七七）年七月、大阪から前田日明（当時は前田明）が新日本プロレスの門を叩いた。前田は、昭和三四（一九五九）年一月二四日に大阪府大阪市大正区で生まれた。道場で空手を学び、北陽高校を卒業した後、公園で空手の稽古をやっていた時、偶然通りがかった佐山に声をかけられたことがきっかけで、新間寿がスカウトする。ただ、プロレスに興味がなかった前田は何度か断ったが、新間から「猪木が闘ったモハメド・アリのジムに入れてあげるよ」と口説かれ、アリに会いたい好奇心から入門を決意した。

「入った時の自分は、新間さんの言葉に何の疑いもなく、新日本の好意でアリのところへ行かせてもらおうと思ってましたから、アリのジムへ行った時、練習に耐える体を作ろうと思っていたんです。でも、せっかく新日本に入ったから、プロレスの技を覚えたいと思ったら、グラウンドレスリングをやっていたのが藤原さんしかいなくて、せっかくプロレスに入ったんだったら、そこにある技術、宝物を習得しようと思ったんですね。それで藤原さんに自分も教えてもらうようにお願いしたんです」

ただ藤原は、入門したばかりの前田の要望を却下した。

「前田は、身長が一九〇センチ以上あるのに、体重が七〇キロぐらいしかなくて細くてな。スパーリングやっても最初は、ケガをさせたら大変だなって思ったから、『お前は、引っ込んでろ』って言ったよ」

藤原が前田とスパーリングを始めたのは、ある「事件」がきっかけだった。それは、前田が入門してから二カ月を経た九月八日の山口県徳山市体育館での試合前の練習だった。

「藤原さんに自分がスパーリングをお願いすると、いつものように『シッ、シッ』って相手にされなかったんです。それを見ていた猪木さんが『藤原、邪険にするな』って注意して『じゃあ、俺がやってやるよ。来い。何でもやっていいから』って言われたから、その時、自分は極真会館の大山倍達総裁の本に『プロレスラーと闘うには、金的蹴りと目つぶししかない』って書いてあったのを思い出して、猪木さんを相手に本当にそれをやったら、先輩たちに『お前、何やってるんだ』って袋叩きにされましてね」

「プロレスこそ最強」という猪木の理想を継承

前田が猪木の金的蹴りと目つぶしにいった時のことを藤原は鮮明に覚えている。

「あいつ、本当に猪木さんのキンタマを蹴りにいって、目つぶしやろうとしたんだよ(笑)。みんな怒ってな。だけど、あれは猪木さんが悪い。だって、何やってもいいって言ったからな(笑)」

藤原は、前田の猪木への金的蹴りを引き起こした原因は自分がスパーリングを拒否していたことにあったため、「そこからスパーリングをやるようになったよ。あいつは、佐山と違ってレスリングの経験がなかったから、最初のころの寝技のセンスは、あったとも言えるし、なかったとも言えるな」と振り返る。

前田にとって藤原とのスパーリングは、佐山も回想したように過酷そのものだった。

「最初は、上に乗っかられて、息ができなくて手足をバタバタ動かすだけでしたよ。藤原さんは、極まって自分がタップしても『まだ、極まってない』ってやるんですから、ケガもしましたよ。そんな状況から、徐々に動けるようになって、体幹の筋肉が少しずつついた感じがしましたよね」

藤原は、極められても無我夢中で向かってくる前田を、年の離れた弟のようにかわいく思うようになった。

「練習で絞ってやると、あいつは、道場の隅っこでショボンとして涙をにじませるんだよ。だから、あいつの耳元にこそっと『あと半年経ったら、俺はお前にやられるかもしれねえな』って言うと、ニコッと笑って『本当ですか』って喜んでな。また、次の日から目をらんらんと輝かせてリングに上がって来たよ。本心は、『三年経っても俺に勝てないわ』って思っても、そうやってささやくと目を輝かせるから、そりゃかわいいよな。人は殴ったって強くなるわけない。そんなのは無駄なんだよ。憎まれるだけ。たまにおだてながら教えてやると、ヨシッてなるだろ。でも、それも素質なんだよ。真面目なヤツが一番、強くなる。それが才能だし、そうならないと人間は上達しないんだよ」

前田は、藤原が明かした練習生時代の励ましに苦笑いを浮かべた。

「あれは、うなだれていたんじゃなくて、七〇キロしかない体で一〇〇キロの人に上に乗っかられて息ができなくて、それを一時間もやられたらボロ雑巾のようにヘトヘトになってたってだけの話です」

前田が藤原を慕った理由は他にもあった。

「藤原さんの性格って、いろんな意味で俺の親父にそっくりだったんです。親父は今はもう死んでしまいましたが。藤原さんは当時は今よりももっと尖っていて、しゃべらなくて。そんなところが親父にそっくりでね。藤原さんを見て、大阪においてきた父親を思い出して、藤原さんに何かをすると親孝行したような気持ちになったんですよ」

前田は、中学二年の時に両親が離婚し、父・正雄に引き取られた。父を置いて上京した境遇もあり、藤原に「父」の影を見ていた。正雄は、平成二二（二〇一〇）年一〇月一一日に亡くなった。前田が父のように思った藤原が指導をしていた日々は、佐山が昭和五三（一九七八）年六月からメキシコへ海外遠征したことで変化する。

「俺が藤原さんとやるように、後から入って来た若手選手もリングに集めてスパーリングをやらせたんです。何でかと言うと、俺と藤原さんが二人でリングを占拠すると、他の選手が嫌がって、向こうへ行けってリングから下ろされて、床の上でやったりしていた。そのうち俺が合宿所の寮長になったから、リングから下ろされないように、後から入ってくる奴らに『強くなりたかったら、グラウンドの練習をしなきゃいけないんだよ』って、無理やり藤原さんと自分のスパーリングの中に入れてやらせたわけです。言ってみれば多数派工作です（笑）。その中に髙田（延彦）とかいましたけど、俺が誘わなかったら絶対に彼はやってないです」

前田は、昭和五三年八月二五日に新潟・長岡市厚生会館の山本小鉄戦でデビューすると、後から入った新弟子を引き込んで藤原とスパーリングをやらせた。藤原は、自らと頻繁にスパーリングをした若手を「佐山、前田、あと平田なんかも来たよ。あいつも頑張ってたよ」と、後に覆面レスラー「ストロング・マシン」から「スーパー・ストロング・マシン」となる平田淳嗣の名前を挙げた。藤原は、請われれば誰にでも技術を惜しみなく伝えた。その職人気質で無償の指導を、佐山や前田、平田、髙田たち若手選手は信奉した。「プロレスこそ最強」という猪木の理想を道場で実践した藤原が、佐山、そして前田へ伝えた「セメント」こそ、ＵＷＦスタイルの原型だった。

「クーデター事件」を機に生み落とされたＵＷＦ

そして、猪木から藤原、佐山、前田へ受け継がれる原点として忘れてはいけない人物がカール・

ゴッチだ。猪木は、日本プロレス時代に道場でコーチをしたゴッチの指導に傾倒し、ジャイアント馬場とは別の、強さを全面的に表現するスタイルを追求した。新日本プロレスを設立してからは、ゴッチに道場で選手への指導を依頼した。藤原は、ゴッチの理論的な指導に引き込まれた。

「それまでは、関節技は『根性で極めろ！』っていう教えだっただろ。ゴッチさんは、全部、極まる仕組みを教えてくれたんだよ。それが面白くてな。練習が終わると、ゴッチさんに教えられたことをノートに書いて、何度も読み返したよ」

藤原は、ゴッチの教えをさらに深く吸収しようと昭和五五（一九八〇）年に自ら猪木に頼んでフロリダ州タンパのゴッチの自宅へ半年間、単身で滞在した。海外武者修業は試合で行くのが当たり前だが、練習のために行ったのは異例だった。

「俺にとっちゃ、余計なことを考えずにひたすらゴッチさんから学べるから楽しくてな。ひたすら関節技の研究に没頭できて、最高の毎日だったよ」

練習が終わると、プロ並みのイラストの腕前を生かして、その日学んだ関節技の図をノートに描き、腕や足が極まる仕組みを克明に記した。藤原が若手選手に差別も区別もすることなく技術を伝えたのは、こうしたゴッチの姿勢から学んだものだった。前田もゴッチに心酔した。

「日本でもヨーロッパでも、歴史に語り継がれる武芸者っていますよね。ゴッチさんってそういう人なんです。朝起きて目を開けてから、夜、目をつぶって眠るまで、ただ一つのことだけを考えている人なんです。ゴッチさんから教えられたプロレスの動きが、自分らの原点になっています。俺だけじゃなくて例えば、佐山さんのタイガーマスクがくるくる回って足を取る動きなんか、完全にゴッチさんです。猪木さんも卍固め、ジャーマンスープレックスとか完全にゴッチさんから習ったものです。新日本のスター選手は、みんなゴッチさんから教えてもらった動きで注目されたんです。

俺らはゴッチさんに飯を食わせてもらっていただけなんです」
猪木から藤原へ受け継がれる系譜の根本に、ゴッチがいた。ゴッチに多大な影響を受けたレスラーが集まったのがＵＷＦだった。

ただ、その誕生は、まったく別の思惑から産み落とされる。きっかけは、旗揚げ前年の昭和五八（一九八三）年夏に新日本プロレス社内で発生した「クーデター事件」だった。この年の八月二六日、新日本プロレスは緊急役員会で社長の猪木、副社長の坂口征二、専務取締役の新間寿が退陣し、大塚博美、望月和治、山本小鉄の三人が代表取締役になる新体制を決議した。猪木、坂口は取締役へ降格、新間は謹慎を通告された。理由は、猪木が経営するバイオ事業「アントン・ハイセル」に新日本の利益が流出している責任を追及したもので、三人は、事実上の解任だった。

後に「クーデター事件」と呼ばれる社内改革だったが、中継局で株主でもあるテレビ朝日専務の三浦甲子二が猛反発した結果、わずか二カ月あまりの一一月一一日の臨時株主総会で猪木は社長へ、坂口は副社長へ、復帰する。ただ新間は、そのまま退任となった。同時に「クーデター」に賛同した複数の社員も退社することになる。

新日本を追われた新間は、秋に辞めた社員と共に新団体の設立を決意する。社長は中大の後輩だった浦田昇に任せ、翌昭和五九（一九八四）年二月二一日に「ユニバーサル・プロレスリング株式会社」の社名で会社登記した。自身は最高顧問として采配を振るった新間は、一時は猪木から協力を約束され、フジテレビが水曜夜八時に中継する契約寸前にまでこぎつけた。新間の構想は、あくまでも「ＵＷＦ」は新日本のグループ会社の位置づけで、猪木を「ＵＷＦ」へ「移籍」させ、燃える闘魂が率いる「ＵＷＦ軍」と坂口、藤波が軸になる「新日本軍」が対抗戦を実行する計画だった。しかも、昭和四〇年代の日本プロレスのようにテレビ二局で中継し、水曜夜はフジ、金曜夜にテレ朝で両軍の闘いを展開する絵を描いており、新間は「テレ朝の三浦さんには相談して、内諾ももらっていました」と明かした。

前田は母親を救うためにＵＷＦへ移籍した

　この構想を実現するため、猪木と新間が「ＵＷＦ軍」の要員として指名したのが、デビューから四年あまりを経た前田だった。前田は、新間から新団体へ移るように頼まれたという。

「新間さんから、猪木さんも藤原さんも佐山さんも来るって聞きました。それでテレ朝とフジの二局体制でやる計画を言われて、新団体は名前は新日本とは違うけど、大元の母体の経営陣は新日本とまったく同じだから、その間を選手が行き来することになるって聞いたんです。だから、自分の中では親会社から子会社へ行くような感じですよね。今で言えば〝半沢直樹〟の出向みたいなイメージでした」

　前田の他に新日本に参戦していたラッシャー木村、剛竜馬も「ＵＷＦ軍」へ加入するメンバーに指名され、剛は一月の「新春黄金シリーズ」の途中でシリーズを離れ、前田と木村は三月二日に神奈川県綾瀬市立体育館で開幕した「ビッグファイトシリーズ第一弾」から欠場した。

　前田が「ＵＷＦ」へ参加することを承諾したのは、待遇アップを提示されたこともある。

「俺は、あのころファイトマネーは、一試合一万円か一万五千円だったのが月に百万円ぐらいになるって約束されたんです。それだったらやったろうかって思った。その給料は、ユニバーサルが解散するまで変わらなかったですね。社員には給料の未払い、遅配があったんですけど、選手にはそれはなかったです」

　前田が待遇に魅かれたのは、家庭の事情があった。

「その時、おふくろが自殺未遂したんです。姫路市の自宅マンションから飛び降りて重体になった。幸運なことに電線にバウンドして路上駐車している車に足から突っ込んで助かって、死ななくてすんだんですけど、三年間入院して手術を五回やりました。それで治療費が必要だったんです。トータルでどれぐらいかかったか分からないですね。たぶん、千万単位、二、三千万円ぐらいかかったと思います」

前田は、母親の幸子を救うためにＵＷＦへ移籍した。

「おふくろの自殺未遂がなかったら、ユニバーサルへは行ってなかったと思います。新日本プロレスの本隊を離れて、子会社への出向だとしても、そんなわけの分からんとこへ行くっていうのは、抵抗ありますよね」

現在、母は健在で、腎臓透析する治療費も前田が援助している。こうして前田は、新団体へ飛び込んだ。ところが、三月に入りすべての計画が白紙になる。参戦を約束していた猪木が土壇場でキャンセルする。最大のスター選手が不在の状況では視聴率も望めず、フジテレビも中継を取りやめた。

フジテレビが放映中止を決定したのは、三月八日にＵＷＦが新宿二丁目に事務所開きを行ったその日だった。それでも新間は、ＵＷＦの旗揚げポスターに自らがマイクを持った写真を中心に置き「今、新しいプロレスが始まる　私は既に数十人のレスラーを確保した　近日中に驚異のメンバー発表!!」のメッセージを入れた。ポスターには、参戦予定選手として「アントニオ猪木」「タイガーマスク」「前田日明」「ラッシャー木村」「マサ斎藤」「剛竜馬」「藤原喜明」「高田伸彦（現・高田延彦）」「長州力」「アニマル浜口」「キラー・カーン」「タイガー戸口」に「ハルク・ホーガン」「アンドレ・ザ・ジャイアント」「ボブ・バックランド」「ローランド・ボック」「アドリアン・アドニス」「ディック・マードック」「アブドーラ・ザ・ブッチャー」「ポール・オンドーフ」の二〇人の顔写真を並べた。

実際、ＷＷＦの会長を務めた新間は、予告通りの動きを見せた。プロモーターのビンス・マクマホンSr.との個人的な信頼関係を生かし、前田をＷＷＦのサーキットに参戦させ三月二五日にニューヨークのマジソンスクエアガーデンでピエール・ラファエルとの「ＷＷＦインターナショナルヘビー級王座決定戦」を制し、同王座の獲得を実現させた。ベルトの真ん中には「ＵＷＦ」の三文字が刻まれており、ニューヨークで新団体のエースが前田であることをお披露目した。

ただ、この王座は当時、新日本プロレスで藤波辰巳（現・辰爾）が同名のベルトを保持していた。同じ名前のタイトルに二人の王者が存在する異常事態だったが、これも、構想として描いていた「新日本対ＵＷＦ」への布石で、藤波と前田が同じ名称の王座決定戦を行う計画を温めていた。すべては、フジテレビの撤退で消え去った。

長州を襲撃し「テロリスト」となった藤原喜明

すべての構想がゼロになり、取り残されたのが前田、木村、剛ら派遣された選手と社員だった。新日本プロレスを退社し、ＵＷＦに移り営業部次長として旗揚げに奔走した上井文彦は「団体を辞めるとか、後戻りすることは考えていなかった」と振り返り「オープニングシリーズは全部、会場も押さえていましたから、現実的にやめることはできない状態でした。どうなるか分からなかったですけど、社員はみんな、とにかく船が出た以上は、やれるところまでやろうっていう気持ちでした」と明かした。

オープニングシリーズは四月一一日に大宮スケートセンターで旗揚げし、一二日・埼玉県熊谷市民体育館、一四日・山口県下関市体育館、一六日・岐阜県萩原町あさぎり体育館、最終戦が一七日・蔵前国技館に決まっていた。新間は猪木にＵＷＦへ合流することを前提にした二千万円とも言われる支度金を渡しており、最後まで猪木がシリーズ中に合流する望みも捨て切れていなかったが、結局猪木がＵＷＦのリングに上がることはなかった。新間は、猪木に選手の派遣を頼み、新日本はデビュー三年目の高田伸彦がシリーズ全戦に参加し最終戦の蔵前に藤原を派遣することを認めた。

こうした荒波の中、昭和五九（一九八四）年四月一七日、蔵前国技館で前田と藤原がメインイベントのリングで闘った。ＵＷＦに参戦する直前、藤原は、前座、中堅選手から脱し、テレビ中継で試合が組まれるスポットライトを浴びる存在になっていた。藤原を一躍スターにしたのが、この年の二月三日、札幌中島体育センターでのテレビ生中継だった。夜八時の放送開始と同時に組まれた試合は、藤波と長州力のＷＷＦインターナショナル選手権だった。「名勝負数え唄」と謳われた看板カードだったが、長州が入場の花道を出た瞬間に、赤いジャージを着た藤原が凶器を持って長州を襲撃する。長州が大流血に見舞われ、試合は中止になる。闘う予定だった藤波は、試合をぶち壊され、「こんな会社辞めてやる」と吐き捨て、降りしきる雪の中、黒のショートタイツ一枚でタクシーに乗り会場を去った。後に「雪の札幌テロ事件」と呼ばれる長州への襲撃を実況した古舘伊知郎は「テロリスト」と藤原を命名し、毎週、テレビマッチで起用されることになる。

道場で「ピストル」を磨き続けた藤原が初めて陽のあたる場所に出た「雪の札幌テロ事件」は自らが考えた行動だったのだろうか。

「そんなもん企業秘密だから言えねぇよ。ただ、俺はイチ従業員だから、社長の命令がないといけないわな。社長の命令に反したら首になるだけ。言えるのはそれぐらいだよ」

当時の社長は猪木だった。つまり、猪木の命令だったのか？と聞くと「だから、そんなもん言えねえって言ってんだろ」と凄んだが、すぐに意味深な笑みを浮かべ、口を開いた。

「俺は、あの札幌で自分の仕事を一生懸命やっただけだよ。リング上は俺の戦場だからいつも全力でやるだけなんだよ。それでも、人間の体って無理しないようにストッパーがあって、百パーセントの力を出させないようにできているもんなんだよ。だけど、あの時思ったのは、人間は死ぬか、生きるかみたいな状況に追い込まれると、火事場のバカ力みたいにストッパーは外れるんだよな。そんなことを初めて知ったよ」

テロリストになった藤原と、前田は蔵前で対戦した。リングへ上がった時の揺れ動いた心境を前田は明かす。

「あの試合は、ユニバーサルができるまでにいろんなことが起こりすぎて俺自身がどうしたらいいのか分からないっていう状況でやった試合です。結局、来るって信じていた猪木さんが旗揚げの大宮に来なくて、シリーズの途中も来なくて、蔵前は間違いなく来るからって言われたけど、来なくて……。当時、俺は『フジとテレ朝で二局放送するから、そのための先兵でいけ』って命令されましたけど、あの時は、絶対、誰にも言うな、墓場にもっていく話だぞって言われてましたから、誰にも言えなくてね。だけど、蓋を開けたら全部計画はなくなって『俺ら、うまい具合に言われて処分されたんかな』って疑心暗鬼になってね。そういうのが気持ちの半分にあって、だけど、新日本の采配で藤原さん、髙田を出してくれたから、猪木さんは、あの人なりに来れない事情があるんだなって考えたりもした。でも、じゃあ、俺らの生活はどうなるんだ。旗揚げしたのはいいけど、これからこの会社は、立ち行かないだろうし、『どうするんだ。どうするんだ』っていう気持ちでリングに上がりましたね」

スパーリングでルスカと互角に渡り合った藤原

逆風だらけで揺れ動いた心情で迎えた蔵前での藤原戦だったが、前田にはひとつの企みがあった。それは、道場でのスパーリングをそのまま試合で実践し、藤原の本物の実力をファンに教えることだった。

「藤原さんって今の時代に生まれていれば、アメリカとかで総合の試合に出まくってバンバン稼いでいたと思いますよ。それぐらい実力があった。だから、蔵前で藤原喜明が本当の実力者であることを分からせてやろうと思いました」

前田は、藤原の実力を証明する逸話を明かした。

「藤原さんって猪木さんと対戦する前のウィレム・ルスカを極めたんです。これは自分が入る前の話で直接、見たわけじゃないんですが、レスリング協会の福田さんが新日本の道場にルスカを連れてきて、誰かスパーリングをやってくれって頼んだら、みんな、そっぽ向いて、藤原さんだけが、俺がやりますって名乗り出て、その時に極めたんです。それでルスカはガックリ来て、お前がそんなに強いなら猪木はもっと強いのか？って恐れたんです。それがなかったら猪木対ルスカ戦は、もっと違う試合になっていたはずなんです。当時の猪木さんなら簡単にやられないと思うけど、後に語り継がれるような試合にはなってないと思います」

前田が明かした藤原とミュンヘン五輪で柔道二階級制覇を果たしたウィレム・ルスカとのスパーリングは、昭和五一（一九七六）年二月六日、日本武道館で猪木がルスカと対戦した初の異種格闘技戦の前だった。前田は、先輩レスラーから藤原がルスカを「極めた」と伝えられたという。前田の話に出てくる「福田さん」とは、当時、来日したルスカと行動を共にしていた現在、日本レスリング協会前会長の福田富昭で、関係者を通じて福田を取材すると、確かに藤原とルスカのスパーリングを新日本プロレスの道場で見ていた。記憶している二人のスパーリングを福田は「二人とも関節技が得意で負けず嫌いで、鼻っ柱の強さを感じるスパーリングでした」と振り返った。互いに上半身裸で行った練習内容は「一方が極めれば、反対側が極め返すというものだったと思います。ただ、ルスカは絞め技を持っていたので、その部分ではルスカが上回っていた印象があります」と明かした。実際に目撃した福田は、ルスカが優勢だったことを証言したが、一方で藤原も柔道世界一の実力者と互角に渡り合っていたことも分かった。

前田と藤原の一騎打ちは、表向きには、新日本を離脱した前田をテロリストの藤原が制裁に打って出る――という構図で宣伝された。しかし、前田の中では「自分にとって、きっかけになった人ですから、本物を見せてやってやろうと思ってやった試合でした。藤原さんもそう思ったし、お互いにそう思っていました」というまったく別の思惑を持ってリングに上がったのだ。

時間無制限一本勝負の試合は、テレビ中継がないため、リングを照らす照明だけの暗闇の中で行われた。藤原が左腕を固めると、両足で顔面を挟んでひねるクロックヘッドシザースで前田を絞めた。前田も藤原の左腕をワキ固めで捉える。再び藤原はクロックヘッドシザースから瞬時に右腕を取り腕ひしぎ逆十字固めへ移行する。

ロープへ逃げた前田は、逆に左足をアキレス腱固めで捉えた。藤原は立ち上がると、そのまま左腕をワキ固めの状態から投げる。ここまでの五分間が道場での藤原の実力の一端を見せようと模索した時間だった。

五分を過ぎると前田が藤原をモンキーフリップで投げる。藤原は前田の左足を取ってドラゴンスクリューで倒した。七分を過ぎると、前田が藤原をロープへ振りジャンピングニーアタックを浴びせ、ブレーンバスターからロープへ振ってフライングニールキックと、完全に新日本プロレスで展開していたスタイルと変わらなくなった。

　続けて場外戦で藤原が流血し、得意の一本足頭突きでクライマックスを迎えると、再び場外戦へ雪崩込み両者フェンスアウトで試合は終わった。時間は、一〇分三七秒だった。不完全な終わり方に納得がいかない観客から、リングへモノが投げられ「延長コール」が合唱された。騒然となる館内にエプロンに立った新間がマイクで一〇分間の延長戦を告げ、再びゴングが鳴った。

　試合は完全に従来のプロレスと同じ攻防で、最後は、ジャーマンスープレックスでブリッジで固めるところを藤原がそのまま潰すと二人は立ち上がることなく10カウントが入り、三分三四秒、両者ＫＯという結果となった。

一瞬の関節技で極まる「プロレス」

　藤原は初めてシングルマッチでメインイベントを務めた前田との試合を「俺はＵＷＦへ行く時に猪木さんから負けるなと言われたから負けない試合をやっただけ」と素っ気なく振り返った。ただ、前田がこの試合で藤原が道場で培った「本物」を見せたい思いがあったことを伝えると別の答えが返って来た。

「せっかく練習していることを見せないといけねぇなって思ってたよ。お客さんには自分の一番いいところを見せたいからな。それで、俺が自信があるのは、道場でやってたことだから、それを見せただけの話だよ。相手によって何が一番有効かってことだよ」

　それは道場でスパーリングを繰り返してきた前田だからできた試合だったのだろうか。

「そんな難しいことは考えてないよ。あいつはあいつのスタイルで来た。ただ、俺は俺のスタイルでやった試合だったな。それだけだよ」
藤原が明かした「自分のスタイル」が開始五分までの攻防だった。中でも目を見張ったのは、クロックヘッドシザースから逆十字へ入った時の藤原の流れるような動きだった。完全に極まっていた関節技は、道場での実力を垣間見せたシーンだった。前田は「テロリスト」では見せない藤原の技術を満天下に見せたかったし、藤原も「シュート」の一端を観客へ訴えたのだ。前田は、試合後のリングでマイクを持って「今のプロレスは大技が一発で決まらない。昔はそうじゃなかった。一発で決まるプロレスをやりたい」と自らの思いを吐露した。一瞬の関節技で極まる「プロレス」。この五分間こそがＵＷＦスタイルの原風景だった。

ただ、前田にとって現実は、混沌と葛藤のリングだった。

「ぶっつけ本番でやりながら、試行錯誤でわけが分からない試合ですよね。俺にしてみれば、本当は海外に三、四年行って、いろんなスタイルを勉強してオールマイティーになって帰ってくるはずが、一年で戻されてキャリアもなければ、スキルもない。じゃあ、俺に何ができるのか？って考えたら、結局、藤原さんとやった道場の部分しかないんです。試合が終わって、マイクを持って言ったことって、『俺はそういうものしかやれないよ。これから、俺は、これしかやらないよ』っていう宣言なんです」

この時、ＵＷＦは、蔵前を最後に活動停止が現実となっていた。新間は、旗揚げ前に当初の計画がすべて白紙となったことで団体としての活動を停止することを決めており、前田と藤原が描いた原風景は、描き込まれることなくここで終わるはずだった。実際、新間自身は新団体から離れ、残されたレスラー、社員のために、ＵＷＦが新日本プロレスに事実上、吸収されるプランを考え、テレ朝と新日本から水面下で内諾を得ていた。

社長の浦田も受け入れた新聞の計画だったが、会社に持ち帰ると、レスラー、社員が反対する。前田も異議を唱えた。

「蔵前が終わったあと、髙田を通じて猪木さんから、前田だけ帰ってこいってメッセージが来たんです。当時は、俺が先兵としてユニバーサルへ行かされて、前田がかわいそうだとか前田と一緒にやりたいっていってついてきてくれた人がいてね。そういう人たちを放り出して、自分だけ帰るなんてできるわけないじゃないですか。だから残ったんです」

営業次長の上井は、最終戦を前にした時、上司からＵＷＦが蔵前国技館で終わることを聞いていた。

「旗揚げシリーズが終わった時、打ち上げで挨拶したんですけど、これで終わりって聞かされていたから、悔しくて男泣きしました。僕ら社員の立場から言わせてもらえば、新日本を辞めて、ユニバーサルっていうプロレスの会社を作ったんです。みんな、行き先は分からないのに、枕木から作って、フジテレビが付くからってレールを敷いていったんです。結局、すべて消されたけど、もう一回、組み直した線路に乗って、みんな、旗揚げシリーズに命をかけたんです。それで、これで終わりですって言われたら、俺らの大義名分は立たない。だから、このまま放ったらかしでいけるかっていう怒りの涙ですよ。今思えばこれぞ若気の至りですけど……」

前田と社員の総意で、ＵＷＦは存続が決まり、最高顧問だった新聞は団体を去った。新たな体制になった時、前田は社長の浦田から誰か欲しい選手はいないか？と聞かれ、迷わず「藤原さんと髙田です」と即答した。

カール・ゴッチを最高顧問として迎えた

「理由は、いつも道場で一緒に練習していたから、それだけです。髙田とは、当時は家族付き合いみたいな感じで関係も濃かった。練習も試合も遊ぶのもずっと一緒だったしね」

浦田は前田の要望を受けて藤原の自宅を訪れ、移籍を打診した。藤原は迷わず受けた。

「浦田さんが『前田が藤原さんが必要だって言っている』って言うから、じゃあ、前田のために働こうかと思っただけだよ。俺の中で引っかかっていたのは、クーデターの時に俺はそんな計画を知らなかったのに、猪木さんから『お前もか！』って言われたことがあってな。あぁ俺は信用されてないんだって思ってな。そんなことがあったから、俺を必要としてくれるところへ行こうと思った」

藤原と髙田が加わり、蔵前で前田と藤原が「試行錯誤」した関節技を中心にしたスタイルの命もつながった。さらに強力な人材が入る。タイガーマスクを引退した佐山聡の参戦が決まったのだ。

佐山は引退後は、用賀で「タイガージム」を主宰し、一般生に格闘技の技術を指導していた。

佐山は「ザ・タイガー」のリングネームで参戦することになった。藤原、前田、髙田とは比較にならないほどの人気を得ていた「タイガーマスク」の復活で、潰れるはずだったＵＷＦは、一躍、注目度だけなら新日本と全日本の二大団体に対抗できる陣容をそろえた。そして七月二三、二四日に「無限大記念日」と銘打った後楽園ホール二連戦を敢行した。

初日は、メインイベントで前田と藤原がタッグを組み、タイガー、髙田と対戦し、藤原がジャーマンスープレックスで髙田をフォールした。二日目のメインは前田がフレンチ・マーテルを三角絞めで破った。興行は、二日間ともチケット完売の主催者発表で超満員三千人を集め、最高の再出発となった。勢いに乗ったＵＷＦは、八月にはカール・ゴッチを招聘し、最高顧問として迎えた。九月にはファンの間で「ゴッチ門下の優等生」と呼ばれるほどの実力者であることが知られていた木戸修も入団する。「強さ」を標榜する新日本の象徴だったゴッチ、そして藤原のＵＷＦ加入は、裏を返せば、猪木が新日本プロレスの旗揚げ以来、一貫して掲げていた「強さ」の追求が新日本の中で空洞化したことを意味していた。

ＵＷＦは、試合においては、前田と藤原が見せた蔵前での五分間をさらに拡充し、先鋭化させる。キックと関節技に軸を置き、新日本プロレスのスタイルとは明確な線を引いた。より道場のスパーリングに近いスタイルを追求したのである。「無限大記念日」を経た八月六日に、佐山がＵＷＦと専属契約を結び、ジムを運営しながら参戦する事実上の所属選手となる。これを受けてＵＷＦは、前田、藤原、そして「ザ・タイガー」から「スーパータイガー」に改名した佐山の三人による実力ナンバーワン決定戦を行う。そして、九月七日の後楽園ホールで藤原を破った佐山が、同一一日に同じ後楽園で前田を倒し、実力ナンバーワンとなる。

完全に従来のプロレスとはスタイルを決別した二試合を終え、国際プロレス出身のラッシャー木村と剛竜馬が退団する。辞めた理由は、新日本プロレスの道場で育っていない木村と剛は、藤原が佐山、前田らに教えた関節技を主体としたスタイルに順応できないためだった。

気が付けば新日本プロレスの道場で藤原とスパーリングで汗を流した者たちが集う団体になっていた。藤原は「別に狙ったわけじゃねぇけど、何だか知らねぇけど、たまたま、そうなったんだよな」と振り返ったが「ひとつ言えるのは、猪木さんから教えられたことを守ろうとした連中が集まったんだよ。俺もそうだけど、もとはみんな単純なヤツばっかりだったからな」と原点は猪木にあったことを強調した。

第13章 不穏な試合

佐山と前田の確執の底に何があったのか

道場に没頭する彼らにプロレスラーの本当の姿を見た

藤原喜明は、自らが昭和五九（一九八四）年六月に入団したＵＷＦを、アントニオ猪木の「プロレスは闘いである」という教えを守った団体だったと表現した。「闘い」のベースは、「セメント」と呼ぶ道場でのスパーリングで、新日本プロレスからＵＷＦへ移った選手は、そのほとんどが藤原から道場で「闘い」を叩き込まれた若者だった。逆に新日本は、道場で若手選手に「セメント」を教えた藤原が抜け、しかも旗揚げ以来、強さの象徴に掲げていたカール・ゴッチまでもがＵＷＦへ移ったことで「ストロングスタイル」の核を失ってしまった。この時、猪木は四一歳。前年の六月二日に蔵前国技館で行われたＩＷＧＰ優勝決定戦でハルク・ホーガンにＫＯ

佐山聡と前田日明の因縁が白熱した試合
（写真＝山内 猛）

負けし、ファンの間で猪木への幻想は萎み始めていた。一〇年前の昭和四九年にストロング小林と闘った時のような肉体の輝きは猪木から消えつつあった。

カリスマに衰えが見え始めた時、「道場」で「闘い」を磨く実践がＵＷＦへ移った。プロレスファンは、世間から「八百長」「ショー」「インチキ」と中傷されればされるほど、プロレスラーの「本物」を探そうとする。猪木の強さを信じていたファンが、燃える闘魂の限界を見た時、代わりにプロレスラーの強さを証明してくれる団体としてＵＷＦが生まれ、新日本プロレスと猪木を支えたファンは、「プロレス最強幻想」を新団体へ託した。

さらに「アントニオ猪木対ストロング小林戦」の際に「月刊ゴング」の竹内宏介、東京スポーツの櫻井康雄が誌面上で「日本人対決の実現」を訴え、特集したように、専門誌「週刊プロレス」がＵＷＦの「実験」を全面的に支持する記事を毎週のように掲載した。当時、ＵＷＦに熱を込めて取材し記事を書いた、後に編集長となるターザン山本はＵＷＦへ肩入れした理由をこう語る。

「プロレスラーというのは興行的に成功し、お金が入るようになると、すぐに楽をしようとするんです。ファンは、そんなレスラーたちの実像を知らずにレスラーは最強だって信じているわけなんです。僕はファンの幻想に応えようとしないレスラーが許せなかった。その点、あの時のＵＷＦの選手は、みんな道場で金にならない関節技に没頭しているんです。そこに僕はプロレスラーの本当の姿を見たし、彼らにプロレスの未来を賭けたんです」

「週刊プロレス」のプッシュを得て、ＵＷＦは後楽園ホールを中心に熱狂的なファンを獲得した。猪木は馬場への対抗心から、強さを標榜する「ストロングスタイル」を打ち出し、カリスマへの道を辿ったが、今度は、より革新的なスタイルを実行したＵＷＦが権威となった猪木を揺るがした。ＵＷＦは、猪木が馬場を追い越そうともがいた歴史を反復した団体でもあった。

蔵前国技館の前田と藤原との試合では原風景だった「UWFスタイル」は、「第一次」と呼ばれるこの時代に整備される。前田は、試合スタイルを作ったのは、「藤原さんです」と断言した。具体的に、「ザ・タイガー」となった佐山聡が初めてUWFのリングに上がった「無限大記念日」初日のメインで行われた前田、藤原組対タイガー、高田組を例に出した。

「あれは全部、藤原さんが作った試合です。あの試合前に道場で四人で模擬試合をやったら、寝技ばかりでゴロゴロ転がる展開ばかりになって『こんなの見ても観客は分からないよ。どうする？』って、どうしようもなかったんです。その時に佐山さんは、色々なアイデアがあるのかと思ったら全然、何も持ってないんです。それで、藤原さんが、『これじゃダメだ。俺が引っ張るから俺に合わせろ』ってやったらできたんです。そこからUWFの試合は藤原さんが全部、作った試合です」

藤原に前田の回想を伝えると、UWFスタイルを自分が試合を作ったことについて肯定も否定もしなかった。

「昔のレスラーは、いちいち計算してリングに上がらないからね。だから、あれも全部なりゆきだよね。ただ、今までと同じことをやっていたら新日本にも全日本にも勝てないということだよ。だから話し合ったたっていうより必死だったたっていうことじゃないのかな」

藤原は、既存の二大団体に興行で勝つために、別のスタイルを打ち出すしかないと考えていた。

前田は、藤原がUWFスタイルを模索していた時の言葉を打ち明けた。

「藤原さんは、『プロレスをやったら、絶対にアントニオ猪木には勝てない』って言ってました。だったら、猪木さんがやってないことをやるしかないっていう感じであのスタイルに行き着いたと思います。自分もまったくその通りだと考えてましたし、それは今もそう思っています」

前田が後年、藤原の「プロレスやったら猪木には勝てない」を身に染みて実感した出来事がある。

それは、昭和六一（一九八六）年一月に新日本プロレスに復帰した直後の二月六日の両国国技館。猪木と藤原のシングルマッチ直後にリングへ乱入し勝利した猪木を左ハイキックで襲撃した時だった。

「猪木さんの顎を思いっきり狙ったんです。そしたら猪木さんはさらにその上をいった。受けようとしたその瞬間、手を出してもいいけど手を出したら格好悪い。だから、猪木さんはジャンプしたんです。顎を外して、俺の蹴りを首に当てたんです。ほんの一瞬ですよ。蹴りながら、ジャンプした猪木さんを見てビックリしましたよ。『猪木さん、凄い！』って真剣に思いました。受けることに対して、こんなふうに命をかけるんだって……。あれはアントニオ猪木しかできないですよ。その時に猪木さんは、ずっとこうやってプロレスをやっていたのかって、今さらのように痛感させられてね。藤原さんが言っていたように、プロレスやったら絶対に猪木さんに敵う人間は確かにいないって思い知らされました」

佐山はＵＷＦの思想を対外的に訴えた

猪木と同じ土俵に乗れば、ＵＷＦが勝てないことを悟っていた藤原と前田は、観客が見て明らかに違いが分かる動きを導入する。最大の差別化がロープワークの封印だった。当時、前田はマスコミに、ロープに振られて帰って来るプロレスの約束について、疑問を呈した。

「そこは、意識してしゃべっていました。プロレスの動きで矛盾だって言われることは全部はぶこうって話をしました。昔から、自分たちが一般の人にされる質問ってあるんですよ。『なんでロープに振ったら帰って来るんですか？』とか。そういうのは、全部やめようっていうことでした」

ただ、「無限大記念日」では、まだロープワークは使っていた。

「だから、あの試合は、まだ、まだ、まだですね。いきなり、矛盾点を省いていったら、自分たちが何をすればいいのかボロボロになってしまうんで、そこは模索しながらですね。今のMMA（総合格闘技）でやっているグラウンドの展開なんて、当時の人は誰も分からないですから、プロレスの動きを入れるけど、もっと実際に近い方向で探してやらないといけないと思っていました」

模索しながら走り続けたUWFスタイルは、一二月五日に後楽園ホールでKOとギブアップのみで勝敗を決する佐山のスーパータイガーと藤原の「ノーフォール・マッチ」で頂点を迎えた。二七分一九秒、壮絶な蹴りで佐山が藤原をKOした死闘は、明らかに「ストロングスタイル」よりも道場の「セメント」に近い「UWFスタイル」だった。藤原が関節技を研究し、佐山、前田らと新日本プロレスの道場で一〇年あまりにわたって積み重ねた「セメント」が、プロレスの試合となって陽の目を見た瞬間だった。この時、UWFは佐山がエースとなり、敗れはしたが藤原の実力が満天下に認められることになった。

旗揚げから一貫して、UWFは前田をエースに据えていた。しかし、リング上はここから佐山と藤原を全面的に押し出す流れとなり、前田の影は次第に薄れていった。前田は、そこに不満はなかったのだろうか。

「なかったですね。何せ、自分は海外武者修業のイギリスへ行く前までは前座ですから。それで、たった一年間ぐらいイギリスで試合をして凱旋帰国だっていきなり祭り上げられて、自分としては、正直、いっぱいいっぱいだったんです。それは、ユニバーサルへ移ってからも同じでした。藤原さんと佐山さんが入って、二人の試合がファンに受けたんで、佐山さんをメインイベンターとして立てて、藤原さんとの絡みで盛り上げるしかないと思ってました。あのころは、みんなで佐山さんを立ててました」

ＵＷＦが新日本プロレスとは一線を画すスタイルをアピールするためには、多くのファンが支持し説得力を持つ存在が必要だった。デビュー六年目の前田は、本人も打ち明けた通り、実績と信頼の面で充分とは言えず、前田がＵＷＦの革新性を訴えても、支持は得られなかった。一方で、ＵＷＦスタイルの基礎を作った藤原は、こうした団体のポリシーをしゃべることは必要ないと考えていた。

「レスラーは試合を解説するもんじゃないんだよ。だまっていればお客さんがいろいろ考えてくれるんだよ。だから、前田に『リング上でしゃべるな』って言ったことがある。試合が終わって何があっても、ニヤッて笑うだけでいい。そうしたら、お客さんが帰りに居酒屋かなんかで一杯やりながら、あれはこうだった、そうじゃないって話すんだよ。お客さんが好き勝手に解釈してくれればいい。レスラーがしゃべると答えはひとつになる。お客さんの楽しみを奪うなっていうことだよ」

実績のない前田、しゃべらない藤原、そうなると、確かな理論を持ち「タイガーマスク」で培ったファンに対して信頼感がある佐山がＵＷＦの思想を対外的に訴えることが自然の流れとなった。ＵＷＦが従来のプロレスと違うことを主張する看板は、人気があり、スマートな言葉で表現できる佐山がまさに適任だった。ただ、佐山が前田や藤原と違っていたのは、あくまでもＵＷＦは、プロレスではなく格闘技へ移行する過程だと考えていたことだった。佐山は、「タイガーマスク」の引退後、自らが発案した新しい格闘技をプロレスでガチンコを意味する隠語だった「シュート」をもじって「シューティング」と名付けたことから、ＵＷＦをシューティングと同義と位置付け、自らの理想へ突き進むことになる。佐山は、将来的に格闘技へ移行させることは社長の浦田昇から承諾されていたと言う。

「僕は、ＵＷＦと契約する時に浦田さんとＵＷＦを格闘技にしましょうっていう話をしました。僕が育てているシュートの選手が近い将来、ＵＷＦで試合をして、お互いに融合して本当の格闘技を作りましょうと言ったんです。浦田さんは、それを受け入れてくれたんで、ＵＷＦに参加しました」

選手間でのコミュニケーションが決定的に不足していた

佐山は、ＵＷＦが格闘技へ移っていくことを暗示するかのように、参戦から間もなく覆面を脱いでリングへ上がった。藤原が作ったスタイルを佐山が整備し、「週刊プロレス」の後押しを受け、その革新性がファンに伝わったことで、「ＵＷＦ」はリング内外にその存在と思想が浸透していった。強力な人気と、興行の看板になった佐山の考えに、当初は選手も社員も納得した。実際、後楽園ホールは、すべての興行で満員を記録した。

　ただ、興行の大半を占める地方興行が壊滅的だった。さらに、不祥事が追い打ちをかける。社長の浦田が佐山の参戦を巡る交渉過程で佐山の元マネージャーの男性を脅迫、強要した疑いで佐山の正式参戦から三カ月後となる昭和五九（一九八四）年一〇月に逮捕されたのだ。事件は起訴され、浦田は執行猶予付きの有罪判決を受けた。翌年には「海外タイムズ」という会社がスポンサーに付いて経営の立て直しに光が見えたかに思えたが、この会社は、悪徳商法によって被害総額二千億円という巨額詐欺事件を起こす「豊田商事」の子会社で、事件発覚後に一時は試合を放送していたテレビ東京が撤退、他のスポンサーも離れる事態に陥った。

　会社存続の危機に、リング上で観客を動員する新たなテコ入れが必要だったが、佐山はさらに理想へと突き進む。六月に「ＵＷＦ公式ルール」を発表し、選手を六人ずつＡ、Ｂのリーグに分け、各シリーズで総当たりリーグ戦を開催し、勝ち点上位者による年間の優勝者を決める形式にした。

試合数も「試合がハード過ぎる」という理由で年間八シリーズに限定し、シリーズの日程は、三週間に五試合へ減らすことを決めた。

佐山は「僕が最初に考えたのは、興行としてもＵＷＦを成功させてあげないといけないということでした。そのためにはお客さんに対してプロレスと格闘技を融合させることを見せようと思っていました。お客さんに本当の格闘技は、関節技で極まるんですよって見せなければいけないと思いました。当時のファンは逆十字ひとつとっても、つなぎ技と見なしていましたから、それを変えていかなくちゃいけないと思っていましたし、それは興行としても成立すると思っていました」と打ち明けた。試合数削減については、「ああいう試合をして、毎日毎日あの興行はできません。営業からは、地方へ行くと全部赤字だと聞いてました。だったら地方を切り捨てて、大都市だけで試合をすればいいっていう話をしました。そこは考え方の違いですね」と振り返った。

佐山は、格闘技がプロレスより上位にあるという立場だった。だからＵＷＦが格闘技として認知されるようになれば、自然と観客はチケットを買い、興行は成功すると考えていた。だが現実は、地方は不入り続きで、興行会社のプロレス団体は観客が動員できなければ、佐山の理想は理解されなくなる。佐山と他の選手との間に溝が生まれる。

中でも公式ルールへの不満が表面化する。ルールの第三〇条では、「当て身攻撃で相手の首から上に対し、頭突き、ナックルや手の甲によるパンチ、肘打ち、膝蹴りなどは使用してならない」と定められたが、これは藤原にとって、試合の中で見せ場となる必殺技「一本足頭突き」を封じられることを意味していた。藤原は、佐山が決めたルールを「俺個人としては、見せる範囲を徐々に小さくするみたいで、だんだんつまらなくなったよな。佐山には何も言わなかったけど、好きにやってくれって感じだったな。俺は俺でやるし、それで迷惑だったらクビにしてくれって感じだったよ」と心が離れ始めていたことを打ち明けた。

前田は「佐山さんの言うルールは、何かちゃんと確立したものがあるのかなと思ったら、ハッキリ言ってないんです。だから、物語的にルールを作ったのかなと思いましたよ。あれは佐山さんの観念のお遊戯だった」と断じた。藤原と前田、佐山の話を聞いて分かったことは、選手間でのコミュニケーションが決定的に不足していた事実だった。すれ違いの大きな理由は、試合がオフの時、佐山は用賀から三軒茶屋に移転した自らのジムで練習し、一般の生徒に格闘技を教え、用賀にあったＵＷＦの道場にほとんど顔を出さなかったことにある。

前田は、「最初は佐山さんも道場に来て一緒に練習していたんです。それを続けてくれて、俺らと一緒にちゃんこ鍋食べて、ちゃんと腹を割って話してくれたらいいだけの話だったんです。だけど、俺はお前らとは違うんだって、格好つけようとした。それでどんどん先走りし過ぎたと思う」と振り返る。一方の佐山も、「僕も若気の至りでした。プロレスをいきなり格闘技に変えちゃおうなんてできないですよね。レフェリーだったあの優しい北沢さんにも反対されましたし、ゴッチさんにも反対されました。みんながみんな、営業も含めて全員が敵になりました」と二七歳の日々を振り返った。

佐山に制裁を加える指令が、前田に……

経営が逼迫する中、ＵＷＦは七月八日に広島の広島県立体育館で開幕したシリーズ「格闘熱帯ロード」で、公式ルール、Ａ、Ｂ二部制、試合数削減を導入する。このまま佐山の方針を貫けば、年間試合数は四〇試合程度となる。当時の新日本、全日本は年間二百試合以上が通常で、ＵＷＦはわずか五分の一の試合数となった。その結果、選手だけでなく、興行を多く打って当面の収入を得たい会社サイドは、試合数の増加を求めたが佐山は受け入れなかった。そして、フロントの中でも佐山への大きな不満が生まれた。営業部の次長から部長に昇進した上井文彦の記憶によると、業を煮やしたのは企画宣伝部長の伊佐早敏男だったという。

「イサさんは、『佐山が勝手なことをやるからダメなんだ』みたいに憤って、大田区体育館の試合前に俺のところへ来て『今日、仕掛けるから』って言ったんです」

伊佐早が「仕掛けるから」と予告した試合は、七月二五日に東京・大田区体育館で行われた「第一回公式リーグ戦・Aリーグ」のスーパータイガーと前田日明の試合だった。伊佐早は前田に、佐山へ制裁を加えるように命じたという。伊佐早が鬼籍に入ったため、この指令を確認することは叶わないが、前田は伊佐早の命令は否定した。

「あの時は、言われてないですね。だけど、佐山さんに対して、『ちょっと、この人勘違いしているな』って思ったんで、それを分かってもらうために厳しめにはやりましたけど、ちゃんとプロレスになっていたと思います」

試合は、前田が逆エビ固めで勝利したが、確かに前田が証言するように、張り手を顔面に激しく叩き込んだ場面もあったが、試合が成立したことからしても不穏な試合ではなかった。

問題の試合は、次期シリーズ「格闘プロスペクト」で起こった。九月二日、大阪府高石市の府立臨海スポーツセンターでのセミファイナル「第二回公式リーグ戦・Aリーグ」でスーパータイガーと前田は再戦した。前回の大田区大会で伊佐早からの指令があったことを否定した前田だったが、臨海での再戦は、伊佐早と上井から指示があったことを証言した。

「臨海の試合前に伊佐早さんと上井の二人から『佐山をやっつけてください』って言われました。彼が会社の意向を聞かないって怒ってました」

前田は、伊佐早と上井の要望を受け入れた。その理由を「旗揚げ前にUWFの本当の中身を俺だけが知っていたわけですよね。それを藤原さんはじめ、何も知らないのに、みんな付いてきてくれたわけですよ。だから俺は、彼らの生活を守らないといけない責任があったんです。自分にとって、UWFは家族でした。家族を守るために、身を挺して一番の防波堤になるのは当たり前で、みんなが飯を食えたらいいと思っていました」と吐露した。

上井は、伊佐早と共に前田へ指令したことを、「覚えてませんよ。僕の心の中でご破算になっていますから……」と一度は言葉を濁した。だが、「ただ、前田がそう言うのなら、自分がそう言ったっていうことでいいですよ」と否定はしなかった。その上で「佐山さんに憎しみとかはなかったですよ。ただ当時、自分ら事務所の人間は、前田サイドに立っていました」と打ち明けた。上井が前田に感情移入していた理由は、「前田と僕は、旗揚げして間もないころに二人で一生懸命、金策に動いていたんです。街金にも行ったことがありました。結果、借りなかったから良かったんだけど……。ユニバーサルは、前田がいなかったらあそこまで成り立っていないし、ユニバーサルで体を張ったのは前田日明です。これは間違いない」と証言した。

前田が、伊佐早と上井から佐山制裁を命じられた試合のゴングが鳴った。開始早々、前田が大田区での試合とは明らかに違う動きを見せた。無表情で間合いを詰めて、佐山に得意の蹴りを出させる距離を取らない。逆に大田区と同じように、強烈な張り手を顔面に入れる。さらに佐山の蹴りが、足、胸に入っても、後ずさりすることなく前に出た。佐山の技を受けることを、前田は明らかに拒否する意思表示をしていた。

前田は、佐山の顔面に入れた張り手の一発一発にメッセージを込めたという。

「俺は、ちゃんと佐山さんが決めたルールを守りましたよ。顔面も全部掌底ですし、ルールをちゃんと守らないと意味がないと思ってましたから。守らなかったらナックルで顔面を一発殴って終わりでした。俺が許せなかったのは、あのころ、佐山さんが新弟子に、〝俺はゴッチより強い〟って言ったっていう話を聞いて、それを聞いて俺は、完全に勘違いしているって思ったんです。だからあそこで俺は、佐山さんの顔面を張りながら心の中で『それは、違うでしょ』って言ってたんです。伊佐早さんと上井から言われなくても、あの試合ではやるつもりでした」

「僕がＵＷＦを格闘技にしようとすることに全員が反対していた」

佐山は、まったく違う捉え方をしていた。

「前田は、洗脳されてしまって、リングに上がった時に、もう泣きそうになっているんです。あれは、ガチンコでも何でもなくて、何か分からないけど、向こうがババババッて殴ってきたんですね。だけど、相手を倒してやろうっていう打撃じゃないんです。駄々をこねているみたいに、〝やめる、やめる〟みたいに言いながら、向かってきてましたよ。その姿を見て、『彼をここまでにしちゃったのかな』って思っていました」

前田は佐山の蹴りに反応しなかった。

「俺は、相手の技は全部ブロックしましたよ。そもそもリーチも体重も違うから、何もできないですよ」

前田の体重は一一五キロ、佐山は九〇キロで二五キロもの体重差があり、ボクシングで言えばヘビー級と一階級下のクルーザー級の選手が闘っているようなものだった。さらに身長は、佐山は一七〇センチほどで、一九〇センチほどの前田とは体格差があった。さらに、グラウンドで前田が四つん這いになり亀のような状態になる場面があった。

「あれは、自分から四つん這いになって、『さぁ極めてください』っていう意味です。だけど、佐山さんは全然極められなかった。俺は、道場でスパーリングをやって、あの人が俺をまったく極められないのが分かってましたから、それを観客の前では見せたくないはずなんです。だから、それを俺にやられたのがショックだったと思います。あれは、俺が確信犯で四つん這いになったんです」

佐山は、前田が証言した「確信犯」の展開を一笑に付した。

「あそこでお互いに寝技になった時、彼は隙だらけなんです。彼は寝技の時は攻めてこないで、プロレスをやっているんです。レフェリーのミスター空中《そらなか》さんに前田は『もう、やめる。やめる』って言っている。僕は腹話術を使いながら、『今、やめてどうするんだ』って説得していたんです。空中さんは、大阪弁で『そんなこと言って、今、やめて何をするんや』ってなだめてましたよ（笑）。そんな状態の相手を、そこで僕が極めちゃったり、あるいは顔面にキックしてＫＯしちゃったりしたら遺恨が残るでしょ。あの時、周りの全員が僕がＵＷＦを格闘技にしようとすることに反対しているわけです。僕はその中で孤独な一人でしょ。正直、これは僕だけのエゴでやっているわけです。だから、前田の泣きそうな顔を見て、これはもう悪いことしたな、みたいな気持ちしかなかったです」

前田は佐山が証言した試合中に「やめる。やめる」と連呼した事実に反論した。

「試合中に『冷静になれ。冷静になれ』って連呼したのは、お前じゃないかって言いたいですよ」

ただ、自身が「やめる。やめる」とリング上で何度も発したことにはハッキリした答えはなかった。また、前田は、試合を裁いたレフェリーのミスター空中に事前に佐山を制裁する意思を伝えていなかったという。

「空中さんは、試合前はノータッチです。途中で状況を察して、〝とうとう、こいつはプッツンした〟っていう感じで、もうしょうがないなって思ったんじゃないですかね」

噛み合わない展開は、呆気なく終わりを告げた。前田が腹部へ右の膝蹴りを見舞うと、佐山がうずくまりレフェリーの空中へ金的攻撃をアピールした。空中は、佐山の訴えを聞き入れ、ゴングを鳴らした。一八分五七秒、佐山の反則勝ちだった。前田は、ゴングが鳴った瞬間にリングを下りて両手でマットを叩いて控室に戻った。試合は、佐山の判断で終了させた。

佐山は試合を終わらせた理由を「あのままだと、試合が終わりようがなかったからです」と明かし、前田にフロント陣から自身への制裁が指示されていたことは「僕を『やれ』って……？　あれが本気でやったんだとしたら笑っちゃいますけど」と鼻で笑った。

前田は、金的攻撃での反則負けに「あんな小さい人に膝蹴りやって、どうやって急所蹴ることができるんですか？　せめて同じぐらいの身長の人なら分かりますけど」と憤慨した。

試合から三五年を経ても、二人の証言はまったく噛み合うことはなかった。それはそのまま、二人の断絶が根深いものだったことを感じさせた。佐山が明かす。

「こっちは、ジムで格闘技の選手や指導者を育てて、真剣勝負をやろうとしてルールまで決めて進んでいる状態です。だけど、あちらはプロレスという既存のものを守りたい。あの試合は、その真っ只中で行われたっていう話です」

前田の大車輪キックで藤波が大流血

佐山は、この試合から九日後の昭和六〇（一九八五）年九月一一日、後楽園ホールでの藤原戦を最後にＵＷＦを去り、自らが理想に掲げた格闘技のプロ化にひた走る。ＵＷＦスタイルを作った藤原は、不穏な試合と佐山の退団を「試合は何をやってもいいんだよ。それを防げないヤツがいけないんだよ。ただしルールがあって、金的はいけないというルールがあったら金的を蹴ったヤツが反則負けだよ。それで、やめたいやつはやめればいいんだよ。ただ、それだけのこと」と不機嫌そうにつぶやく。

前田に佐山への制裁を命じた上井は「自分に言える資格はないですけど」と前置きした上で「当時のユニバーサルは、みんな葛藤して頑張った。それは佐山さんも前田も同じです。今だから言えるけど、前田も佐山さんも悪くないですよ。何より佐山さんは間違いなく実験をしていました。あれがあったから第二次ＵＷＦがブームになって、Ｕが普遍的なものになったんです。最後は仲違いしたけど、佐山さんと前田がいなかったら、ＵＷＦの名前は残っていません。だからＵＷＦの関係者は二人に感謝しないといけないと思っています」と現在の心情を吐露した。

ＵＷＦは、佐山の最後の試合となった九月一一日の後楽園ホール大会を最後に活動は停止し「第一次」の時代が終わった。佐山が思い描いていたように、ＵＷＦでの「実験」が興行としても成功していれば、社員もレスラーも全員が付いていき、「格闘技」へと変貌できたことだろう。ただ、理想でご飯が食べられるほど、興行の世界は甘くなかった。

佐山は、興行の壁に「実験」が阻まれたことについて、「資本主義ですから……。仕方ありませんね」とほほ笑んだ。

佐山が去ったＵＷＦは、前田、藤原、木戸、高田、山崎一夫ら、残った選手が昭和六一（一九八六）年から新日本プロレスへ「ＵＷＦ軍団」として復帰する。前田は復帰が発表になった前年一二月六日、新日本の両国国技館大会でリングに上がり「この一年半のＵＷＦの闘いが何であったのかを確認するために新日本に来ました。試合を見てください」と宣言した。

言葉通り前田は、一年半で培ったＵＷＦスタイルを新日本のリングで崩さなかった。キックと関節技、スープレックスで一方的に攻め続ける前田に、新日本のレスラーはアレルギー反応を起こした。前田は、復帰した年の四月二九日、津市体育館でのアンドレ・ザ・ジャイアントとのシングルマッチで制裁を仕掛けられた。

前田はスタイルを崩さなかった理由をこう説明する。

「俺自身にプロレスへの愛着がなかったからですね。どうしてもプロレスラーになりたいとか、プロレスで一生飯を食いたいとかっていうのがなかった。もし新日本から、お前、ダメだって言われたら、やめればいいじゃないかっていう感じでした」

ただ唯一、前田が嚙み合った相手が藤波辰巳（現・辰爾）だった。六月一二日、大阪城ホールで二人は対決した。二度目の一騎打ちとなった試合は、前田が藤波の顔面から胸、足に至る全身を蹴りまくり、防戦一方の藤波が驚異的な受けで試合を作った。最後は、コーナーに追い詰めた藤波の顔面へ大車輪キックを浴びせ、右こめかみから夥《おびただ》しい流血の果て、二二分五秒、両者ＫＯという結末となった。

前田戦は、リーグ戦で王者を決めるシリーズ「ＩＷＧＰチャンピオンシリーズ」の公式戦で行われた。藤波によると、シリーズ前のマッチメイク会議は紛糾したという。

「会議で『誰が前田の相手をするのか』となった時、営業的には万が一、試合中に何か起きたら大変なことになるから、猪木さんには触らせたくないとなった。かつての日本プロレスで馬場さんと猪木さんがやらなかったのと同じような感じだった。だったら『じゃあ自分が行きましょうか』と手を上げた。誰かが前田とやらないと仕方がない。新日本のイメージとか興行的な部分を真剣に考えて、自分が行くしかないと判断した」

新日本プロレスは、猪木と前田の対戦を避けるため、昭和五八（一九八三）年にスタートした「ＩＷＧＰ」は、前年まで全選手総当たりだったが、この年はリーグ戦を二つのブロックに分け、各ブロックの最高得点者が決勝戦を闘う形式とした。これは猪木と前田の対戦を回避するための措置だった。そして、藤波が前田と同じブロックに入り、猪木は別ブロックとなった。

「本来プロレスは、レスラー同士がお互いに通じ合うものがある。しかし、ＵＷＦの彼らは、従来のプロレスを壊そうと来ているから、通じ合わなかった。今の総合格闘技のはしりみたいに、関節技、打撃技を思うままにやってくるから、当時の新日本の中では誰も触りたくなかった。彼らが参戦してから、試合が噛み合わない状況がずっと続いていた。だけど自分としては、現実として前田のＵＷＦが新日本に上がっているから、どこかで受け入れなくては新日本がリング上で成り立っていかなくなると思った。そんな責任感と、ある部分、不安を抱えながら試合に挑んだ」

顔面を蹴った理由は、天龍源一郎の激しい試合

両者ＫＯの試合後、藤波を大流血に追い込んだ前田への怒りで、新日本の控室は殺気立っていたという。

「控室では、自分への同情と前田への怒りから、いきり立っていた選手がいた。そんな選手には『いいよ、いいよ。騒ぐ問題じゃないよ』となだめた。自分も前田に抗議することは一切、しなかった」

藤波の傷は、試合後、病院での診察で、あと数ミリずれていれば失明の可能性があったと診断された。

「今もあの時の傷は残っているし、右目の視力は落ちた。だから、夜は車の運転を控えている。彼

は既存のプロレスを壊そうとして来ていた。一歩間違えたら、いつレスラー生命が終わってもいいような試合だった」

前田は、体を張って蹴りを受け、新日本プロレスというブランドを守った藤波に敬意を表する。

「自分は、新日本のレスラーの頑丈さはよく分かっていたから、藤波さんに二、三〇発蹴りを入れましたけど、全部受けたのは凄いとしか言いようがないですよ。あのころの新日本の隆盛は、メインの中心に藤波さんがいたからです。考えてみてください、長州力、前田日明が残した名勝負って、藤波さんだけですよ。長い経験とキャリアに裏打ちされた的確な判断と防御。あの人こそ、完璧なプロレスラーです」

ただ、その後、両者の一騎打ちは実現しなかった。前田は、翌年の昭和六二（一九八七）年一一月一九日、後楽園ホールで木戸、髙田と組んで長州、マサ斎藤、ヒロ斎藤との六人タッグマッチで、木戸にサソリ固めの態勢に入る長州の背後から顔面を右足で蹴り、右眼窩底骨折を負わせた。それが引き金となり、翌年二月に新日本との契約を解除された。

前田は顔面を蹴った理由は、当時、全日本プロレスで容赦なく元横綱の輪島の顔面を蹴る激しい試合を繰り広げていた天龍源一郎に刺激を受けたためという。

「天龍さんが輪島さんの顔面をガンガン蹴る試合が注目されて、それが凄い試合でこのままではUWFは消されてしまうっていう脅威を感じていました。こっちはもっと激しい試合をやらなアカンと思ってやったんですよ。それで、長州さんは頑丈だってイメージがあったから、ハードヒットにいったら、ケガしちゃったんですよ。それで猪木さんから『プロレス道にもとる』って言われて。俺にしてみれば、『何でやねん』って感じですよ（笑）」

解雇された背景には、当時、新日本プロレスのフロントトップだった、テレビ朝日から出向していた専務取締役の辻井博の考えが大きかったと前田は考えている。
「あのころ、辻井さんから『来年からＵＷＦをやめて個人契約をしろ』って言われていたんです。ＵＷＦを辞めたら、新日本の取締役にさせてやる、株も渡してやるって打診されたんです。でもね、俺はそれを断ったんです。今、考えたら、こんなおいしい話をって思いますが、その時は、ＵＷＦに入った新弟子はどうなるんだろう？って考えてね。辻井さんとしては、こんないい話を断るヤツは、可愛くないですよね。それでクビになったんです」

解雇された前田は、髙田、山崎、若手の中野龍雄（現・巽耀《たつあき》）、安生《あんじょう》洋二、宮戸成夫《しげお》（現・優光）と共に、ＵＷＦを再興する。「新生ＵＷＦ」と呼ばれた団体は、昭和六三（一九八八）年五月一二日、後楽園ホールで旗揚げし、爆発的な人気を獲得する。プロレスの枠を超えたブームは、レスラーだけでなくそれを支える強力な支援者の力もあった。徳島県のフクタレコードの福田典彦氏の紹介により、新生ＵＷＦがスタートすると芸能事務所「マザーエンタープライズ」などの協力を得て、会場の演出、月一回大都市での興行で採算がとれる画期的な興行システムを確立した。

新間寿がストロング小林戦、モハメド・アリ戦を実現させて猪木を輝かせたように、情熱と才気を持った支援者の力が全国にあった。

第一次で確立したキックと関節技を軸にしたスタイル、ルールの制定、月一回の大都市での興行は、日本放送の強力な支援により会場の確保が可能となって実現した。

「新生ＵＷＦは、佐山さんが考えていたことが確かにベースにはなりました。ただ、何でできたかというと、日本のプロレス界とプロレスを見る観客の目がそのレベルに来たんです。興行や経営システムも芸能事務所の協力があったからこそ出来上がった。その二つがガチッと組み合わさったんですね」

プロレスと格闘技を融合させた「アントニオ猪木」というジャンル

佐山は、プロレスから格闘技へ移行する「実験」とＵＷＦを位置付けたが、前田はＵＷＦでプロレスの枠を守った。

「ＵＷＦが、観客に対して、その後にやって来る総合への見方を実際に育てたと思います。あれがなかったらグラウンドレスリングをやっても何寝ているんだよ、で終わりですからね」

確かに前田と藤原が蔵前国技館で対戦した時、「クロックヘッドシザース」「アキレス腱固め」「ワキ固め」を繰り出していたが、当時は、こうした関節技の名前はまったく知られていなかった。それが、第一次ＵＷＦで藤原が試合スタイルを考え、佐山がルール制定などでデザインし、関節技の名称が浸透し必殺技として認知されるようになる。さらに爆発的な支持を受けた新生ＵＷＦで、観客は格闘技を見る視線を養われた。

佐山に新生ＵＷＦをどう見ていたのかを尋ねた。

「彼らは、プロレスをやっているのに格闘技だとか言ってました。人間は嘘をつくことが最低なんです。プロレスなのに格闘技って嘘をついていた時点で僕は認めません」

新生ＵＷＦは、平成三（一九九一）年一月に解散して三派に分裂する。父親のように慕っていた藤原とも袂を分かった前田は、たった一人で「リングス」を設立し、ロシア、ジョージア、オランダ、ブラジルなど、既存のプロレス団体がほとんど招聘しない国から、柔道、サンボ、レスリング、柔術などアマチュアの格闘家を呼び、ＵＷＦスタイルをさらに進化させた。四〇歳となった平成一一（一九九九）年二月二一日、横浜アリーナでのアレクサンダー・カレリン戦で引退した後、「ＫＯＫルール」という格闘技ルールを導入し、試合を完全な格闘技に変貌させた。第一次ＵＷＦの旗揚げから一五年を経て、前田も自らが主宰するリングスで佐山が「実験」したプロレスから格闘技への移行を実現させたのである。

前田と佐山は、リング内外で確執は表面化したが、振り返れば同じ行き先へと辿り着いた。過去の記憶、現在の立ち位置など様々な意見の違いはあるが、共通していたのが、プロレスから総合格闘技へ移る原点を「アントニオ猪木」と明かしたことだ。

前田は「今の総合格闘技を誰が始めたかというのは、後の人が歴史を見て判断すると思うんですけど、一番最初は、やっぱり猪木さんです。猪木さんが『プロレスは最強だ』って言って、モハメド・アリとやってなかったら、今の総合はないですよ。猪木さんは、言うだけでなく本当に体を張ってやりましたからね。あの考えと実践がすべての原点です。それは自分もそうです。なぜなら一八歳だった前田日明は、プロレスに執着がなくてプロレスに対して真っ白だったんですよ。だから、俺は、猪木さんに教えられたままをやっただけなんです。俺は猪木さんのコピーなんですよ」と断言した。

佐山は「猪木さんに格闘技部門第一号の選手にするって言われて、そればっかり考えていたから、修斗ができたんです。猪木さんの思想がなければ、総合格闘技はできませんでした」と熱を込めて訴えた。

道場の「セメント」で格闘技を追求し、リングに上がれば観衆を魅了するプロレスラーとして興行を熱狂させる。相反する二つの要素を猪木は融合させ、総合格闘技の種を蒔き、プロレスであらゆる選手を輝かせてきた。令和の今、二つのジャンルは、興行として独立し、確立している。

猪木は、プロレスと格闘技について「今は、みんな区別するけど俺は一切、区別したことないからね。何でそんなことになったのか分からない。俺の中では一緒なんだよ。闘いであることに変わりはない」と告白する。

猪木の闘いは、振り返ればプロレスも格闘技も超越した「アントニオ猪木」という唯一無二のジャンルだった。猪木は自身を「俺は人の心の中に入り込んで首根っこつかんで振り向かせる存在」と語ったことがある。何を言われようと振り向かせたら俺の勝ち——そんな猪木の執念と覚悟に、観衆は惹きつけられた。リング上では対極に位置する「格闘技」と「プロレス」への振り子を思う存分に振り切り、その幅が広ければ広いほど観衆は息を飲んだ。

昭和四九（一九七四）年三月一九日、蔵前国技館、猪木が右ストレートでストロング小林をダウンさせた場面は、まさに猪木が振り子を最大限に振り切った瞬間であり、「プロレスと格闘技は同じ」と言い切る燃える闘魂だからこそなし得たノンフィクションだった。

猪木に影響を受けたＵＷＦの物語を終え、時間を再び昭和四九年のストロング小林戦を見る猪木の言葉に耳を傾けたい。

右ストレートは客に媚びない姿勢の表れ

アントニオ猪木は、ストロング小林を右ストレートで倒したシーンを振り返った時、何かに気が付いたように観客との距離感について語り始めた。

「お客がどんな姿勢で試合を見るかっていう問題があってね」

そう切り出すと猪木は、背中をソファの背もたれから離し、前かがみになった。

「こういうふうになるのと、ドーンと後ろへ下がってしまって、どっちの姿勢で試合を見るのかっていう部分が大事でね」

今度は再びソファに背中をくっつけて見せた。

「こうやって客の体重が後ろへ移動しちゃったら、もう一度、起こすのは大変なんだよ。逆に前のめりになるってことは、物凄く興奮しているっていう証拠なんですよ」

そう明かすと、ある試合を例えに出した。

「前にドームで武藤と髙田がやったでしょ。あの時、あれだけファンが注目した日本人同士の対決だったのに……」

猪木が引き合いに出したのは、平成七（一九九五）年一〇月九日、東京ドームで行われた武藤敬司と髙田延彦の一戦だった。この試合は、超満員札止め六万七千人（主催者発表）の観衆を集めた「新日本プロレス対UWFインターナショナル」の全面対抗戦でのメインイベントとしてマッチメイクされ、武藤が髙田を足4の字固めで破った。興行スケール、試合内容共に平成時代のプロレスで頂点と評される一戦となっている。

猪木は「あの時、武藤が出てきて」と語りながら両手を広げて見せた。それは、武藤が東京ドームの花道に出てきた時のパフォーマンスだった。

「あれで試合の雰囲気は決まりだからね。前のめりになっていたお客が後ろに下がったからね。もう、あれでお客は戻らない。その辺は、なかなか言葉で言ったって難しいけど」

そして、小林戦の画面を見ながら、この取材で最初に明かした自らの哲学を再び繰り返した。

「俺は、客に媚びるプロレスはやりたくないという思いは終始一貫して言っている。この試合は媚びていないと思う。言い方を変えれば、お前ら、勝手に見に来たんだろって、腹を括ってたところがあった」

客席へ向かって両手を広げた武藤の行為は、猪木から見れば観客への迎合でしかなかった。レスラーがすり寄れば、客は背もたれに背中をくっつけふんぞり返る。猪木は、客に「媚びない」ことで観衆を前のめりにさせてきた自負があった。

「俺は、何もしなくても、リングに入った瞬間に勝手に歓声が上がったからね。それが逆にこっちを持ち上げてくれたよね」

観客が引き込まれる猪木流プロレスを佐山は「猪木さんのプロレスをよく見ると、リング上でまったく動かないんです。でも、惹きつけるんです。それはリアルな緊張感があるからです。恐らく力道山先生に、街でケンカをして来い、みたいに言われていたと思います。そういう教えがプロレスは大切だということが分かっている人だと思います」と表現した。佐山は猪木から「街のケンカ」の本気を学べと教えられてきた。そして、小林を倒した右ストレートを「あれこそ、街の中でケンカしてこい！っていうシーンです。猪木さんの素晴らしいところです。猪木イズムを訴えることができた場面でしたね」と説いた。

猪木が見つめた小林戦の映像は、ダウンした小林の背中へストンピングを打ちつけるシーンへ移っていた。小林は、頭を振りながら何とか立ち上がった。意識を回復させようとリングを半周、小走りした。猪木がヘッドロックで固め首投げで倒すとそのまま絞める。

続けて、首4の字固めで小林の首を絞めた。一二秒間、左足首を小林の喉元に食い込ませるとレフェリーの清美川からチョークの反則を警告された。一度は解いた猪木は、再び首4の字で小林を絞めた。苦悶の表情を浮かべる小林へ鬼の形相で左足首で首を絞めあげた。小林はチョークをアピールするが、今度は清美川は反則を取らない。息苦しさを表す小林が体を回転させてロープへ逃げた。それでも猪木は離さない。清美川から注意され、ようやく離した。九二秒もの間、左足首で小林の首をねじり続けた。

日本人対決はライバルの全日本プロレスをも刺激した

猪木と共に映像を見た、試合を実況した舟橋慶一は「この首４の字はパンチでダウンした小林を目覚めさせる狙いがあったんですか？」と尋ねた。確かに倒れて朦朧としていた小林の顔が首４の字で覚醒した感はあった。私もかつて、この首４の字は、意識が飛んだ小林を回復させるために絞めたとの記事を読んだことがある。

猪木は、舟橋の疑問に「いや、いや」と苦笑いし「俺は、足首が人とは違うんです。太い足首は、一見強そうにみえるけど、絞め技では、そんなに腕が太かったり足が太かったりすると絞まらないんです。これはきちっと入っている。あと一歩、絞めれば落ちてますよ」と説明するだけだった。

対する小林に、青梅の自宅で首４の字で絞められた時の心境を聞くと、映像を見たまま黙り込んで、たった一言だけ「覚えてないよ」とつぶやいた。

首４の字を脱出した小林は、猪木の胸へ二の腕を叩き込む。猪木は、顔面にパンチ、張り手を容赦なく入れたが、小林の打撃はすべて胸と背中で顔面を捉えることはなかった。猪木への遠慮があったのかを聞くと、小林は再び黙り、数秒後に苦笑いしながらつぶやいた。

「もうちょっといかないとね」

画面は、猪木が必殺の卍固めを繰り出す場面へ移る。小林がロープへ逃げたところで二五分を経過した。試合は、クライマックスを迎えようとしていた……。

空前の盛り上がりと興行的に大成功した「猪木対小林」で蘇った大物日本人対決は、ライバルの全日本プロレスをも刺激した。全日本は、昭和五〇（一九七五）年一〇月三〇日に蔵前国技館でジャイアント馬場が大木金太郎と対戦する。続けて旗揚げから協力関係を結び、小林の引き抜きで強化された国際とのパイプをバックに、昭和五〇年一二月にすべての団体に門戸を開放するリーグ戦、「オープン選手権」を開催する。大会には、国際からラッシャー木村、グレート草津、マイティ井上が参戦した。発表会見で馬場は、記者からの質問に答える形で猪木にも参加を促す旨の発言を行ったが、猪木は参加を見送った。水面下の交渉なしで対戦が実現するはずはなく、「猪木対小林」で小林が一方的に送り付けた挑戦状を「逃げた」と叩かれた馬場による報復だった。

オープン選手権では、馬場と木村のエース同士による初対決が一二月一七日の千葉公園体育館で実現し、馬場が勝利した。二人は昭和五三（一九七八）年二月一八日の蔵前国技館で再戦したが、馬場の足4の字固めで上半身がエプロンに逆さづりとなった木村がリングアウトで敗れる不可解な決着となった。

「猪木対小林」に影響され、日本人対決をマッチメイクした全日本だったが、あくまでもスポット的な試合で定着することはなかった。「ＮＷＡ」という世界的権威をバックにしたジャイアント馬場のプロレスは、力道山から継承した伝統の「日本人対外国人」が王道だった。しかし、その構図が崩れる時が来る。主役は天龍源一郎だった。「天龍革命」と呼ばれた行動が王道マットで「禁断」の扉を開けるのである。

第14章

破壊と創造

「天龍革命」が全日本プロレスを内側から変える

ジャイアント馬場を内側から揺るがす困難な道

昭和六二（一九八七）年八月三一日、天龍源一郎は、日本武道館のメインイベントでジャンボ鶴田と対戦した。「全日本プロレス」に所属する日本人の輪から阿修羅・原と二人で飛び出してから二か月あまり。鶴田と対峙した天龍の胸には万感迫るものがあった。

「興奮もしていたし、ここまで来たかって感慨深かった。相撲からプロレスへ来てうだつが上がらなくて自分で色んなことをやって来たとは言いながらも、あのジャンボ鶴田を振り向かせ、武道館のメインを任され、一騎打ちまで持って来た自分に、俺自身が酔い知れていたところがありましたよ」

天龍革命はついにジャンボ鶴田を巻き込んだ（写真＝山内 猛）

大相撲で幕内力士の地位を捨て、天龍が入団した「全日本プロレス」は、ジャイアント馬場が昭和四七（一九七二）年一〇月に旗揚げした団体だった。馬場は、力道山亡き後、「日本プロレス」のエースに君臨して以来、日本のプロレス界の絶対的な権威であり象徴であった。全日本設立後は、世界最大の団体「ＮＷＡ」との強力なパイプをバックに、力道山が見せた、日本人が世界の強敵に挑む伝統的な闘いの構図を守り続けた。

この絶対的な権威に挑んだのがアントニオ猪木だった。前述してきた通り猪木は「日本プロレス」を飛び出して「東京プロレス」へ走った時から馬場に挑戦状を突き付け、「新日本プロレス」を旗揚げ後は、新間寿のプロデュース力を駆使してストロング小林との二〇年ぶりの大物日本人対決を実現したことをはじめ、モハメド・アリ戦を頂点とする異種格闘技戦など様々な仕掛けと、アブドーラ・ザ・ブッチャーの引き抜きなどの実力行使で馬場の牙城を外側から揺るがし続けた。

天龍は、違った。馬場の価値観と思想がすべての秩序だった「全日本プロレス」という内側にいながら、「ジャイアント馬場」を変えようとしたのだ。それは、サラリーマン社会で言えば、一人の社員がオーナー社長の経営方針に異議を唱えるようなもので、ある面では、外側からやりたい放題に仕掛けられる猪木と新間よりも、困難な壁に挑んだと言える。

「俺は相撲から来たから、プロレスっていうものに対して、馬場さんのように『プロレスはね……』っていうふうに割り切れなかった。馬場さんはデビューしてすぐにアメリカでトップをとって、あの当時、今以上にアメリカで侮辱を受けながらも自分の中でプロレスを確立して稼いだから、『プロレスはね……』っていう凜たるものを持っていられた。だけど、俺はやっぱり相撲から来たから、プロレスラーとして自分が確立できるものが欲しかった。それは、人からとやかく言われずに、プロレスっていうのは闘う二人が真っ向からぶつかって、『すげぇなアイツは』って引き付けることでね。そのプロレスを確立できた時に、俺っていうものにたどり着いたと思う」

昭和五一（一九七六）年一〇月、天龍は大相撲を引退し、プロレス界へ飛び込んだ。それから一一年。日本武道館のメインイベントで鶴田との日本人対決が実現したことは、「幕内・天龍」ではなく「プロレスラー・天龍源一郎」を確立した記念碑だった。それは、絶対的秩序の馬場という巨大な壁を突破したことの証明でもあった。だからこそ、天龍の決起は「天龍革命」と呼ばれ、時代を変革した大きな節目となった。

ここで天龍の経歴を紹介したい。天龍源一郎、本名・嶋田源一郎は、昭和二五（一九五〇）年二月二日、福井県勝山市で生まれた。中学二年で大相撲の横綱・大鵬が在籍する二所ノ関部屋へ入門。東京オリンピックが開かれた昭和三九（一九六四）年一月場所で初土俵を踏み、昭和四六（一九七一）年九月場所で新十両に昇進し、四八（一九七三）年一月場所で新入幕を果たす。

昭和四九（一九七四）年一月場所で平幕最高位となる西前頭筆頭へ番付を上げたが、師匠の元大関・佐賀ノ花が五〇（一九七五）年三月二八日に五七歳で急逝し、後継者問題で部屋で内紛が発生する。この問題が原因で五一年九月場所後に二六歳で引退し、馬場の全日本への入団を決意する。一〇月一五日に東京ヒルトン・ホテルで入団発表し、すぐに馬場と共に渡米、テキサス州アマリロのドリーとテリーのファンク一家の下で修業がスタートした。髷を付けたまま一一月一三日、テキサス州ヘレフォードでのテッド・デビアス戦でデビュー。一度帰国し、一二月九日に日大講堂大会でリング上で断髪式を行った。再び渡米して修業を経た後、昭和五二年（一九七七）年六月一一日に世田谷区体育館で馬場と組み、マリオ・ミラノ、メヒコ・グランデとのタッグ戦で国内デビューした。

「ＮＷＡスタイルに馴染もうと思っても馴染めなくてね」

幕内力士のプロレス転向は期待を集めたが、現実は思った通りには進まなかった。翌昭和五三（一九七八）年二月に再渡米を命じられ、一年八カ月後の五四（一九七九）年一〇月に帰国するも、昭和五五（一九八〇）年二月に再び渡米する。今度は一年三カ月間、アメリカを転戦し、翌昭和五六（一九八一）年五月に帰国した。

振り返れば、国内デビューから四年間のうちトータル三年間がアメリカマットでの生活だった。入団した時は、馬場、鶴田に続く「第三の男」と期待されたが、観客動員や視聴率に貢献するレスラーであれば、馬場も試合を中継する日本テレビも天龍を日本マットから手放すはずがない。実際、ミュンヘン五輪にレスリング日本代表で中大から昭和四七（一九七二）年一〇月に入団したジャンボ鶴田は、翌四八（一九七三）年一〇月の国内デビュー戦以降は海外遠征はあっても一貫して日本に定着し、馬場に次ぐナンバー二の地位に君臨した。

三年にも及んだアメリカ暮らし、わずか一年しか全日本マットに定着しなかった事実は、天龍が当初の期待から大きく外れてしまったことを意味していた。天龍は、相撲からプロレスに順応できなかった苦悩を率直に明かす。

「全日本プロレスっていうのは、言葉が悪いかもしれないけど、アン・ドゥ・トロワっていう、要するに一・二・三っていう段取りがあるスタイルなんです。それは、ドリー・ファンク・ジュニアから教えられたＮＷＡプロレスそのもので、これを受け継いできたことに馬場さんも自負があったし、同じようにジャンボにもそれがあった。当時、全日本にいたレスラーは、みんなありましたよ。だけど、俺は相撲から来て、そのＮＷＡスタイルを受け継ぐ全日本プロレスに馴染もうと思っても馴染めなくてね……。要するに技で組み立てて最後、顚末を取るという本当のＮＷＡスタイルのプロレス、アメリカンプロレスの神髄みたいなものを会得しようともがいて、うまくいかなくて悶々としていましたよ」

天龍がもがいたＮＷＡスタイルの難しさとは、試合の組み立て方だった。

「ＮＷＡスタイルって、相撲で言えば白星を得るために試合の中で段取りを組み立てて最後にこの技で取るっていうようなことなんですけど、これは語弊があるかもしれないけど、そのために相手を上手にいたぶる必要がある。でも俺は、そこまで根気よくやっていく技量もなかったし、技ももってなかったっていうのが正直なところでした」

日本人が世界の強豪を迎え撃つ構図が主流の全日本プロレスは、ドリー、テリーのザ・ファンクスを頂点にＮＷＡのトップレスラーと嚙み合う試合ができなければメインイベンターにはなれなかった。鶴田のようにはＮＷＡスタイルを吸収できなかった天龍が、トータル三年間もアメリカへ行ったのは、「ＮＷＡスタイル」を本場で学ぶ、文字通りの修業だったのだ。それは、カール・ゴッチのスタイルを受け継いだ猪木の新日本プロレスで、ゴッチを拒否した長州力が長く低迷したこととも重なる。新日本にとっての「ゴッチ」が全日本では「ＮＷＡ」だった。全日本は馬場、新日本は猪木という巨頭の思想を反映できないレスラーは、相撲出身であろうが、五輪代表であろうが過去に高い実績と経歴があっても認められなかった。

もがき続けた天龍に一筋の光が射す試合が昭和五六（一九八一）年七月三〇日、後楽園ホールで実現した。ビル・ロビンソンと組んで、馬場と鶴田が持つインターナショナルタッグ王座へ挑戦した。当初、ロビンソンはディック・スレーターとのタッグで挑戦予定だったが、スレーターがケガを理由に帰国、急遽、天龍が起用されたのだ。デビューから四年を過ぎて三一歳となった天龍にとって、初めての看板ベルトへの挑戦だった。

六〇分三本勝負で行われた試合は、一本目はロビンソンが馬場をフォールした。天龍が満員の観衆をどよめかせたのは二本目だった。リング中央で鶴田に延髄斬りを見舞ったのだ。実況した日本テレビの倉持隆夫アナウンサーは「回し蹴り」とアナウンスしたが、明らかにライバル団体でカリスマである猪木が使う必殺技「延髄斬り」だった。続けて鶴田に左足を取られ右足で再び延髄斬りを見舞った。昭和プロレスでは、トップ選手の必殺技は他の選手が使ってはいけないという暗黙のルールがあった。それは、団体が違っても同じことで、しかも大エースの猪木の必殺技を使うことは、掟を破る行為だった。しかし、観衆は予想していなかった天龍の延髄斬りにどよめき、歓声を上げた。それは、デビューから四年あまりの中で、天龍が起こしたことのない会場の興奮だった。

「あの試合は、自分の殻を破りたいというか、とにかく馬場、鶴田に一矢報いたいという必死の気持ちでした」

沸き立つ思いで「長州、リングに上がってこい」

試合は、二本目で馬場がロビンソンをフォールし、三本目は鶴田が天龍にリングアウト勝ちし、１－２で敗れたが、当時は決して表に出せなかった、ＮＷＡプロレスに順応できない鬱憤を、延髄斬りという形で表した。この試合を機に延髄斬りは天龍の必殺技となる。

「満員の後楽園ホールで普通の試合をやって、このまま埋没していくよりは……っていう反骨心が瞬時に芽生えて、延髄斬りをやったんだと思います。あのまま何もしないで負けたら、『何だ天龍は、海外へ行っても、ちっとも目新しいことがない』って言われるのがオチだったと思う。このまま埋没してたまるかっていう俺の反骨心が延髄をやらせたんです」

さらに心強かったのはパートナーのロビンソンの助言だった。イギリス出身のロビンソンは、一五歳で幾多の名レスラーを生み出した「ビリー・ライレー・ジム」でレスリングを学び、欧州だけでなく米国でもＮＷＡ世界王座に挑戦するなど、確かなレスリング技術に裏付けられたスタイルでトップ選手として活躍した。日本では国際プロレス、さらに新日本では昭和五〇（一九七五）年一二月一一日、蔵前国技館で猪木と六〇分時間切れ引き分けになる歴史的な試合を残した。その後は全日本プロレスへ参戦し、外国人選手のトップとして人気と実力を保っていた。

天龍はロビンソンに「あの時、人の技をやることに対して、『いいのかな？』って聞いたことがあるんですよ」という。するとロビンソンは「『みんながやっている技ならいいんだよ。思いっきりやればいい』って言ってくれて。それで吹っ切れて延髄斬りや卍固めなんかもやるようになったんです」と打ち明けた。

ロビンソンの助言を受けたとはいえ、他のレスラーの必殺技をやるプロレスは、天龍が「アン・ドゥ・トロワ」と表現したＮＷＡスタイルのテキストには載っていない闘い方だった。教科書から外れたスタイルでようやく自身のプロレスを築くきっかけをつかんだ天龍は、昭和五八（一九八三）年の年末恒例となる看板シリーズ「世界最強タッグ決定リーグ戦」で鶴田のパートナーに抜擢されて「鶴龍コンビ」を結成し、優勝したスタン・ハンセン、ブルーザー・ブロディに次ぐ二位となる。

さらに昭和五九（一九八四）年二月二三日に蔵前国技館でリッキー・スティムボートとのＵＮ王座決定戦を制し、ＵＮ王座を獲得する。紆余曲折を経た天龍がさらに存在感を発揮する時が来た。その運命の相手こそ長州力だった。

藤波辰巳（現・辰爾）へ反逆する「かませ犬事件」で覚醒した長州は、一気にメインイベンターへ飛躍し、昭和五九（一九八四）年九月、アニマル浜口、小林邦昭ら「維新軍団」のメンバーらと共に新日本を離脱し、新日本を退社した元営業部長だった大塚直樹と共に「ジャパンプロレス」を設立する。

翌昭和六〇（一九八五）年一月から全日本プロレスに参戦する長州は、前年の一二月一日、「ジャイアントシリーズ」最終戦が行われた後楽園ホールを訪れた。南側客席に座った長州に対して、鶴田とのタッグでメインイベントに登場した天龍はマイクを持って「長州、リングへ上がって来い」と挑発した。これが二人の初遭遇だった。七〇歳を過ぎた今も、天龍はあの日の後楽園で長州を見た瞬間の感情を記憶していた。

「長州が後楽園ホールに試合を見に来て『長州、上がって来い』って言った自分の高揚する気持ちは、今でもまざまざと覚えていますよ。気持ちが沸き立って、興奮して叫ばずにはいられなかったですね」

衝動的に叫んだ理由は、長州への憤りではなく、実は、全日本プロレス内部への不満が根底にあった。

「それまでは、プロレスが全然、楽しくなくてね。今でも覚えているのは試合が終わるとカミさんが俺に付き合ってくれてね。カミさんと二人で馬場さんとか全日本の体制の悪口ばかり言って憂さ晴らしをしてました（笑）」

憂さの原因は、当時、新日本が全日本より評価されていたことにある。同じプロレスなのに多くのファン、関係者から、猪木の新日本は「過激なプロレス」と評される一方、馬場の全日本は「ショーマンスタイル」などと揶揄された。テレビのゴールデンタイムでの放送も新日本の金曜夜八時は継続していたが、全日本は昭和五四（一九七九）年三月いっぱいで土曜夜八時の中継が終わり、東京地区では土曜午後五時半からの放送に追いやられるなど、圧倒的な影響力の差があったのだ。

「あの時カミさんに、馬場さん批判だったり、ジャンボ批判を言ってた中で、『ジャンボがもっと頑張れば全日本もいい団体って思われるのに』とかそんなことまで言ってましたよ。馬場さんの全日本は、会場へ行くと、あのホンワカムードが好きだというファンは今でもいますよ。だけど俺は相撲から来たから、自分の団体、相撲で言えば自分の部屋が貶《けな》されたり、『あの部屋は、稽古しない』って言われるのが凄く嫌だった。だから、俺はジャンボとタッグを組んでいる時に、『もっとガンガン行きなよ』って何回も言いましたよ。そうすれば、新日本がプロレスの主流みたいな感じで言われなくなるって思ってたんですよ。だけどジャンボは必ず『源ちゃん、このビジネスはそんなに必死にやるもんじゃないんだから』って、いつもいなされた。それに我慢できない俺が、当時はいたんですよ」

長州の「叩き潰すプロレス」に刺激を受けた

長州が後楽園へ来た時、天龍が叫ばなければ「ホンワカムード」の全日本のままで終わった。天龍がマイクを持ったことで、全日本の景色に緊迫感が生まれた。自らの団体が揶揄されることへの「反骨心」と、プロレスを「ビジネス」と割り切る鶴田への違和感、そして、不満がありながらも観客から支持を受けるプロレスができない自身への不甲斐なさもそこにはあっただろう。様々な鬱屈が、長州の登場で表面に噴き出し、天龍は覚醒する。

「あの後楽園で長州を見た瞬間に、プロレスに対して燃えるものが芽生えたっていうのを覚えていますよ。あそこから俺を本当にガラッと変えてくれたのが長州でした」

長州ら「ジャパンプロレス」は、一月の「'85激突！オールスターウォーズ」から全日本マットへ上がった。真っ先に長州と対戦したのが天龍だった。開幕戦の一月二日、後楽園ホールで石川敬士と組んで長州、谷津嘉章と対戦した。ここから八日の愛媛県民会館大会まで七戦連続で天龍は長州とタッグマッチで激突した。途中、天龍が右足首の靭帯を負傷し、六試合欠場するほどの過酷な連戦だったが、最終戦の東京体育館までシリーズ全三一戦で二〇戦にわたり二人は闘った。感情をそのままぶつける長州との試合で、天龍はＮＷＡプロレスにもがき苦しんだ日々が消え去っていった。

「長州たちが来て、彼らが気持ちのおもむくままにリングへ上がって、それを発散させて、耐えられないヤツをそのまま自分の得意技でやっつけるっていうプロレスに凄く刺激を受けました」

　天龍は、独特の擬音を使って、自らと長州の試合を表現した。

「彼らは、バン！　ガチャン！ってきて、それに俺がガンガンッてやって、返されたらチキショウって思って、またガンガンガンッて構築していく中で、ピンフォールを取るために試合をやっていく。そういう感情そのままをぶつけて来る長州は、今までのＮＷＡスタイルをぶっ壊したと思いました。それが相撲から来た俺は好きだったし、ハマッたっていうことだと思います」

　擬音を活字にすると分かりにくいかもしれないが、天龍が感じた「ハイスパート」あるいは「叩き潰す」と呼ばれた長州のスタイルは、「バン！　ガチャン！」に象徴されるように、つまりは「アン・ドゥ・トロワ」の段取りがないプロレスだった。それは、ハプニングとアドリブで構築する猪木の「ストロングスタイル」でもあった。長州を通して「新日本プロレス」の猪木イズムを天龍は吸収していたのだ。ここに「猪木対小林」から「藤波対長州」を経た「日本人対決」の系譜が天龍につながる。長州との闘いを重ね、天龍はプロレスに目覚めていく。

「俺は、跳ね返されても跳ね返されても正面から行く、要するに相撲のようにぶつかって行くのがプロレスだと思っていました。長州も、新日本の試合をテレビで見ている時は、ただ相手をぶっ壊しに来て、俺と同じようにボンッとぶつかってダメだったら『もうそれでいいや』っていう感じかと思ってました。それが実際に闘ってみたら、あにはからんや、長州は、正面から行ってダメだったら、後ろから行く、後ろもダメだったら斜めから行くっていう緻密さがあったんですね。彼は、アマレスの基礎があったから、やっぱりそこはソツがなかったですね。俺は本当にババンッて行って、はじき返されたら『もうどうにでもしてくれ』っていう感じだったんです。要するに技量がないから、そこで負けたらしょうがないって思ったんだけど、長州は俺とは違って、こっちがダメなら次はこっちから攻めようっていう感じでした。見ていた印象とは違うなって。そこは俺の誤解でした。ただ、その時、俺は三五歳で、ようやく初めて『あっ！　こういうプロレスがあるのか』って知ったんですね。そのきっかけを作ってくれたのが長州だったことは確かです」

　長州の一気呵成でありながら、しかも多面的に攻めるプロレスに対応するために、今まで以上に練習に熱が入った。

「大事なのは、タフでないといけないと思いましたね。そのためにジムへ行って一生懸命に体を大きくしたっていうのがありました。それは、タフであれば、やられている間に『次は何？』って考えるだけのスタミナと体力ができますからね。そういう激しい攻めに持ち堪えられる自分も、三〇代の半ばぐらいから出てきました」

　初の一騎打ちは、シリーズ後の二月二一日、大阪城ホールでのジャパンプロレスが主催した特別興行「ジャパンプロレスvs全日本プロレス全面対抗戦」で実現した。試合は、天龍がゴング前のラリアットでの奇襲攻撃で優位に立つと、パイルドライバー、パワースラム、ブレーンバスターで攻めまくった。長州がバックドロップで逆転し、リキラリアット、サソリ固めで主導権を握る。天龍も延髄斬りからのパワーボムでカウント2まで追い込んだが、最後は場外戦から長州がエプロンで天龍をバックドロップで投げ捨て、九分一二秒、リングアウトで長州が勝った。エプロンでのバックドロップを、天龍は「長州が持ち上げた瞬間に『死ぬ』って思ったもんね。持ち上げられた時に、あんな狭いエプロンのどこに首を打ち付けても『あぁ、ダメだ』って思ったのは覚えています。凄い恐怖っていうか怖かったですね。あれは長州の意地じゃないですか。負けてたまるかって思ったんだと思います」と苦笑いした。

「長州とやることで、すべての霧が晴れた」

試合には敗れたが、全日本のトップ選手の中で長州と誰よりも先に一騎打ちができた充実感があった。

「俺は長州が来た時、やるのは俺しかいないだろうっていう心意気がありましたから。ジャンボが出てくるのも嫌だし、出てきて欲しくないという俺もいました。だから、あの試合は、長州と初対決できたっていうのが第一で、そこに達成感を感じたから、勝った負けたっていうのはそんなに俺の中では重要じゃなかったですね。だから、初対決でお客さんも喜ぶだろうし、俺の気持ちはそれで六割か七割は達成していて、そこでもうちょっといい攻防のある試合だったら、あとの三割でお客さんは満足して、大阪城から帰ってくれるなっていうだけでした。負けたから、どうのこうのっていうのは微塵も思ってなかったですね」

長州は、新日本プロレスで藤波と「名勝負数え唄」とうたわれるほどの高いレベルの試合を繰り広げてきた。「藤波対長州」を超えようという意識は、天龍にあったのだろうか。

「それはありました。見ているお客さんにインパクトを与えたい、喜ぶようないい試合をやりたいなっていうのはありました。藤波さんはジュニア（ヘビー級）から来て、色んな技を会得した技の宝庫ですからね。とてもじゃないけど、俺にはマネできません。だから、（藤波さんを）逃げ道のようには受け止められたかもしれないけど、俺は長州と気持ちでぶつかるしかなかったですね」

シングルマッチで闘った長州の印象は、タッグで感じたのと同じように、やはり「緻密」だったという。

「アマレスやっていた下地があるから、凄く緻密で辛気臭いプロレスだったのを覚えています（笑）。そこは、試合前に構築してきたのか何か知らないけど、ジャンボよりも緻密でしたね。そういうプロレスに俺がガッと追い詰められた感じがしました」

緻密とは、闘った天龍にしか分からない実感でもあるのだが、具体的にどういう場面に表れているのだろうか。

「例えばサソリ固めに入るパターンは、どんな相手であっても崩さない。入る時は、ババババッと一気呵成に入る。入れない時は、相手がブロックして入れないんだよっていうように止まる。すべてどんな試合でもどんな相手でもいつも同じなんです。緻密っていうのは、どんな相手でも型を崩さないっていうことですね」

初の一騎打ちを経て長州とはこの年の六月二一日に日本武道館で再戦し、一九分二秒、反則で勝利する。一勝一敗で迎えた決着戦は、翌昭和六一（一九八六）年九月三日、大阪城ホールで闘い、二〇分七秒、反則で天龍が勝った。試合を重ねながら天龍には心の変遷があったという。

「最初は、長州たちが全日本のプロレスを『ワルツみたい』とか揶揄したことへの反骨心もありました。だけどその一方で、裏側には、長州の新しいプロレスを自分の体に染み込ませたいという俺もいました。プロレスに対して自分自身が、ちょうど伸び上がるころで、新しいプロレスに飢えていた。長州という人の新しいプロレスを俺が体感したいっていう欲望があった」

昭和六一年は、長州らジャパンプロレスが参戦したことで、全日本プロレスにとって飛躍の年となる。日本テレビが放送時間を一〇月一九日から毎週土曜夜七時のゴールデンタイムでの中継を決定したのだ。六年ぶりのゴールデンタイム復帰は、団体にとって待望の慶事だった。さらに大相撲の元横綱輪島が入団し、一一月一日の石川県七尾市総合体育館でのタイガー・ジェット・シン戦でデビュー。プロレスの枠を超えて世間からも大きな注目を集めた。この時期、全日本が新日本を凌駕し、マット界の主役となった。発火点は、天龍と長州の真っ向からの日本人対決にあった。沈滞していた全日本プロレスを蘇らせた長州との闘いで、天龍は自身のスタイルも大きく変わったと振り返る。

「そこは、変わりました。凄い自分に自信が持てて、どんなプロレスでもやれるっていう余裕ができました。全日本の闘いでは、ラリアットはハンセンが使うからダメ、バックドロップはジャンボが使うからダメとか制約があったんですね。その中で俺はＮＷＡスタイルに馴染めなかったから、『自分は何をやればいいのか』ってもがいていたんですけど、長州とやることで、すべての霧が晴れた。何をやってもいいんだ、というふうに開き直ったっていうのが正直なところですね。それは体力とスタミナがついたというのと、いろんな人と戦うことによって多様な引き出しが増えたっていうのもありましたし、それでプロレスが面白くなりましたね」

俺が負けたら何かを失うっていう危機感に、ファンが共鳴した

長州からは、試合運びも吸収したという。

「言葉にするのが、いいのか悪いのか分からないけど、駆け引きの中で相手をわざと怒らせて技を最初のうちに先に出させてしまうとか、そんなこともありましたね。あとは、自分の力が出る限りは、真正面からぶつかる。マサ斎藤さんが長州に伝えた〝ＧＯ ＦＯＲ ＢＲＯＫＥ（当たって砕け

ろ）〟っていうプロレスを体に植え付けられました。これは、後になって気づいたことだけど、『あっ、長州はこういうことをやって、負けない自分を作ったのか』って分かったこともありましたよ。そこに気がつけたのは、長州が来たことが大きかったし、それが、後々までずっと、人が俺のプロレスを〝気風のいい〟とか、〝潔い〟って言ってくれるようになって、天龍の代名詞にさせてくれました」

　長州との闘いで天龍は「何をやってもいい」との気づきがあった。当時の全日本はハーリー・レイス、ザ・ファンクス、リック・フレアーなど正統的なＮＷＡのレスラーだけでなく、そこから逸脱したスタン・ハンセン、ブルーザー・ブロディといった選手がトップを張っていたが、ハンセン、ブロディとの闘いでは目覚めることは難しかったのだろうか。

「ブロディは考えられないような技を仕掛けて来て、凄いことやって俺たちのダメージも激しいんだけど、外国人対日本人だと、見ているファンは、凄いことをやっているようには見ないんですね。ファンは、外国人対日本人っていうカテゴリーで納得して終わっちゃう。ファンが先入観で見ているから、激しく映らないんです。例えば、ハンセンのドロップキックなんてモロに受けると吹っ飛ぶわけだけど、お客さんは『ハンセンがドロップキックやった。ああ珍しいね』っていうだけで、そこで一区切りなんです」

　観客をいかにヒートアップさせるかがプロレスラーの勝負だとするなら、外国人との対決では、長州との対戦のように同じ激しい技の攻防があっても、観客が試合を見る感情移入に温度差があった。

「日本人同士が凄いって見てくれるのは、やっぱり、新日本で猪木さんがストロング小林戦から過激なことをやって、その流れで長州対藤波があって、日本人対決は凄いっていう感覚で見られていた。だから、例えば長州と藤波ならお客さんが何をやっても凄げえなあって、もっとヒートアップして見る。そうすると、やっているほうもヒートアップしていくんですね。ハンセンやブロディとやっている俺たちの試合は、何も長州と藤波さんの試合に負けちゃいないんだけど、ファンの見る目が違ったんですね」

天龍はさらに、より具体的にファンが日本人対決に燃える理由を説く。

「日本人同士の対決が盛り上がったのは、例えば俺がここで負ける、ダメになったら俺の何かがなくなるっていう危機感に、ファンが共鳴したからでしょう。言ってみれば、天龍ファンだったら天龍がここで負けたら、天龍を応援してきた俺たちがここで素っ裸にされてこの会場から出なくちゃいけない、っていう危機感があった。だから、俺はそんな思いをファンに与えちゃいけないと思って闘ったし、ファンは『天龍は、そんなことをしないだろう』っていう共感をもってくれた。それは、別に俺のファンだけじゃなくて、ジャンボファン、長州ファン、藤波ファンのそれぞれがエキサイトしてたよね。だから俺たちも最後の最後までトコトン精魂尽き果てる試合をやれたし、だからファンも最終的には、負けても『天龍は俺の気持ちを汲んでくれたからヨシ』って思ってくれただろうし、次は何かをやってくれるっていう希望をもって会場を後にしてくれたと思います。だから、そこの扉を開いた猪木さんとストロング小林さんの試合は、凄かったと思いますよ」

天龍はデビューから九年、三五歳にして己が輝くプロレスをようやく見つけた。長州との闘いを今、「プロレスで飯を食っているっていう充実感と、プロレスラー天龍源一郎っていうものを確立させてくれた」と振り返る。しかし、充実した日々はあまりにも突然、終焉を迎える。昭和六二（一九八七）年三月に長州が「ジャパンプロレス」を離脱し、五月から新日本マットへ復帰した。長州の離脱でジャパンプロレスは解散し、選手は、谷津嘉章、永源遙ら全日本への残留組と、小林邦昭、ヒロ斉藤ら長州と行動を共にする新日本への復帰組に分裂した。

長州の全日本マットで最後の試合は、昭和六二年二月五日、北海道・札幌中島体育センターで谷津と組んで鶴田、天龍と闘ったインターナショナルタッグ選手権だった。天龍がジャーマンスープレックスで谷津を破った一戦で、天龍の前から長州は去った。プロレスに目覚めさせてくれた長州という言わば〝恋人〟を失った天龍は、再び鶴田と組んで、ハンセン、テッド・デビアス、ザ・ロード・ウォリアーズら外国人の強豪と闘う日々に戻った。地方巡業へ出ると、会場から観客が減った現実を見せつけられた。

「観客が潮を引くようにあからさまにいなくなっていくのを見て、別に俺が考えなくてもいいんだけど、『全日本ってこんなもんなのか』って思われるのが癪だった。それと同時に、長州がいなくなって、全日本は客が入らない、ってなったら一番喜ぶのは長州だと思うから、それが癪に障った」

鷹揚なプロレスに安住する全日本と鶴田への苛立ち

鶴田と組んで、長州が来る以前のような外国人と対戦するリングへ戻せば興行は先細りになり、ひいては全日本の経営が危機に陥る非常事態を天龍は感じた。天龍が、そんな不安を打ち明けたのが阿修羅・原だった。昭和二二（一九四七）年一月八日に長崎県諫早市で生まれた阿修羅・原、本名原進は、諫早農業高校でラグビーを始め、東洋大学から社会人ラグビーの名門チームだった「近鉄」に入社する。昭和四五（一九七〇）年には日本代表、翌四六年には、日本初の世界選抜に選ばれる実績を残した。昭和五二（一九七七）年に近鉄を退社し一一月に国際プロレスへ入団しプロレスラーへ転向。国際が崩壊後の昭和五六（一九八一）年に全日本プロレスに入団し、天龍と出会った。原は天龍より三歳上だったが、プロレスのキャリアは天龍が一年先輩だった。お互いに相撲とラグビーとジャンルは違うが第一線で活躍した経歴を持つこともあり、気が合う仲間だった。天龍は、また元の路線に戻る全日本マットに対する思いを原にぶつけた。

「あのころ、国際から来た選手で一人だけ馬鹿正直に一生懸命プロレスをやっている阿修羅・原が、かわいそうって言ったら語弊があるけど、気になってしょうがなかったんです。俺は長州とやって刺激を受けたから、元に戻る全日本に納得しなかったところがあって、阿修羅に『プロレスってどう思っているの？』って聞いたら、『プロレスは、こんないい加減にやっちゃいけないよ、源ちゃん。プロレスは格闘技なのに、ラグビーの方がもっと凄いよ』って言うのを聞いて、俺も相撲からプロレスに来て『プロレスって生っちょろいな』って思っている部分があったから阿修羅と話が合って、別に殺し合うわけじゃないけど、『プロレスってもっと凄い』ってことを見せようと意見が合ったんですね」

　プロレスの凄さを見せることで意見が合った二人は、タッグを結成することを決断する。そして、標的をジャンボ鶴田に絞った。

「二人で全日本を変えるなんて大それたことじゃなくて、ジャンボ鶴田が本気になったら全日本は新日本に負けないものになるよって意見がまとまったんです。俺たちがジャンボに仕掛けたら、どういうふうに全日本プロレスが変わるのかっていう興味もありました。何たって長州とやって自分たちも変わってるんだからね。全日本というカラーを自分たちがどう変えられるかっていう山《やま》っ気《け》もありましたよ」

　鶴田をターゲットに絞った側面として、天龍の中で鶴田へのやるせない不満があった。それは、鶴田が長州と一騎打ちした昭和六〇（一九八五）年一一月四日、大阪城ホールでの試合だった。長州の「ジャパンプロレス」が主催した試合は、六〇分フルタイム引き分けとなったが、必死に攻める長州に、鶴田は驚異のスタミナで対応し、今も鶴田の伝説として語り継がれている。このフルタイムに、天龍は失望した。

「長州たちが来て、俺が一番、日本人対決の中で寂しかったのが、大阪城ホールでやったジャンボと長州の一騎打ちなんです。六〇分引き分けになったけど、長州は自分のところのジャパンが主催した大会で一生懸命、ジャンボに勝ってやろうと思ってドロップキックやったりジャーマンやったり、必死こいてお客さんに訴えかけているのに、ジャンボは〝長州は、まだまだ俺と戦う器じゃないよ。大したことないよ〟っていう感じで、いなしながら試合をやっていた。だから噛み合わなくて、それがファンにも伝わってね……。あんなことされれば、長州のスタミナは切れますよ。ジャンボは鷹揚に構えて長州は必死になって何度も技を仕掛けているから、それは息も上がりますよ。だから、あの試合は俺もセコンドについていたけど、『ジャンボ、もっとガンガン行けよ』って思ってね。試合を見ていて悲しかったですね」

全日本とジャパンのトップ対決に周囲は注目したが、鶴田はリングで長州を格下扱いした。天龍のようにガムシャラに長州と葛藤することを拒否した。いなすように試合をこなした理由は、馬場の教えにあったと天龍は見ている。

「馬場さんは、やっぱり若いころにアメリカでチャンピオンになった経験があるから、互角だなと思うヤツと戦う時は、自分が仕掛けたり小手先で動くと格下に見られるから、鷹揚に構えて鷹揚な試合をやれって俺もよく言われました。『お前、幕下と相撲取る時に受けて立ってバタバタしないだろう？　お前から技をかけたりしないだろう？』って言われて『しないです』って答えると『それは、プロレスも同じことなんだよ。バタバタ動くとお前が格下に見られるから、鷹揚に構えるとお前の方がちょっと上に見られるから、それを忘れるな』って言われたのを覚えています。だから馬場さんは、意識してそういうことを全日本に入ってきたジャンボにも説いたと思います」

天龍は、そういう鷹揚なプロレスに安住する全日本に苛立ち、関係者が新日本ばかりを評価することへの「反骨心」から長州と必死になって闘った。しかし、馬場の教えを守る鶴田にその感覚はなかった。そこには、全日本プロレスの序列もあった。

「長州とは天龍がやっていればいいことで、ジャンボはブロディとかハンセンとか外国人のトップレスラーとやるっていう、暗黙の了解が全日本プロレスの中ではできていました。ジャンボは、新日本から来た長州との戦いには出さないみたいな考えが馬場さんにはありました。新日本と全日本はちょっと違うんだ、老舗と新興商店は別なんだよみたいなことを常に言っていましたね」

鶴田がトップで、天龍はあくまでもその次という序列は揺るがなかった。実際、長州との一騎打ちは、初戦こそ長州の「ジャパンプロレス」が主催興行だったためメインイベントだったが、次の日本武道館での再戦と最後の三戦目は、いずれもセミファイナルだった。二戦目のメインは、馬場とラッシャー木村のＰＷＦ選手権、三戦目のメインは、鶴田とハンセンのインターナショナルヘビー級選手権だった。天龍は、馬場、鶴田よりあくまでも格下で、それは長州たちが去っても不変だった。天龍が鶴田をターゲットに絞ることは、ある意味、同格になることを意味しており、天龍と原の野望も馬場が承諾しなければ、実現は不可能だった。すべては、馬場の判断に委ねられた。

第15章 怪物が目覚める

鶴田の覚醒によって革命は成就した

馬場さんは「プロレスをダメにしたのは俺らだ」と言っていました

全日本プロレスの総帥で日本プロレス界の象徴だったジャイアント馬場は、長州たちが去った後、どんな心境だったのか。当時の馬場の思いを知るために、全日本プロレス名誉レフェリーの和田京平を取材した。

和田は、昭和二九（一九五四）年一一月二〇日に東京都足立区で生まれ、中学を卒業後に旗揚げしたばかりの全日本プロレスで「リング屋さん」と呼ばれるリングを設営するアルバイトを始める。開場前のリングで得意のダンスを踊っていると、軽やかなステップを見た馬場からレフェリーになることを勧められ、昭和四九（一九七四）年からレフェリーとなり、現在に至るまで全日本プロレス

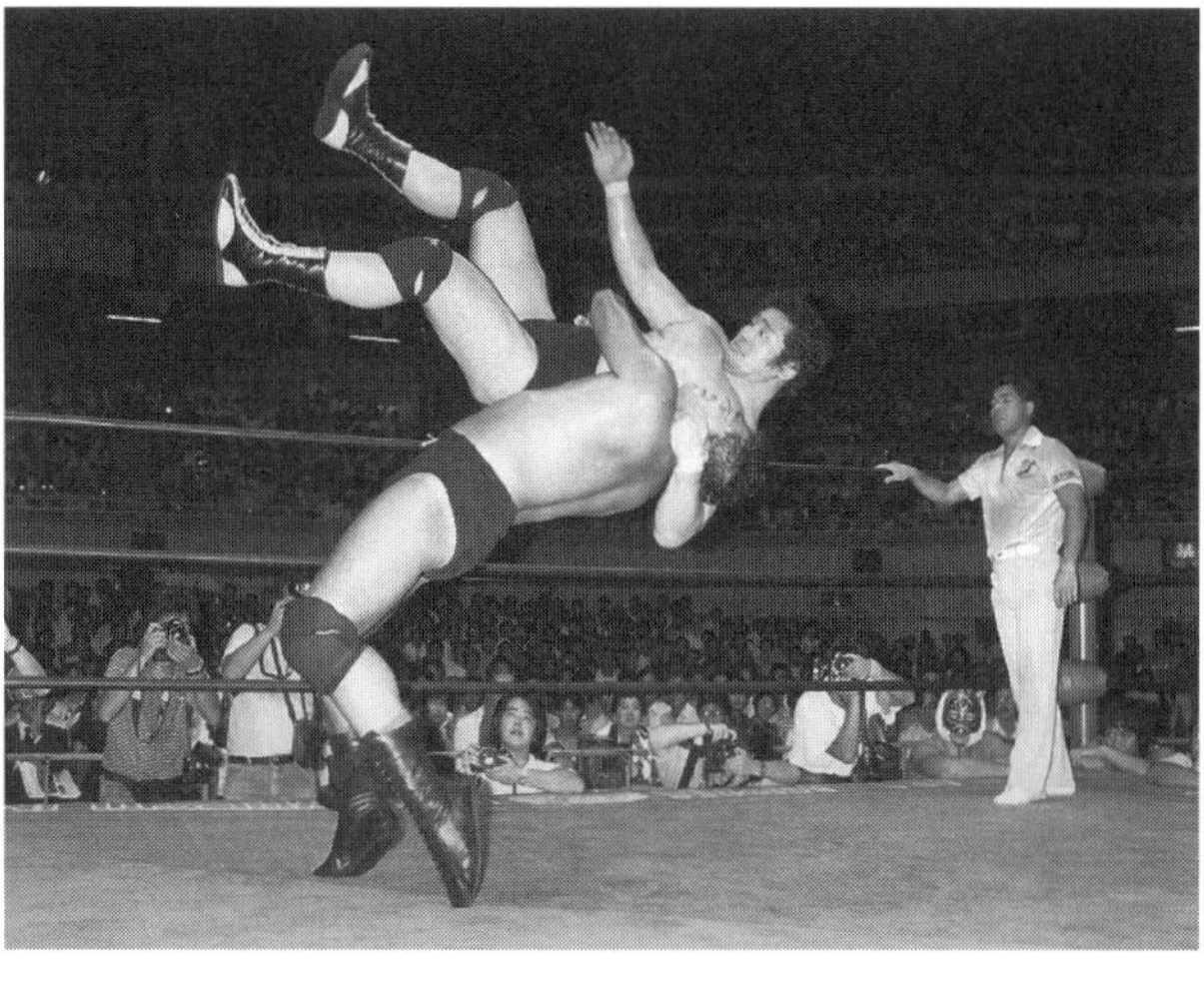

容赦のない急角度のバックドロップを天龍に見舞うジャンボ鶴田（写真＝山内 猛）

で歴史に残る試合を裁いてきた。馬場の存命中は、レフェリーの傍ら平成一一（一九九九）年一月三一日に六一歳で急逝するまで、マネージャーとして馬場に仕えた。馬場が亡くなってから今年で二三回忌を迎えたが、プロレス関係者で馬場の考えを最も知る人物は、和田をおいて他にはいない。

　和田は「長州さんたちがいなくなった時点で、馬場さんはリングの中を日本人同士じゃなくて日本人対外国人という元に戻そうとしていました」と断言した。実際、長州が去った後のリングは、鶴田と天龍の「鶴龍コンビ」が外国人と戦うマッチメイクが主流となった。ただ、現実に観客が減っていく会場を目の当たりにし、戻すことがいいのかどうか揺れ動いていたという。そこには、自らが選手、あるいはプロモーターとしてやってきたプロレスへの反省があった。

「あのころは、馬場さんの考え方が変わって来た時期でした。今までみたいに両者リングアウト、リングアウト、反則で終わらせるプロレスはダメだと馬場さんは言っていました。そういう試合をやっていたのは『レスラーだってプライドがあるんだよ。負けたくないから反則やるんだよ』とも明かしていました。それは、レスラーたちが、フォールを取られて負けるぐらいなら反則で負けたほうがいいと思って、それを許していたんです。だけど、それってお客さんから見れば不透明決着ですよね。だから、俺にも馬場さんは『プロレスをダメにしたのは俺らだ』と言っていました。これからの時代は、やっぱり完全決着じゃないとお客さんは喜ばないっていう考えが馬場さんの頭の中に生まれました。だから、俺らレフェリーに、『できるならリングアウトはせんでくれ』って言われました。そこからレフェリングも変わりました」

　さらに、長州の参戦で興行が活況を呈し、テレビがゴールデンタイムへ復活したことで、日本人対決への先入観も変わった。

「まず馬場さんが外国人を大切にしたのは、日本テレビと旗揚げからの契約で、必ず一シリーズに外国人を最低六人参戦させるようにって決まっていたからなんです。その約束を守るために日本人が外国人を迎え撃つ形は崩せなかったんですね。あとは、どうして日本人対決を積極的にやらなかったと言うと、簡単に言えば、負けたやつがかわいそうだろうって思っていたんです。外国人に負けるならしょうがないけど、日本人にやられたら立つ瀬がないよなっていうのが馬場さんの中にあった。だけど、長州さんたちが来て全日本が面白くなって、天龍さんは負けても人気が下がらないし生き生きとやっていました。そういう意味で、長州さんたちが来たことで、見ているお客さんの中で日本人同士の勝ち負けにこだわりはなくなりました。その辺から馬場さんの日本人対決への考えも変わったんです」

　馬場が日本人対決への見方を変えた要因は、さらにアメリカマットの勢力図が激変したこともある。昭和六〇（一九八五）年を過ぎると、ＮＷＡが全米で最大だった時代は終わり、ＷＷＦ（現・ＷＷＥ）がケーブルテレビを使った戦略で全米の各テリトリーに侵攻する。ＮＷＡは、昭和六三（一九八八）年に事実上崩壊し、ニュースチャンネル「ＣＮＮ」を創業したテッド・ターナーに買収され「ＷＣＷ」となる。絶対的な権威だったＮＷＡの崩壊で力道山時代から続く世界最強と称したＮＷＡ世界王者と日本人エースとのタイトルマッチは存在意義も権威もなくなり、加えて全米を制覇しようとしたＷＷＦは、契約選手を日本を含め他の団体への派遣は、原則的にしない方針となった。かつてのような「未知の強豪」が来日する物語も終焉し、日本に来るレスラーはメンバーが固定化し、もはや「日本人対外国人」の構図では興行が回っていかない現実があった。長州が去った当時は、こうした世界のプロレス界が大きな転換期を迎えた時でもあった。

　全日本プロレスを取り巻く内外の状況が激変する中、天龍は、阿修羅・原とたった二人で決起することを馬場へ願い出た。それは、長州が離脱してから二シリーズ目となる昭和六二（一九八七）

年五月一五日に後楽園ホールで開幕した「スーパーパワーシリーズ」中だった。天龍が振り返る。

「俺が馬場さんに、『阿修羅と組んで全日本の中でやっていきたい』って言ったら、『じゃあ、やってみろよ』って本当に二つ返事で気持ちよく言ってくれました。本当は、馬場さんの中では、鶴田と天龍のタッグを続けさせようとか、ちょっと色をかえて天龍とハンセンを組ませてもいいなとかあったと思います。だけど、馬場さんも、長州が抜けてファンが減ったのを目の当たりしているから、天龍とジャンボを闘わせるのは、それはそれで興行会社として、ひとつの手だなって思ったんじゃないかな。あのころは、新しく呼べる外国人もいなくなって、俺の申し出は、渡りに船だと思ったかもしれない。やっぱり、長州が来て日本人同士の闘いで観客動員が増えたのを見て、馬場さんの中でちょっと考えが変わったと思います。だから、俺は阿修羅と組んで、抜けた長州に代わってジャンボとやりたいって言ったら、『それは面白い』って馬場さんは言ってくれましたよ」

全国どこの会場でも全力ファイトを貫いた

和田も、馬場が天龍の申し出を許可したことを覚えている。

「馬場さんは、天龍さんのわがままを通しました。本音では、やれるもんならやってみろっていうのがあったかもしれないけど、何より天龍さんのことを信頼してましたから。長州さんとやるようになってから、天龍さんは、寝ている時以外はプロレスのことだけを考えていました。馬場さんもそういう天龍さんを見て、『天龍はプロレスのことばっかり考えているんだよなぁ』って目を細めてましたからね」

天龍は、自らのプロレスで「ジャイアント馬場」という禁断を突破し、阿修羅・原と二人だけの決起を勝ち取った。この時、天龍は言わば「無血革命」を達成したのだ。この馬場との会談について、天龍自身には、明確な日付と場所の記憶はなかった。「スーパーパワーシリーズ」中の六月二日に発売された「週刊プロレス」六月九日号の巻頭記事には、五月二二日の山形県新庄市体育館での試合後に「直訴」と書かれている。ただ、四日後の二六日に全日本が発表したシリーズ終盤五大会の主要カードは、六月九日の日本武道館で天龍は鶴田と組んでザ・ロード・ウォリアーズが持つインターナショナルタッグ王座への挑戦などが発表された。

　天龍の「直訴」が実っていれば、鶴田とのタッグではなく阿修羅・原との新タッグに代わるはずだった。ただ、その後、六月二日に全日本はすでに発表した天龍絡みのカードをすべて覆し、武道館では、原と組んで谷津嘉章、仲野信市との対戦へ変わり、鶴田は、輪島とのタッグでザ・ロード・ウォリアーズへの挑戦となった。こうしたカード変更を考えると、天龍と馬場の会談は、終盤戦のカードが発表された五月二六日から変更が決まった六月二日の間にも行われた可能性が高い。いずれにしろ、馬場は天龍の望む通り阿修羅・原との決起を認め、要求通りカードを変更した。ハプニングを興行に生かす猪木の新日本なら直前のカード変更はさらに話題を呼ぶ手段として「あり」の世界だったが、ファンの信用を第一にする全日本が、一度発表したカードを直前になって覆すのは異例のことだった。それは、和田が明かしたように、馬場が天龍をいかに信頼していたかの表れとも言える。

　馬場の了解を得た天龍と原は、六月四日に巡業先の名古屋市内のシャンピアホテルで正式にタッグ結成に同意し、二日後の六月六日、山口県長門市スポーツセンターでの輪島、大熊元司戦で発進する。「天龍同盟」「龍原砲《りゅうげん》」と呼ばれた二人は、シリーズ最終戦の大阪府立体育会館で、三沢光晴が正体のタイガーマスクと組んだ鶴田と、同盟結成以来初めて対戦した。

「あのころ俺は四〇歳を前にして、自分の器量を馬場さんにどういうふうに見られているのか試したいっていうのがありましたよ。逆に言えば、それだけ信頼されたから、馬場さんのことは疎《おろそ》かにできない気持ちは十二分に持っていました」

　馬場の信頼に応えるべく、天龍は、原と誓ったプロレスの凄さを会場に来た観客へ骨の髄まで染み込ませる闘いを展開していく。それまでのプロレスは、テレビマッチ、東京、大阪など大都市での興行では、レスラーは全力を注いだが、地方は顔見世的な色合いが濃かった。そもそもプロレス団体の地方を巡るシリーズ制は、力道山が大相撲の巡業にならって導入したシステムだった。大相撲は、力士は自らの地位が番付で決まる年六場所の本場所を除く巡業での取組は「花相撲」と言って、顔見世的に土俵を務めるのが当たり前だった。これと同じように、新日本を旗揚げした当初の猪木のような例外はあったが、力道山の時代から、プロレスも地方は「花相撲」で、テレビマッチに熱を込めた試合をするのが常識だった。

　天龍と原は、この力道山時代から脈々と続いていた「因習」にメスを入れ、全国どこの会場でも観客が多かろうが少なかろうが全力ファイトを貫いた。それは、まさにプロレス界では「革命」的な出来事で、地方でも手を抜かない「龍原砲」の試合を、マスコミは「天龍革命」と絶賛した。

　天龍が、地方でも手を抜かなかった信念は、猪木に通じる「馬鹿になれ！」の「没入力」だったと言う。

「革命っていうのは、凄く単純で、天龍と阿修羅・原が組んだ時に『やるんだったら、一生懸命やろうよ』っていうたった一言が始まりなんですよ。プロレスにも一生懸命、馬鹿になって没頭してやろうよっていうことです。なぜかっていったら、えらそうなことを言えば、相撲の幕内で勝ち越してきた天龍と、ラグビーの全日本に選ばれてそれも捨てた阿修羅・原の二人がプロレスへ来たのに、何もなくなってガラガラと音が崩れていく人生は嫌だという大前提があったんです。だから、とりあえずプロレスで悔いのないようにやろうと言った裏返しが、地方でもどこでも毎試合『こんなもんで、へこたれるかよ』ってガンガンやっていたっていうことです」

「痛み」の伝わるプロレスを目指す

二人の試合を、中には冷ややかな視線で見るレスラーもいた。

「ガンガンやれば、嫌でも試合時間は二〇分、三〇分になるじゃないですか。そうすると、例えばその日のうちにバスでも電車でも東京に帰れるヤツが帰れなくなって、『まだやっているのか、あの野郎は』とか言われましたよ。だけど、そんなもん屁とも思わなかった。当時はどこの団体も、地方だったら手抜きでテレビの時に一生懸命やればいいやというのがあった。そんなことが当たり前の時代だったから、だから、俺たちの試合を見て新聞記者の人たちが感動してくれただけの話で、そこから天龍革命と名付けてくれたんです」

レフェリーとして天龍と原のすべての試合を時には裁き、見てきた和田は、さらに直接的に「天龍革命」の意味を説いた。

「正直言って、天龍さんと原さんまでのプロレス団体の地方興行は適当です。馬場さんのプロレス観も、地方興行は一話完結でした。地方は地方だけでいい。例えば地方で誰かがマイクを持って、お前ら次の後楽園ホールで待ってろって言ったら、馬場さんは怒りました。ここの客は後楽園を知らないって。そこの街だけのプロレスをやっていればいい、おらが街に来たプロレスでいいって考えていました。だけど、馬場さんもそれじゃいけないなって考えて反省していたんですね。そこを天龍さんが悟った。天龍さんは、地方だろうがどんな小さな町だろうが血を出してやろうって。メインならだれか一人血を出してもいいだろうっていうのが天龍さんの考え。誰もわざわざ痛い思いして毎日やりたくないですよ。普通なら、なぁなぁな試合でいいんです。でも、メインだけでもビシッとやればお客さんは納得する。天龍さんはそう考えた。危機感じゃなくて天龍さんの使命感だったと思います。それは、本当に革命的なことだったんです」

地方の会場で全力ファイトを貫いた天龍は、同盟を結成した当初は、巡業の移動もホテルの手配も、原と二人で行った。

「なぁなぁは我慢できない。そこまでやらないと嫌だっていう俺と原の性格でしょうね。他の選手の顔を見ると、やっぱり仏心が出て情けが出たりするから、絶対に意地でも俺たち二人だけで移動しようと言って、リング屋さんのトラックに乗っけてもらったり、記者の人が借りている車の後ろにのっけてもらったりしていたのを覚えています。俺たちはこれだけ頑張っているんだって、自分に酔ってる部分もありました」

会場では観客だけでなく、取材に来た記者を意識した。

「見ている記者は、全日本だけでなく、よその団体も取材に行っているから、レスラーより多く年間何百試合も見ている。だから、彼らが驚いてビックリすることがあったら、天龍と阿修羅がやっていることは成功したと思ったんです。だって、リングサイドに座って試合が始まっても、〝また同じことをやっているよ。試合なんか見なくても原稿書けるわ〟ってやれるわけだけど、俺はそこを変えたかった。試合を見て驚けば、嫌でも筆が走るじゃないですか。それをやりたかった。最後まで見て試合が終わった後に原稿を書かせてやろうって思ったんです。あのころ、京平ちゃんに『新聞記者との勝負だよ』って言ったのを覚えていますよ」

和田は、天龍の言葉を記憶していた。

「天龍さんは、毎日取材に来ている東スポ、デイリースポーツ、日刊スポーツの記者をターゲットにして、『あいつらを驚かせれば、こっちの勝ちだ』みたいなことを言っていました。じゃあ、どうしたら新聞記者が書いてくれるかって、普通のことをやったら書いてくれない。そこから試合も変わっていきました」

天龍が原と行動を起こした時、プロレス界の話題は、全日本を去った長州の新日本復帰問題一色で、専門誌、新聞も連日大きく報道していた。こうした記事の扱いに抵抗するように、天龍は「新聞記者を驚かせる」ため、リング上でプロレスの先入観を変える試合を実践していく。やがて、天龍の試合が専門誌でも大きく扱われるように変わっていった。記者を振り向かせるために、具体的には相手の顔面に蹴りを入れ、チョップも胸ではなく喉元へ入れる技を実行した。こうした相手にケガをさせる可能性がある技は、これまでのプロレス、しかも正統的なＮＷＡプロレスを継承する自負があった馬場の全日本プロレスではあり得ない、暗黙の掟を突破する行為だった。

こうした試合は馬場の美学にはないプロレスだったが、和田は「馬場さんは何も言わなかったですね。好きにやれって言っていましたよ。そういうプロレスをやることは天龍さんの我儘かもしれないけど、馬場さんが一番気に入っていたレスラーも天龍さんでしたから」と証言した。その上で天龍の思いを推察した。

「天龍さんは、アメリカンプロレスじゃなくて、痛いプロレスを伝えたかった。あのころ、天龍さんと毎日、プロレスの話をしたんだけど、よく話をしたのは、何をやったらお客さんに痛さが伝わるかっていうことでした。だから天龍さんは、リングの中でチョップをやったってお客さん的には痛くないって考えた。だったら、場外へ出てお客さんの目の前でチョップをやって、あの痛さをお客さんに教えたんですね。お客さんが一言でもウワーッて言えば、あとはリングの中で同じことをやれば、痛さが伝わるんじゃないかって考えて実行したんです。そのへんから天龍さんのプロレスが変わったし、お客さんの見る目も変わってきました」

度を越した攻めに輪島から抗議がきた

ザ・グレート・カブキ、高木功、そして鶴田の顔面へグーパンチを放ち、リングシューズの紐跡が残るほどの容赦ない蹴りを叩き込み、喉元へチョップを突き刺した。こうした一線を越えた技は、外国人には難しかったと天龍は言う。

「外国人でも顔面に蹴りを入れたヤツもいますよ。だけど、外国人にはやらないっていうか、外国人の中に、そういう技はプロレスというカテゴリーに入ってないんですね。よく新日本では、猪木さんが『リングに上がったら殺し合いだよ』って言ってましたけど、馬場さんのプロレスには、〝アン・ドゥ・トロワ〟があって、裏切り行為はあってはいけないという教えがありました」

和田も「そんな技を外国人にやったらノーサンキューとか言って泣きます。顔面蹴りは絶対にノーです。もし、ハンセンにやったらふざけんなこの野郎ってコテンパンに報復して試合にならなかったでしょうね」と言い、昭和六三（一九八八）年三月五日、秋田市立体育館でのテレビマッチで、天龍が原と組んで、テリー・ゴディと組んだハンセンの顔面に蹴りが入って失神させた試合を引き合いに出した。

「実際に天龍さんがハンセンの顔面に蹴りを入れてＫＯした時、大暴れしたでしょ。そんなの毎回できません」

天龍は、「龍原砲」を結成した六月六日の山口・長門大会から、八月三一日に日本武道館で鶴田と一騎打ちするまで三七試合を闘っているが、外国人との試合はわずか六試合で、残る三一試合が日本人との試合だった。日本人同士の抗争だからこそ、天龍は「痛みの伝わる」革命的なプロレスを実践できた。猪木がストロング小林との試合で歴史の扉を開いたように、新日本出身の長州との対戦で覚醒した天龍が、全日本プロレスに新しい潮流を作ったのは、やはり日本人対決だったのだ。中でも天龍が原と二人で決起した当初、激しい攻撃を叩き込んだのが元横綱の輪島大士《わじまひろし》だった。

「輪島さんが相撲言葉でいう、『デレ』っというプロレスをやっててね。プロレスはきびきび動くのが良さなんだけど、彼は相撲やめて六年も経つのに、変に体力があったから、ハンセンとかの技を平気で受けられるわけです。それを相撲ファンが見て、輪島はプロレスのトップはやっつけられないのかよっていう言葉が出てくるのが嫌だったんです。だから受け身をとれない顔面に、蹴りをガンガン入れたんです」

天龍と輪島は年齢で輪島が二歳上で大相撲の最高位の番付は、横綱の輪島に対して天龍が前頭筆頭と歴然とした差があった。度を越した攻めに輪島から抗議もきたという。

「周りの人からも、たかだか、平幕の天龍が横綱に対して、相撲で恨みがあったからやっているのかって言われましたよ。だけど、俺はそんなんじゃなくて、相撲で横綱までいって辞めて、ゴルフしかやってなかったおっさんが、こんなにしぶといんだよっていうことを一般の人、レスラー仲間にも教えたかった。相撲をやめて六年も経つのに横綱までいった人は、これだけタフなんだよっていうことを暗黙のうちにファンに伝えたかった。だけど、天龍源一郎の顔面蹴りとか喉元チョップとか、えげつない技ばかりがスポットライトを浴びましたね」

輪島やカブキらへの容赦のない攻め、地方でも手を抜かない天龍と原の「革命」は、マスコミの力も借りて、急速な勢いでファンの注目を集めていく。その中には天龍のプロレスに刺激を受け長州の顔面を蹴った前田日明もいたが天龍は前田の証言を「本当にそうだったのかな……（笑）？まぁ、いろんなところで同じことを彼はしゃべっているから、俺のプロレスに脅威を感じたっていうことを信じましょう……。それでいいんじゃないかな」と笑った。

周囲の反応は予想以上に響いていったが、革命を起こした真の狙いは、長州が参戦する前からまき代夫人と晩酌しながら「ジャンボが本気になれば、全日本はもっと良くなるんだ」と言い募っていた、そのジャンボ鶴田を覚醒させることにあった。天龍の行動が、鶴田を徐々に揺り動かしていった。

「とにかくジャンボを怒らせるために、試合前に張り手をかましたり、言葉で軽蔑したり、いろんな手法を駆使しましたよ。そうすると、試合でジャンボがクソッて言って向かってくる。ジャンピングニーやる時に膝のサポーターを下ろして、俺の顔面にガンッとやってくるとか、トップロープから膝を落として、俺が悶絶しているのを見て『Ｆｕｃｋ Ｙｏｕ！』ってリングの中でよく罵られましたよ（笑）。それはお客さんには、聞こえないけど、リングの中の俺には十二分に聞こえましたよ。それを聞いて『この野郎！』って俺は思ったけど、ジャンボがムキになっているなって分かった。今までは、そんな汚い言葉を使うジャンボじゃなかった。俺とタッグを組んでいる時は、いくら言っても『いいんだよ、源ちゃん。プロレスはそんな必死になってやるビジネスじゃないんだよ』ってなだめていたジャンボが、汚い言葉を使って向かってきたのは、俺にとっては楽しいことでしたよ」

プロレスを仕事と割り切っていた鶴田に火をつけた

鶴田にとって、中大から全日本プロレスへ入団した時に「全日本プロレスに就職します」と発言したように、プロレスはあくまでもビジネス、仕事だった。しかも天龍がどう頑張っても馴染めなかったＮＷＡスタイルを、抜群のセンスと身体能力ですぐに習得し、馬場に続く若きエースに駆け上がった。普通のレスラーが必死に努力して身に着ける技も試合運びも、鶴田はいとも簡単にリングで表現することができた。言わば天才であるがゆえに、「プロレスは必死になってやるもんじゃないんだよ」というセリフも出たのであろう。その鶴田が天龍の必死の抵抗と挑発に応えた背景を、天龍自身は、こう明かした。

「俺が阿修羅と行動した最初のころは、馬場さんも今までと同じようにジャンボは外国人のエースとやるっていうポジションだった。だけど、天龍と阿修羅のコンビがちょっと人気が出てきて、長州が抜けた後の後楽園ホールは六割まで減ったのが阿修羅とやるようになってから七割、八割に戻って、そのうち超満員が続きましたからね。やっぱりジャンボ自身、全日本のエースは自分だという自負がずっとあったと思います。だけど、天龍革命で天龍人気がバァッて上がって来た時に馬場さんが天龍のことをちょっと気にし始めたりして、それを見たジャンボもこの野郎と思ったのか癪に障ったのか分からないけど、そこから変わってきました。そういう全日本の中の雰囲気を感じて、カチンときたと思いますよ」

　天龍革命をファン、さらには馬場も支持した動きは、プロレスを仕事と割り切っていた鶴田にジェラシーを抱かせ、尻に火をつけた。そして、二人の闘いは、昭和六二（一九八七）年八月三一日にひとつのクライマックスを迎える。日本武道館で一騎打ちが実現した。大相撲から期待されて入団したにもかかわらず低迷を続け、妻との晩酌で馬場と鶴田への愚痴をこぼし、しかしそれが長州によって覚醒し、好敵手に去られ、原と共鳴し、馬場を説得し、鶴田を揺さぶった天龍革命の日々。武道館のメインイベントを張るまでを振り返れば、デビューから一一年が経ち、三七歳になっていた。武道館は、主催者発表で一万二一〇〇人の満員の観衆で埋まっていた。天龍が行動を起こさなければ、絶対に実現しなかった光景だった。リングに上がった男の胸に万感込み上げるのは無理もなかった。

「長州とやった時は、やっぱり俺の後ろには馬場さんがいて、ジャンボがいた。だけどあの武道館は、後ろにひとつ、ふたつ控えていたわけじゃない。これが結びの一番だから、感慨はありましたよ」

　レフェリーは和田京平が務めた。和田にとって武道館のメインを裁くのは、レフェリーとなって一三年目で、初めての栄誉だった。

「足がすくんだよね。武道館のメインの歓声たるや半端じゃない。メインって凄いな、お客さんの声援って凄いなって感じたよ。その重圧でリングに上がって緊張しっぱなしだった。ただ、その時、ジャンボを見て、天龍さんを見て、二人とも緊張していたのが分かった。『何だ、この二人も緊張しているじゃん。だったら俺が緊張するのは当たり前だよな』ってそう思ったら少し緊張がほぐれたのを覚えていますよ」

　武道館のリングで鶴田と対峙した時、天龍が誓ったのは、革命の目的である、鶴田を本気にさせることだった。

「ジャンボがガンガンいったら、全日本が凄いって思われることは、前も言ったように俺が一番よく分かっていた。だから闘う時もジャンボが本気になればどこの団体にも負けないっていう自負がありました。全日本のプロレスに対する見方が変わるっていう確信をもって闘いました」

　試合は、鶴田が、ハンセンやブロディ、あるいはミル・マスカラスと幾多の外国人との名勝負では見せなかった激しい攻めを天龍に叩き込んだ。頭を何度も踏んづけ、コーナーに押し込みサポーターを下ろしてむき出しの膝でジャンピング・ニー・パッドを顔面に入れ、ドロップキックも顔面を突き刺した。天龍もすべての技を真っ向から受けた。驚異的な受け身で和田のカウントを2・9

で何度も返した。最後はエプロンで天龍のラリアットを受けた鶴田が右足をセカンドロープへ引っ掛け宙づりとなり、リングアウトで天龍が勝利した。勝った結果よりも、試合中に感じた手ごたえを、天龍は記憶していた。

「ずっとジャンボのことは知っているし、彼のプロレスへの向き合い方も知っているから、この試合でも彼がところどころで俺に向かって汚い英語を言ってきたんですね。その時に『オッ、本気になってるじゃん』って思って、それが俺にとっては凄い快感でしたよ。あのジャンボ鶴田を怒らせたっていう自負がありました」

この日本武道館から「鶴龍対決」と呼ばれた二人の一騎打ちは、昭和から年号が変わった平成二（一九九〇）年四月一九日、神奈川の横浜文化体育館までおよそ二年八カ月間で以下の通り七試合行われた。

鶴田に天龍の一番の得意技を使わせた手ごたえ

【一】昭和六二（一九八七）年八月三一日・日本武道館
――○天龍　●鶴田（二一分三五秒、リングアウト）

【二】昭和六二年一〇月六日・日本武道館
――○天龍　●鶴田（二〇分五九秒、反則）

【三】昭和六三年（一九八八）年一〇月二八日・横浜文化体育館
――○鶴田　●天龍（三四分四五秒、反則）

【四】平成元（一九八九）年四月二〇日・大阪府立体育会館／三冠ヘビー級選手権試合
――○王者・鶴田　●挑戦者・天龍（一六分三秒、片エビ固め）

【五】平成元年六月五日・日本武道館／三冠ヘビー級選手権試合
――○挑戦者・天龍　●王者・鶴田（二四分五秒、エビ固め）
【六】平成元年一〇月一一日・横浜文化体育館／三冠ヘビー級選手権
――○挑戦者・鶴田　●王者・天龍（二二分三八秒、エビ固め）
【七】平成二（一九九〇）年四月一九日・横浜文化体育館／三冠ヘビー級選手権
――○王者・鶴田　●挑戦者・天龍（一二分三二秒、バックドロップ・ホールド）

すべてにドラマがあり、歴史に残る名勝負の連続だった。「鶴龍対決」は、初戦と天龍が初めてピンフォールを奪った第五戦が昭和六二（一九八七）年と平成元（一九八九）年の東京スポーツ制定「プロレス大賞」で年間最高試合賞を獲得した。昭和四九（一九七四）年に制定された同賞で、同じ顔合わせの試合が二度もベストバウトを受賞することは、初の偉業だった。しかも天龍は、昭和六一年から六三年の三年連続で、最優秀選手に選ばれた。三年連続ＭＶＰは、現在に至るまで、天龍とアントニオ猪木以外誰も成し遂げていない。同賞の選考委員はプロレス記者が務めており、革命を起こした時に「プロレス記者を振り向かせる」と誓った天龍の執念が結実した、栄誉ある受賞だった。

一方で思いもよらない衝撃もあった。「天龍革命」が全日本マットの中核になり、「鶴龍対決」の三戦目を終えた昭和六三年一一月一八日、盟友の原が全日本を解雇された。翌一九日の「世界最強タッグ決定リーグ戦」開幕戦の足利市民体育館で解雇を発表した馬場は「生活態度が今後、会社、多くの人に迷惑をかけることになりかねない」などと明かしたが、実際の理由は、多額の借金の返済が滞ったことによる失踪だった。

原とは、その後、天龍が全日本を退団し新団体「ＳＷＳ」へ参加した後に合流した。ＳＷＳの崩壊後は、天龍が主宰した「ＷＡＲ」でも行動を共にしたが平成六（一九九四）年一〇月二九日、後楽園ホールで引退した。以後、故郷の長崎県の森山町へ帰省し母校の諫早農業高校のラグビー部で指導したが平成二七（二〇一五）年四月二八日、肺炎のため六八歳で亡くなった。原の勇気と決断こそが天龍革命の礎で、その意味でマット界に多大な功績を残した忘れ得ぬ名レスラーだった。

栄光と葛藤が交互に押し寄せた「天龍革命」。今、七〇歳を超えた天龍が「鶴龍対決」で最も記憶に残っているのは、どの試合なのだろうか。ストレートに質問すると即座に返って来た。

「大阪でやった試合ですね」

答えは、平成元年四月二〇日、大阪府立体育会館で闘った四戦目だった。三冠ヘビー級王者の鶴田に挑戦した一戦は、最後、鶴田が天龍の必殺技「パワーボム」を繰り出して勝利した。フォールされた直後に天龍が動かなくなり、場内は騒然とした雰囲気となった。この壮絶に散った試合が、天龍の胸に深く刻みこまれていた。

「ジャンボがパワーボムをやろうとして汗で手が滑ってそのまま頭から叩きつけられてね。俺は首が折れたと思って、じっと動かないでいたら、レフェリーが注意しながら一、二、三ってマットを叩いたのは、凄い印象にあります」

なぜ、この試合が真っ先に浮かんだのか。

「あのプライドの高いジャンボが、俺の使うフィニッシュ技であるパワーボムで持ち上げたのが、負けはしたけど、ジャンボが俺に対して初めて『この野郎』っていう気持ちを全面に出して来たっていうことなんです」

ＮＷＡプロレスではトップに立つ選手は、他の選手の必殺技は使わない暗黙の了解があった。

「そういう中でジャンボが俺の肩を持ち上げて思わずパワーボムを出したのが、そこに彼の負けられない気持ちとか、プライドをかなぐり捨ててまで勝ってやろうという何かが芽生えた瞬間なんじゃないかと俺は思っているんです。特にジャンボとは、それまでタッグ組んでいて色んな話をしているから、心情が分かる。俺には時々、何気ない話をした時に、『人の使っているコピーは俺はしない』って言ってました。常に自分で考えた技を自分なりの跳躍力、身体能力で使うというのは、彼の中ではポリシーだった。だけどそのジャンボが、態勢はどうであれ、持ち上げてパワーボムの態勢になった。それが俺にとって自惚《うぬぼ》れでもないけど、試合の中でそこまでジャンボを追い詰めていったっていう自負になった。俺は確かにダメージは受けたけど、ジャンボ鶴田に天龍源一郎の一番の得意技を使わせたのが、そこからもう一皮むけてジャンボと闘っていけるって感じで気持ち良かったですね。負けはしたけど、してやったりっていうのがありました」

天龍革命は、格闘技から見ても「筋が通ったプロレス」

天龍は、鶴田が「本気」になれば全日本プロレスは、「過激」と評されていた新日本プロレスを、興行でも試合内容でも圧倒できると信じていた。自らの誇りを捨てて「パワーボム」を出させたことは、天龍の目的が達成された象徴的なシーンで、だからこそ、あれから三〇年以上を経た今も、真っ先にあの場面が浮かんだのだろう。

衝撃的な大阪での敗戦に加え、天龍は「もう一つ、避けて通れないのが、ジャンボからフォールを取った武道館。この二つが印象にあります」と、初めてピンフォールを奪った平成元年六月五日の日本武道館を挙げた。

「ジャンボがムキになって闘ってきたから、俺も負けちゃいけないって、テンション上げるしかなかった。あの時のバックドロップなんてえげつなかったですよ」

鶴龍対決を天龍は意地と意地のぶつかり合いだったと振り返る。

「ジャンボは、一発一発の技に、『天龍、俺には勝てないよ』っていうことを一戦一戦でずっと俺に植え付けていた。『今、お前は、調子こいてやっているけど、見てみなよ俺の方が上なんだよ』ってジャンピングニーをバンッてまともに顔面に入れて、それを暗に俺に教えているというか、伝えてくる技ばかりでした。それに対して俺は、『この野郎、負けてられるか』って行くから、試合がヒートして長引いたんですね。だから、あのころ一番楽しかったのは、鶴田対天龍戦を裁いた和田京平だったと思う。どこで終わるんだよって思ってワン・ツーって返すたびにお客さんがワーッて沸くし、自分にも声援が来るんだからね。和田京平も試合している時に興奮したと思いますよ」

天龍から名指しされた和田は、「天龍さんの言う通りかもしれませんね」と笑った。その上でリングを離れた印象的な場面を教えてくれた。

「天龍さんは、ジャンボを何とか本当に怒らせたかった。だから、俺に『京平ちゃん、ジャンボをどうしたら怒らせられるかな？　いいアイデアない？』って聞いてきましたよ。だから、俺は『ないね』って言ってました（笑）。あのころ、試合終わった後でも天龍さんと俺の会話は『ジャンボは怒らなかったなぁ。本当にあの野郎だけは冷静だな』って、そればっかりでしたね。天龍さんは、あれが癪に障ってしょうがなかったんですよ」

天龍は、まさに猪木が言う「馬鹿になって」鶴田を怒らせようと背中を追いかけた。その執念が鶴田に、ＮＷＡスタイル、さらには長州とのフルタイムではなかった、むき出しの感情と、天性の身体能力を駆使した驚異的な技を観客に披露させた。結果、ファンに鶴田への畏怖を生みだした。それは、「ジャンボの凄さが伝われば全日本は良くなる」と一貫して天龍が信じていた宿願の達成だった。

　こうした「革命」を最前線で取材した元週刊プロレスの記者だった安西伸一は「筋が通ったプロレス」と評価した。安西は、天龍が革命を起こす直前となる昭和六二年五月一六日の栃木の小山ゆうえんちスケートセンター大会での、「鶴田とやりたい」という天龍のインタビューを「週刊プロレス」で真っ先に報じ、「天龍革命」の三年間を取材した。その後、安西は格闘技専門誌「格闘技通信」の編集に携わったが「僕は、週プロから格闘技通信へ移って、第一回ＵＦＣ、Ｋ－１、ＰＲＩＤＥの初期からずっと取材を続けてきて、格闘技の世界にどっぷりつかっていました。今、思うことは、天龍さんのプロレスは格闘技から見ても恥ずかしくないものだった」と振り返る。

　その理由を「天龍さんは、『俺は相手の技から逃げない、真っ向から受ける、その上で俺は勝つ』って宣言してるわけだから、鶴田さんのジャンピングニー、ドロップキックを受けても筋が通っていた」

　その上で安西は、当時、大ブームを巻き起こしていた、前田日明が率いる新生ＵＷＦを引き合いに出した。

「ＵＷＦは関節技がクローズアップされた時に、アキレス腱固めで痛がってロープに逃げたり、スリーパーホールドが入ってるのにロープへ逃げた。そういうのって、柔道、サンボをやっている人から見るとあり得ない。だけど天龍さんの試合は、格闘技側から見ても、これは痛いよなって筋が通っている。痛みが伝わるプロレスを貫いた天龍さんは、おかしいことをやっていなかった。だから僕は、今になってプロレス記者をやって良かったたって思えるのは、天龍さんが一番の理由なんだ。鶴龍対決を間近で見て、その後も含めて天龍さんを取材できたことは誇りに思っている」

「ジャンボ、自分をさらけ出して闘ってくれて、ありがとう」

ファン、記者を感動させ、何よりも長州離脱で沈んだ全日本プロレスを活性化させた「鶴龍対決」は、平成二年四月一九日の七戦目を最後に幕を閉じる。天龍は全日本プロレスを退団し、メガネ販売大手の「メガネスーパー」が親会社となる新団体「ＳＷＳ（Super World Sport）」へ移籍した。だが「ＳＷＳ」はわずか二年あまりで崩壊、天龍は「ＷＡＲ（Wrestle And Romance）」を設立し、新日本、ＦＭＷ、ＵＷＦインターナショナルなど様々な団体に出撃し、猪木、大仁田厚、髙田延彦など様々なトップ選手と闘った。「ＷＡＲ」の活動停止後は、全日本への復帰、プロレスリング・ノアへの参戦など二〇〇〇年以降も存在感を示し続け、平成二七（二〇一五）年一一月一五日、両国国技館でのオカダ・カズチカ戦で引退した。デビューから三九年、六五歳の冬だった。

鶴田は、天龍が去った後、三沢光晴、川田利明ら次世代の選手の壁になり続け、さらに驚異的なスタミナと技を存分に見せつけて「最強伝説」を築き上げた。しかし、Ｂ型肝炎を発症し第一線から退き、平成一一（一九九九）年三月六日、日本武道館での引退セレモニーで現役を引退する。

新たな夢に向けてアメリカ・オレゴン州ポートランドの州立大学へ運動生理学を学ぶため客員教授待遇として赴任したが、平成一二（二〇〇〇）年五月一三日、フィリピン・マニラで肝臓移植手術中の大量出血が原因で急逝した。四九歳の若さだった。

生きていれば今年三月二五日、七〇歳の誕生日を鶴田は迎えていた。七一歳の天龍が思うことは何か。

「あれだけクールだったジャンボが、よくぞ天龍に振り向いてリングに上がってきてくれたなって思いますよ。だって、あの時、ジャンボが『俺は、ブロディとかハンセンとかとやってればいい』

って一言言ったら、あのままで終わっていたんです。三冠戦で鶴田対ハンセン、鶴田対ブロディはあったかもしれないけど、鶴田対天龍はなかった。だからあの時、天龍のところまで降りてきてくれて、精いっぱい自分をさらけ出して闘ってくれてありがとうっていう気持ちしかないです。引退した今もこうやって天龍源一郎っていう名前があって、レボリューションっていう言葉がファンの人の目に留まって、気にしてくれてるっていうのは、ジャンボが向き合ってくれたからこそだと思ってますよ」

そして天龍は言った。

「俺の気持ちは、ただひとこと、『ありがとう！　ジャンボ鶴田！』それだけです」

昭和から平成と元号を跨いで闘った「鶴龍対決」。地方で手を抜かず、大技を真正面から叩き込み、真っ向から受ける二人の試合は、全日本プロレスで三沢光晴、川田利明、田上明《たうえあきら》、小橋建太が継承した。それは「四天王プロレス」と呼ばれ、団体を隆盛に導いた。受け身を取ることが困難なほどの技と技の攻防と、カウント2・9ギリギリで返す極限の闘いは、「日本人対決」が完全な主流になった現在のプロレスのベースになっている。

馬場と猪木の二人からピンフォールを奪った唯一の男

「鶴龍対決」が今の礎を築いたのでは？と天龍に尋ねると「ただ、俺たちは馬場さん、猪木さんがその源なんですよ」と返した。天龍は馬場に育てられ、猪木に火をつけられた長州が藤波に反逆して全日本に参戦してきたことで、プロレスに目覚めた。さらに天龍は、馬場と猪木の二人と直接対決し、二人からピンフォールを奪った唯一の男で、歴史に残る二大巨頭からこれほど大きな影響を受けたレスラーは他にいないだろう。大相撲からプロレスに飛び込んだ歴史は、力道山とも重なる。

天龍は、力道山の道を歩きながら、馬場と猪木の闘いのエッセンスを吸収し、昭和から平成へプロレスの魂をつないだ。馬場と猪木のプロレスを、天龍はどう見ていたのだろうか。

「馬場さんはあの大きさがあるから、何をやってもお客さんが納得する部分がありました。猪木さんがお客さんを納得させるとしたら、ギューギュー締め上げる分かりやすい柔道の系列の技、言ってみれば関節技しかなかったかもしれない。ただ、そこは俺も理解できるんです。馬場さんのような圧倒的な存在感がないから俺もラリアットでなぎ倒すとか、チョップだったら喉元に入れて悶絶させるとか、サッカーボールキックなら顔面を蹴り上げるっていう表現でお客さんを納得させるしかなかった。それと猪木さんは、ブラジルから帰ってきて、プロレスラーとしての自分を確立したかったんだと思います。俺も相撲から来てプロレスで何かを確立したかったから、そこは影響を受けた部分ですね」

天龍は令和二（二〇二〇）年二月八日、東京の北沢タウンホールで、猪木とトークイベントで対談した。その時、天龍は「世間と闘ったレスラーって猪木さんしかいなかった」と敬意を表し、ライバル団体だった猪木の発言を全日本にいた当時から気にしていたことを明かした。

「全日本にいたどんなレスラーも、新日本を気にしていましたよ。その団体の発言とか行動を一番、気にしていたのは、よその団体のレスラーなんです。だから、馬場さんも猪木さんの言動は気にしていました。逆に馬場さんの言っていることを気にしているから、新日本はあの体質ができたと思う。対比することによって自分の団体が成り立つ。そのことは、プロレス界にいる人間は、みんな心得ていますよ」

猪木の言葉を気にしていた天龍は、新日本で対戦し、引退後のトークイベントで燃える闘魂の発言に接した印象をこう明かした。

「猪木さんの強みは、アメリカへ行ってアメリカのスタイルを学んで、その後、ゴッチさんから違うプロレスを教えられて、いろんなスタイルを持っているところだと思いますよ。だから猪木さんの話を聞くと、俺のようなプロレスをやるヤツは誰もいないだろっていうのが言葉の端々に出るんですね。みんな俺のマネはしているけど俺にはなりきれなかっただろ？っていうのが言葉の根っこにあると思います。俺たちも猪木さんを前にすると、何をどう答えていいのか分からないし、何を質問したらいいかわからない。そこが猪木さんの強みであり、猪木さんのプライドだと思います」

天龍が評した誰もマネができない猪木のプロレス。その独自の世界観で猪木は、ストロング小林との試合で「力道山対木村政彦」で傷ついた「日本人対決」に鮮やかな答えを出す。

猪木がＤＶＤで振り返った小林戦が、クライマックスを迎える。

第16章
長く熱い日の終わり
「猪木対小林」は世間を振り向かせた

プロレスは勝ち負けを超える「快感」を与える「セックス」

アントニオ猪木対ストロング小林戦は、二五分が経過した。

二人は、手四つの態勢で力比べに入った。猪木が腰を落とし小林のパワーを引き立てた。右エルボーを小林の顔面に入れると、小林も顔面へパンチを出すが猪木がブロックする。左からジャブ気味にボディへパンチを放つと、小林も同じようにボディへジャブを放つが猪木はバックステップでかわした。

二六分が経過し、小林が猪木をヘッドロックで固めた。若干の膠着状態に実況席の舟橋慶一は「二〇年前この国技館におきまして行われた力道山・木村戦が一万一千人のお客さん。そして今日が一万六千五百人という史上初の大入りを記録しております」と力道

アントニオ猪木がストロング小林に強烈なパンチを見舞う
（写真＝東京スポーツ新聞社）

山対木村政彦戦に触れた。すると解説を務める東京スポーツの櫻井康雄が「二〇年前に力道山と木村政彦がここで闘って、凄惨な試合をやったんですがね。今から思えばまだあの時はプロレスが完全に木村、力道に消化されていなかった、そういう感じがします。今日は完全にプロレスの最高の試合になりそうですね」と応じた。

　猪木の隣で試合のＤＶＤを見た舟橋は自身の実況を「やはり、この試合は力道山対木村以来、二〇年ぶりの日本人対決というのが最大の看板でした。だからこそあれだけのファンが集まりましたから、そこは放送でも外せないところでした」と語った。続けて猪木に改めて「力道山対木村政彦」を払拭《ふっしょく》する試合を意識したのかを聞いた。そうすると、「そんな難しいこと考えてねえよ」と突っぱねたが、少し間を置いて口を開いた。

「俺が何でプロレスラーになれたのかなって考えると、ブラジルへ行って夢が遠ざかったと思ったら、力道山がやってきてスカウトされたっていうね……。夢が向こうからやってきてくれたというのは宿命というのか、与えられた運命なのかと思う」

　プロレスラーになる運命を悟った猪木は、プロレスをこう表現した。

「その中でプロレスラーになって、ヒロ・マツダさんが奇しくも『猪木は箒《ほうき》とも名勝負ができる』という言い方をしたのを聞いたことがあるんだけど、俺にしてみれば、プロレスというものは『セックスと一緒だよ』と。セックスっていう言葉はキツイんだけど、ああ、よかったって、相手に勝ち負けを超えた快感を……」

　言葉が途切れた猪木に、「快感」は、対戦相手に与えるものなのかを尋ねた。

「それは感じるものでしょ。与えるとか与えないとかじゃない。俺とやった相手は、『自分にとってあの試合は最高だったよ』って言ってくれる選手が何人もいるんです」

猪木の言葉を、弟子の藤原喜明に伝えた。藤原は、昭和六一（一九八六）年二月六日、両国国技館のメインイベントで猪木とシングルマッチで闘った。試合はスリーパーホールドで猪木に敗れたが、その時、プロレスラーになってから味わったことのない「快感」を覚えたという。

「俺は、ずっとあの人とスパーリングをやってきて、あの人のことは全部分かっていると思ってたんだよ。ところが、だ。リングの上で真正面から向かい合った時に、『すげぇ人だな』って思ったよ。何が凄いって？　それは、殺気だよ。殺気は出すもんじゃないんだよ、にじみ出るもんでな。侍でもそうだと思うけど、剣の達人は下手すれば殺されるって思う、それが殺気だからね」

ゴングが鳴った直後、藤原は、両手を黒のショートタイツで何度かぬぐった。猪木の殺気を感じて手に汗がにじんだのだ。

「あんなふうに汗が出たのは俺にとっては初めてだったよな。あの人はむちゃくちゃな人で、何でもやってくる人だって俺は知っているからな。だけど俺は、あの人に殺されるなら本望だという思いがあったけどね。それを感じた時は、最高の気持ちだよ。セックスのエクスタシーで射精の連続みたいなものだよ。それは、君が俺になれば分かるよ……まあ無理だけどな（笑）」

藤原の言葉にはどこか大袈裟な響きもあったが、猪木と闘ったレスラーだけが感じる世界観が伝わる不思議な説得力もあった。

再び「猪木対小林」に時を戻す。猪木が小林に「快感」を感じさせる試合は二七分を迎えようとしていた。ヘッドロックから立ち上がった猪木がロープへ振って、反動で返って来た小林にロープ際でコブラツイストを仕掛けたが、もつれて二人は場外へ転落した。

これが、この試合で初めて、そして唯一、ロープを使ったシーンだった。しかも厳密に言えばロープへ振るのではなくヘッドロックを振りほどくために叩きつける形でのロープワークだった。

後にＵＷＦがロープワークを否定し独自の格闘スタイルを打ち出したが、猪木は、昭和四九年の時点でロープワークに頼らない試合を組み立てていた。振り返ると二六分が過ぎるまで、猪木は、ほぼ張り手、右ストレートに代表される打撃技と寝技だけで小林と闘っていた。プロレスファンの枠を超えた日本中が注目したビッグマッチで、プロレスが揶揄される動きを削った猪木の姿に、「八百長」と後ろ指を指す世間とも闘っていたことを感じた。

フィニッシュ直前に見せた、猪木のカメラ目線の微笑み

二七分が経過する。場外で小林が右腕に抱えた猪木の頭を赤い鉄柱にぶつける。小林はリングへ戻る。うつ伏せになった猪木にサブレフェリーの豊登が様子を窺うと、立ち上がった額からは真っ赤な血が流れ落ちた。

流血で館内の興奮はさらに高まる。喚声と怒号が交錯するなか、猪木が向正面へ回り、エプロンに立ち上がった。みるみるうちに顔面を染める鮮血が猪木の危機を知らせ、会場を煽った。流血は、会場を沸騰させる狙いがあったのか。

「別にそういうわけじゃないけど……。鉄柱にぶつかったからね。ブッチャーみたいに自分から血を流したわけじゃないよ」

そう猪木がつぶやくと、舟橋が「試合の中で小林さんが成長していっている感じがする」と印象を明かした。猪木から「そうですかね？」と問いかけられた舟橋は、「ゴングが鳴った時と、小林さんの動きが違ってきています。それは猪木さんが阿吽の呼吸の中で、まるで、プロレスはこうやるんだって鍛えているように私には映ります」と口にした。舟橋の言葉通り、序盤はどこか感情が表に出なかった小林の表情に、生々しさが増していった。小林は、エプロンに立った猪木の額へパ

ンチを五連発入れた。最後の六発目を叩き込んだ時、再び猪木が場外へ落ちる。

二八分。猪木がエプロンに立つと小林がロープ越しにブレーンバスターで猪木の背中をマットに叩きつけた。カウント2で猪木が返す。小林が怒濤の攻めを繰り出した。額へパンチを二発放ち、必殺技のカナディアンバックブリーカーで猪木を右肩へ抱え上げた。猪木が頭を起こし、ロープの位置を目で確認すると、左足でロープを蹴り、リバーススープレックスで小林を背中で押さえた。

ロープを蹴ったことを猪木は「俺は、足の先まで神経がいっているから。全身が武器というかね」と誇らしげに振り返る。小林がヘッドロックへ来たところを、バックドロップで投げ捨てた。決まった瞬間、猪木は、上半身を起こし、微笑みを浮かべた。しかも、血に染まった真っ赤な視線は明らかにテレビカメラを捉えている。一万六千五百人が埋めた蔵前国技館の興奮は、最高潮に達していた。あのカメラ目線の微笑みは、観衆、そしてテレビの向こうの大衆をも手玉に取った手ごたえが生んだのだろうか。

この問いに猪木は「フッフッフ……」と口元を緩めるだけで、答えることはなかった。すると舟橋が「うちのカメラマンは、猪木さんは必ずメインカメラを意識しているってよく言ってましたよ」と明かし、この時の微笑みに「本当に猪木さんは、どこを撮っても絵になる人ですよ」と感嘆したが、猪木は「それは分かりませんね」と笑った。

二九分。共に倒れた二人が立ち上がる。背中を向けた小林に、猪木はジャーマンスープレックスを放つ。一二三キロを投げる。首がマットにめり込む。両足が浮き上がる。ブリッジが完成する。レフェリーの清美川がマットを三回叩く。二九分三〇秒、猪木が小林を破った。

画面では舟橋が、「猪木勝ちました。猪木防衛です。アントニオ猪木防衛！」と絶叫する。紙面で一カ月以上もこの試合を大展開してきた東京スポーツの櫻井も、「内容としては最高の試合でしたね。小林君が見せ場を作りですね、これをうまく攻撃して猪木君がバックドロップからジャーマンスープレックスと。本当に両者の闘志と技がフル回転したベストマッチでした」と声を上ずらせた。ＤＶＤから流れる二人の言葉を聞いた猪木が舟橋へ「アナウンスしている時、どうだったんですか？」と尋ねた。

舟橋は「興奮の頂点ですよ。私は、常に観客と一緒ですから、喜んじゃうというか立ち上がってしまいました。この『猪木防衛』ってしゃべった時、観客もほとんど総立ちで放送席へファンがバーッと雪崩れ込んできて、凄い興奮でしたよ」と一気に答えると、猪木は満足そうにうなずいた。

両足が浮き、首だけで支えたジャーマンは今も語り継がれる伝説となっている。

「もし世界一という視点で言えば、俺は、ブリッジで一度に五人を乗っけられたからね。そこは自信があったんだけど、この時は足が浮いちゃってね。今見ても、きれいなブリッジじゃなかったなって思いますよ」

ブリッジで華麗な放物線を描けなかった悔いが猪木の中に残っていた。しかし、首がマットへ先につき、両足が浮き上がる不完全なジャーマンは、五人のプロレスラーが乗っても揺るがない猪木の驚異的な肉体を知らしめることになった。不完全なジャーマンは予定調和を嫌う猪木が無意識に生み出した「ハプニング」、つまり生身の肉体の突出だった。

「一〇年持つ選手生活も一年で終わる」プロレス

画面は、リング上で流血した額を黄色のタオルで巻いた猪木への勝利者インタビューへと場面が移る。試合前の控室でインタビューしたアナウンサーの三浦智和が「全国のファンのみなさまに一言」と質問すると猪木は、六秒ほど沈黙し、「なんか分からないですね」と聞き取れないほどの小声で反応した。

次に三浦は「今お聞きしたいのは、ちょっと酷《こく》なんでしょうけど、このあと挑戦者が現れました時にはどうなさいますか」と尋ねると、今度はハッキリとした口調で言葉を紡ぎ出した。

「チャンピオンとして闘って負けることもある。これは宿命なんですね。私も本当ならば一〇年持つ選手生活も一年で終わるかもしれない。しかしそれがファンに対しての我々の義務だと思うんです。だから、もう本当に誰が挑戦してもそれは私が勝てない相手もいるかもしれない、中には。しかし、いつ何時《なんどき》でも私は受けて勝つ。で、それで負けても私は悔いはないです。そういうつもりです」

画面は、血に染まった顔面をアップで映し出していた。インタビューした三浦は、この時、猪木の異変を感じていた。

「私がインタビューしようとリングに上がった時、あれ?って思いました。それは、明らかに猪木さんが小さくなっていたんです。試合前に控室でインタビューした時は、目を輝かせていつもの燃える闘魂だったんですが、試合後は、小さく感じました。私が猪木さんに話を聞いてきた中で、そんな感覚を持ったのは、あの小林戦が最初で最後でした」

試合の前と後で体が萎むほどの印象を持たせた猪木が「一〇年持つ選手生活も一年で終わる」と絞り出した言葉には、説得力があった。ただ、七七歳を過ぎた猪木は、「一年で終わる」と発した三一歳の自分の言葉に苦笑いを浮かべた。

「長いよね。そっから何年やったんだって……」

五五歳までリングに立ったことへの自虐と少しの照れ、その中に興行の世界で生きてきた切なさのような響きがあった。

中学二年だった昭和二九年に蔵前国技館で「力道山対木村政彦」を観戦した村松友視は、「猪木対小林」の当時、「中央公論社」の文芸誌「海」の編集者になっていた。力道山対木村戦は会場で目撃したが、猪木対小林戦は、試合から三日後の三月二二日、金曜夜八時からＮＥＴで録画中継されたテレビで見た。

村松は、「猪木対小林」に「力道山対木村政彦」の影を感じたのだろうか。

「試合に至る過程で、東スポが小林を持ち挙げて猪木とやることに、力道山・木村戦以来って掲揚して盛り上げるのはマスコミ的に分かるけど、力道山ファンの僕にとって、力道山・木村戦で抱えていた不安はまったくない試合だった。どういうふうに猪木が勝つかなっていうぐらいでね。多分、猪木さんの頭には力道山・木村の凄惨さのイメージは先刻承知だったけれど、力道山のような勝ち方は頭になかったと思う。言って見れば、猪木さんが小林を互角にもてなしたような試合だった」

猪木は、フィニッシュでジャーマンスープレックスを使った。ただ、直前の二〇分過ぎには「卍固め」を繰り出すもロープに逃げられ、最後も「コブラツイスト」がもつれて場外へ落ちた。いずれも誰もが認知している猪木の必殺技が、小林には通じない組み立てだった。そこは、確かに小林への「もてなし」だっただろう。さらにジャーマンは、当時、猪木と新日本が「強さ」の象徴に掲げていたカール・ゴッチの十八番だった。「ＮＷＡ」と対峙する存在であるゴッチの技で「日本人対決」を制したことは、ジャイアント馬場の全日本プロレスとスタイルも思想も違うことを訴えたフィニッシュだった。

村松は、「猪木対小林」が過去の清算よりも未来への指針という見方を示した。

「小林戦は、日本人対決という今までならそれはないものだという常識に対して、それを打ち破る意味があった。その常識の壁を、猪木さんはもの凄くきれいに破った。力道山対木村戦から続く常識を、いとも簡単に越えていった。あの試合で猪木さんは、小林の顔面を張って挑発していたけど、これは、自分が怒る場面を作る力道山流の反対で、相手を怒らせて仕留めようっていう企みだったと思う。そして、力道山と木村戦とはまったく違う明るい結末になった。あそこから、日本人同士でも〝試合〟が成り立つということになった。凄惨じゃない、新しい時代が始まった」

確かに明るい決着は、世間の見方を一夜にして変えた。翌三月二〇日、朝刊スポーツ六紙の中で「日刊スポーツ」「スポーツニッポン」「サンケイスポーツ」「デイリースポーツ」の四紙が一面で報じた。日刊は『猪木防衛〝小林10年早いぜ〟』、スポニチは『猪木勝った、原爆固め』、デイリーは『原爆固め猪木強烈』の大きな見出しで伝えた。一般紙が報じることはなかったが、記事は、すべて好意的で「野獣の闘争」「人間の醜悪」と酷評された「力道山対木村政彦」が遺した日本人対決における忌わしい記憶を拭い去ることに成功した。

劣等感を糧にした、世間に一矢報いる抵抗

世間の関心事に敏感に反応する朝刊スポーツ紙は、社会的に影響力があったメディアだった。昭和四〇年代後半、「デイリースポーツ」を除いてプロレス報道から事実上、撤退していたメディアにここまで報じさせたことは、猪木と小林が世間を振り向かせたことを意味する。その中で「サンケイスポーツ」は『こりゃ本気だぞ』との見出しを掲げた。例えばプロボクシングの世界戦やオリンピックの柔道の報道で「本気」などという表現はあり得ないわけで、わざわざ『本気だぞ』とうたった裏には、プロレスが「本気じゃない」ことを世間の大多数が認識していた前提がよく分かる。ファン以外には「どうせ八百長だろ」と揶揄され、軽蔑の対象だったプロレスを、「猪木対小林」は「本気だぞ」と振り向かせた。猪木は、いつかの取材で「劣等感って大事でね。そこで下を向く

んじゃなくて、俺は、常にそこから今に見てろって立ち上がってきた繰り返しだったような気がする。劣等感が俺に力を与えてくれたことは確かでね」と明かしたことがある。小林戦は、プロレスは八百長と蔑まれることへの劣等感を糧にした猪木が、世間に一矢報いる抵抗でもあった。

　試合を企画した新間寿は、猪木のプロレスをこう表現する。

「あの二人の凄まじい試合。血湧き肉躍るどころじゃない心臓の鼓動が聞こえるような試合でした。私はプロレスが真剣勝負とは言いません。ただ、真剣に闘いを見せるのがアントニオ猪木のプロレスなんです」

　猪木は世間に真剣の闘いを伝え、大衆を「本気だぞ」と信じさせた。まるで名優が、例えば、渥美清が演じた車寅次郎がスクリーンの中だけでなく、見ている者にあたかも実在しているような錯覚を与えたが如く、猪木は、小林戦でフィクションのプロレスをノンフィクションに仕立てることに成功した。猪木は言う。

「自分が命がけで闘っているものを、八百長って言われて黙ってられるかよっていう思いでね。今、思えば随分、粋がっていたなぁと思うこともあるけど、そこは引けない部分だった」

　この試合で「本気」と評価されたことで、猪木はジャイアント馬場との差別化をさらに加速させ、「プロレスこそ最強」の自縛を生んだ。果ては「最強」を証明するためにモハメド・アリとの格闘技世界一決定戦にまで至ることになった。さらに、ファンが待望した日本人対決を実現し鮮やかな決着を見せたことで、「猪木なら」あるいは「新日本なら」何かをやってくれるという期待感をファンに抱かせることになった。その系譜が令和の今、業界トップに君臨する新日本プロレスの礎であり、令和四（二〇二二）年に創立五〇周年を迎える新日本にとって「猪木対小林戦」は原点の闘いでもあるのだ。

そんな猪木の背中を見ていた藤原喜明は「俺はあの人を見ていて、そんなに無理することねぇのになって思ったこともあったよ。だけど、あの人は、言っちまったもんな……。『プロレスは最強』だって。言ってしまったもんは、守らないといけねぇからな。そこは、俺なんかじゃ計り知れない世界でな……。ただ、言えることは、自分の言葉を守ろうって、必死にやってたよ。それは本当だよな」と師の辿った軌跡に思いを馳せた。

　小林戦を経て旗揚げ三年目に入った新日本プロレスは、この試合を機に一気に上昇していく。後に営業部長となる大塚直樹は「あれから営業も一気に変わりました。旗揚げから大阪は満員にならなかったんですけど、あの後にやった大阪府立は初めて満員になったんです」と証言した。新日本プロレスが初めて大阪府立体育会館を満員にした試合は、小林戦から三カ月後の六月二六日、タイガー・ジェット・シンとのＮＷＦ選手権だった。この試合で猪木はシンの右腕を「折った」とされ、今も「腕折り事件」と語り継がれている。

　テレビの視聴率も上向いた。舟橋は「この試合から視聴率がどんどんあがっていった。猪木さんなら何かをやるっていう期待感がお茶の間に生まれたと思います」と言った。新聞に小林が国際プロレスで浮いていることを伝え、東スポの櫻井と共に「猪木対小林」の実現を水面下で後押しした「月刊ゴング」編集長・竹内宏介は、平成一一（一九九九）年九月に上梓した著書『新日本プロレス事件簿』（日本スポーツ出版社）で、《新日本プロレスと東京スポーツ、そして、アントニオ猪木がこの戦いに賭けた夢は果たされた。長い低迷の時代から日本のプロレス界が、ようやく脱却したのは、この試合がきっかけであった》と綴った。

　小林と所属契約まで結んで試合実現へ、社を挙げて全面的にバックアップした東京スポーツは、決戦翌日の三月二〇日発売の一面で『猪木・小林　流血戦の詳報』の見出しで大展開し、三面には場外戦からフィニッシュのジャーマンまでの最後の三分間を一七枚の写真を並べる熱のこもった紙面を作った。この一戦をきっかけにプロレス界で最も権威ある表彰制度『プロレス大賞』を制定し、第一回のMVPは猪木が受賞し、ベストバウトは「猪木対小林」が当然のように選ばれた。部数（大阪、中京、九州スポーツの総計。いずれも「日本新聞年鑑」から掲載）も前年の百万二百七二部から昭和四九年は百五万二千九〇部、さらに昭和五〇年は百三〇万千八百一二部と飛躍した。

東スポが「猪木対小林」を振り返るコメント

東スポは令和二（二〇二〇）年に創刊六〇周年を迎えた。一一月七日の一面で『猪木　首伝説』の見出しで「猪木対小林」戦について掲載した。東スポ六〇年史で「猪木対小林」が果たした役割を同紙はどう捉えているのだろうか。取材をすると以下のコメントを返してくれた。

「アントニオ猪木選手とストロング小林選手が戦った一九七四年三月一九日のNWF世界ヘビー級選手権は、小社が制定する『プロレス大賞』の記念すべき第一回でベストバウト（年間最高試合賞）に輝き、個人部門でも猪木選手がMVP、小林選手が敢闘賞に選ばれており、小社にとって大変、意義深く重みのある試合でした。

この一戦は、伝説の力道山選手と木村政彦選手の対決にも例えられ、非常な熱気をもってファンに受け止められておりました。歴史的な対決を盛り上げるべく、小紙も社を挙げて取り組みました。事前報道では、力道山対木村戦の再検証や、各社担当記者を招いての座談会で試合の行方を占うなど、大展開で伝えました。

試合翌日は『猪木・小林　流血戦の詳報』と題して一面で報じたのはもちろんのこと、ほかにもページを割き、勝利した猪木選手のジャーマンスープレックス（原爆固め）を計一七カットにわたる連続写真として掲載しました。紙面の四方に縦横上下と写真を並べ、連続写真で囲まれた中に猪木選手の額を小林選手が鉄柱に打ちつける場外ファイトのカットを大きく配置。このスタイルは斬新なもので、読者の関心に応えようと紙面制作に取り組んだレイアウト担当者の意気込みの表れでした。みな激戦の興奮が冷めやらず、仕事を終えてから飲み、語り明かした者もいたようです。

　試合が実現したいきさつは様々に言われておりますが、プロレス界も小社も『起爆剤』が求められている状況だったといいます。そんな機運から生まれたのが猪木対小林戦。小林選手はその当時の一時期、小社所属のレスラーでした。それだけ、小社もこの一戦に懸けていた。期待に応えた両選手のファイトはファンにプロレスの魅力を再認識させ、小紙の販売も上向いた。以上のように、当時を知る者から聞いております。

　この一一月も、猪木選手の伝説のファイトを取り上げる企画で、この一戦のことを一面で伝えております。名勝負としてこれからも語り継がれていくことでしょう」

　昭和五六（一九八一）年からプロレスを取材し、『昭和プロレス正史』（イースト・プレス）を上梓するなどプロレスの歴史に精通する大学講師でライターの斎藤文彦は、猪木対小林戦の歴史的意義を「力道山対木村政彦以来、二〇年やってない日本人対決は、当時は禁断の果実で、ファンは、日本人対日本人はないんだなって思っていたんですね。そう思っていた時代にあのトップカードを作ったことは素晴らしい。そして、ここが重要なんですけど、試合前はどうせ引き分けだよってしたり顔をしていた人が大勢いたんですね。その中で決着をつけた。これがプロレス八百長論を吹き飛ばす効果があったんです」と偏見を覆す効果を強調した。

　さらに、斎藤は猪木にとって重要な対決が小林戦から七カ月後の一〇月一〇日、同じ蔵前国技館で行われた大木金太郎戦と位置づけた。韓国人の大木と猪木の一戦は、正確には日本人同士の対決ではないが、日本プロレス出身で力道山に育てられた二人の試合は、事実上、「日本人対決」の範疇で当時も今も捉えられている。

「その次の大木戦が、猪木さんにとっての大一番でした。力道山先生が生んだ日本プロレスの看板を、最後までそこにしがみついて捨てなかった最後の人が大木さんでした。馬場さんとの対決が実現しないんであれば猪木さんにとって大木戦は絶対に必要でした。日本プロレスがなくなったのは本当に大きな出来事で、その日本プロレスを背負った大木との対戦は、猪木さんが追放された経緯とか様々な事情を考えるとシリアスで、この試合は真剣勝負だよと信じられる何かがありました。その信じさせ方はプロレスの原点で、猪木さんはそこを追求したんだと思います」

猪木対大木は、小林戦へ向かう過程で動き出した。大木は、日本プロレスの崩壊後に全日本プロレスへ参戦するもマッチメイクなど待遇に不満を露わにし、無断で韓国へ帰っていた。「猪木対小林」戦の一二日前となる三月七日に来日した大木が記者会見し、猪木対小林の勝者と、馬場への挑戦を表明した。翌日の八日に馬場への挑戦表明を撤回する失態はあったが、この会見で猪木と小林の勝者に大木が対戦する布石が打たれた。当時、新聞は、大木の後見人から猪木との対戦を打診されたという。

「私は、大木さんが会見をやることは分かっていました。この時に猪木さんとは『やりましょう』と話もしていました」

力道山時代に終止符を打った「猪木対大木」

大木は猪木にとって日本プロレス時代、一年先輩でデビュー戦で闘った思い出の兄弟子だったが、当時は日本プロレスを追放された時の私怨があり、猪木が挑戦を受けるかどうかは微妙だった。だが猪木は新聞の進言にうなずいたという。

「猪木さんの中で大木さんへのわだかまりはあったかもしれないけど、私には不満は出しませんでした」

猪木対小林戦が興行成績、試合内容共に最高の結果を出したことで、新聞は大木との対決を正式に実現するべく動いた。ただ、大きな障害になったのが副社長の坂口征二だった。坂口は、自らが進めていた日本プロレスと新日本プロレスの合併を土壇場で覆した大木への拭い去れない憤りがあった。新間は、猪木と大木戦を提案した時の坂口の怒りを記憶している。

「役員会で猪木さんと大木さんの試合が決まったって報告したら、坂口さんは、パッと席を立って反対という態度をもろに出しました。確か『私は反対ですけど、やるなら勝手にやってください』って言ったと思いますよ」

坂口にこの時の記憶を尋ねると、ほぼ新間が覚えていたことと同じだった。

「俺は、大木さんの参戦は反対したよ。会議で席を立ったのは本当だよ。『ふざけんな』っていう思いだった。俺が新日本と日本プロレスを合併させようってまとまって猪木さんと並んで記者会見までやったのに、大木さんは直前になって反対してよ。それで、ケツまくって、馬場さんのところへ行ってダメで、また、ケツまくって今度はウチに上げてくれって、そういうのは許せないよな」

温厚な坂口が会議でこれほどまでに不快感を露わにするのは異例のことだった。それほどまでに大木への私怨が残っていた坂口だったが、最終的には黙認した。

「認めてはないけど、猪木さんがやるっていうんだったら、興行としてはしょうがねえなっていう感じだよね。最後は猪木さんに『好きなようにやってください』って言ったと思うよ。その時、猪木さんが何を言ったかは忘れたけど、当時は、大木さんにそれだけの商品価値があったからああいう使い方をしたと思うけど、俺が大木さんの立場だったら猪木さんに頭を下げてまでやらないと思う」

坂口は、自らの感情を会社の利益のために押し殺して、猪木対大木を認めた。こうして実現した大木戦は、小林との試合以上に両者の感情が露わになる内容となった。ゴングが鳴る前に猪木がパンチで大木を倒し、序盤は猪木が優位に進めたが、中盤からは、大木の頭突きを猪木がひたすら受けまくる展開となった。一四発の頭突きを放った大木の連打に猪木が額から流血する。猪木は右ストレートで形勢を逆転し、最後はバックドロップ一発で倒した。試合時間は一三分一三秒、一切のロープワークを使わない打撃戦だった。

猪木は大木戦を「こんなこと言っちゃ悪いけどズバリ、俺の手の内だろうなっていう試合だった」と言い切った。試合後、二人は握手し涙を流し抱き合った。日本プロレスからの遺恨が解けた印象を与えた。新間は「これぞ『恩讐の彼方に』、だろうね」と涙の意味を説いたが、猪木は「どうなんだろうね……」とつぶやくと、「大木さんとやるのはみんな嫌だったから、もう、こんな不器用な人とは、やりたくないって思ったんじゃない（笑）。そこは今となっては分からないね」と本音を明かすことはなかった。

村松は、斎藤と同じように小林戦以上に大木戦が猪木にとって意義があったという見方を明かした。

「猪木と大木って、力道山に入門してから最初の対決はどうだとか物語が幾重にもある。興行としてのプロレスとか、リング内の業界的な問題だけじゃないものをはらんだ試合だった。徹底的に頭突きを受けたのは、猪木さん的な愛情なんでしょう。俺と闘うことによって、あなたは負けても上げてやるっていう。そういう意味でも大木の過去とか、二人の関係とか、すべてを見る者に思い出させてくれて、同時にそのことで力道山時代の余韻に終止符を打ったという意味もあった試合だった」

猪木は、小林から大木へつながる「日本人対決」で、力道山が引きずって来たプロレスの「陰」を消し去ることに成功した。日本人対決にまとわりついた「禁断」を破ったことが後の「藤波対長州」に至る、プロレス界全体の新しい流れを作った。

時系列が前後するが、小林戦を終えた四月五日、後楽園ホールで開幕した次のシリーズ「第一回ワールドリーグ戦」で猪木と坂口との初対戦も実現した。四月二六日に広島県立体育館での初対決は三〇分時間切れ引き分けに終わったが、新日本プロレスが日本人対決を興行の看板に据えたシリーズとなった。

この世界での横綱は馬場と猪木の二人だけ

猪木と闘った印象を坂口は「相手のいいところを引き出して、受けがうまいなって思ったよ。それで自分の良さを出すっていうスタイルだよね。一方的に自分のいいところだけワアッて出して終わるヤツもいるけど、猪木さんは、相手の良さを引き出して自分の良さも出すっていう人だった」と振り返った。

ところが坂口も「日本人対決」という「禁断」の波に飲み込まれる。翌昭和五〇（一九七五）年四月四日、蔵前国技館で開幕した「第二回ワールドリーグ戦」で、大木との一騎打ちを強いられたのだ。坂口は、大木参戦をこの時も拒否したという。

「俺は、猪木さんに『俺はやりたくない』っていうぐらいのことは言ったと思う。だから、ワールドリーグ戦に大木さんを出すことは反対していたよ。でも、しょうがないよな。これは会社の方針で、やればお客は入るし、利益になるだろうからって言われてよ。それを反対することはできないじゃない？　しょうがないって言ってさ。それで俺はずっとこの世界を歩いてきたんよ（笑）」

人間・坂口征二としては許せない大木も、プロレスラー・坂口征二になれば、興行を成功させるために闘わざるを得なかった。試合は、四月二五日、広島県の福山市体育館で行われ、一四分四一秒、無効試合で終わった。この大木との試合で、坂口はプロレスラーになって初めて味わった感覚があった。

「試合で俺も大木さんも『この野郎』ってガンガンやったよね。その時に思ったんよ。人間って憎いとかそういう感情があるだろ。だから、漠然とやるより、そういう、『この野郎』っていうものがあれば、殺伐としたものが自然に出て、見ている方には面白いかも分からんなって思ったよね」

大木との初対決では、リングに上がろうとする大木を蹴りまくり、大木も頭突きを三九発も叩き込んだ。最後は場外戦にもつれ、椅子で大木を滅多打ちにしたが、それは、坂口の大木に対する「この野郎」という生の感情をそのままぶつけたという。

「俺はあまり感情をむき出しにするってこと、ないからね。そんなのは外国人相手には出す必要もないし、猪木さんとの試合でもそうだったしね。常にリングに上がったら、いい試合やろうっていう気持ちがあるだけだよ。だけど、あの時は自然と感情が出てきたよね。それは、本当にこの野郎って思った大木さんだから出てきたんよ。いい試合をやろうって気持ちは、なかったよ。『この野郎、そうは行くか』としか思ってなかったよな。そんな感情むき出しで試合をやったのは、あの試合の後にも先にもないよね」

日本プロレスから新日本プロレスへ移った時に大木に抱いた憤慨は、リングで坂口の中に生まれたリアルな感情だった。「顔も見たくない」とも明かした大木と、感情をむき出しに闘ったことで気がついたことがあった。

「ああいう試合は、見ている方も面白いだろうし、やっている俺たちもガァーッて燃えるよね。漠然とただ淡々とやるより、燃えるんじゃないかなと思うよ。ある程度殴られても痛いのも忘れる。大木さんに頭突きされても、痛くなかったよ。もっといっていう気持ちになったよね。その時、分かったんよ。猪木さんが若い選手に『怒りを出せ』って教えていたのは、これかなって。多分、長州なんかもそうだったと思うよ。ケンカファイトっちゅうかな。そういうところで、あのころはウチの選手の意識も変わっていったよな」

長州が藤波に反逆した時も、坂口は自分が大木と闘った時と同じ感情でぶつかっただろうと推測した。佐山聡が証言したように、猪木は若い選手に、「街のケンカを見て来い」と指導していた。観客にアピールするプロレスの中で、生々しい怒り、ガチンコの感情をぶつけることを猪木は実践し、観客に「本気だぞ」と信じさせるプロレスの生命線だと悟っていた。

ただ、坂口は猪木のプロレス観とは距離を置く。

「道場のセメントがどうのこうのって言うけど、俺はそんなもん必要ないんじゃないのって思ったこともあるよ。俺なんか柔道やってたから、プロレスに強さはいらないし、何で強くならなくちゃいけないんだって、思ったこともある。要はある程度うまくできればいいじゃないのって思っていたよな。だから練習も試合で息が切れないようにするためでいいじゃないいって考えていたよね」

東京スポーツの元記者で六〇年以上、プロレスを取材してきた門馬忠雄は、プロレスラーの「強さ」について「この世界で強い、弱いの基準は、たった一つだけ。それはお客を集められるかどうか。それだけだよ。お客を呼ぶレスラーが最強なんだよ。そういう意味で俺が見てきた中で力道山は別格として、この世界での横綱は馬場と猪木の二人だけ。この二人には誰も勝てないんだよ」と断言した。

プロレスに対する世間の差別感、蔑視との闘い

坂口も門馬の考えと同じだった。だからこそ、猪木が道場や理念として「強さ」にこだわった理由を理解できなかった。坂口のプロレス観は、馬場の「ＮＷＡスタイル」に近かった。一方で猪木が「強さ」を掲げた背景をこう見ていた。

「猪木さんは日プロの時から、よく練習してたよな。それは感心したよ。巡業へ行っても朝、若いのを連れて走ってたし、東京では道場で練習してたよ。コンディションも整えていたし、ケガすればあっちこっちの病院を探して、ちゃんと体をケアしてた。ケガで苦労していたけど、コンディション作りも凄かったよね。逆に馬場さんの練習はあまり見たことないよ。猪木さんはそんな中で練習やっていたから、俺は誰にも負けないって思ったんじゃないのかな。強いってこだわってたのは、馬場さんと違ってそれだけ練習していたっていうのもあるんだと思うよ」

猪木は馬場を「合せ鏡」と表現し「ああいうふうになりたくないっていうことに気づかせてくれた。ありがたい存在だった」と明かす。二人は団体のトップに立ってから結局、対戦することはなかった。猪木は馬場と闘わなかったことに「その理由は、相手が一番よく知っているんじゃないかな」と言い、「過ぎてしまったものをあだこうだ言うよりは、起きたものをすべて受け入れるというか。俺にとって馬場はいっとき、対抗意識がある時代もあったけど、逆にいえばあの人がいたおかげで猪木というものを光らせてくれた。比較対象がなければ……っていう部分でね。ある時期からは、そういう目で見られるようになった」と打ち明けた。

猪木は、馬場への反発から「強さ」を看板にし、その果てに「八百長」と揶揄する世間を振り向

かせる闘いに打って出た。逆に馬場も、天龍源一郎が証言したように猪木を意識していた。猪木が小林、坂口、大木と「日本人対決」に突き進んだ昭和四九年の一二月二日、鹿児島県立体育館でジャック・ブリスコを破り、日本人初のNWA世界ヘビー級王座を奪取したのだ。日本人対決で「日本一」を争う猪木を、「世界」を制覇することで凌駕しようとしたのだ。

ただ、「猪木対小林」のように一面で報じた朝刊スポーツ紙はなかった。世間を意識した猪木と、あくまでもプロレスの世界での価値観で生きた馬場との違いがそこにあった。デビュー作『私、プロレスの味方です』で、馬場のプロレスを「プロレス内プロレス」、猪木のプロレスを「過激なプロレス」と定義した村松は、猪木が世間と対峙した理由を説いた。

「その根源には、力道山に対して死後に向けられたマスコミの角度があったと思います。付け人時代の猪木さんが意識してマスコミからの角度を受け止めたわけではないでしょうが、感覚的な反応といいますか、持ち上げる時は持ち上げ、利用する時は極端に利用し、見捨てる時は極端に見捨てる。プロレスや民族への偏見を基にしたバッシングや暴露がまかり通る。これを若いながら猪木流に受け止め、咀嚼したあげく、猪木さんにとっての、世間という多数決の世界、通念、常識への向き合い方の原点みたいなものが形作られたのではないかと思います。猪木さんの体の底には自由な自然への思いがあると思うのですが、その時々に起こる事象への感じ方の角度として、それが成熟していったのでは、と思うのです……直接の必然性という意味では、自分が身を置いたプロレスという世界への差別感、蔑視との闘いということではないでしょうか」

そこに村松は、猪木の「功罪」があったことを指摘した。

「常に世間にプロレスへの目を向けさせたことが『功』だし、それに対する反感をも強く生んだことが『罪』ということになるかもしれません。ただ、猪木さんの発想力、想像力、実行力はプロレスという世界を越えて大きい影響力を持ったと思います」

功と罪をリング上の試合で分かりやすく言えば、「小林戦」は功で、夥しいバッシングを受けた「アリ戦」が罪だったかもしれない。ただ、時間を経た今、「アリ戦」は、総合格闘技の礎などと手のひらを返したように「世間」から評価されている。

猪木は、「何で今になって評価されているのか分からないけど、思ったことは、評価される意義もあるけど、やること自体の意義っていうのもあるなってことでね。やらないと何も始まらないっていうことだよね」と言った。

小林戦からアリ戦まで、猪木と共に全速力で「禁断」の扉をぶち破り続けた新聞は、当時の思いを熱く語った。

「誰もやらない、誰もできないことを男の夢として一緒にやっていこうと猪木さんが言ってましたから、そのために私はいろんな人に憎まれてもやり抜くっていう一心だけでした。鍛えに鍛えたレスラーが真剣にリングの中で闘って、その試合を見た人が喜ぶ、その喜びを見て喜ぶのがレスラーであり関係者だっていう信念だけです。猪木さんと誰が闘ったら凄いっていうことを実現させるために、ガムシャラに汗を流しました」

猪木が右手を差し出して、「新聞、ありがとうな」

坂口は、リングで猪木が輝き、水面下で新聞が動いた新日本プロレス草創期を「新聞さんが音頭を取ってみんなをまとめて、好成績を収めてきたよね。新聞さんみたいに陰で動く人間がいなかったら猪木さんもあんな試合はできなかったと思うよ。いいコンビだったよね」と振り返った。門馬は、「馬場さんもたまにこぼしていたよ。『ウチには、ああいうのがいないからな』って、新聞さんのことを評価してたよ。馬場さんもそこは認めていたし、新間さんみたいな人が欲しいと思ったこともあったんじゃないかな」と明かした。

猪木と新間は、政治家時代の確執が原因で、今は断絶状態になっている。二人の心の深淵は計り知れないが、今年、八六歳になった新間に、ストロング小林戦の思い出を聞くと、猪木がフィニッシュのジャーマンスープレックスへ至る直前までを、まるで目の前に映像が流れているように言葉で描き始めた。

「猪木さんがリングに上がってきたところをブレーンバスター、次に猪木さんがバックドロップへ行って、抑えるかと思ったら、そうじゃなくてジャーマン。最後、猪木さんも力が踏ん張れなくて両足が上がった変な姿勢で小林さんも落ちた。きれいなジャーマンでなくて上半身、背中三分の二ぐらいから落ちた。それでもしっかり抑えた。あの最後のシーンは未だに覚えていますよ。猪木さんも凄いけど、小林さんも凄かった。だけど、小林さんの力が五か六のところが、猪木さんとやることによって九にも一〇にもなった。小林さんの持ち味を十分、十二分に引き出した猪木さんは凄い。あれこそ、アントニオ猪木という人はどんな試合でもできるっていう証明で、凄いよ、あの人は」

興奮した口調と驚くべき鮮やかな記憶は、後に訪れる確執や恩讐を越え、猪木、そして小林への敬意、さらには、この試合を実現させた自らへの誇りを感じさせた。新間が涙をにじませたのは、三月一九日の試合が終わった時の出来事だった。

「試合が終わって控室へ行ったら、人がごった返して入れなかったんですね。それで、切符を買ってもらった人にありがとうございましたってお礼を言って挨拶をして、会場へ戻ってもう一度、誰もいなくなったリングを見たんです。これだけの大観衆を集めて、これだけの試合を猪木さんと小林さんがやってくれたっていううれしさでね……」

リングを見つめた時に営業部の大塚直樹が「部長、社長が道路の向こうで車を止めて待ってます」と呼びに来たという。猪木は蔵前国技館の前に車を止め、新間を待っていた。車へ駆け寄ると、窓を開けて猪木は言った。

「新間、ありがとうな」

猪木が差し出した右手を、新間はただ頭を下げて握り返した。

「あんな喜びはなかった。試合が終わった後、わざわざ待っていてくれて、私を呼んで『ありがとうな』って言ってくれた……。ああ……今日は最高の日だと思いましたよ」

豊登を介して一七歳の猪木と出会い、夢を見た東京プロレスで確執が生まれて絶縁したが、新日本プロレスの旗揚げで再び歩調を合わせ、ジャイアント馬場と全日本プロレスを超えるために情熱と執念をかたむけた。ストロング小林戦は、猪木と新間の青春の結晶だった。こうして長くて熱い、昭和四九年三月一九日が終わった。

猪木は、小林戦のＤＶＤを見終わり、「皆さんが今も凄く評価をしてくれる。改めて今、こうやって映像を見て、彼のいいところは全部出たんじゃないですか」と振り返り、自らの三八年間のプロレス人生の中での意味合いを「そんな定義づけをしたことないんで、俺はいつもその瞬間、瞬間を生きているから」と口にし、「俺の基本は、お金を払ってきたお客さんに喜んで帰ってもらえばそれでいいっていうことでね。ただひたすら喜んでもらいたいって思ってやった試合です」と微笑んだ。

もう一人の主役、小林はどんな思いを抱いたのだろうか。令和二（二〇二〇）年の秋、青梅の自宅で試合の映像を見た小林は、ジャーマンスープレックスで敗れた瞬間の映像に「あぁ～」とため息を漏らした。その理由を「もう少し見せ場を作ればよかったなって思ったね。遠慮があったんだろうね。それがなければ、もっといい試合になったなぁって思ってね」と悔いをにじませた。

さらに続けた。

「自分の持っているものを全部出さないといけないと思っていたけど、もう少し見せ場を作ればよかったなって。もう少しガンガン行けばよかったなって。ああ、もう少し自分が見せ場作ればよかったなって、そういう気持ちがあるね。今言ったように見せ場をもっと作れば……見せ場の出し方が少なかった。悔いは残る。もう少しできたらよかったな」

小林は、四六年以上も前の試合に、何度も同じ言葉で悔いを露わにした。その生真面目さが、「ハプニング」を楽しむ感性で生きてきた猪木との対比を感じさせた。しかし同時に、小林がプロレスラーとしての魂を今も持ち続けていることが伝わってくる。

小林は令和二（二〇二〇）年一二月二五日に八〇歳になった。誕生日を前に、小林へ会うため、私は三度、青梅へ向かった。

第17章 動き続ける時計

奇跡的な交錯、まったく別の人生

悔いを残さないように暮らしている

初めてストロング小林の自宅を訪ねた初夏から、季節は冬へ巡っていた。小林が八〇歳を迎える一二月二五日を前に、私は三度目の取材を行うために青梅へ向かった。

「また来たの」と穏やかな笑顔で迎えてくれた小林に、八〇歳になる心境を尋ねた。

「あの時、ああすれば良かったとか、後悔の気持ちを持つのは嫌いだから、毎日、毎日、『あぁ楽しい。良かった』っていう気持ちですよ」

後悔の気持ち……と最初に口にしたことは、逆に後悔があるようにも思える。

「ううん、別にないよ。今、言ったように後悔は絶対に起こさないように満足いっぱいで暮らすよ

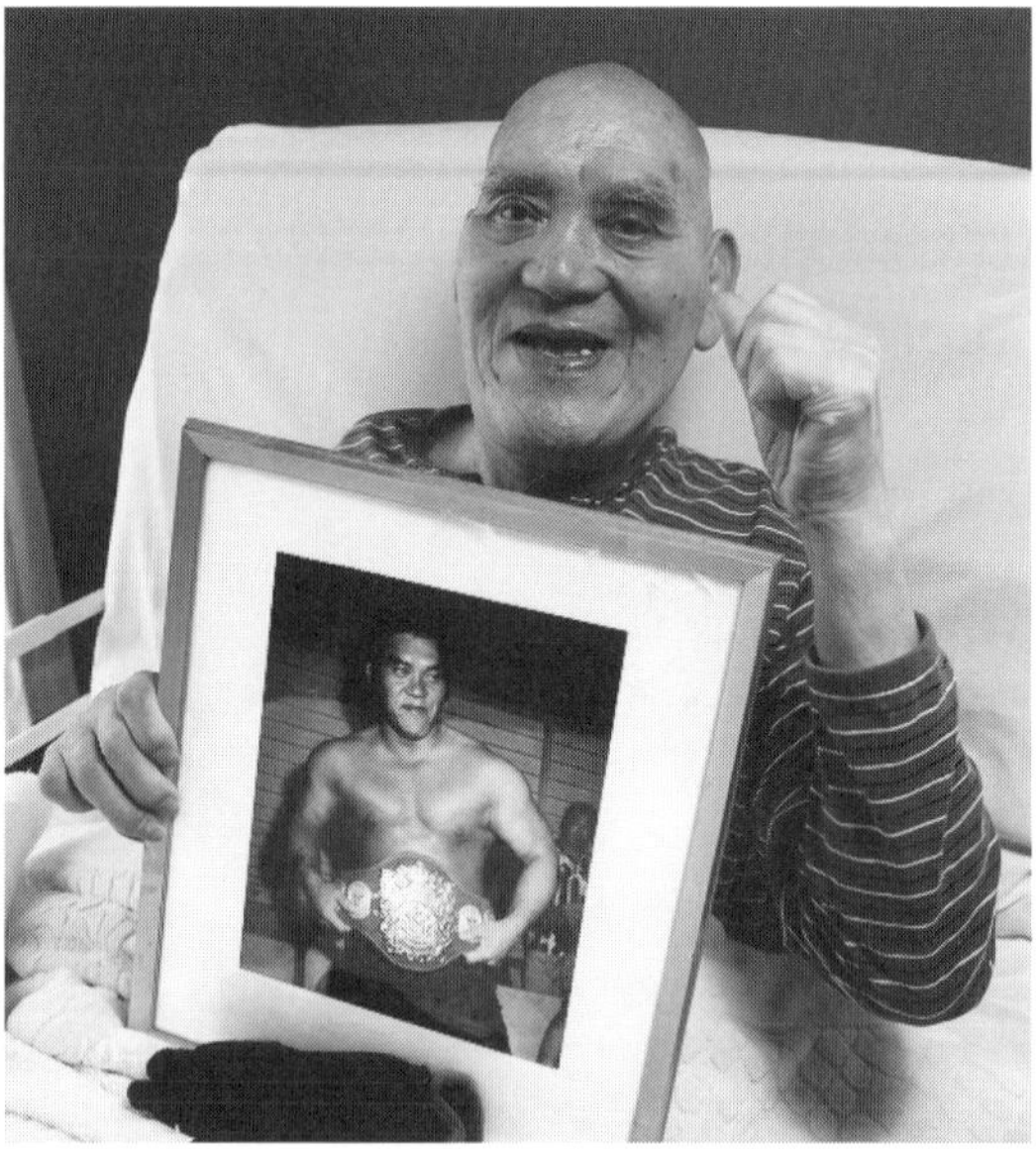

ＩＷＡ世界王座のベルトを巻いた自らの写真を掲げるストロング小林（写真＝山内 猛）

うにしているからね」

小林は、厚生労働省が定める要介護認定で、最も介護サービスの必要度が高い「要介護5」の判定を受けている。寝たきりの生活で、自力では風呂にも入れずトイレも用を足せない状態でも、常に前向きに明るく「満足いっぱい」に毎日を送っている。八〇歳になる今の楽しみを聞いた。

「別にそんなもん、持ってないよ。毎日、毎日を最高の気持ちで暮らすように……それだけだよ。これは、僕は昔からそういう気持ちがあったけどね」

昔から「最高の気持ちで暮らすように」心がけてきたという。最高の思い出は、いつ、どんなものだったのだろうか。

「ううん、そういうのもないよ。毎日、楽しい気持ちで生活してたからね。今日も一日、楽しい気持ちで過ごせてありがとうって。それだけですよ」

そう言うと、両手を合わせた。

「僕は、毎日、夜寝る前と朝起きた時に、こうやって『ご先祖さま、お父さん、お母さん、本当にありがとう。また、明るい気持ちで頑張ります。お願いします』って手を合わせてるんですよ。お父さんとお母さんには、可愛がってもらったからね。毎日毎日、楽しく明るく過ごさせてくれて、ありがとうって、そういうふうにやって来たからね。悔いの残ることはしてないよ」

過去の思い出よりも、今を「楽しく明るく」暮らしていることを小林は、何度も繰り返した。ふと天井に目をやると、長押《なげし》に一枚の写真が額に入れて飾ってあった。褐色に日焼けした上半身裸の小林が、ベルトを腰に巻いた姿が写っていた。

「これはね、ビル・ミラーからベルトを奪った時の写真でね。日本に帰ってきて羽田空港でベルトを披露した記者会見ですよ。まだ成田空港がないころでね。この時は（体重が）一二五キロあったなぁ」

写真の中の小林が持っていた赤いベルトは、昭和四六（一九七一）年六月一九日、アメリカ・ミネソタ州ダルースのダルース・オーデトリアムでビル・ミラーを破り奪取したと伝えられているＩＷＡ世界王座だった。介護用ベッドの枕から向かって左上に掲げられた写真は、国際プロレスの最高峰ベルトを敵地で獲得し、凱旋帰国した七月二日、羽田空港で記者会見を行った時の一枚だった。この時、三〇歳。鍛え上げられた筋肉と精悍な表情には、希望に満ちた輝きがある。

「これを見ると、このころ、良かったな……元気良かったなって思うよ」

八〇歳を迎え、過去を振り返らず毎日を「楽しく明るく過ごす」と打ち明けた小林だったが、自らの足跡を大切に抱えていた。

このベルト奪取を昭和四六年六月二二日発売の東京スポーツは三面で「小林　敵地で世界ヘビーＩＷＡ奪還」と報じている。試合は六〇分一本勝負で行われ、五八分二六秒、バックドロップからの体固めで小林の勝利と伝え、「ベルトを奪わなければ日本には帰れないという気持ち。必死でしたよ」などの小林のコメントも掲載されている。ただ、プロレス史家の流智美は「この六月一九日は、ミラーも小林も別の場所で試合をしていることが記録として残っています。つまり、このＩＷＡタイトルマッチはなかったんです。これは間違いありません」と証言する。

小林は、自らの来歴と物語を頑なに変えなかった

確かに東スポの報道では試合の写真がなく、小林とミラーの顔写真が掲載されているだけだった。さらに後に発売された「月刊ゴング」、「月刊プロレス」の専門誌も、小林の王座奪取の記事に写真がなかった。ＩＷＡ世界王座は国際プロレスの看板タイトルで、団体にとっての至宝をエース候補

の小林が獲得すれば、試合の写真入りで大きく紹介するのが当然だろう。何より丹念に資料を検証し続けている流は、タイトルマッチがあったとされる昭和四六年六月一九日に、ミラーと小林が別の会場でそれぞれ試合をしていた記録を入手していた。対戦していない試合が事実として報道され、ＩＷＡのベルトを小林は獲得していた。

　これは、小林の意思ではなく国際プロレスの方針であったことは明らかだが、小林に事実を確認すると「試合はしたよ。ミラーもどっか体が悪かったんじゃないの。元気なかったよね」と振り返った。この写真を飾る理由を聞くと、「プロレス時代にいろんな思い出があるけど、この写真が一番の思い出の写真なんでね」と遠くを見つめた。

　試合があったか、なかったかの事実よりも、凱旋帰国し、マスコミ、ファンが注目したことが小林にとって栄光の時だった。今も「試合はしたよ」と言い切る小林は、嘘をついているかもしれない。ただ、自らの来歴と物語を頑なに変えない姿勢に、トップに立った往年のプロレスラーのあるべき矜持を感じた。今も小林の下には、ファンが自宅を訪ねて来る。小林を慕う人々は、ビル・ミラーを破ってベルトを奪取したと信じている。幻想こそが生命線であるプロレスは、レスラー本人が「魔法」を解けば、ファンを裏切ることになる。そしてスポットライトを浴びた快感こそがプロレスラーにとって何よりの輝きだった。部屋に飾った凱旋帰国の写真は、「小林省三」ではなく「ストロング小林」として生きた栄光の証だった。

　プロレスラーの誇りは、アントニオ猪木との試合に触れた時にも表れた。改めて三月一九日の記憶を聞くと、「僕は、一二月の試合の方がいい試合だと思っているんですよ」と言う。小林が自ら切り出した「一二月の試合」は、三月一九日と同じ昭和四九年の一二月一二日、蔵前国技館で行われた再戦だった。猪木が持つＮＷＦ世界ヘビー級王座に再挑戦した時間無制限一本勝負の試合は、二八分二七秒、卍固めで小林が敗れた。しかし、小林は「精神的には僕の方が上だった」と言い切る。その理由を三月からの約九カ月間で培ったアメリカマットでの経験にあったことを説いた。

「僕は、三月に猪木さんとの試合が終わってから、ニューヨークのマジソンスクエアガーデン、フロリダでもトップで試合をしたんですよ。その時、猪木さんは、アメリカで僕ほどトップで試合をやってなかったからね。そういう力強い思い出があったから、三月より気持ちも意気込みも違ってね。精神的には僕の方が上だって思って戦いましたよ」

　小林は、三月一九日の試合から二カ月後の五月、新間寿の斡旋でアメリカへ主戦場を移した。新日本プロレスが友好関係を築き始めたばかりのビンス・マクマホンSr.の「ＷＷＷＦ」への参戦が約束されていたが、まずはフロリダに入り、エディ・グラハムが主宰する「チャンピオンシップ・レスリング・フロム・フロリダ（ＣＷＦ）」に参戦し、覆面をかぶり「コリアン・アサシン」として活躍した。以後、九月二一日にフィラデルフィアでＷＷＷＦ王者のブルーノ・サンマルチノへの挑戦が実現するなど、トップクラスの待遇を受けた。

「当時のＷＷＷＦは、カナダとの国境にあるメイン州から下って、ボストン、ニューヨーク、ワシントンＤ.Ｃ.、フィラデルフィア、ウエストバージニアまでの東海岸がテリトリーだったんですよ。僕は、そこで三週間に一回のテレビマッチに呼ばれてね。ギャラも一試合目とメインじゃ、ウンと差がある。僕は一試合千五百ドルはもらいましたよ」

　昭和四九年当時の為替レートを調べると、平均で一ドル三百円。当時の新日本プロレスの試合給は猪木、坂口のトップで一試合一〇万円だった。その時代に小林は一試合四五万円という破格のギャラを手にしていた。

　さらに、この渡米中には、小林のプライドを満たす出来事があった。フロリダで試合を始めた六月、日本からジャイアント馬場が外国人選手の発掘と自らも試合に出場するためにやって来た。

「その時に馬場さんとレストランで食事してね。馬場さんから『うちに来て鶴田を助けてくれ』って言われましたよ。だけど、僕は、これからニューヨークへ行くことが決まっていたんで『ニューヨークで一生懸命、小林の名前を売る努力をします』と言ったんです。だけど、馬場さんからは『いつでもいいからきてくれ』って言われて、うれしかったですよ」

ニューヨークでトップを張った誇りで闘った、猪木との再戦

小林は、国際プロレス時代にデビュー二年目のヨーロッパ遠征でイギリス、フランスでメインを務めた。昭和四六（一九七一）年には、「ＮＷＡ」に次ぐメジャー団体「ＡＷＡ(American Wrestling Association)」にも参戦し、バーン・ガニアに挑戦した。そして、国際を退団し、新間とマクマホンSr.のラインで参戦が実現したとはいえ「ＷＷＷＦ」でもメインイベンターとなり、海外マットでの実績は猪木を上回った。そして、新日本プロレスと猪木にとって最大のライバルである馬場からもスカウトされた。プロレスの本場と馬場から受けた高い評価を自信に変えて、猪木との再戦へ挑んだ。変貌した姿は、試合六日前の一二月六日、京王プラザホテルでの調印式で見せた。三月の初戦の調印式では猪木に殴られた小林だったが、逆に右ストレートを猪木の顔面に入れたのだ。猪木は左の歯が折れ、今もインプラントを入れている。遠慮のないパンチは、小林が生まれ変わった衝撃を与えた。

「僕の意気込みが凄かったから、あそこまでのパンチを出せたんだと思います。あれで三月とは精神的に反対になったと思いました」

迎えた再戦は、口ひげをたくわえ、ショートタイツを初戦の水色から真っ赤に変えて、燃える気

持ちを表現した。試合は、いきなり猪木がドロップキック二連発からボディスラムでカバーすると、小林は右足をロープへ引っ掛けてブレイクした。ところが、レフェリーのコシキ・ジンが3カウントを入れ、わずか一一秒でゴングが鳴った。あまりにも呆気ない幕切れに客席からリングへ物が投げられ、暴動寸前に陥る。競技の結果、コシキ・ジンの誤審で試合が再開される。

ハプニングが大好きな猪木ならではの波乱であった。初戦では、小林は一発も猪木の顔面を攻めることはできなかったが、ストンピングで七連発、猪木の顔を踏みつけた。ベアハッグ、アトミックドロップ二連発で追い込んだ。だが場外戦で猪木に赤い鉄柱へぶつけられると、新日本の若手選手に囲まれ、流血した。猪木が額から血を流した三月とは逆の展開となったが、それでも小林は、大木金太郎を彷彿とさせる頭突きを三連発浴びせ、最後まで初戦には見られなかった闘志をむき出しにした。試合は、二八分二七秒、卍固めで敗れたが、ＷＷＷＦでサンマルチノと対戦し馬場からスカウトされた自信が前面に出た好勝負だった。

「僕は、ニューヨークでトップを張ったのが頭にあったから、意気揚々として闘いましたよ。お客さんを、三月よりもっと興奮させたい気持ちもあったしね。負けたけど試合内容は僕が勝っていたなと今も思っています」

再戦した猪木に感じたことは初戦以上の「受けの凄さ」だったと言った。

「猪木さんは、何でも受けてくれたね。三月の時も受けがうまいなって感じたけど、一二月は、僕の技は全部、叩き込んだけど、それを受ける度量がありましたよ。相手を立てて自分が目立つことができるレスラーだなって、より強く思いましたよ」

猪木とは、翌昭和五〇（一九七五）年五月一六日、「第二回ワールドリーグ戦」決勝トーナメントが行われた日大講堂で三戦目を行ったが、またも敗れた。そして、このシリーズを終えた直後に、新日本プロレスへの正式入団が発表となる。国際プロレスを離脱してから一年三カ月後、猪木と新間が約束した通り、取締役として新日本プロレスの一員となった。

小林は毎週、テレビマッチに出場し、新日本プロレスの顔になる。昭和五一（一九七六）年二月五日には、札幌・中島体育センターで坂口と組んでタイガー・ジェット・シン、ブルータス・ムルンバとの北米タッグ王座決定戦を制し、新日本所属後、初のベルトを腰に巻いた。「北米タッグ」は、新日本プロレスにとってタッグの看板王座で、ナンバー2の坂口とのコンビで獲得し、リング上でもフロントとしても猪木、坂口に続く名実共に「第三の男」となった。

順風だった新日本プロレスでのリングだったが、一転、逆風にさらされる試合が昭和五一年八月のブラジル遠征で起きる。昭和四九年一二月以来、二度目のブラジル遠征は八月七日から一四日まで三試合の日程で、小林も、猪木、山本小鉄、星野勘太郎ら一〇人の選手と共に参加した。七日のリオデジャネイロでの初戦では、ピート・ロバーツを逆エビ固めで破った。このリオで、小林の運命を左右する試合があった。

ブラジルでイワン・ゴメスに負けてからの暗転

遠征には、猪木とこの年の二月六日に日本武道館での異種格闘技戦で敗れ、プロレスラーに転向して間もないミュンヘン五輪柔道二階級金メダリストのウィレム・ルスカが参加していた。ルスカは、リオでイワン・ゴメスと対戦した。

ゴメスは、「ブラジリアン柔術」を創始したカーロス・グレイシーの長男カーウソンに柔術を学び、ブラジル国内で広がった「バーリトゥード」と呼ばれる素手で闘う格闘技の強豪だった。昭和四九（一九七四）年の新日本プロレスのブラジル遠征を機に新日本に留学生として来日し、翌年五月から約半年間、試合にも出場した。
「バーリトゥード」は、現在、オープンフィンガーグローブを着用して闘うＭＭＡと総称される総合格闘技の原型で、一般的には同じブラジル人のホイス・グレイシーが優勝した平成五（一九九三）年の第一回「ＵＦＣ」をきっかけにその名前が世界的に知れ渡っていったが、昭和五一年当時は、日本でも存在はそれほど知られておらず、ブラジル遠征を報じる東京スポーツもプロレス専門誌も「バルツーズ」の表記で伝えていた。

　この二度目のブラジル遠征は、ゴメスが興行の柱で、柔道世界王者ルスカとの対戦は事前に大々的に報じられ、宣伝された。試合は、表向きには「プロレスルール」と告知されていたが、試合を報じる八月九日発売の東京スポーツによると、互いに顔面を素手で殴打する激しい打撃戦となったという。記事には書かれていないが、試合の中身はプロレスではなく「バーリトゥード」に変貌していた。最後は、エプロンに出たゴメスが馬乗りになってルスカの首を絞めたが、レフェリーのミスター高橋が場外カウントアウトを宣告し、九分三秒、ルスカのリングアウト勝ちとなった。

　この不透明な判定と、顔面への激しい殴打を繰り返したルスカに対し、リオデジャネイロの体育協会が一一日の首都ブラジリアで行う二戦目以降、ルスカをレフェリーの高橋と共に出場停止とすることを宣告した。

　ルスカとゴメスの「バーリトゥード」が、小林の運命を左右する。当初、ブラジリアでは、小林はルスカとプロレスルールで対戦する予定だったが、出場停止でのカード変更によって、小林はゴメスと闘うことになった。ブラジリアのメジシ体育館で行われた一戦は、内容は実質、プロレスではなく「バーリトゥード」になり、一一分二四秒、小林は首固めでゴメスに敗れた。

　この試合を報じる昭和五一年の「月刊プロレス」一〇月号は「Ｓ・小林〝前座〟Ｉ・ゴメスに苦

杯を喫す」の見出しで、モノクロ三ページで報じた。小林はブラジル遠征直前の八月四日に宮城県スポーツセンターで坂口と組んでタイガー・ジェット・シン、ガマ・シンとのアジアタッグ王座決定戦を制し、北米タッグと合わせて「タッグ二冠王」の称号を得ていた。ゴメスは「バーリトゥード」の強豪で王者だったが、当時は猪木が「プロレスこそ最強」を看板に掲げて、ルスカからモハメド・アリへと異種格闘技戦へ突き進んだ時代。ファンもプロレスを格闘技として認識しており、ゴメスはその「バーリトゥード」の実力とは裏腹に、ファンから見れば、ブラジルからプロレスを学びに来た留学生で「前座レスラー」の一人だった。その「前座」に猪木、坂口に続く「第三の男」と位置付けられた「メインイベンター」の小林が負けることは、「最強」を標榜した新日本プロレスにあって、看板を背負うに相応しくない存在になったことを意味していた。平成に入り、ブラジル人の柔術家ヒクソン・グレイシーに髙田延彦、船木誠勝ら「強さ」を標榜したプロレスラーが敗れ去り、「プロレス最強」神話が崩壊し、人気に陰りが生じる一因となったが、小林は、こうした負の歴史の原型とも言える試合を、昭和五一年に経験していたのである。

「月刊プロレス」の記事は、小林に厳しかった。

《S・小林対I・ゴメスの一戦で、北米タッグ、アジアタッグ〝二冠王〟のS・小林が、こともあろうに新日プロの〝前座〟レスラーであったI・ゴメスに、たとえ、それがバルツーズ・ルールの六〇分一本勝負であっても、苦杯を喫したということは、少なからず関係者ならびにファンをビックリさせた》

私はこの記事を小林に見せ、質問した。

――ブラジルへ行ったことは覚えていますか。

小林　うん。覚えているよ。

――この試合は、どんな試合でしたか。

小林　どういう試合かも全然覚えてない。（ゴメスの写真を見て）顔見ただけで、根性あまり良くないって思うな。

――根性が良くないというのは、どうして分かりますか？

小林　顔つきだわ。そういうのは、顔に出るよ。自分本位の考えをするレスラーに、こういう顔をするのが多いんじゃないかな。

――この試合は、プロレスの試合じゃないと伝えられていますが。

小林　そんなことないでしょ。僕がやればプロレスだよ。

最後に小林は、雑誌を見ながら、リングの向こうに写る空席が目立つ客席に「お客もいないよ。ガラガラだ」とつぶやいた。

「ビートたけしさんは腰も低いし、立派な人だったね」

小林は、猪木戦の記憶で、蔵前国技館が超満員になったことを真っ先に明かし誇った。「ガラガラだ」と漏らした不入りのゴメス戦は、プロレスラーとして何の価値もない試合だった。

〝前座〟のゴメスに負けたブラジル遠征を機に、小林のリング上での地位は徐々に下降していく。ナンバー3の証だった北米タッグは、翌昭和五二（一九七七）年二月二日に大阪府立体育会館でシン、上田馬之助に奪われる。一度は奪還したが、テレビマッチからも外れることが多くなり、代わって海外武者修業から帰国した長州力が抜擢されるようになる。さらに翌昭和五三年一月二三日に藤波辰巳（現・辰爾）がＭＳＧでＷＷＷＦジュニアヘビー級を奪取すると空前のドラゴンブームが起こり、藤波がリングの主役になり、小林の存在は、さらに薄くなっていく。

団体として新しいスターを作るのは当然で、世代交代は仕方のないことだろう。ただ、小林にとってゴメスと闘ったブラジル遠征が明らかにその境目となったように思う。そう確信したのは、八歳下の妹・さち子の言葉を聞いた時だった。ブラジルから帰国した直後、さち子は兄から腰をケガしたことを打ち明けられていた。

「ブラジルから帰って来た時に、兄が『腰を痛めた』って話したんです。その時は日本とブラジルで気候が違うから『気圧の関係で痛めたと思う』と言っていましたけど、あそこからですよね……腰をケガしたのは……」

日本とは地球の反対側にあるブラジルは、確かに気候も違う。さらに、到着まで飛行機で当時は三〇時間かかったという。こうした条件も負傷の原因だったと思う。一方で、「バーリトゥード」という慣れない試合を強いられたゴメス戦も、負傷した要因にあったのではないか。小林は腰のケガは「長年の受け身を取った積み重ね」と言うが、その発端がブラジルであるなら、ゴメス戦が無縁とは思えない。このブラジルで「前座レスラー」のゴメスに敗れイメージがダウンし、さらに肉体的にも腰を負傷し、リング上のパフォーマンスに影響が及んだ。そう考えると、このブラジル遠征が、小林のプロレス人生で大きな分岐点になったように思えてならない。

時間の経過とともに、腰の負傷は悪化する。回復を目指して小林は「福島から沖縄まで、ここはいいっていう噂を聞いた治療院は全部行きました。二〇カ所じゃきかないぐらい回ったと思いますよ」と振り返ったが治ることはなく、昭和五六（一九八二）年一〇月一六日、大分県立総合体育館の試合を最後にリングから離れた。

翌昭和五七（一九八二）年には映画『伊賀忍法帖』で主演の真田広之の敵役「金剛坊」に抜擢され、俳優としてデビューする。

「映画会社の人から連絡があって、『ちょい役だけど』って言われたけど、ちょい役でもいいやって思って京都の太秦《うずまさ》に行ったんですよ。そしたら、最後は真田広之さんと格闘シーンがある大事な役なんだって言われてね。監督からすぐに頭を剃ってくれって言われて、『すぐ剃ります』ってその場で約束したんです」

頭を剃り上げ、リングネームも役名の「金剛」と同じ「ストロング金剛」へ改名し、心機一転を期したが、リングに再び立つことはなく、昭和五九（一九八四）年八月二六日、東京・福生市体育館で引退式を行った。国際プロレスに入門し、覆面太郎でデビューしてから一七年。国際を離脱し猪木と闘ってから一〇年。四四歳の夏だった。

引退後は、芸能界で活躍した。中でも忘れられないのが「風雲！　たけし城」だと語る。「悪魔の館」という迷路に入った一般参加者を俳優の丹古母鬼馬二《たんこぼきばじ》と共に悪魔に扮したキャラクターで追い回す演技は、すべてアドリブだったという。

「僕は、常に参加者の人を引き立てるように追いかけてましたよ。おかげさまで評判も良かったからね。そういう見せ場を作ることができたのは、プロレスのおかげだと思いました」

収録中には、落とし穴に落ちて、ケガをしている腰を悪化させる事故もあった。

「あれは、僕が悪いんです。落とし穴に落ちることは決まっていてね。派手に落ちてやろうって頑張って落ちたら、ケガしちゃってね（笑）。あれは失敗でした。何でも一生懸命にやってしまうんですよ」

番組では、ビートたけしの姿勢に頭が下がったという。

「たけしさんは、お客さんを引きつける気持ちがうまい。トークでも必ずレギュラー仲間を引き立てるように話してくれるしね。あの人は、腰も低いし、立派な人だったよね」

「お母さんから『芸能界やめて、一緒に生活してよ』って言われてね」

相手を引き立てる意味では、たけしと猪木は似ているのだろうか。

「似ているところは、ないな。たけしさんの方が人をよく見て、人を大事にするよ。猪木は自分本位だから」

三度の取材でアントニオ猪木を常に「猪木さん」と話していた小林が、初めて「猪木」と呼び捨てにした。

猪木と新間、そして新日本プロレスは、小林を国際プロレスから引き抜き、あの蔵前国技館での一戦を機に旗揚げからの苦境を脱し、ジャイアント馬場と全日本プロレスを凌ぐ礎を築いた。小林は、リング外では取締役としての待遇を受けていたが、ブラジルでの問題マッチ、そして腰の負傷などが重なり、リング上の待遇は、世代交代の名と共に転落していった。小林が「猪木」と呼び捨てにしたその響きに、自身が新日本プロレスの飛躍の、言わば「踏み台」にされた悔しさが含まれているようにも感じた。

「そんなの別にないよ。そんなのは持たないようにしているの。自分は失敗したとか、そういう気持ちはない。いつまでもクヨクヨしたり、あの時はああすりゃよかったなとか深い考えとか、深い思いはしない人生を送っているからね。だから、今は、足がここのところ悪くなったけど、内臓はおかげさまで丈夫だからね。いちいち、あの野郎とかどうのこうの思うと、血液の循環がどんどん悪くなって体を悪くするからね」

小林は、あえて後悔の念を持たないことを信条にしていると繰り返した。

「人生には勝者も敗者もいるだろうけど、それは自分の気持ちの持ち方で、誰とでもいつでも明るい気持ちで話して、三度の食事を毎回おいしく食べて、寝るのも寝つきが早く途中で目が覚めないで明け方に起きようと思った時間にちゃんと起きてね。そういう暮らしが送れれば、人生最高に幸せだと思えるよ。よく家に来るファンが『今日、飯がまずくて』とか言うから、『何を言っている。そんなもん気持ちの問題だ』って僕は言ってやるんです。『職場で面白くないことがあったんだろう』って聞くと、『分かるんですか？』って言うから、ひとつでも心の中に引っかかることがあると明るい気持ちに絶対になれないよって言うんです。それを敗者とまでは、言わないけど、引っかかることがあると、その日は明るい気持ちになんないから、そういうことは思わないで明るい気持ちになるように『頑張るぞ』って自分で自分に命令するんですよ。悲観的な考えをもたないこと。いつも明るい気持ちでいれば、敗者にはなりませんよ」

今回の取材で、もう一度聞きたかったことは、平成七（一九九五）年、五四歳の時、NHK大河ドラマ「八代将軍吉宗」の撮影を最後に芸能界の仕事を辞めた理由だった。最初の訪問では、打ち明けてくれなかった思いを小林は話してくれた。

「『吉宗』の撮影が一月八、九日の二日間だけでね。その時、僕はこの家でお母さんと二人暮らしだったから。お母さんから『芸能界やめて、一緒に生活してよ』って言われてね。それで僕は『わかりました』って……。それで『吉宗』の撮影が終わった翌日の一月一〇日から辞めたんです」

芸能界を辞めたのは、母・せつの願いだった。父親の褘則は昭和六〇（一九八五）年五月六日に八〇歳で亡くなった。以来、小林は、青梅の自宅で母と二人で暮らしていた。プロレス、芸能界で活躍したおかげで、仕事しなくても二人が生活していく貯蓄はあった。

「お母さんの願いだからね。お母さんと一緒にいられて、これから楽しいぞっていう気持ちが強かったんですよ」

ところが、母は小林が芸能界を辞めた三カ月後の四月三〇日に急逝する。八五歳だった。

「お母さんは、急に逝ってね。その日は、妹二人が家に遊びに来ててね。僕はお勝手にいて、妹が『お母さん変だよ』って言うから、応接間に行ったら、もう意識がなかった。救急車を呼んで、もうそこでダメになっちゃったね。声かける暇もなかった。急だったから本当にビックリしてね。人間こんな急に亡くなるもんかって。だから今、吉宗の仕事を最後に、一切やめて一緒にいられてよかったなって思うよね。お母さんがそう言ってくれなかったら、僕はずっと仕事していたからね」

「定住の人」小林が動いたから実現した日本人対決

母が亡くなった後も芸能界から出演オファーはあった。自宅での取材を受けることはあったが、長期間、家を留守にするドラマや映画撮影に応じることはなかった。その理由を小林は、少しはにかみながら話す。

「お母さんが『もう仕事をやめて、お母さんのそばにずっといて』って言ったから。お母さんに『もう仕事やめるよ』って約束したからね。それを守らなきゃと思ってね。だから戻るつもりはなかったんですよ」

表舞台から去った理由は、母との約束を守るためだった。もう一度、確認すると、小林は言葉にすることなく二回、うなずいた。さち子に兄の決意を伝えると「母を一人にするのが不安だったんだと思いますよ。その気持ちは分かります。母も兄を頼りにしていましたから」と説明した。さち子にとって母と兄のプロレスの思い出で忘れられないのが、あの三月一九日の猪木戦だった。蔵前国技館の桝席で、母と二人で観戦した時、息子が猪木と闘うリングから目を離すことなく、一直線に見つめていたという。超満員の観衆が熱狂する中、声を出すことはなかった。小林がジャーマンスープレックスホールドで負けた時、母の手元を見ると、持っていた扇子が曲がっていた。

「母も力が入ったんだと思いますよ。扇子がぐちゃぐちゃになってましたから、よっぽど強く握ったんだなって、その時、思いましたね。負けた後は、ほとんど話はしなかったんですけど、『これは、身内が見るもんじゃない』って、たった一言、つぶやいたのは覚えています」

以後、せつが会場でプロレスを見ることはなかった。

母が急逝し一人になった小林が、毎日、自宅でやったことは、筋力トレーニングだった。

「また運動を始めてね。自分の健康のためと、体を動かすのは好きだからね。二階に運動器具がいっぱいあったから、運動してました」

小林が運動していた二階をさち子に案内してもらうと、小林が使っていたトレーニングベンチと重りがあった。ベンチは、高校生の時に通信販売で買ったものだった。さち子は、二階の部屋から見えるマンションを指さし、「ここに来たころは、あのマンションがなくて、あそこに富士山が見えたんですよ。今はもう見えなくなっちゃったけど……」と笑った。

力道山の肉体に憧れた中学生の時、自分で買ってきたコンクリートで作ったバーベル、トレーニングベンチ、さらには凱旋帰国した時の精悍な写真……小林の自宅には夢の痕跡がそこかしこに残っていた。時は過ぎて風景が変わっても、小林の中で自らが歩いた道の輝きが褪せることはないだろう。

小林がいる和室に再び戻った。気がつくと、介護用ベッドがあるこの部屋には、テレビもオーディオもパソコンも何もない。時折、外を通る車のエンジン音、鳥の鳴き声が聞こえるだけだった。

あまりにも静かな、音がほとんどしない部屋でベッドに佇む小林は、その風貌から座禅を組む高僧のように映った。

介護しているさち子は「ずっと、あの状態で部屋にいるんです。私としては手がかからないから、ありがたいんですが、何も見ない何も聴かない状況でよく退屈しないなって、身内ながら感心するんですよ」と驚きを隠さない。小林は「静かで心地いいよ。別に寂しくはないよ」と笑った。

静寂を愛する小林は、定住の人だった。戦争で疎開してから青梅を離れず、家を愛し、家族を敬う姿勢は変わらなかった。その不動の男が、人生で唯一、動く決心をしたのが昭和四九年三月一九日の猪木との試合だった。様々な事情はあった。ただ、居を変えない小林が動くまでに至る決意は、どれほどの重みがあったかと今、思う。「猪木対小林」は、小林が自らの美学をかなぐり捨ててまで動く勇気がなければ絶対に実現しなかった。日本人対決がプロレスを動かしてきた歴史を振り返ると、小林は最大の功労者とも言えた。

一方の猪木は、流浪の人だった。ブラジルへ移民として渡り、力道山にスカウトされ、東京プロレスへ動き、日本プロレスへ戻り、日本プロレスを除名され、新日本プロレスを旗揚げした。プロレスラーだけでなく事業にも乗り出し、政治家にもなった。その流転に人々は惹きつけられ、振り回され、猪木は動くたびに絶えずスポットライトを浴びた。猪木が動いたからこそ、プロレスは、表も裏も明も暗もあぶり出され、比類なきジャンルになった。

「猪木さんとは全然違う人生だからね」

小林に今、猪木と会いたい気持ちはないか、聞いた。

「別にないよ。僕はプロレスも芸能界も引退。足が悪くてここで生活している。猪木さんは、腰が悪くて手術したってファンの人が教えてくれたけど、まだ、あちこち出ているでしょ。全然違う人生だからね」

この取材から一カ月後に猪木は腰の治療で入院した。夏に退院するまで病室から自身の「ＹｏｕＴｕｂｅ」チャンネルで病気と闘う姿を披露した。施設と自宅で一人、静かに暮らす小林とは対照的な姿だった。

流浪の猪木と、定住の小林。正反対の二人が遭遇した蔵前国技館は、奇跡的な試合だった。そして、その二人を対戦させようと動いた新間寿の情熱が燃え盛った。さらに言えば、それほどまでに猪木と新間を燃え上がらせたジャイアント馬場という存在があった。

昭和四九年。プロレスには黄金の輝きがあった。そんな思いが湧くのを感じながら小林と話していた時、応接間からさち子が部屋に入ってきた。「これ見てください」と差し出したのは、「ＳＥＩＫＯ」製の婦人用腕時計だった。

「この時計は、兄が新日本プロレスでお世話になっていた時に、新間さんがニューヨーク出張の土産だって言ってプレゼントしてくれたんです。あれから、ずっと私は使っているんですよ。ほら、まだ動くんです」

四〇年ほど前に新間がプレゼントした腕時計は、さち子がネジを巻くと、動き始めた。すると小林が「どれ、見せてごらん」と腕時計を手にした。「本当だ。動くんだね。凄いね」と笑う。その時、長針が動いた。

私は腕時計の微細な音を聞きながら、秘かにアントニオ猪木とストロング小林の間に等しく流れる「時」を噛みしめた。

物語は語り継がれ、生き続ける

「あとがき」にかえて

この本は昭和プロレスの日本人対決に焦点を絞り、観客を魅了したプロレスラーの言葉と思いを伝えることが目的だった。執筆に至る経緯は、冒頭の「「まえがき」にかえて」に書いた通りである。

企画段階では、主な「日本人対決」をそれぞれ短編のような仕立てで章立てする構成を考えていた。しかし、その構想はストロング小林さんを取材した時、私の中で進化した。

小林さんの取材を終えた時、妹のさち子さんに私のインタビューを受け入れてくれた理由を聞いた。すると「兄の体調を考えると、受けない方がいいのかなと思いました」と切り出し「ただ、兄の現役時代を知る人もそうですけど、知らない人にもプロレス界にストロング小林がいたっていうことを残してもらいたいって思ったんです。今は、足が動かなくて寝たきりだけど、ちゃんと元気に過ごしてますよって伝えて欲しいって思ったんです」と明かしてくれた。

小林さんは、中学時代にコンクリートで作ったバーベルを自宅に残していた。そして、介護用ベッドで過ごす和室には、ＩＷＡ王座を奪取し凱旋帰国した時の写真が飾られていた。さち子さんの言葉を聞き、小林さんが少年時代に抱いた夢の証と言えるバーベル、栄光の写真を今も大切に持ち続けるプロレスラーの誇りに接した時、私の中に突き動かすものが生まれた。短編小説のように、それぞれの闘いをまとめるのではなく、日本人対決の礎となる「アントニオ猪木対ストロング小林」を源流とする、その後の日本人対決をルポルタージュし、それに加えて、小林さんの人生の軌跡を描きたい衝動が抑えきれなくなったのだ。

もうひとつ、取材を進めながら企画前には想定していなかった沸き上がった思いがある。それは、試合を企画するプロデューサーの力だった。「猪木対小林」は新間寿さんが「月刊ゴング」の竹内宏介さんの助言をヒントに独断で突進し実現した試合だった。昭和四九年のあの当時、日本人対決が禁断の果実だったこと、それを破ることに新間さんが興奮したからこそ、歴史的な一戦が現実になった。

プロレスにおける「あってはならない」の「禁断」は、ファンの中にある「どうせ、やらないよ」「あるわけない」という先入観でもある。一方でファンは、そんな「予定調和」の突破をいつも渇望している。新間さんを取材して確信したのは、あの時、日本人対決を一番、見たかったのは新間さん自身だった。つまり「禁断」を真っ先に冒し「予定調和」を突破したのは、新間さんが誰よりも猪木さんのファンだったからこそアイデアが浮かび、その観客と同じ目線が猪木さんと小林さんを動かし、興行はすさまじい勢いで爆発した。

新間寿さんのプロレス愛こそが「猪木対小林」の源だった。「アントニオ猪木」という類まれなプロレスラーの成立には、卓越したプロデューサーの存在があずかっていたこと、そしてプロレスは、リングで闘うレスラーを支える人間たちの情熱がなければ大衆を動かせないことを書き残したかった。

取材から執筆に至る過程で当初の企画からこのように膨らんでしまった私の構想を編集を担当していただいた河出書房新社の太田美穂さんが受け入れてくださり、この本を書くことができた。太田さんの寛大な理解なしには、この一冊は陽の目を見ることはなかった。

同時に、新型コロナウイルス下にもかかわらず、私の取材を快く受け入れていただいたすべての方々に心からの感謝を伝えたい。

　今回の取材で私は小林さんに猪木さんへのメッセージを頼んだ。無理な要望と思ったが、小林さんは快く応じてくれた。試合のビデオを見てもらった二度目の取材後にスマートフォンのビデオへ小林さんはこう語りかけた。

「小林です。今、三月一九日の試合を見せていただきました。昔の若い二人が懐かしいです。僕も明るく毎日、毎日、楽しい生活を送っております。猪木さんも体を注意して頑張ってください。

　いろんなファンの人が僕の一二月二九日の誕生日の前後は、いろんな人が来てくれるんで、また月に一回、三月に一回、来てくれる人も多いので、猪木さんの近況を知らせてくれます。写真を見せてもらいます。

　猪木さんも健康に気を付けて、頑張って世の中に頑張りを与えてください。はい、今後ともよろしくお願いします。では、失礼します」

　数日後、小林さんのメッセージを猪木さんに見てもらった。一分二〇秒ほどの動画メッセージをじっと見つめた猪木さんは、黙って小林さんの姿を見つめると、最後に「ありがとうございました」と語りかけ、画面に頭を下げた。


　令和三（二〇二一）年三月一九日、日が落ちようとする時間に私は「猪木対小林」から四七年目を迎えた当日、決戦の舞台となった蔵前国技館の跡地を訪ねた。現在、東京都下水道局北部下水道事務所となっているビルの外観は、ここがかつて国技館だったと感じられるものはなく、柵には「ＴＯＫＹＯ　２０２０」の横断幕が張られていた。あれから半世紀近くの時が経った。

蔵前橋に立ち、隅田川を見つめていると、今回の取材で猪木さんが現役時代の自身を振り返った言葉を思い出した。

「結局、俺がやってきたことは、人を喜ばせたかったということなんです。現役の時は、俺も粋がっていろんな言葉を言ってきたんだけど、突き詰めて今、思うことは、ただひたすらに、見ている人たち、ファン、大衆を喜ばせたい、という、それに尽きるんですね」

今回の取材で小林さんは、自身のプロレス感を「見ている人が喜んでくれれば、それでいいと思ってましたよ」と何度も繰り返した。「猪木対小林」のあの時代、プロレスを「八百長」と断じる世間の一方で、ファンは「真剣勝負」であると信じてリングを真剣に見ていた。猪木さんも小林さんもファンのそんな願いに応えようと蔵前国技館のリングで共鳴し、白熱の闘いを真剣に行い、結果、大衆は「本気だぞ」と振り向いた。見る者を「喜ばせる」ために闘った二人を思うと、あの試合で真の勝利者は、目撃したすべての者だったと今、思う。

猪木さんと小林さん、そして新聞さんの情熱に思いを馳せ、隅田川を見つめていると、一隻の船が通り過ぎていった。波が立ち太い線のような白い澪《みお》が生まれた。やがて航跡は消えたが、夕日に照らされた川面は輝きを放っていた。

「猪木対アリ」から四五年を経た令和三年六月二六日

福留崇広

福留崇広（ふくとめ・たかひろ）

1968年、愛知県生まれ。國學院大学文学部哲学科卒業。
92年、報知新聞社入社。現在、コンテンツ編集部所属。
プロレス、格闘技、大相撲、ボクシング、サッカーなど、
選手と競技の生み出すドラマを丹念に取材してきた。
著書に『さよならムーンサルトプレス』、
ターザン山本との共著『妻たちのプロレス』などがある。

昭和プロレス 禁断の闘い

「アントニオ猪木 対 ストロング小林」が火をつけた日本人対決

2021年10月30日　初版発行
2022年 2 月28日　2 刷発行

著者　福留崇広

発行者　小野寺優
発行所　株式会社河出書房新社
〒151-0051
東京都渋谷区千駄ヶ谷2-32-2
電話 03-3404-1201（営業）
03-3404-8611（編集）
https://www.kawade.co.jp/

組版　KAWADE DTP WORKS
印刷　株式会社暁印刷
製本　大口製本印刷株式会社

Printed in Japan　ISBN978-4-309-03001-2
落丁本・乱丁本はお取り替えいたします。